HISTORIA DE LA ESPAÑA CONTEMPORÁNEA

ARIEL HISTORIA

Émile Témime, Albert Broder,
Gérard Chastagnaret

HISTORIA DE LA ESPAÑA CONTEMPORÁNEA

Desde 1808 hasta nuestros días

EDITORIAL ARIEL, S. A.
BARCELONA

Título original:
Histoire de l'Espagne contemporaine
De 1808 à nos jours

Traducción de
ALBERT CARRERAS

1.ª edición: febrero 1982
2.ª edición: octubre 1985
3.ª edición: enero 1989
4.ª edición: diciembre 1991

Córcega, 270 - 08008 Barcelona

ISBN: 84-344-6535-3

Depósito legal: B. 44.265 - 1991

Impreso en España

INTRODUCCIÓN

Desde hace dos siglos España goza de un singular privilegio, el de ser considerada a la vez como una potencia eminentemente europea, que participa por su cultura y por su historia en la evolución de la Europa Occidental, y como un país "al margen", objeto de curiosidad y de sorpresa para estos mismos occidentales. País muy próximo y sin embargo lejano, del cual uno se forja una imagen exótica a través de una leyenda tenaz que explica la España contemporánea con una mezcla anacrónica de recuerdos de la dominación árabe, de las hogueras de la Inquisición y de las recientes tormentas políticas. Generaciones de ingleses o de franceses no han tenido más que una visión literaria de España, hecha de clichés que, curiosamente, han alimentado los mismos que han amado y frecuentado la Penísula Ibérica, desde Gautier hasta Hemingway, pasando por Mérimée o Montherlant.

¿La España contemporánea o las Españas de siempre? ¿Cómo presentarla o presentarlas sin caer en los tópicos tradicionales: *agua, sol y sierras*? El siglo XIX ha sufrido una excesiva tendencia a explicar los pueblos y la historia de la península por los contrastes del suelo y del clima, y las oposiciones entre los hombres por los contrastes de los paisajes españoles. En este aspecto, las obras del doctor Cazenave, hoy en día justamente olvidadas, llegan a veces hasta la caricatura. Pero parece imposible comprender la historia de España sin recordar algunos rasgos fundamentales sin lo cuales su evolución económica e incluso política es difícilmente comprensible.

La misma posición de la Península Ibérica hace de ella un finisterre (el término se utiliza con propiedad para Galicia) en el pleno sentido de la palabra: prolongación de Europa en dirección a África, península avanzada entre el Atlántico y el Mediterráneo, país europeo (los Pirineos nunca han constituido una frontera realmente seria, y finalmente, a mediados del siglo XIX, se realizaron obras que facilitaron el tráfico) pero extremidad occidental de Europa orientada hacia el continente americano. Esta posición podría bastar para explicar las tentaciones extraeuropeas tan diversas que España ha experimentado. En la época de las Cruzadas los aragoneses se instalaron hasta en el Mediterráneo Oriental. Más tarde, portugueses y españoles siguen los caminos del mar hacia las *Indias Occidentales.* Durante siglos la riqueza de España se identifica con sus posesiones americanas y su comercio de ultramar; el Imperio drena todas las energías; una España "periférica" recibe casi todas las riquezas. Entonces poco importa la despoblación de la España interior...

En el siglo XIX la descolonización devuelve brutalmente a España a sus dimensiones europeas; la obliga a replegarse sobre sí misma, a tomar conciencia de sus debilidades y de sus dificultades naturales. El enriquecimiento de sus vecinos del norte agudiza aún más esta nueva visión de una España pobre e incluso atrasada. Entonces se busca una explicación de la miseria y del subdesarrollo en un relieve atormentado que divide la península y en un clima contrastado que exagera las diferencias regionales.

El tópico, aún vigente, de la España periférica, fuente de riqueza y de vida, oponiéndose a la España interior, pobre y despoblada, se alimenta de esta visión. Y es cierto que la Península Ibérica, pese a disponer de más de 4.000 kilómetros de costas, está bastante mal penetrada por el mar. Las influencias mediterráneas están limitadas por la barrera montañosa que, desde Andalucía hasta los Pirineos orientales, parece formar una línea continua pero que en realidad es una sucesión de elevadas sierras, cordilleras del sur y macizos fragmentados del Sistema Ibérico. Si dejamos de lado los amplios valles del Ebro, en el norte, y del Guadalquivir, en el sur, las zonas de penetración son escasas. Estos ríos han sido, naturalmente, las vías de penetración seguidas por los hombres, uniendo Aragón a Cataluña y las llanuras andaluzas entre sí, pero no permiten la apertura de una gran vía de comunicación en dirección a las mesetas castellanas. Los mismos valles están rodeados por cordilleras difíciles de franquear.

En el sur, la Sierra Morena ha sido durante mucho tiempo más acogedora para el bandolero que para el viajero; hoy en día el desfiladero de Despeñaperros, en la gran carretera de Andalucía, no es más que un pálido reflejo de las dificultades que antaño implicaba su travesía. Los calores veraniegos son tórridos cuando nos alejamos de la costa. En Córdoba, el trabajo de verano, desde la salida hasta la puesta del sol, es una verdadera prueba física para los jornaleros agrícolas que basta para justificar la presunta indolencia andaluza. Bailén, donde el ejército francés de Dupont se dejó rodear en julio de 1808, es un verdadero horno en esta época del año. Sin embargo, las regiones irrigables ofrecen unas posibilidades agrícolas sorprendentes. Las *vegas* del sur no sólo acogen el naranjo, los agrios tempranos y el arroz, sino que en ellas también se puede hallar el maíz y la remolacha azucarera; y en Elche y Orihuela incluso unos palmerales excepcionales en estas riberas septentrionales del Mediterráneo.

Los obstáculos no nos dejan ni siquiera cuando atravesamos la Meseta Central dividida en dos por la Sierra del Guadarrama: Castilla la Vieja al norte y Castilla la Nueva al sur. En el oeste del país, las Hurdes, la famosa *Tierra sin pan* de Buñuel, deben su trágica celebridad al encajonamiento de sus valles que, hasta un pasado reciente, ha causado el aislamiento de su población y la limitación de sus medios de subsistencia. Sin embargo, la Meseta constituye en conjunto un espacio aparentemente privilegiado para las comunicaciones. Por esto, los contrastes con las regiones ribereñas del Mediterráneo y del Atlántico son todavía más sorprendentes: precipitaciones irregulares y oposición climática entre unos inviernos rigurosos y unos veranos con un calor a veces difícilmente soportable (tres meses de infierno y nueve de invierno). En el sur, principalmente, el viajero atraviesa interminables mesetas desnudas, vastas extensiones pedregosas salpicadas por bosquecillos de encinas verdes. El hombre manifiesta poco su presencia; los campesinos se agrupan en pueblos que a veces distan entre sí decenas de kilómetros. Esta meseta, cortada por valles profundos (*navas*) y abandonada durante mucho tiempo a los rebaños de ganado es, sin embargo, en su parte septentrional y más húmeda, la gran zona de cultivo de cereales.

Pero sus producciones agrícolas son difíciles de exportar. En dirección al norte volvemos a encontrar las barreras montañosas. La Cordillera Cantábrica aísla a la Meseta de las provincias vascas, de los puertos asturianos o de Galicia, todos ellos profundamente penetrados por las influencias oceánicas. Es la España verde, la España de la lluvia y de los pastos, país boscoso o montañoso donde las comunicaciones son más difíciles de establecer que en cualquier otra parte; tierra-refugio de donde ha partido la Reconquista. Aquí la vía de comunicación más cómoda es el mar. Pero ahí los campesinos viven en un mundo de tradiciones, de solidaridades ancestrales y de privilegios locales, bastión indestructible de las resistencias a un poder opresivo y centralizador.

El relieve, los suelos y los climas crean, sin lugar a dudas, una gran variedad regional, una división natural que la historia a veces ha contradicho y, con mayor frecuencia, ha acentuado. Para comprender la España contemporánea hay que tener presente tanto las condiciones geográficas, como la formación lenta y multiforme del Estado español a través de la diversidad de los reinos cristianos de la Reconquista, primero Asturias y León, y luego Castilla y Aragón, Navarra o Portugal. A partir del siglo XIII, los rápidos progresos de esta Reconquista han entregado a los soberanos de Castilla y de Aragón tierras vaciadas de su población, o pobladas, como en Andalucía y en el reino de Valencia, por una importante y activa población mozárabe; su expulsión hizo retroceder a las peores condiciones a regiones antiguamente irrigadas. Los canales sin conservar, las zonas de cultivo abandonadas y entregadas a la malaria, todo esto es el producto de una evolución regresiva originada por las condiciones históricas. En el Levante, el siglo XVIII constituye un período de reaprendizaje de las prácticas hidráulicas (*regadío*).

Pero, ¿acaso podemos aceptar sin matices esta visión de un país sin unidad, cuyas divisiones regionales están grabadas en la geografía? Se trataría de un determinismo demasiado somero y que ignoraría las complementariedades tradicionales. En particular, entre las regiones cantábricas y la Meseta las corrientes de intercambios son muy antiguas y están sólidamente establecidas. Desde la Edad Media los rebaños de la *Mesta* van al norte a buscar pastos de verano; Santander y Bilbao se han afirmado poco a poco como la salida de Castilla hacia la Europa del Norte, gracias principalmente al negocio de la lana. Y hace siglos que Madrid consume pescado del Atlántico...

Bajo la óptica más amplia, los intercambios entre regiones han tenido parcialmente un papel regulador. Sin duda los granos circulan mal —la mediocridad de la red de carreteras tiene su parte de culpa— y las crisis de subsistencia presentan un aspecto fundamentalmente local. Pero, ¿no es esto un fenómeno común a todas las economías preindustriales? Los hombres, en cambio, circulan más fácilmente, y las regiones dinámicas pueden tener un papel realmente atractivo. Además, la época contemporánea trae consigo nuevos medios técnicos para dominar mejor las posibilidades y los obstáculos naturales.

La variedad de las tierras y los contrastes del relieve y del clima ayudan a comprender la evolución reciente de España pero no la predeterminan. Son los fenómenos sociales los que dan importancia a tal o cual factor natural, ventaja o hándicap según las épocas. A fin de cuentas, ¿tanto tiempo hace que las playas mediterráneas ofrecen un interés económico digno de consideración? Debemos desconfiar siempre de los anacronismo y de los clichés simplificadores, y recurrir a la historia.

Pero, con demasiada frecuencia, una imagen truncada y falseada de la historia española conduce a no interesarse por ella ni percibirla más que en los momentos "fuertes", como la guerra de la Independencia o la guerra civil de 1936-1939, cuando la violencia de los enfrentamientos permite todos los excesos y libera todas las pasiones. Demasiada tendencia tiene el historiador a preferir el acontecimiento excepcional y a explicar los fenómenos sociales por las crisis políticas. Aquí, entre las crisis se han dejado inmensos "claros". Todavía en la actualidad, un manual de historia editado en Francia ignora España desde 1815 hasta 1936, excepto para algunas oscuras alusiones en cuestiones de política internacional. ¡Cómo si la Historia se parara en los Pirineos entre Napoleón y Franco!

Cierto es que desde hace unos veinte años se han emprendido nuevos estudios e investigaciones, tanto en España como en el extranjero. El drama vivido entre 1936 y 1939 ha tenido tantas resonancias y tales consecuencias en la propia España y ha despertado tanto interés en el mundo que, de rebote, ha reanimado el interés de los historiadores por la España contemporánea. Pero, para comprender la explosión de la guerra civil hay que remontarse muy atrás en el pasado, explorar el siglo XIX, explicar por qué la Península Ibérica no ha experimentado, como otras potencias occidentales, profundas transformaciones.

El gran ajuste de cuentas políticas de 1936 sólo podía percibirse a través de un serio análisis de la sociedad española contemporánea. Las intuiciones geniales de Gerald Brenan (*El Laberinto Español*) han abierto un filón de investigaciones prácticamente inagotable. Recientemente, tanto en el terreno económico con las obras de Vicens Vives y de la escuela de Barcelona como en el de la sociología política a partir de los estudios de Martínez Cuadrado, la escuela histórica española parece apasionarse por una historia que, poco tiempo antes, aún sabía a fruta prohibida.

Sea cual sea la calidad de los trabajos ya publicados hay que admitir que los más destacados son fragmentarios. Aún quedan inmensas zonas oscuras que, con toda seguridad, afectarán a este libro. Hay pocas aproximaciones sintéticas, y la mayoría de ellas siguen prisioneras de una periodización tradicional, que privilegia las grandes crisis políticas.

Sin embargo, incluso un movimiento tan profundo y violento como el de 1808 raramente transforma una sociedad. Con estas agitaciones sucede lo mismo que con una tempestad que sacude brutalmente el mar y cuyos efectos se traducen en una serie de oleadas cada vez más espaciadas en el tiempo. En nuestro caso, devuelven regularmente a la superficie las fuerzas y las ideas que se suponían desaparecidas con el restablecimiento del orden y de los antiguos valores. Así es hasta la Revolución de 1868 que rechaza por primera vez la monarquía borbona, aceptada durante mucho tiempo como símbolo de unidad y convertida en símbolo de opresión. No obstante, ha habido que esperar hasta estos últimos años para que los historiadores de España hayan soñado hacer de 1868 o de 1874 una fecha clave de la historia contemporánea.

Y es que, en efecto, contrariamente a la fecha de 1868, cuya significación es puramente hispánica, 1808, 1898 o 1936 no sólo ocupan un lugar importante en la cronología española, sino que son fechas de referencia en la historia internacional. Con frecuencia se llega a la historia española a través de una historia exterior a España.

Por otra parte, la política internacional y la interior están tan estrechamente mezcladas en este país, que nos ha parecido imposible separarlas y consagrar uno o varios capítulos diferenciados a la política exterior de España.

Pero, además, la Historia de la España contemporánea sufre permanentes referencias a algún ejemplo extranjero; la realidad hispánica es difícilmente perceptible mediante una lectura inmediata. Desde el siglo XIX, los españoles, que miran constantemente hacia Europa, encuentran sus modelos en Francia, en Inglaterra o en Alemania. Los políticos son admiradores de Disraeli o de Bismarck. Incluso puede ocurrir que el sistema político esté pura y simplemente calcado del extranjero: es el caso del régimen establecido en 1876.

Todo sucede como si los españoles, en las diferentes épocas, no hubieran aceptado nunca mirar de frente a las propias realidades de su país, y siempre buscasen en el exterior las soluciones a sus problemas. Tales análisis desembocan forzosamente en elecciones carentes de realismo. De ahí se siguen una sucesión de fracasos, de los cuales las Cortes de Cádiz son el primer ejemplo en el siglo XIX. Estas conductas, lejos de arreglar los conflictos inherentes a una sociedad con unas estructuras petrificadas, agravan los resentimientos internos. Entonces España aparece como un país profundamente dividido e incapaz de superar sus dificultades. No se ha hecho nada para evitar el reforzamiento de las desigualdades sociales entre una clase dominante profundamente deseosa de perpetuar el antiguo orden y de salvaguardar los valores establecidos, que son la garantía de su poder, y una masa despojada, cada vez más numerosa y sensible a las ideas revolucionarias.

Así se explica la profundidad de la crisis de la sociedad española en el siglo XX. Entonces toda Europa experimenta graves trastornos. Los grandes Estados europeos pierden su supremacía, pero al menos mantienen un cierto equilibrio social y político. La crisis española es más profunda. España entra en la crisis sin disponer de los medios para superar sus divisiones; se ve afectada más duramente que las otras potencias, a pesar de que su neutralidad durante la guerra de 1914-1918 la haya protegido de las devastaciones sufridas por sus vecinos. A partir de 1923 busca, vanamente, soluciones autoritarias o democráticas para sus problemas. Aun sin ser tomados en préstamo en el extranjero, estos cambios de estructuras políticas no arreglan en absoluto los verdaderos problemas y no evitan el enfrentamiento de las fuerzas sociales en 1936.

En nuestra opinión, no se puede tratar de valorar los problemas políticos y económicos de España a la luz de lo que sucede en Francia y en Gran Bretaña. Debemos tratar de comprender por sí mismas las realidades españolas que nos esforzamos por describir. Sin duda la sociedad española puede considerarse, hasta estos últimos veinte años, como una sociedad preindustrial. De hecho, el término traduce muy mal la originalidad y la complejidad económicas y sociales del país. Conviene volver a situar España en el conjunto mediterráneo, en busca de un equilibrio basado simultáneamente en una economía de tipo rural y en actividades mercantiles. Una parte mínima de la nación aspira a las ventajas de una industrialización a la inglesa.

Efectivamente, en el siglo XIX, esta sociedad de corte tradicional no experimenta, mayoritariamente, la necesidad de un cambio industrial. Cuando se manifiesta el deseo de una evolución, la sociedad española debe tomar prestados los medios al extranjero: medios ideológicos —ideas liberales desde el principio del siglo XIX y, más tarde, ideas socialistas— y también medios materiales como capitales, técnicas y mercados.

Esta sociedad inmóvil y bloqueada encuentra su expresión en un Estado estrechamente controlado por la Oligarquía, y que no puede desarrollar ni un papel motor ni una función arbitral. Sólo traduce esta necesidad de unidad que se ha encarnado desde hace mucho tiempo en la persona del soberano. Las controversias sobre el titular de la Corona en ocasión de la muerte de Fernando VII debilitaron la monarquía al convertirla en el objeto de rivalidades políticas. Así pues, la España contemporánea busca una fuerza capaz de mantener la unidad y de encauzar las evoluciones necesarias.

En 1808 la Iglesia ha encarnado una forma de resistencia nacional que el Imperio napoleónico no se ha encontrado en ningún otro país. El tema religioso de la Cruzada perdurará para el tradicionalismo español como arma defensiva contra Europa, tanto en 1936 como en 1808, y ofensiva contra el Islam a finales del siglo XIX y principios del XX.

Posteriormente el Ejército pretende asegurar esta unidad. Esta ambición se convierte en su razón de ser en un país que ya no tiene Imperio y cuya existencia no está seriamente amenazada por nadie. Pero, con el tiempo, estas dos fuerzas se identifican cada vez más con la clase dirigente.

La Iglesia ha elegido su campo desde el reinado de Fernando VII, al asociar la defensa del absolutismo a la de Cristo Rey. En consecuencia no puede sino ser violentamente rechazada por una parte de la Nación. El Ejército, obsesionado por su ideal de orden y de unidad y en nombre de una Patria española que, sin embargo, nadie quiere volver a poner en cuestión, confunde el autonomismo con la secesión y la reivindicación social con la destrucción del Estado. Al igual que la Iglesia, y con una fraseología más variada, se convierte en el instrumento de la parálisis social del país. En definitiva, una vez en el poder, los militares, Espartero, Primo o Franco, sólo saben imponer la represión.

Queda por explicar el fenómeno de la Restauración, único ejemplo en España de un régimen de apariencia democrática parlamentaria. Se mantiene durante casi medio siglo como si hubiese conseguido este equilibrio tan difícil y tan discutido. Bien sabemos que no lo consiguió. No ha sido más que el instrumento de la clase dominante para perpetuarse en el poder. Ha podido utilizar la red de influencias locales que domina la sociedad española y ha creído contribuir a la evolución indispensable de una sociedad moderna. La crisis del siglo XX muestra a las claras que no se ha resuelto nada...

En efecto, nada cambia, y nada puede cambiar mientras que la economía y la sociedad no se muevan. Quizás la única verdadera discontinuidad en la Historia contemporánea de España deba situarse en 1958. La evolución reciente ha atenuado las contradicciones sociales y permitido el tránsito sin violencia de la Dictadura a un régimen liberal. España parece entrar en una nueva era, simbolizada por el "consenso" político, fenómeno nuevo e importante cuyo alcance, sin embargo, aún no podemos apreciar.

[illegible] que [illegible] militares [illegible] un [illegible] de ser [illegible] [illegible] que [illegible] en [illegible] [illegible] [illegible] se [illegible] con [illegible] [illegible] [illegible].

La Iglesia [illegible] cambio desde [illegible] de Fernando VII [illegible] la defensa del [illegible] a la de Carlos [illegible] [illegible] [illegible] y [illegible] por una [illegible] la Nación. El [illegible] [illegible] y [illegible] en nombre de una Patria [illegible] [illegible] [illegible] [illegible] [illegible] la secta [illegible] y la revolución [illegible] que la [illegible] de [illegible] [illegible] la [illegible] y que [illegible] [illegible] [illegible] [illegible] de la [illegible] [illegible] [illegible] [illegible] Primo de Rivera [illegible] sobre [illegible] la [illegible].

[illegible] [illegible] de la [illegible] [illegible] de [illegible] [illegible] [illegible] [illegible] [illegible] [illegible] [illegible] [illegible] [illegible] que [illegible] [illegible] [illegible] [illegible] de la [illegible] [illegible] [illegible] [illegible] que [illegible] a [illegible] [illegible] y la [illegible] [illegible] [illegible] [illegible] [illegible].

[illegible] [illegible] [illegible] [illegible] [illegible] [illegible] [illegible] [illegible] [illegible] [illegible] [illegible] de la [illegible] [illegible] [illegible] [illegible] [illegible] [illegible] [illegible] [illegible] [illegible].

PRIMERA PARTE

LA ESPAÑA DEL SIGLO XIX

Capítulo I

LA CRISIS DEL ANTIGUO RÉGIMEN DESDE LA GUERRA DE LA INDEPENDENCIA HASTA LA PÉRDIDA DE LAS COLONIAS

I. La guerra de la Independencia

1808 es una de las escasas fechas de la historia española que se puede considerar como una verdadera discontinuidad. En sus grandes rasgos la sociedad no se verá modificada en absoluto por la crisis de los años 1808-1814. Seguirá siendo una sociedad campesina dominada por una todopoderosa oligarquía terrateniente rodeada por un clero rico y numeroso. El régimen "*estamental*", que por un momento peligró, se restablecerá en su totalidad. La guerra habrá afectado a gran cantidad de españoles y debilitado por mucho tiempo el potencial económico del país sin llegar a modificar las estructuras sociales y políticas. Si hay ruptura, hay que encontrarla en alguna otra parte, en las mismas formas de la resistencia nacional a la invasión francesa, en la desaparición momentánea del aparato de Estado, que ilumina, a través de la insurrección popular, las verdaderas fuerzas del país y las profundas contradicciones de la sociedad.

La intervención francesa y el hundimiento del Estado

A finales del siglo XVIII el gobierno de los Borbones se ha transformado en un despotismo que la incapacidad o la debilidad de los soberanos transformará, durante el reinado de Carlos IV, en "despotismo ministerial". La realidad del poder se deja al ministro de turno, Floridablanca, Aranda, y después Manuel Godoy. Un sistema tan personalizado conduce a que todas las animosidades converjan sobre el detentador provisional de la autoridad, a que se convierta en el blanco de los celos de corte, y a que aparezca ante el pueblo como el único responsable de las dificultades políticas y financieras. El descrédito que sufre la monarquía en los primeros años del siglo XIX ha contribuido en lo sucesivo a dar una imagen grotesca de la familia real y del ministro, amante de la Reina, que, sin embargo, no es fiel reflejo de la realidad. El genio de Goya y la crueldad irónica de su pincel han transmitido a la Historia esta visión un poco caricaturesca de la degeneración de los Borbones. Conviene recordar lo delicada que es la situación de España. Está en medio de las ambiciones contradictorias de las grandes potencias europeas y sometida a las presiones que, naturalmente, suscitan sus riquezas americanas.

Cuando la caída de la monarquía francesa, en 1792, el gobierno español debe elegir entre su alianza tradicional con Francia y su hostilidad respecto a la Revolución. Después de haber combatido a la Francia revolucionaria y de haber acogido a numerosos emigrados, Godoy busca un compromiso con la potencia francesa. Practica un cambio de alianzas que puede parecer sorprendente, pero que hay que recordar que es práctica corriente en el siglo XVIII. Sin embargo, la colaboración militar y financiera con los franceses es desgraciada: la flota española es destruida en Trafalgar. España debe ceder a Gran Bretaña la isla de la Trinidad. Y cuando, tras una corta tregua, se reanuda la guerra entre Francia e Inglaterra, el bloqueo continental obstaculiza considerablemente el comercio marítimo de España así como el de Portugal.

Entonces Godoy negocia con la Francia napoleónica un reparto de Portugal, que se presenta como una intervención sin peligro y muy provechosa para él ya que debería crear, en beneficio suyo, un principado hereditario que cubriría aproximadamente el tercio del país. Es el tratado de Fontainebleau del 27 de octubre de 1807. Sin duda, Napoleón ve en este acuerdo el primer resultado de una política a más largo plazo. En lo sucesivo, pretende controlar política y militarmente el conjunto de la península y obtener una plataforma hacia las riquezas de la América española. En resumidas cuentas, reanuda la política de la antigua monarquía, esforzándose por recuperar las ventajas concedidas por el Pacto de Familia, y aislando a Inglaterra en el Mediterráneo.

Los movimientos de tropas francesas en el norte de España, justificados oficialmente por la operación emprendida en dirección a Portugal, la ocupación de las plazas fuertes de Navarra, del norte de Castilla y también, lo que parece mucho menos comprensible, de Cataluña, provocan, sin embargo, reacciones hostiles. El motín de Aranjuez, el 17 de marzo de 1808, obliga a Godoy a abandonar el poder. Fernando, hijo mayor de Carlos IV, es proclamado rey con el nombre de Fernando VII. Sin ninguna duda es el resultado de las intrigas de corte, pero también es el primer signo de una reacción popular contra el extranjero.

Las querellas de familia de los Borbones de España sirven de pretexto a Napoleón para forzar los acontecimientos. Mientras Murat avanza sobre Madrid, donde el 3 de mayo reprimirá duramente un motín popular, el Emperador convoca en Bayona a Carlos IV y Fernando, y obtiene de los dos soberanos una renuncia simultánea a la corona. Una asamblea de notables, también reunida en Bayona, aprueba la designación como rey de España del hermano de Napoleón I, José, y el 7 de julio de 1808 ratifica el texto constitucional que le es presentado. En apariencia, un Estado napoleónico sustituye al Estado borbónico. En realidad, en toda España ya ha comenzado la resistencia contra el "rey intruso" y contra las ideas revolucionarias, rechazadas violentamente por la Iglesia y la nobleza tradicional. En ausencia del legítimo soberano, y ante la debilidad y las dudas de la alta administración, en pocas palabras, ante la ausencia de un Estado organizado, se van a poner de manifiesto, espontáneamente, nuevas fuerzas a lo largo y a lo ancho de todo el país. Sin embargo, sólo tienen en común la fidelidad al soberano prisionero, el "deseado" y, sobre todo, el rechazo de la dominación francesa.

La insurrección popular y la resistencia: Juntas locales y guerrillas

Carece de interés tratar de reconstituir una historia militar de la guerra de la Independencia. Ciertamente, se puede dibujar un mapa de los movimientos de las tropas francesas en la península; pero no reflejará más que mediocremente la realidad del conflicto. No hay que atribuir demasiada importancia a las primeras derrotas del ejército napoleónico, pese a la resonancia que estos acontecimientos pueden haber tenido en España, e incluso a través de toda Europa. Las capitulaciones de Dupont en Bailén y de Junot en Cintra en julio-agosto de 1808 se deben, ante todo, a un error de cálculo inicial de Napoleón, que previó un rápido éxito de la operación emprendida, en cambio, con medios limitados. A partir del momento que el Emperador, obligado a una acción de mayor alcance, manda a España a la *Grande Armée*, las tropas españolas son vencidas, Madrid ocupado, y los ingleses que habían venido a ayudar a los españoles, empujados al mar. Hasta la primavera de 1812 los franceses mantienen la iniciativa y se lanzan a una serie de acciones militares que les permiten apoderarse de las grandes vías de comunicación, de las principales ciudades, y que obligan a la Junta Central, última expresión del poder monárquico en España, a refugiarse en Cádiz, y al ejército inglés, desembarcado de nuevo en Portugal, a permanecer en una especie de campamento atrincherado, cerca de Lisboa, detrás de las líneas fortificadas de Torres Vedras. Para los españoles, todo enfrentamiento en campo abierto se salda con una derrota. Y esto no cambiará hasta 1812, en el momento en que la *Grande Armée* se lanza a la aventura de la campaña de Rusia. No obstante, conviene subrayar los límites de esta intervención. La *Grande Armée* no consiguió nunca rechazar por completo a los ingleses de la península; las tropas francesas nunca tienen los medios para controlar el campo, ni para asegurar la autoridad del gobierno de José.

La guerra *nacional* se traduce en una resistencia popular multiforme, rápidamente agravada por los excesos y las torpezas del ejército francés de ocupación. En otras partes de Europa, en Alemania y, sobre todo, en Rusia, se pueden encontrar formas de resistencia similares al igual que ciertos temas de propaganda antinapoleónica como, por ejemplo, el que consiste en presentar a Napoleón como una encarnación del Anticristo. Pero en España la guerra es más dura, más cruel, y también más duradera. Y la resistencia popular tiene una amplitud extraordinaria que no se vuelve a encontrar en ninguna otra parte.

El motín madrileño del 2 de mayo de 1808 no es ni el primer acto de resistencia ni un acontecimiento capital en la historia de la guerra. Pero la brutalidad de la represión le confiere un carácter ejemplar y el romancero de la Guerra de la Independencia le atribuirá un valor de símbolo. La monarquía convertirá el *Dos de Mayo* en fiesta nacional cuya celebración estará acompañada durante mucho tiempo por manifestaciones antifrancesas.

De hecho, comenzando por Asturias y un poco por doquier, surgen estos organismos espontáneos que son las juntas locales y regionales que se apoderan del poder, a menudo contra las autoridades legales de las que se puede constatar su inacción e ineficacia. Las juntas locales son las que organizan la resistencia. La autoridad reside en ellas, incluso cuando la Junta Central trata de hacerse con la dirección de la lucha armada y de impulsar un movimiento de reformas cuyos límites son muy evidentes. Pero la espontaneidad del movimiento y su diversidad natural impiden generalizar las observaciones efectuadas en tal o cual localidad o región. A veces son notables los que toman la iniciativa del levantamiento. A menudo está determinado por una manifestación popular que lleva al poder a unos jefes improvisados, de acuerdo con, o en contra de, las antiguas autoridades según si aceptan o no participar en la insurrección. Los escasos estudios realizados sobre estas juntas muestran la disparidad de su composición sociológica. Los aristócratas casi siempre están representados, y los sacerdotes siempre. La junta de Alicante incluye, entre otros, al deán del cabildo, cuatro canónigos y dos curas.

En cualquier caso la situación conduce a un verdadero desmembramiento del poder. Y las autoridades locales que, en su totalidad, proclaman su voluntad de oponerse al invasor y afirman su fidelidad al monarca ausente, actúan sin preocuparse demasiado de lo que piensan o hacen los diputados a las Cortes de Cádiz. De hecho, en los primeros meses de la guerra, se ha establecido una serie de poderes autónomos que son los responsables naturales de la resistencia. ¿Acaso podría suceder de otro modo cuando cada responsable, civil o militar, debe organizarse a toda prisa, sin directrices precisas y con los medios disponibles *in situ*? Los sitios legendarios sostenidos por los españoles en Zaragoza o en Gerona, suponen tantos esfuerzos y tantos sacrificios que, si se quiere simplemente aguantar, hace falta asegurar el orden creando una policía local. Éste es el origen de las *milicias honradas*, compuestas por los "buenos ciudadanos" que, en Zaragoza, el cabildo local se encarga de designar. El papel de la Iglesia, cuya importancia es notoria, no sólo consiste en fanatizar los espíritus contra los franceses ateos al describir el homicidio de un soldado enemigo como "una obra meritoria" que ayuda a liberar la patria de los opresores, sino que también sirve para mantener el orden público al dar su aval espiritual a un poder sin legitimidad evidente. Que nadie se sorprenda de ver sacerdotes y curas participando en la lucha armada. Aquí religión y política están tan próximas que la autoridad civil o militar y la eclesiástica se confunden.

Aislada, la resistencia urbana, por más valerosa que sea, está irremediablemente condenada. Los sitios heroicos acaban con una capitulación. La única forma de combate que pueda inquietar duraderamente a los ocupantes es la guerrilla. A un levantamiento espontáneo y un poco anárquico le corresponde una acción militar igualmente espontánea en sus comienzos, limitada en el espacio y que se organiza poco a poco bajo la dirección de un jefe local o *cabecilla*. Éste reúne una banda, una *partida*, cuya importancia puede ser extremadamente variable y su armamento casi inexistente. A menudo, la ausencia de un equipamiento moderno obliga a recurrir al arma blanca. Más adelante, la imaginería francesa de la guerra de la Independencia reflejará el uso frecuente del puñal por parte del guerrillero español como un signo de ferocidad; esencialmente lo que hay que ver es un signo de miseria.

Por lo demás, la guerrilla impone una forma de combate despiadada, y no sólo contra el adversario. En el mismo interior del grupo, el cabecilla debe imponer una disciplina tanto más estricta cuanto que sus tropas improvisadas están poco acostumbradas a sufrir una disciplina militar. Al obtener su aprovisionamiento de los pueblos circundantes, y al depender de los aldeanos para las informaciones más indispensables, a veces los guerrilleros deben obligar por la fuerza a los campesinos a que les proporcionen la ayuda necesaria.

Las partidas no se constituyen antes de mediados del año 1809. Pero, desde este momento, su movilidad, su perfecto conocimiento del terreno y la complicidad de la población local dan fe de su perfecta adaptación a las nuevas condiciones de la guerra, y las multiplican. Pese a la represión ciega y brutal que golpea por un igual a guerrilleros y campesinos, algunas bandas se convierten en lo bastante importantes numéricamente como para constituir una fuerza temible y para dar a sus jefes una popularidad que sobrepasa ampliamente el estrecho marco de sus acciones. A veces estos jefes improvisados son antiguos oficiales; también a veces nacen del pueblo como el más célebre de ellos, Juan Martín Díaz, apodado *El Empecinado*, que era hijo de un zapatero. El prestigio de estos jefes de banda y la conciencia del papel esencial que les corresponde, contribuyen a dar a la guerrilla su imagen de guerra revolucionaria. Sin duda, el término es excesivo. Guerra revolucionaria quizás no, pero con toda seguridad guerra popular, que da durante algunos años a tal o cual responsable local un poder limitado pero indiviso en su ámbito geográfico. No obstante, si algunos de estos jefes improvisados se presentan años después como campeones del liberalismo contra la reacción absolutista, hay que guardarse de ver en ellos a los partidarios de una revolución social o, incluso, política. Sabemos que Espoz y Mina, el futuro jefe liberal, en 1814 llegará a fusilar el texto de la Constitución colocado sobre una silla... Sin querer generalizar demasiado, hay que admitir que muchos de estos generales de la guerrilla se convertirán en liberales sobre todo cuando el restablecimiento del Antiguo Régimen haya olvidado o hecho olvidar sus méritos.

Los partidarios de las ideas liberales son otros: periodistas, abogados, escritores. El papel que van a desempeñar en la política española y, en particular, en las Cortes, es desproporcionado a su número y a su influencia real en el país. Su combate se sitúa a otro nivel. Al mismo tiempo que rechazan el rey impuesto por los franceses, creen ir más lejos en el sentido de las reformas que el gobierno de José Bonaparte y de los Afrancesados.

La España ocupada y los Afrancesados

Desde 1808 la insurrección nacional toma tanta importancia que sólo se puede afirmar que esté sometido a José Bonaparte el territorio ocupado por las tropas francesas. Pero los generales franceses encargados de la pacificación de la península, no aceptan someterse ciegamente al gobierno de Madrid. Ni Soult, que actúa como dueño y señor en las regiones que domina, ni Masséna, ni incluso Suchet, en Levante, el más tolerante y sin duda el más capaz como administrador, obedecen al rey. En consecuencia, resulta difícil emitir una opinión fundamentada sobre José. Sometido a un mismo tiempo a las órdenes de su hermano, que llega a anexionar pura y simplemente Cataluña a Francia, y a las presiones de su círculo de allegados; despreciado por la población, que lo ridiculiza —se le apoda Pepe Botella, afectando creer que se da a la bebida—, no puede actuar libremente ni en los territorios que se supone que controla.

El sistema político establecido a partir de la Constitución de Bayona, aunque parece excesivamente centralizado y poco compatible, a este respecto, con la tradición española, no ocasiona una transformación radical de la sociedad. Las medidas adoptadas por el gobierno de José son más propias de un despotismo ilustrado que de un liberalismo excesivo: creación de una junta de instrucción pública y de establecimientos de enseñanza secundaria, abolición de la Inquisición, supresión de algunas órdenes religiosas, etc. Pero las mismas condiciones de la guerra borran las mejores intenciones y sólo dejan subsistir las apariencias opresivas: régimen policial, estrecho control de la prensa y, sobre todo, presión fiscal permanente al estar el gobierno buscando constantemente los medios financieros precisos para su supervivencia. Búsqueda vana, por lo demás, ya que los agentes del fisco se dirigen a una población que ya ha sido requisada por las autoridades militares francesas o por los cabecillas.

Cuanto más pasa el tiempo más se degrada el régimen y se evidencia que Francia impone a España un sistema conforme, sobre todo, a los intereses franceses. La apertura de las fronteras y el envío a Francia de grandes cantidades de lanas españolas son dos ejemplos muy significativos. En estas condiciones, y ante las derrotas militares que, a partir de 1812, condenan el régimen de José, el número de sus partidarios no cesa de decrecer.

Sin embargo, en los primeros tiempos de la guerra las adhesiones son numerosas. Muchos notables y altos responsables de la administración aceptan al nuevo rey, simplemente porque representa el Poder. Una de las razones invocadas con más frecuencia por los Afrancesados para explicar su elección política consiste en la necesaria salvaguarda del orden público frente a la anarquía, al desencadenamiento de las pasiones y al asesinato tolerado o aprobado al amparo del patriotismo. Sólo unos pocos de estos adheridos colaboran activamente con los franceses. La mayoría de los Afrancesados son funcionarios ansiosos, sobre todo, por cobrar su sueldo, por sobrevivir, o por obtener algunas ventajas momentáneas de la situación. ¿Podemos incluir entre estos Afrancesados a los comerciantes que obtienen beneficios, en absoluto despreciables, de la ocupación y, principalmente, de los suministros a los ejércitos? Los especuladores de guerra son numerosos, pero están dispuestos a jugar en los dos bandos y, cuando las primeras derrotas anuncian el hundimiento del gobierno josefino, los Afrancesados se reducen rápidamente a unos miles de personas. Después de seis años de ocupación, y sobre una población de once millones de habitantes, sólo doce mil familias se consideran lo bastante comprometidas como para pasar la frontera y buscar en Francia un refugio contra la inevitable reacción nacionalista...

Ahora el terreno está libre para un nuevo poder. Pero los propios españoles están profundamente divididos sobre los principios mismos de este poder, sobre lo que debe ser la regeneración de España después de la prueba de la guerra. ¿Hay que contentarse con restablecer la monarquía y la religión al mismo tiempo que la antigua sociedad "estamental"? Es la posición de los Absolutistas, a quienes sus adversarios políticos denominan los *serviles*, pero que se sienten apoyados por una gran parte del pueblo español. ¿Se puede, por el contrario, aprovechar la crisis de régimen y la circunstancias excepcionales que la rodean para introducir reformas y crear, de pies a cabeza, una nueva España? ¿Es esto lo que intentarán imponer los Liberales *exaltados* en las Cortes de Cádiz?

La acción de los Liberales. La Constitución de Cádiz y las reformas institucionales

Es interesante subrayar la importancia histórica de la Constitución de 1812. Realmente nunca se aplicará, pero su papel es primordial durante una buena parte del siglo XIX. Es la referencia constante del discurso liberal, la reivindicación permanente de la insurrección antiabsolutista. Alrededor de la Constitución, la "Pepa", se creará un aura de leyenda que la convierte en el símbolo de la Libertad en un mundo despótico, texto mítico que se reclama mucho y que se conoce poco, y que, en realidad, no es más que la piedra angular de un edificio liberal inspirado por las ideas de los *Ilustrados* del siglo XVIII y deseado, en efecto, por una minoría "ilustrada" que intenta imponer su punto de vista al conjunto de las Cortes reunidas en Cádiz.

Las Cortes se convocan a iniciativa de este embrión de gobierno nacional que representa ser la Junta central, que nace de las juntas regionales y representa la unidad nacional frente a la infinidad de poderes locales. La composición de la Junta central es sintomática de esta continuidad política que hay que tener siempre presente para comprender España en este período agitado. Los nobles son mayoritarios; Floridablanca, el antiguo ministro de Carlos III y de Carlos IV, es el presidente, y el espíritu de reforma está representado por Jovellanos, notable abierto a los problemas de la economía y de la enseñanza pero deseoso de mantener, en el marco de una colaboración organizada entre la monarquía y las Cortes, los principios de la sociedad del antiguo régimen. Las medidas adoptadas hasta 1810 son, en lógica consecuencia, de una extrema modestia. La Junta remite la decisión sobre las modalidades de la transformación política a las Cortes. Éstas se reúnen el año 1810 en Cádiz, ciudad-refugio protegida por la flota británica, ciudad de la prosperidad y del gran comercio donde la influencia inglesa se deja sentir desde hace mucho tiempo; por lo tanto, una de las ciudades donde el liberalismo recluta más partidarios.

Hay poca relación entre la composición de las Cortes y la resistencia popular española. Los diputados no se han designado por "estados", lo que puede parecer la garantía de una exacta representación de la nación. Pero no se encuentran en esta asamblea los representantes de las clases populares: ni un campesino, mientras que el campesinado tenía un papel fundamental en el combate antifrancés. Por el contrario, un diputado de cada tres pertenece al clero y, sobre todo, ocupan un lugar considerable los representantes de la burguesía liberal, los abogados, profesores y comerciantes; y ¡qué se puede decir de los diputados que se supone que representan a los territorios coloniales y que, de hecho, se designan en Cádiz! Entre los delegados de esta burguesía es donde se reclutan los Liberales "exaltados", cuyas concepciones políticas finalmente triunfarán. Son los representantes consecuentes de las clases medias, muy minoritarias en España, pero cuyas concepciones liberales y centralizadoras, inspiradas a la vez en el régimen inglés y en la Revolución francesa, coinciden con los intereses de clase.

El régimen que propone la Constitución de 1812 se fundamenta estrictamente en la división de poderes. El ejecutivo se confía al soberano —no responsable ante el legislativo— y cuya persona es sagrada e inviolable. Pero su poder está sometido a ciertos límites: no puede firmar tratados sin el consentimiento de las Cortes; debe defender la integridad del territorio español, etc. En cambio dispone de un veto suspensivo, cuya práctica recuerda de forma singular a la Constitución francesa de 1791. Pero, en ningún caso puede oponerse a la reunión de las Cortes.

El legislativo es verdaderamente independiente. Tal como lo han pedido los Liberales exaltados, se confía a una sola Cámara. En principio los diputados representan a la Nación, lo que supone la supresión de toda representación provincial o corporativa; pero no hay una verdadera igualdad cívica: se requiere la cualidad de "propietario" para poder ser candidato a diputado, lo que excluye tanto a los asalariados como a los campesinos sin tierra. Estamos bastante lejos de la democracia política que los *Doceañistas* pretenden establecer. Ser español y ciudadano no significa que se posean todos los derechos. Por el contrario significa claramente un cierto número de deberes. Basta con referirse al artículo 7: "Todo español está obligado a [...] obedecer las leyes y respetar las autoridades establecidas", al artículo 8: "También está obligado todo español a contribuir en proporción de sus haberes para los gastos del Estado", o al artículo 9:

"Está asimismo obligado todo español a defender la patria con las armas...".

Sin embargo, el texto constitucional insiste en la unidad de la Nación en unos términos que los Jacobinos franceses no habrían rechazado. Sin duda, este afán de unidad se explica por la disgregación del poder en la península y por las primeras manifestaciones de la emancipación americana. En cualquier caso conduce al rechazo del regionalismo y a no hacer ninguna distinción entre los españoles de los dos hemisferios. Implica una verdadera condena del nacionalismo americano así como del foralismo (defensa de los privilegios locales o *fueros*), sin tener en cuenta las realidades ibéricas o iberoamericanas. La acusación lanzada por los adversarios de los Exaltados —demasiada teoría e insuficiente respeto a la tradición española— no está carente por completo de fundamento. En cambio, es inexacto tacharlos, sin matizar, de anticlericalismo. Por el contrario, a la unidad nacional corresponde, claramente afirmada, la unidad cristiana. Éste es el sentido del artículo 12 de la Constitución, pese a las restricciones que comporta y que suponen una cierta tolerancia: "La religión de la Nación española es y será perpetuamente la católica, apostólica y romana, única verdadera. La nación la protege con leyes sabias y justas, y prohíbe el ejercicio de cualquier otra". Por lo demás, el soberano sigue siendo un rey católico. En este terreno, en apariencia nada ha cambiado fundamentalmente. Y no obstante, los "espíritus ilustrados", *que dominan las Cortes*, serán acusados por sus adversarios y, en lo sucesivo, por los historiadores tradicionalistas, de haber tratado de quebrantar el poder de la Iglesia y de subvertir, simultáneamente, el orden social.

En efecto, no hay que separar la obra constitucional de la importante serie de medidas adoptadas por los *Doceañistas*, y que, más que el propio texto constitucional, pone en tela de juicio el antiguo sistema socio-político. Precisamente, hablando de las medidas que afectan a la religión, suprimir la Inquisición puede parecer una medida sanamente liberal; pero hay que recordar el lío que se arma cuando se discute esta medida en las Cortes. Para muchos, la unidad religiosa debe ser defendida, e incluso impuesta. Naturalmente, se considera a los Afrancesados herejes y cismáticos. ¿Acaso suprimir la Inquisición no es debilitar a la Iglesia y atentar contra el mismo espíritu de la Cruzada popular? Y la Iglesia, algunos de cuyos miembros han tomado parte activa en la puesta en marcha de las reformas, se siente especialmente afectada por las medidas adoptadas bajo pretexto de saneamiento financiero. Se pueden suprimir comunidades religiosas; se les prohíbe en cualquier caso la adquisición de nuevos bienes; por último, y por encima de todo, se plantea la posibilidad de poner en venta, en provecho de la nación, una parte de los bienes del Clero. No es la primera vez que se habla de *desamortización* de los bienes de la Iglesia. Aquí hay que subrayar de nuevo la continuidad de una acción política ya planteada por los ministros *ilustrados* bajo el gobierno de Carlos III. Por lo demás, las decisiones adoptadas son notoriamente moderadas: sólo afectan a los bienes del clero regular y, en un principio, a una parte de los *baldíos* y *realengos*, es decir, de los terrenos comunales y de los que dependen del dominio real. Pero, aun teniendo en cuenta todas estas precauciones, y aun admitiendo que la *desamortización* se haya planteado más que puesto realmente en práctica por las Cortes, la decisión de los doceañistas va a ser doblemente denunciada, a la vez como ultraje a la Iglesia y como una especulación, ya que las tierras, incluso vendidas a bajo precio, irán a las manos de los que disponen de suficiente dinero para comprarlas y que serán los que de verdad se aprovecharán de esta operación. Estímulo a la especulación del suelo que en realidad no aprovechará ni a la Nación ni a los pobres.

Respeto a la propiedad y facilidades de enriquecimiento. He aquí, no obstante, los intereses de las *clases medias*. La libertad concedida a todos beneficia, de hecho, a unos cuantos. La supresión de los *gremios* (corporaciones) aparta, con toda seguridad, algunos obstáculos. Pero, ¿acaso no suprime simultáneamente las garantías que hasta entonces poseía el obrero en el sistema gremial? Se deroga el régimen señorial. Los señoríos se transforman en propiedades excepto en los casos en los que los derechos señoriales se reducen a derechos jurisdiccionales, evidentemente suprimidos. Esta medida, de alcance desigual según las regiones, es muy difícil de aplicar, sobre todo en tiempo de guerra. En suma, en todos los terrenos la obra de las Cortes es un conjunto de buenas intenciones, muy limitada en su aplicación y marcada por el origen social de los diputados. La masa del pueblo español la ha seguido ignorando. Fruto de la reflexión de una minoría ilustrada, es atacada violentamente por los absolutistas que rechazan tanto su modernismo como su inspiración francesa. En cualquier caso, para ser aplicada necesita un período de calma que sólo puede establecerse con el fin de la guerra y con la colaboración del Rey y las Cortes, lo cual supone la aprobación, por ambas partes, de las medidas adoptadas.

El final de la guerra y el retorno de Fernando VII

El hundimiento de la *Grande Armée* en Rusia ha sellado la derrota francesa en España. Sin duda lo más sorprendente es que las operaciones militares se prolonguen tanto. Después de la victoria de Wellington en los Arapiles y del abandono de Madrid por parte de José, se necesitará un año hasta que las tropas francesas sean reconducidas a la frontera. Algunas plazas fuertes catalanas incluso aguantan hasta el verano de 1814. Pero, desde el final del año 1813 se puede considerar terminada la guerra de la Independencia. El 11 de diciembre de 1813 el tratado de Valençay devuelve la corona a Fernando VII.

El retorno del Rey, en medio del estusiasmo general, va a plantear de inmediato el problema institucional. ¿Aceptará sancionar la obra de las Cortes? En el contexto de reacción antifrancesa que se desarrolla en toda la península, la aplicación de las decisiones gaditanas parece difícil. Las aclamaciones con las que Fernando es acogido, la influencia de un círculo de íntimos que rechaza sistemáticamente el constitucionalismo y, finalmente, la adhesión de algunos jefes militares a las posiciones absolutistas (las declaraciones del general Elio serán decisivas), impulsan al restablecimiento del antiguo orden, del despotismo monárquico. El decreto publicado en Valencia el 4 de mayo de 1814 rechaza cualquier forma de texto constitucional aunque se admita que las Cortes deben ser convocadas de nuevo por el Rey: "Conformándome —dice este decreto— con tan decididas y generales demostraciones de la voluntad de mis pueblos, [...], declaro: que mi Real ánimo es no solamente no jurar ni acceder a dicha CONSTITUCIÓN ni a decreto alguno de las CORTES [...], a saber, los que sean depresivos de los derechos y prerrogativas de mi soberanía, establecidas por la Constitución y las leyes en que de largo tiempo la nación ha vivido, sino el declarar aquella Constitución y tales decretos nulos y de ningún valor ni efecto, ahora ni en tiempo alguno, como si no hubiesen pasado jamás tales actos, y se quitasen de enmedio del tiempo, [...]. Y como el que quisiese sostenerlos, y contradigere esta mi Real declaración, [...], atentaría contra las prerrogativas de mi soberanía y la felicidad de la nación, y causaría turbación y desasosiego en mis reinos, declaro reo de lesa Magestad a quien tal osare o intentare, y que como a tal se le imponga la pena de la vida, ora lo ejecute de hecho, ora por escrito o de palabra, moviendo o incitando, o de cualquier otro modo exhortando y persuadiendo a que se guarden y observen dicha CONSTITUCIÓN y DECRETO".

Y así el gobierno real, de un plumazo, liquida la obra de las Cortes de Cádiz y restablece el antiguo orden, aun antes de que se hayan podido establecer efectivamente nuevas instituciones. Por encima de todo condena a los partidarios de cualquier innovación al oponer, según una argumentación que el tradicionalismo español retomará durante un siglo y medio, la constitución no escrita respetada por la nación y los textos abstractos decretados por teóricos olvidadizos de las realidades españolas. Pero, en nombre de estas realidades y de estas tradiciones, los Absolutistas triunfantes suprimirán todas las libertades, perseguirán a todos los heterodoxos y restaurarán el despotismo y el dominio absoluto del Rey, de la Iglesia y de la oligarquía terrateniente.

II. EL DESPOTISMO DE FERNANDO VII Y LOS PRONUNCIAMIENTOS LIBERALES (1814-1824)

El triunfo de la España negra

De la guerra de la Independencia y de la resistencia popular contra la dominación francesa y contra una administración incapaz de suscitar, o incluso de controlar el levantamiento nacional, se habría podido esperar, al menos, una modificación del régimen. Incluso el desorden del levantamiento es portador de esperanzas. Crea nuevas fuerzas y permite que destaquen nuevos dirigentes. En la medida en que la ocupación francesa compromete o barre todo el Antiguo Régimen, quizás haya un lugar para esta sociedad de la cual los Exaltados de Cádiz tienen una concepción sin duda discutible pero también, con toda seguridad, innovadora. La extraordinaria floración de escritos polémicos, obras de teatro y periódicos que se editan entre 1808 y 1814 resume, al mismo tiempo, los temas de la propaganda antifrancesa y el deseo de cambio. Sin embargo, en los primeros meses del reinado de Fernando VII parece que se retroceda al pasado, que se quiera borrar no sólo la obra de las Cortes de Cádiz, sino también el lento e insuficiente trabajo de reforma emprendido por los jovellanistas desde los últimos años del reinado de Carlos III.

El Rey sólo tiene treinta años cuando verdaderamente accede al poder en 1814. Formado en las intrigas de la Corte y del exilio, este soberano de semblante triste e ingrato, de talla mediocre y con una evidente falta de prestancia, conserva durante toda su vida un carácter introvertido. Celoso de su autoridad, incluso y sobre todo con su familia, se atrinchera en el secreto de su camarilla y no admite en su intimidad más que a un reducido número de individuos cuya presencia e influencia las discuten tanto los Absolutistas como los Liberales. Sus cambios políticos, interpretados ora como una muestra de flexibilidad ora como una demostración de hipocresía, de hecho reflejan el afán de mantener o restablecer un despotismo libre de toda regla de gobierno y de la existencia de poderes intermediarios.

Se restablece la administración al estilo antiguo con todas sus instituciones. Se restablecen el Consejo real, el Consejo de Indias y las Audiencias. Los capitanes generales recuperan su sitio y su autoridad. También se restablece el régimen nobiliario en todas sus formas, *mayorazgos* y *señoríos*, con la excepción de los derechos jurisdiccionales cuya abolición se confirma. La convocatoria de Cortes, prometida en 1814, se olvida. Simultáneamente la Iglesia recupera sus prerrogativas. Se anula el decreto de desamortización. La Inquisición renace de sus cenizas. El poder de la Iglesia y el poder del Estado se unen y se confunden.

Todo esto no es nuevo. Por el contrario lo que sí lo es, es la necesidad que experimentan los Absolutistas de definir y legitimar, frente a la doctrina liberal, el régimen que creen defender. Éste es el sentido del *Manifiesto de los Persas*, primera proclama política lanzada en España por una tendencia o por un partido. El texto, refrendado por sesenta y nueve diputados "serviles", es anterior al decreto del 4 de mayo. Está destinado a animar al soberano, por aquel entonces en el camino de regreso, a resistir a los Constitucionalistas y a restaurar las antiguas instituciones. En él se define la monarquía absoluta como una *obra de la razón y de la inteligencia.* Sin lugar a dudas su legitimidad fundamental es de orden divino, pero depende aún más profundamente de *la sumisión voluntaria de los primeros hombres que eligieron sus Reyes.* Hay consentimiento y acuerdo de los individuos en el dominio de uno solo. *Hay entre el Príncipe y el pueblo ciertas convenciones que se renuevan con juramento en la consagración de cada Rey.* Por lo tanto el absolutismo no es arbitrario. El monarca absoluto está limitado en su poder por un compromiso moral y por las *leyes fundamentales del Estado* que él se obliga a respetar. Los firmantes del manifiesto reclaman, en nombre de estas *leyes antiguas*, la reunión de las Cortes designadas según la tradición.

El régimen impuesto por Fernando no corresponde exactamente a esta definición. Es un despotismo en el pleno sentido de la palabra. Deja al Rey la totalidad de los poderes o bien los abandona en manos de los miembros de una camarilla designados por el soberano y responsables sólo ante él. Ignora toda manifestación de la opinión y toda representación popular. Habiendo condenado el liberalismo, no puede tolerarlo. Y no vacila en arrestar o en exilar a los Liberales patriotas tal como ha hecho con los Afrancesados. Pero no acepta reunir las Cortes tradicionales. En tanto que emanación de un poder centralizador y unificador respeta poco las libertades y los privilegios locales, pero protege los privilegios personales.

En resumen, Fernando VII es el heredero de un sistema absolutista reciente que rechaza las ideas francesas y la noción de democracia parlamentaria sin, en cambio, satisfacer por completo a los tradicionalistas. Pero, sin lugar a dudas, lo más grave de este régimen despótico es su incapacidad para resolver los problemas del momento e, incluso, para dotarse de los medios para resolverlos. La guerra de la Independencia ha revestido a España con un nuevo brillo; la resistencia del pueblo español frente al ejército francés la ha engrandecido a los ojos de toda Europa. Pero, al día siguiente de la derrota napoleónica, este prestigio se hunde brutalmente. La participación de un representante de Madrid en las negociaciones de 1815 será la última manifestación de la presencia española en las discusiones entre grandes Estados europeos. Ya es evidente que se la trata como a una potencia de segundo orden. Carece de la fuerza militar necesaria para que sea de otra forma. Su flota es inexistente; su ejército, debilitado y mal pagado, está sobrecargado porque los oficiales del Antiguo Régimen han tenido que dejar algo de espacio a los recién llegados, surgidos de la guerra. Los medios financieros son insuficientes. El Tesoro ya está empeñado con la deuda exterior y debe afrontar gastos cada vez más gravosos. La revuelta de las colonias americanas amenaza con privar al Estado de los ingresos fiscales vinculados al comercio y de las aportaciones de metales preciosos que aún le dan un cierto interés ante los gobiernos extranjeros. Pero, ¿aún es compatible el esfuerzo necesario para mantener las posesiones americanas con los recursos de un país debilitado económicamente y sometido, desde el retorno de Fernando, a frecuentes sacudidas políticas?

Agitación política y pronunciamientos

El despotismo de Fernando VII impide toda manifestación de contestación política. Reduce a la oposición tradicionalista a las intrigas de corte. Obliga a los Liberales a organizarse en la ilegalidad y el exilio. La Santa Alianza de los Príncipes de derecho divino impone en Europa un régimen policial que, de un extremo al otro del continente, destierra o reprime toda veleidad de liberalismo y empuja a los oponentes a gruparse en sociedades secretas.

Sin embargo, estas asociaciones no están bien estudiadas, y se tiene la tendencia a confundirlas con la masa de las sociedades patrióticas que proliferaron después de la liberación de 1820. A menudo los historiadores españoles han exagerado su papel al igual que el de las sociedades masónicas. Indudablemente, las logias masónicas son focos de liberalismo, pero mucho menos importantes que lo que se ha afirmado posteriormente. La masonería española, importante a finales del siglo XVIII, se ha dividido profundamente con ocasión de la invasión francesa. Se ha comprometido, en parte, con los Afrancesados. En cambio, ninguno de los jefes liberales de 1812 puede ser señalado, con absoluta seguridad, como francmasón. Pese a que la reacción fernandina los condena a la clandestinidad, se asiste a un desarrollo de las logias en las ciudades españolas, especialmente en las meridionales, Cádiz, Sevilla o Granada. Resulta difícil no vincular este movimiento a la propagación de las ideas liberales desde Gibraltar y a las acciones limitadas, la mayoría de las veces preparadas en el extranjero, tendentes a suscitar un cambio o a derribar el régimen político.

Cuando se aborda el estudio de la historia contemporánea española, toda insistencia sobre la España del exilio es poca. En la España del siglo XIX no hay ni un solo hombre político de alguna importancia que no se haya visto obligado a vivir en otro país como consecuencia de las vicisitudes del régimen español y que no haya encontrado en esta estancia parte de su inspiración. Entre 1815 y 1833 Francia sirve de refugio para los responsables liberales, cuyo papel en el mundo de las letras es igualmente importante. Martínez de la Rosa, futuro ministro de la reina regente María Cristina, o Ángel de Saavedra, duque de Rivas, son capaces de escribir con la misma fluidez en francés que en español; los problemas políticos franceses les apasionan tanto como las dificultades españolas. Pero sobre todo es Inglaterra la que sirve de modelo a los Liberales. A menudo modelo político y siempre modelo económico hacia el que se mira sin cesar cuando se plantea transformar España modernizándola. Los gobiernos ingleses, aunque sean tan poco "demócratas" a comienzos de este siglo, al menos respetan las libertades esenciales. Han concedido ampliamente el derecho de asilo a los Españoles perseguidos por la reacción fernandina. Por lo demás, mantienen una desconfianza natural hacia la España del catolicismo y de la Inquisición. Gibraltar es la base principal de la propaganda y de las conspiraciones liberales, cuya repetición y multiplicidad son inconcebibles sin una ayuda exterior.

Entramos así, desde 1815, en el período de los *pronunciamientos.* Es un fenómeno nuevo, relacionado con la dominación opresiva de un grupo político cuya legitimidad está cuestionada. Suele tratarse de un jefe, llegado del exilio o de la clandestinidad, pero las más de las veces salido del ejército, que afirma su vocación de encarnar la unidad nacional y que puede considerarse lo bastante representativo para lanzar una llamada (*grito*) a la opinión pública. De ahí se deduce el desarrollo, siempre parecido, del pronunciamiento: exposición de un programa bajo la forma de un manifiesto que se difunde o que se lee a las tropas que se trata de sublevar. El movimiento tiene un carácter local y sólo en contadas ocasiones existe una coordinación suficiente entre los diversos oponentes para extenderlo a todo el país. El pequeño grupo que toma la iniciativa del pronunciamiento simplemente espera obtener la progresiva adhesión de la población o, al menos, del ejército y de las fuerzas políticas. Estos rasgos permanentes explican ciertos caracteres de los pronunciamientos. Son movimientos limitados, provinciales (la capital entra en la acción más tarde, y sólo si ésta parece a punto de triunfar). Si no fracasan en los primeros momentos, su propagación puede ser lenta al sentirse la masa de la población poco motivada por una sedición muy minoritaria. A este respecto, el levantamiento de 1936 señala, sin duda, el final de una práctica política española que, en cambio, se ha transmitido ampliamente a los países de lo que se ha convenido en llamar el tercer mundo, y no sólo la América Latina. Nos podemos preguntar si el fenómeno del pronunciamiento en el mundo contemporáneo corresponde a un cierto estadio de evolución sociopolítica: países que adoptan los conceptos de Estado y de Nación antes de tener las posibilidades de formar una verdadera opinión pública. En estos casos la política se convierte en el coto reservado y campo de batalla de diversas facciones, que pretenden encarnar a un mismo tiempo la unidad nacional y una voluntad popular visiblemente ausente del debate.

El hecho es que en el corto período que se extiende desde 1815 hasta 1820 España conoce una serie de conjuraciones y pronunciamientos que responden a este modelo. Todas estas conspiraciones, claro está, son liberales. La primera es la de Porlier en La Coruña en 1815. La segunda, más vasta por sus ramificaciones, tiene lugar dos años después en Barcelona; es el pronunciamiento de Lacy. En el intervalo la policía descubre múltiples complots cuya importancia es muy difícil de establecer al tener interés los dos partidos en aumentar sus dimensiones, el gobierno para denunciar el peligro y explicar la necesaria represión, y los Liberales para demostrar la verdadera popularidad del movimiento. Sea lo que sea, los manifiestos de Porlier y Lacy contienen lo esencial de las reivindicaciones liberales: convocatoria de las Cortes, y adopción de un texto constitucional, cuyo modelo sigue siendo *la Pepa*; Lacy añade algunas cláusulas puramente catalanistas que se dirigen, indudablemente, a la burguesía catalana, pero que están bastante alejadas de las preocupaciones unitarias de los militares. No hay que conceder demasiada importancia a estos movimientos. Sin embargo, mantienen una agitación que puede amenazar seriamente al poder ya que nuevas circunstancias lo ponen en peligro por otros frentes.

El pronunciamiento de Riego y el trienio liberal (1820-1823)

Los excesos de la represión antiliberal y la incapacidad de la camarilla en el poder empujan a la oposición a muchos de los que habían aclamado a Fernando cuando volvió a España. El desorden y el debilitamiento económico del país irritan a las "clases medias" y explican la adhesión de la mayoría de la buguesía urbana a la agitación liberal. La guerra americana, sobre todo, con su secuela de atrocidades, se prolonga y cuesta cada vez más cara. Los sueldos y soldadas ya no se pagan con regularidad. No es una casualidad que el pronunciamiento de 1820 se desarrolle primero entre las tropas reunidas cerca de Cádiz para ir a luchar contra el movimiento de emancipación.

En sus comienzos se parece enormemente a los movimientos precedentes: levantamiento de oficiales, llamada al Rey y a la Nación, publicación de manifiestos, el más conocido de los cuales, el del coronel Riego, insiste simultáneamente en los peligros de la expedición americana y en la necesidad de establecer una Constitución, y otro, el que redacta el antiguo diputado liberal Alcalá Galiano, hace una referencia más precisa al texto de 1812. El pronunciamiento habría fracasado como los anteriores sin el profundo descontento que determina una extensión del movimiento al otro extremo de la península. En Galicia se constituye una Junta superior provisional, inspirada, evidentemente, en las organizaciones políticas nacidas durante la guerra de la Independencia. Las grandes ciudades se van adhiriendo. Contrariamente a las tentativas precedentes, que se habían mantenido estrechamente localizadas, surgen espontáneamente poderes regionales; y la potencia de la insurrección hace ceder al poder central. Fernando acepta jurar la Constitución. Parece que se haya tomado un giro decisivo.

Pero, en realidad, el *trienio liberal* comienza bajo el signo de una triple ambigüedad, la de los textos, la de los hombres y la de la situación política. La Constitución se proclamó en 1812 en nombre de un soberano ausente al que se le podía hacer decir cualquier cosa y confiar todos los poderes sin ningún peligro. No da a las Cortes medio alguno para imponer su voluntad al Rey en caso de conflicto. Ello supone una confianza recíproca que ciertamente podría establecerse entre el Rey y unos ministros moderados, pero que evidentemente no existe entre Fernando y los elementos exaltados cuya influencia no cesa de aumentar. Fernando es un personaje intransigente en todo lo que se refiere a su autoridad y está poco dispuesto a aceptar a su lado la presencia de una personalidad fuerte. El triunfo electoral de los Exaltados imposibilita toda colaboración entre el Rey y las Cortes. Fernando VII forma un ministerio moderado bajo la dirección de Martínez de la Rosa. Las sesiones de las Cortes están jalonadas por incidentes constantes que oponen los ministros a la mayoría parlamentaria.

Pero, sobre todo, el sistema político que así se pone a prueba, debe contar con la agitación urbana. Desde que en Madrid se constituye una *Junta provisional consultiva*, se instaura en España una doble vía política: la que se desarrolla en la Corte y el Parlamento, y la que se practica en la calle. Se producen manifestaciones en todas las ciudades del reino; las discusiones prosiguen en los cafés donde la gente se reúne según su etiqueta política para intercambiar noticias y entonar cantos revolucionarios como el *Trágala.* Los Exaltados más radicales se agrupan en Sociedades Patrióticas con nombres tan evocadores como los *Comuneros* o los *Hijos de Padilla.* Intentan movilizar una opinión pública aún naciente mediante sus escritos, manifiestos, periódicos o peticiones contra las medidas moderadas o reaccionarias del gobierno, en particular las que afectan a Riego. Contra los

Absolutistas y la guardia real cuentan con la milicia urbana, cuya acción debe apoyar las reivindicaciones de los diputados exaltados. La mayoría de las Cortes aprovecha la situación para volver a adoptar, una tras otra, las medidas acordadas en Cádiz diez años antes: afirmación de las libertades fundamentales, medidas anticlericales y abolición del régimen señorial. Pero crea nuevos impuestos y protege los intereses de los propietarios de tierras al reforzar el proteccionismo cerealícola. Por lo tanto esta política liberal no satisface en absoluto a las masas campesinas inquietas por la sobrecarga fiscal y por las amenazas que pesan sobre las prácticas comunales, e incluso llega a empujarlas a la oposición.

Las contradicciones evidentes entre el Rey y la Asamblea desembocan en un estallido del sistema. En julio de 1822 un acto de fuerza provocado inicialmente por una rebelión de la guardia real se transforma en una victoria de los Exaltados. Martínez de la Rosa abandona el gobierno y el Rey designa en su lugar a Evaristo San Miguel, dando así la impresión de ceder ante la mayoría y las manifestaciones callejeras. Sin embargo, desde este momento está en total desacuerdo con sus nuevos ministros y no espera el restablecimiento de sus poderes y la supresión de las leyes revolucionarias más que de un cambio de situación impuesto por la fuerza.

La reacción apostólica y la intervención francesa

Desde el principio del trienio los Absolutistas se han negado a aceptar la menor concesión. Afirman que el Rey es prisionero de la insurrección y que conviene, simultáneamente, hacer una llamada al pueblo español y a la opinión internacional para hallar el apoyo necesario para la restauración de la monarquía absolutista. Hasta 1822 el Rey no parece asumir tal actitud. Después de la marcha del ministerio moderado su actitud cambia. En esta fecha Fernando sabe que ya puede apoyarse en un movimiento que se está desarrollando en el norte del país. Desde el verano de 1820 diversos manifiestos incitan a los Españoles a la resistencia contra el gobierno liberal. El más conocido de estos textos, redactado por el marqués de Mataflorida, tiene un título significativo: *Manifiesto que los amantes de la monar-*

quía hacen a la nación española, a las demás potencias, y a sus soberanos. En él se hallan expresados los temas tradicionalistas de 1814: restablecimiento de los fueros siempre que el rey dé su beneplácito, y reunión de las Cortes. Una *Regencia*, cuya representatividad parece muy discutible, se instala en la Seo de Urgel. Se forman bandas armadas, principalmente en Navarra y en Cataluña, volviendo a utilizar la táctica de la guerrilla, que durante la guerra de la Independencia ya había encontrado su mejor terreno en las provincias septentrionales. El apoyo que la Iglesia concede a los insurrectos *apostólicos* los refuerza considerablemente; y la tradición del sacerdote-jefe de partida es resucitada por monjes combativos como El Trapense.

Sin embargo, el levantamiento no toma consistencia hasta el momento en que se apoya resueltamente en el extranjero. Y es en Francia, en Bayona concretamente, que se instala una junta de gobierno bajo la presidencia del general Eguía que había desarrollado un papel importante en la restauración absolutista de 1814. La junta declara actuar sólo en nombre del soberano, privado momentáneamente de sus derechos y de su poder. En el congreso celebrado en 1822 en Verona por los representantes de las grandes potencias, lo que solicitan los Absolutistas españoles es una intervención francesa. A pesar de la hostilidad del gobierno inglés y de que el ministerio ultra dirigido por Villèle se haya dividido acerca de la oportunidad de esta empresa, Chateaubriand, por aquel entonces ministro francés de Asuntos Exteriores, consigue que se acepte el criterio. En la primavera de 1823, un ejército de 110.000 hombres, bajo el mando del duque de Angulema, penetra en España con la misión de restablecer al soberano en la totalidad de sus prerrogativas. Al evitar los generales españoles el combate, la expedición de los *Cien mil hijos de San Luis* no encuentra ninguna resistencia seria.

La reacción es inmediata. El Partido apostólico, rico, según la fórmula de Blanqui, "*¡gracias al oro de los conventos y fuerte por la ciega obediencia de las multitudes!*", impone su política. El decreto del 1.º de octubre de 1823 borra la obra del Trienio. Después de la publicación de un "edicto de proscripción" en el mismo instante de la entrada de las tropas francesas en Madrid, se organiza una verdadera caza de los Liberales. La administración sufre una severa depuración. Los sospechosos son llevados ante unas "comisiones militares permanentes" y perseguidos por las *Juntas de fe*, último avatar del Santo Oficio. La represión es tan violenta que los mismos franceses se preocupan. Pero, pese a las intervenciones extranjeras, continuará con todo su rigor hasta 1826. Durante mucho tiempo la reacción apostólica ha ahogado todo verdadero esfuerzo de modernización política y de transformación de la sociedad. Debido a sus excesos divide profundamente a las clases dirigentes y prepara los conflictos subsiguientes.

III. La emancipación de las colonias americanas

Sin embargo, la verdadera ruptura del equilibrio político y económico de España es la pérdida de las colonias americanas, fuente de prestigio y de riqueza. En efecto, España vive en buena medida del comercio ultramarino. Pero los vínculos que unen las diversas partes del mundo ibérico no sólo son de carácter económico. Los historiadores españoles insisten con razón en el carácter de guerra civil que reviste el movimiento de emancipación. Son españoles instalados en América o, las más de las veces, criollos, descendientes de españoles, los que dirigen el movimiento de Independencia. Y, más tarde, cuando la escisión se haya consumado, la mayoría de los nuevos Estados independientes ofrecerán a los españoles el derecho de elegir nacionalidad. Un mismo origen, una misma cultura: todo parece acercar a los hombres que van a enfrentarse. No obstante, los primeros dirigentes de la insurrección acusan a España de haber reducido a América a una *dependencia degradante.*

Las causas de la emancipación

Ante todo hay que subrayar que los Independentistas americanos nunca cuestionan una jerarquía social de la que son los primeros beneficiarios. No es nuestro propósito estudiar la sociedad colonial en la América española. Pero es indispensable subrayar que la Emancipación americana no modifica en absoluto estas estructuras sociales. La esclavitud sigue siendo un dato esencial; y la mayoría de los mestizos y de los indios no participará ni en el poder político ni en el económico. Además, durante la guerra, los indios mantienen a menudo su fidelidad al gobierno de Madrid. Tal actitud no se comprende si se olvida que en este asunto sólo están en juego los intereses de una parte de la clase dominante.

Indudablemente, el mantenimiento por parte de España de las antiguas formas de dominación es incompatible con la evolución que se produce a finales del siglo XVIII. En efecto, ¿cómo conciliar principios tan inconciliables como los del Pacto colonial y los de la libertad comercial? Ésta se había proclamado para acabar con el monopolio de Cádiz, pero en provecho de otros puertos españoles como La Coruña, Santander o Barcelona. Sin embargo, en la práctica, los barcos extranjeros tienen un papel cada vez más importante en el comercio de los países latinoamericanos con el resto del mundo. Los ingleses, y después los americanos tras la proclamación de la Independencia de los Estados Unidos, se dedican a un contrabando activísimo con la complicidad de la burguesía criolla. Ésta soporta cada vez peor una dominación política ejercida por los lejanos funcionarios del Consejo de Indias, y sufre con impaciencia la autoridad más próxima y directa de los administradores españoles, desde los virreyes hasta los responsables secundarios de las Audiencias y de las Intendencias. El criollo ha aprendido a diferenciarse del español en la medida en que rara vez accede a las mismas responsabilidades que él a pesar de que uno y otro participan de la misma sociedad y de que a menudo dispongan de un nivel cultural idéntico. Los criollos, sometidos a una administración que se comporta como extranjera, dominan en cambio los *cabildos* (o asambleas municipales) donde hacen el apredizaje de la vida política al oponer, naturalmente, los intereses locales a los de un poder central que el despotismo ilustrado no ha hecho sino reforzar.

Así comienza a difundirse la idea de que América sufre la explotación española sin obtener el menor provecho para sí misma. Por lo tanto convendría modificar radicalmente las relaciones entre España y sus colonias. Aranda lo había apreciado bien, antes de la guerra de la Independencia, cuando planteaba la transformación del Imperio en una federación hispanoamericana, situando en un pie de igualdad a los españoles de los dos hemisferios. Pero el despotismo ilustrado tiene, ante todo, un afán de rentabilidad y una moral utilitaria. Aún no se ha emprendido ninguna reforma cuando se produce la intervención francesa, dando lugar, indirectamente, al movimiento de emancipación.

Los comienzos del movimiento

El hundimiento del Estado borbónico en 1808 y la ausencia en España de una autoridad incuestionable, van a tener una repercusión fatal en las relaciones entre España y su colonias americanas. En un primer momento los mismos funcionarios españoles vacilan y se dividen en torno a la actitud a adoptar respecto de la Junta central. Los criollos, pese a proclamar su fidelidad y su adhesión a la persona de Fernando VII, no consideran satisfactorias las proposiciones de la Junta central relativas a la igualdad de derechos entre españoles y americanos y al envío de diputados americanos a las Cortes de Cádiz. A imagen de lo que ha sucedido en España se van a constituir *Juntas Gubernativas* que sustituyen a las autoridades existentes.

Pero aquí el movimiento adopta naturalmente un carácter revolucionario. En La Plata y en Nueva Granada se destituye o expulsa a los funcionarios españoles. El movimiento se extiende rápidamente excepto en el Perú, donde el virrey Abascal ha ahogado desde el principio toda tentativa de instalación de un poder ilegal. Se disuelven las Audiencias. En cada región se reúnen congresos nacionales para elaborar una Constitución impuesta por los criollos.

Sin embargo, hay que mencionar una excepción en el movimiento general que se extiende por la América española. En México, el levantamiento del cura Hidalgo adopta muy rápidamente un carácter de revolución popular, lanzando llamadas a los desheredados y amenazando de esta forma al orden social. Los criollos, temiendo por sus intereses, hacen inmediatamente causa común con el ejército español. No obstante, pese al arresto y ejecución de Hidalgo, la insurrección se prolongará por más de tres años. Esta guerra social explica que México experimente una evolución diferente de la del resto de la América española.

En resumidas cuentas, la burguesía criolla, minoritaria, se ha aprovechado en un primer momento de la debilidad militar de los españoles y de la inercia de la población indígena. Pero los jefes del movimiento, los *cabecillas*, están muy divididos. Miranda, que ha dirigido el levantamiento en Nueva Granada, no se siente suficientemente apoyado y capitula. Simón Bolívar, que recomienza la lucha, trata vanamente de unificar el movimiento insurreccional. Tropieza sobre todo con los indómitos jinetes indígenas, los *llaneros*, que prefieren adherirse a España antes que aceptar la dominación criolla. Los llaneros aportarán una ayuda decisiva a las tropas españolas. En 1814 Bolívar debe huir.

La debilidad de un movimiento minoritario, las rivalidades entre cabecillas, pero también la falta de preparación militar de los insurrectos y las dificultades de comunicación, que imposibilitan una ayuda mutua eficaz entre los grupos revolucionarios, explican el fracaso del movimiento. Ya en 1813 los españoles vuelven a ocupar Quito y las ciudades chilenas. Pero, por idénticas razones de falta de medios y de distancias a franquear, el ejército español no puede reducir todos los focos de la insurrección. El más importante se sitúa alrededor de Buenos Aires. Hasta que no es destruido, en Madrid se teme una reanudación de los combates.

Cuando en 1815 en Europa se restablece la paz y en España el poder de Fernando se afirma sólidamente, se decide hacer un esfuerzo considerable para acabar la "pacificación". Se envía a América un ejército de 10.000 hombres, lo que supone la movilización de todos los medios de transporte marítimo de que puede disponer el gobierno español. El general Morillo recupera Cartagena después de un asedio durísimo. Comienza la represión.

La reanudación del levantamiento y la victoria del movimiento de emancipación

Pese a maniobrar sobre distancias inmensas y disponer de escasos medios, el ejército español lleva las de ganar porque el adversario se ve reducido a combatir en bandas de algunos centenares de hombres y carece de medios de transporte. Una vez ocupadas las ciudades de Venezuela, el general Morillo se contenta con enviar algunas columnas para hacer algunas razzias por el campo con la intención de aplastar los restos de la insurrección. Pero, por esto mismo, suscita contra España la resistencia popular que no había existido durante la primera fase de la insurrección. En 1817 los llaneros de Venezuela se adhieren a la revuelta y cambian la situación en favor de los insurrectos. Por otra parte, al general independentista San Martín le basta con reunir 4.000 hombres para conquistar Chile a partir del foco revoltoso de La Plata.

Además, la simpatía que los Estados Unidos y la Gran Bretaña han mostrado hacia los revolucionarios se confirma fehacientemente después de 1815. Refugiado en Jamaica, Bolívar puede, con toda tranquilidad, preparar expediciones y recibir material de guerra. El apoyo del inglés Cochrane, que forma una pequeña flota, es determinante para asegurar el control de las costas chilenas a falta de una red de carreteras.

Por lo tanto el gobierno de Fernando debe enfrentarse con una nueva situación. Para responder, lanza una doble ofensiva. Mediante la actividad diplomática intenta obtener una ayuda de las grandes potencias europeas apelando a la defensa del orden y de la autoridad monárquica. Pero, pese al apoyo del zar, el congreso d'Aix-La-Chapelle acaba con un fracaso total para las gestiones españolas. Gran Bretaña, en nombre del principio de la no intervención, rechaza conceder el menor apoyo al gobierno de Madrid y se limita a ofrecer sus buenos oficios para emprender negociaciones con los insurrectos. Evidentemente, a Fernando no le queda más remedio que rechazar esta propuesta.

Entonces hay que recurrir a la fuerza. El tono ha cambiado desde 1815, cuando se intentaba calmar a los delegados americanos con buenas palabras. Bolívar se ha reinstalado en Nueva Granada. Consigue, sobre los demasiado escasos españoles, éxitos militares que le permiten entrar como vencedor en 1818 en Bogotá. El mismo año San Martín conquista Chile. Al renacimiento de los movimientos insurreccionales corresponde la reanudación de una guerra cuya violencia y crueldad impresionan. Las tropas reunidas en Cádiz a finales del año 1819 ven llegar convoyes de heridos, a veces terriblemente mutilados. Sin lugar a dudas, esto basta para quitarles las pocas ganas que tienen de embarcarse con destino a América, y contribuye a que se adhieran al movimiento liberal de 1820. De esta forma, las Revoluciones de España y de América se ayudan mutuamente y se complementan.

El pronunciamiento liberal, lejos de simplificar la situación, le añade una serie de ambigüedades y contradicciones. La guerra continúa pero sin la voluntad de concluirla. En efecto, la revuelta de las tropas de Cádiz modifica radicalmente el equilibrio de fuerzas. Los generales españoles saben que no pueden esperar más ayudas procedentes de Europa. Morillo contemporiza y firma un armisticio con Bolívar. La reanudación de las hostilidades y la derrota de Carabobo en 1821 entregan Venezuela a los insurrectos. El mismo año, San Martín aprovecha los antagonismos políticos entre los responsables españoles para adueñarse de Lima y proclama la independencia del Perú. Finalmente, México se proclama independiente bajo la influencia de oficiales conservadores deseosos de tomar distancias respecto de los Liberales madrileños. El plan de Iguala, proclamado por el coronel Iturbide, crea un Estado donde mexicanos y españoles tienen plena igualdad de derechos, pero cuyo porvenir institucional todavía es incierto. A principios del año 1822 ya no quedan en América más que algunos islotes de resistencia española.

En el plano diplomático la ambigüedad también es grande. Los Liberales se sienten, a un mismo tiempo, solidarios de la insurrección colonial y deseosos de mantener los antiguos vínculos bajo una nueva forma. Sucesivamente proponen a los insurrectos americanos enviar diputados a las Cortes y recibir la igualdad de derechos; pero rechazan la independencia de México y la secesión de cualquier parte del Imperio. Una comisión de las Cortes elabora, como último recurso, un proyecto de creación de tres grandes Estados independientes gobernados por infantes españoles. Propuesta vana pero reveladora del estado de ánimo de los Liberales: se ha perdido la guerra pero hay que mantener a cualquier precio las relaciones privilegiadas con América que han salvado, hasta finales del siglo XVIII, las apariencias de la grandeza española.

El final del Imperio

En realidad, se ha pasado la página sin que España pudiera ni siquiera aparentar tener un papel que desempeñar, por pequeño que fuera. El gobierno de los Estados Unidos es el primero en enviar un encargado de negocios a Colombia ante Bolívar. Es el primer acto de reconocimiento oficial de un nuevo estado por parte de una gran potencia. En 1822 y 1823 se multiplican las negociaciones entre los insurrectos victoriosos y las potencias interesadas. En el congreso de Verona, Wellington hace de portavoz de las colonias insurrectas e insinúa que el único problema a plantear es el de saber cuándo y cómo legalizar su existencia como estados independientes. Sin embargo hay que esperar hasta 1825 para que se establezcan relaciones diplomáticas entre Gran Bretaña y las Repúblicas de Colombia, México y La Plata.

Mientras tanto España ha perdido su última batalla. El virrey del Perú, La Serna, el único que aún dispone de algunas fuerzas militares, aprovecha las disensiones entre los jefes de la insurrección para volver a ocupar Lima a principios de 1824. Pero está aislado en medio de un país que de ahora en adelante le es hostil. En diciembre de 1824 la derrota de Ayacucho le priva de casi la mitad de sus hombres y le obliga a capitular. Quedan islotes de resistencia dispersos. Una guarnición española aguanta el puerto de Callao hasta 1826; y después ya sólo hay algunas guerrillas quechúas sin esperanza ni trascendencia.

El Imperio ha muerto. Pero la España monárquica se resiste a reconocer el hecho consumado. Todavía en 1829 Fernando envía tropas a México para una irrisoria expedición de reconquista. En una nota oficial dirigida a las potencias declara que nunca consentirá reconocer los nuevos Estados de la América española y que *no dejará de emplear la fuerza armada contra sus súbditos rebeldes.*

¿Es ésta la actitud corta de miras de un monarca aislado? ¿Acaso es verdaderamente muy distinta de la de los diputados de las Cortes liberales que legislaban, tres años antes, en nombre de los españoles de los dos hemisferios simulando ignorar la secesión de la mayor parte del Imperio americano? Simplemente hay que ver en ello el rechazo de un desastre, no sólo militar sino sobre todo económico. España no está preparada para la "descolonización". Replegada sobre sí misma, no es más que un país de miseria rural que vive por encima de sus posibilidades, soñando con su pasado. En 1824 ha perdido un elemento esencial de su riqueza, y no tiene la posibilidad de reconvertir en breve plazo una economía excesivamente basada en una producción agrícola mediocre y en el comercio colonial. Sin embargo, el mito imperial resistirá mucho tiempo mediante la nueva utilización de las riquezas de Cuba, las ambiciones militares y el espíritu de Cruzada.

Capítulo II

LA QUIEBRA DE LA MONARQUÍA TRADICIONAL (1824-1868)

Cuando se observa con un poco de perspectiva esta España de los primeros años del siglo XIX, se percibe que el retraso de la península respecto del resto de Europa se ha agravado bruscamente en estos años. La monarquía fernandina no ha sabido prever ni afrontar los hechos.

Pero la reacción apostólica y el despotismo de Fernando no son las únicas causas de este retraso. El retorno al Antiguo Régimen no es un fenómeno aislado en la Europa de después de 1815. En la misma época los Ultras gobiernan la Francia de Carlos X. Los gobiernos italianos son tan reaccionarios como la camarilla de Madrid. Los conflictos entre la burguesía liberal, apoyada a menudo por el ejército, y la oligarquía dominante, existen en toda la Europa latina. Por lo tanto hay que buscar en alguna otra parte las razones del debilitamiento español.

La primera, evidentemente, es la pérdida del Imperio. Ciertamente aún queda Cuba. Pero para los españoles Cuba no se convierte en la "perla de las Antillas" hasta después de la derrota militar en la América del Sur. Hay que abstenerse de juzgar la descolonización española a la luz de lo que ha sucedido con Francia e Inglaterra a mediados del siglo XX. En 1824 ya hacía más de dos siglos que las "Indias occidentales" eran una fuente de riqueza para España, y para los españoles un medio de enriquecimiento. El comercio del país se fundamenta en gran medida en el tráfico entre los puertos españoles y América. Esta fuente de riqueza desaparece de repente, al igual que los medios de "hacer carrera" al otro lado del Atlántico para los funcionarios civiles y militares. España está tan acostumbrada a vivir de su Imperio que se resiste a aceptar la evidencia misma de su desaparición. Durante diez años la monarquía ha luchado para reconquistar las colonias insurrectas. Todavía serán necesarias decenas de años para que admita —y con ella el pueblo español— la pérdida del Imperio. El último enfrentamiento colonial de España con países de la América del Sur —la guerra contra Chile y Perú—, tendrá lugar en 1866, ¡cuarenta y dos años después de Ayacucho!

Pero, mientras tanto, esta España reducida a sus únicos recursos debe hacer frente a otras realidades. Al enfrentamiento, común a toda Europa, entre burguesía liberal y aristocracia tradicionalista, se le añade un antagonismo mucho más profundo entre los partidarios de un unitarismo centralizador y los defensores de los privilegios locales o regionales. Es un viejo conflicto, siempre vivo en el corazón de los españoles, que ni los Habsburgos ni los Borbones han sabido resolver en los siglos anteriores pese a sus veleidades centralizadoras y al peso de un importante aparato burocrático.

I. Hacia una monarquía liberal y centralizadora: la primera guerra carlista

En realidad el movimiento liberal de 1820 y la reacción absolutista sólo han afectado a un reducido número de personas. Por esto la represión de los liberales, subsiguiente a la intervención francesa, parece tan desproporcionada. En la práctica, a partir de 1826 Fernando VII está acosado por una doble oposición. Por un lado los Liberales, élite política e intelectual. Ya hemos visto como una gran parte se han visto obligados a exilarse en Francia, donde el gobierno de la Restauración los tiene, a menudo, en residencia vigilada y, sobre todo en Inglaterra.

Pero mantienen una verdadera influencia sobre las "clases medias" mediante la propaganda bastante activa que desarrollan desde Gibraltar, y desde Francia después de la revolución de 1830.

Por otro lado nos hallamos con los partidarios de la reacción absolutista, los antiguos "Apostólicos" que ahora se autodenominan *realistas puros*. Han encontrado un jefe en la persona del hermano de Fernando, Carlos María Isidro. En 1827 no vacilan en levantarse contra un poder que aún les parece demasiado timorato en su defensa de la antigua sociedad. Es la insurrección de los *Agraviados*, que afecta particularmente a Cataluña, y que sería un episodio sin gran importancia en la historia española si no anunciara, con algunos años de anticipación, una guerra civil atroz.

La primera guerra carlista

El pretexto es el conflicto sucesorio que se inicia en 1833. Fernando ha tenido, de un cuarto matrimonio con María Cristina de Borbón, hija del rey de Nápoles, una hija, Isabel, nacida en 1830. El rey, que envejece, ha promulgado el mismo año una "Pragmática Sanción" que permite, a pesar del auto de 1713 que establece la ley sálica en España, que su hija le suceda. Dos años después anula esta decisión, y ello hace que su hermano Don Carlos espere la corona. Estas oscuras intrigas de palacio acaban con el "golpe de Estado de La Granja". María Cristina, apoyada por los Moderados y los Liberales, obtiene un arreglo definitivo a favor de Isabel. La muerte de Fernando unos meses más tarde, el mes de septiembre de 1833, entrega la regencia a María Cristina y abre un conflicto sangriento que dividirá profundamente a España.

Don Carlos, que se considera legítimo depositario de la soberanía, llama a la insurrección. Se forman bandas armadas en nombre de Cristo Rey y del soberano "legítimo". Pero este levantamiento está claramente localizado en las provincias hostiles a la centralización castellana: Cataluña, las provincias vascas y Navarra, que son, junto con la ciudadela montañosa del Maestrazgo, las principales regiones afectadas por la revuelta. La población se adherirá a la rebelión carlista en la medida en que Don Carlos haga de la defensa o de la restitución de los privilegios locales uno de los artículos esenciales de su profesión de fe. Ante todo es un levantamiento *foralista*.

Por lo demás, el movimiento carlista se puede comparar con el levantamiento popular de 1808 en muchos puntos. Se desarrolla mediante acciones limitadas dirigidas por notables locales y animadas por sacerdotes que no vacilan, según una tradición ya establecida, en encabezar bandas armadas. Es una guerra de religión al mismo tiempo que una guerra de guerrillas, de campesinos. En el macizo del Maestrazgo o en las montañas vascas y navarras las guerrillas carlistas están en su casa. Las tropas regulares —los Cristinos— pueden instalarse provisionalmente en el lugar, pero no son más que un ejército de ocupación acampando en territorio enemigo.

La rebelión es lo bastante fuerte como para organizar un verdadero ejército y recaudar impuestos en el territorio controlado por los Carlistas. Su mismo éxito y la muerte, en 1835, de su estratega, Zumalacárregui, constituyen el origen de graves errores de táctica. Desde que intentan grandes empresas militares, los insurrectos fracasan. El asedio de Bilbao, la única gran ciudad amenazada por el levantamiento, debe abandonarse. Y cuando en el transcurso del año 1837 el Pretendiente en persona se lanza a una expedición en dirección al sur, con la intención de asestar un golpe decisivo al adversario, es rápidamente obligado a retroceder y a volver a cruzar el Ebro. Nunca se volverá a repetir la "expedición real". Don Carlos nunca ha sabido asegurar verdaderamente su autoridad sobre sus propios generales. En el Maestrazgo, Cabrera actúa con total independencia. La guerra carlista se reduce al levantamiento de caciques locales, de jefes de banda incapaces de organizarse y de combatir fuera de su territorio. Pero en éstos son los amos y afirman su poder por todos los medios. La guerra entre los Cristianos liberales y los Carlistas armados para una nueva cruzada adquiere naturalmente los acentos de violencia de la guerra de la Independencia. A los actos de crueldad de Cabrera se responde con las ejecuciones sumarias dirigidas por los oficiales regulares, comenzando por la de la madre del mismo Cabrera. A las violencias de las guerrillas vascas se responde, en 1834, con las violencias anticlericales del pueblo madrileño contra los monjes acusados de ser los responsables de la epidemia de cólera que, por aquel entonces, hace estragos en España.

Una guerra así no encuentra ninguna solución diplomática. El Convenio de Vergara, que, en 1839, pone punto final a la primera guerra carlista, no es más que un compromiso negociado entre jefes militares. La cláusula principal consiste en permitir la integración de los oficiales carlistas en el ejército regular manteniendo sus grados. Sin embargo, muchos rechazan este acuerdo y prefieren refugiarse en el exilio. Por otra parte, si bien se entiende que el gobierno debe proponer a las Cortes el mantenimiento de los fueros, el texto es muy impreciso en esta cuestión crucial. El conflicto sigue abierto, y no sólo entre el autonomismo carlista y el centralismo de los Liberales. En el fondo se plantea el problema del poder local, superior a las leyes e independiente de los gobiernos, poder efectivo que ninguna burocracia madrileña tiene la capacidad ni la voluntad de reducir.

Los gobiernos constitucionalistas y la reforma de Mendizábal

Los últimos años del reinado de Fernando VII se caracterizan por el despotismo monárquico. Las conspiraciones liberales se han reprimido duramente. En 1825 es cuando ha tenido lugar la ejecución del más célebre guerrillero de la guerra de la Independencia, el Empecinado. En 1831 se fusila al liberal Torrijos y a sus compañeros.

Sin embargo, la influencia ejercida por María Cristina se refleja en una relativa moderación. Algunos exilados de 1823 vuelven a España a partir de 1830. Cuando muere Fernando, y ante el peligro carlista, Moderados y Liberales se aproximan. Los antiguos proscritos ahora son los defensores de la monarquía contra el Pretendiente. Por el contrario, serán los partidarios de Don Carlos los que se marcharán a Francia o Inglaterra después del Convenio de Vergara.

Queda por saber en qué va a convertirse esta monarquía liberalizada, nacida en y de la guerra civil. ¿Está dispuesta a ajustarse al sistema constitucionalista que domina en Occidente desde 1830? Las revoluciones de París y Bruselas acaban de hacer triunfar en Francia y Bélgica un sistema de constitucionalismo censitario que da lugar a una monarquía burguesa. Y no es una casualidad que Francia e Inglaterra sean, durante la dura prueba de la primera guerra carlista, los mejores apoyos de los gobiernos de María Cristina. La Cuádruple Alianza de abril de 1834 reúne a los gobiernos de París y Londres con los de Madrid y Lisboa. Sella el acuerdo de la Europa liberal contra las pretensiones absolutistas del Carlismo o del Miguelismo (en Portugal). "Voluntarios" franceses e ingleses vienen a luchar al lado de los Cristinos. Una vez más la evolución política de España no puede aislarse del contexto europeo.

Además, es en Inglaterra donde los liberales más avanzados como Istúriz y Mendizábal, encuentran su inspiración. Precisamente la situación les es favorable. Sin embargo, el Consejo de Regencia no está formado por Exaltados. La propia Reina Regente, que ha sido educada en la tradición borbónica de la corte de Nápoles, no es de sentimientos liberales. Sólo las circunstancias la conducen a apoyarse, tanto en el interior como en el exterior, en las fuerzas liberales. Pese a ser católica no desprecia en absoluto el concurso de los grupos masónicos y anticlericales. La Corte, deseosa de mantener las tradiciones de autoridad y unidad religiosa, acepta, como en 1820, hacer concesiones a los Constitucionales. Pero no anhela ir más lejos.

Los acontecimientos, la prosecución de la guerra, acentúan el divorcio entre los Liberales moderados, dueños del poder, y los Exaltados, que a partir de entonces se denominarán *Progresistas.* Las diferencias se refieren a las instituciones, a las relaciones con la Iglesia e incluso a la política exterior. Aunque no sea siempre exacto, se suele considerar que Francia, al menos la de Luis Felipe, apoya a los Moderados, mientras que los Progresistas hallan siempre ayuda cerca de los diplomáticos ingleses.

Los Moderados entienden promover un sistema constitucional que mantenga una real autoridad monárquica. El *Estatuto Real* de 1834, inspirado por Martínez de la Rosa, deja al Rey la preeminencia política. Los Progresistas, apoyados en las renacientes sociedades secretas, provocan una serie de motines con el objeto de volver a la Constitución de 1812, cuyo recuerdo sigue asociado al mito liberal. La imposibilidad de encontrar una solución de compromiso, pese al esfuerzo realizado en este sentido en 1837, y las tensiones excepcionales hijas de la guerra civil desembocan en el abandono del ejercicio del poder en manos de un hombre fuerte que se apoye, en un principio, en un consenso popular, y en realidad, en las milicias armadas organizadas en las principales ciudades del reino. Durante la guerra civil el banquero Mendizábal dispone, en dos ocasiones, de poderes verdaderamente revolucionarios. En 1840, después que la guerra haya acabado, el general Espartero, "duque de la Victoria", y portavoz de los militares progresistas, obliga a la Reina Regente María Cristina a exilarse, y se hace proclamar, a su vez, regente del reino y ejerce un poder indiviso hasta 1843.

En medio de estos enfrentamientos, el conflicto institucional no parece apasionar en absoluto al pueblo español. Se suceden los Parlamentos, provisionales, prorrogados o ineficaces. La Oligarquía dominante guarda y distribuye los escaños de o *procuradores próceres* (diputados y senadores). La opinión pública se interesa mucho más por la gran reforma del "reinado" de Mendizábal, la *desamortización* eclesiástica.

La llegada al poder de Mendizábal en 1836 se ha producido en un contexto revolucionario, totalmente en la tradición de los levantamientos de 1808 y 1820. Incuestionablemente se trata de movimientos populares, pero sobre todo son movimientos urbanos cuyos límites geográficos son fáciles de dibujar. Como antes, se han formado juntas locales. La primera es la de Zaragoza. Después el movimiento se extiende a otras ciudades de provincias, mientras que Madrid sólo sigue con lentitud y retraso. La llamada de la Reina Regente al nuevo ministro tiene por objeto devolver la calma aceptando algunas concesiones. En su declaración preliminar Mendizábal enuncia nuevos principios que deberían permitir que España pasara del constitucionalismo moderado a un verdadero régimen parlamentario. Por primera vez se va más allá de los textos de 1812: se habla de responsabilidad del gobierno ante las Cámaras y de afirmación solemne de los derechos del hombre. Sin embargo, en la práctica, la tarea de reorganización administrativa que debe posibilitar una evolución democrática se limita a algunas modificaciones relativas al sistema judicial. Y es que el primer ministerio Mendizábal sólo dura siete meses, y debe ocuparse ante todo de la guerra civil. Primero necesita encontrar los medios financieros necesarios para el reclutamiento de nuevas tropas, el mantenimiento de la milicia, que se ha convertido en guardia nacional y la dirección de las operaciones militares.

Esta primera preocupación justifica la reanudación en gran escala de las medidas de desamortización ya planteadas en 1812 pero nunca verdaderamente aplicadas. Cuando Mendizábal vuelve al poder, tras un breve paréntesis moderado, su primera gestión es promulgar, en julio de 1837, una *ley general de desamortización* que afecta a los bienes eclesiásticos (en 1834 se había anunciado una primera *desamortización* que sólo afectaba a los bienes civiles). Los bienes de las comunidades e instituciones religiosas son declarados propiedad de la nación. El Estado garantiza los ingresos que el clero habría obtenido de sus propiedades y se compromete a asegurar el mantenimiento de los gastos de culto y clero. A cambio, puede proceder a la venta de los bienes desamortizados.

Indudablemente la medida persigue un doble efecto. De forma inmediata el gobierno espera obtener de la operación los medios financieros que le son de extrema necesidad. A más largo plazo se trata de preparar el advenimiento de una nueva sociedad procediendo a la *desvinculación* de los bienes de la Iglesia o de las comunidades locales y autorizando su venta y, en consecuencia, un nuevo reparto de las tierras. La intención manifestada es, claro está, la de ayudar al desarrollo de las capas sociales medias, y algunos historiadores consideran que se trata de una etapa esencial hacia la toma del poder por parte de la burguesía ascendente. No hay que dejarse llevar por la tentación de simplificar la historia de la España contemporánea. Para empezar, la *desamortización* se ha efectuado muy lentamente. Conviene insistir sobre la ley de 1837 porque es la primera que consigue comenzar a ser aplicada. Pero el régimen "moderado" que se instala unos años después frena notablemente sus efectos. Hará falta otro texto, la ley Madoz de 1855, para volver a relanzar el movimiento. Pero, una vez más, éste se ve frenado por una reacción moderada. La venta de los bienes desamortizados se prolonga hasta finales del siglo XIX. Además, un estudio de la desamortización que posibilite conclusiones serias debe realizarse, en este país de diversidades que es la España del siglo XIX, región por región; y esta investigación sólo acaba de comenzar. Las conclusiones a las que han llegado a menudo son contradictorias, y a veces ilusorias.

Es verdad que aparece una nueva categoría de propietarios. Pero los numerosos *labradores* de las regiones meridionales, que son una influyente burguesía agraria, no por ello constituyen una categoría social dominante. La Oligarquía siempre está presente, y está lejos de haber visto disminuir sus bienes con la desamortización. Los que compran son los que poseen, y la Oligarquía terrateniente es la primera beneficiaria de este movimiento de tierras, aunque no sea más que porque dispone del capital necesario para la compra de las tierras. Es evidente que no debe ser la única en aprovecharse, y es seguro que el número de burgueses (y hay que tomar este término en su sentido más amplio) ha aumentado a lo largo del siglo. Pero en todo esto no hay materia ni para una revolución social ni, incluso, para un cambio político. Por importante que sea, la reforma de Mendizábal no ha trastornado nada. Durante la regencia de Espartero el progresismo en el poder demuestra que está lejos de identificarse con la democracia parlamentaria.

Progresismo teórico y práctica del poder: la Regencia de Espartero (1840-1843)

El creciente papel desempeñado por el ejército en la política española se remonta, evidentemente, a la guerra de la Independencia. Hasta 1820 el despotismo fernandino ha hecho fracasar los pronunciamientos, y la lucha contra el movimiento de emancipación americano ha proporcionado a los militares un campo de acción cuando no de gloria. De las derrotas americanas queda un resabio de humillación que sufren particularmente los generales vencidos, a quienes con un matiz despreciativo se denomina los *Ayacuchos.* Durante la guerra carlista los generales mantienen, salvo excepciones, su fidelidad al gobierno cristino. Pero, en esta España dividida y humillada, tienen tendencia a presentarse como los defensores y los guardianes de la unidad nacional. Muchos de ellos han encontrado en las sociedades secretas y en la masonería una nueva actividad que les permite ocupar un lugar de primera fila en el partido liberal. Generalmente se estima que cerca de la mitad de los francmasones españoles se reclutan, en 1820, en el ejército. Como que son indispensables para el gobierno, a menudo tienen la tentación de hacer de árbitros y confiscar el poder en su provecho. La tradición liberal del pronunciamiento da a los generales que se sublevan la costumbre de tomarse por los verdaderos representantes de la voluntad popular.

Es en estas condiciones que el general Baldomero Espartero,

cuya persona se identificará durante quince años con el movimiento progresista, impone a María Cristina un cambio de orientación política antes de obligarla a dimitir de sus funciones y refugiarse en Francia, en octubre de 1840. La "Regencia" de Espartero significa el ejercicio absoluto del poder por parte de los Progresistas. Hasta esa fecha las reticencias de la Reina Regente habían limitado sus posibilidades de actuación. A partir de entonces las contestaciones desaparecen; el sistema político se bloquea. Los Moderados, al haber perdido su principal apoyo, no intentan ni practicar una oposición parlamentaria. Además no hay ninguna elección durante los tres años de la Regencia —más valdría decir la dictadura— de Espartero. Este gobierno, que actúa en nombre de la democracia y de la libertad, reduce por la fuerza las oposiciones que, a su vez, emplean los métodos —de eficacia probada— de la conjura y el pronunciamiento. Espartero dirige España bajo un régimen de estado de sitio que incluso aleja de él a algunos elementos progresistas. Este militar que encarna la voluntad nacional practica una política económica que, bajo el título de liberalismo, favorece escandalosamente al comercio inglés y perjudica a la navegación francesa; impone un derecho de pabellón (bandera) muy elevado a los barcos que proceden de los puertos franceses más próximos a España y prohíbe a los barcos extranjeros, es decir franceses, el cabotaje a lo largo de las costas españolas.

El proteccionismo catalán se alza cuando se anuncia que el gobierno esparterista negocia un tratado de comercio con Gran Bretaña. Éste es el pretexto de la revuelta que estalla en noviembre-diciembre de 1842 en Barcelona, pero, muy de prisa, adquiere un carácter democrático y popular. No es la primera vez que este proletariado se halla en abierta oposición. El Regente, después de haber exigido sin éxito la rendición incondicional de los insurrectos, bombardea y ocupa militarmente Barcelona.

Así, la dictadura de Espartero desemboca en una acción violenta que acaba de alzar contra él a una parte importante de los diputados que lo habían apoyado en un principio. Se sella un doble acuerdo entre la oposición progresista y los Moderados; en el plano parlamentario se invierte la mayoría, y, de forma más radical, los militares se reagrupan bajo el impulso de una organización formada en Francia a instancias del general Narváez, el *Orden militar.* Un pronunciamiento obliga al Regente a abandonar el poder y marcharse a Inglaterra.

De la victoria de una coalición tan heteróclita evidentemente no puede salir una situación clara. Sucede que las disputas parlamentarias, llegado el caso no han tenido gran importancia. A partir de entonces las luchas políticas se presentan bajo el aspecto de rivalidades entre jefes militares que pretenden el poder. Las ideologías políticas se apartan ante las personalidades dominantes. En estas condiciones sólo pueden haber gobiernos de coalición, coloreados según los intereses de cada momento. En su inmensa mayoría la población ya no se siente afectada por lo que aparece como simples ajustes de cuentas entre generales.

En un país donde la masa campesina, analfabeta y por lo tanto poco receptiva a las nuevas ideas, sólo se manifiesta mediante impulsos violentos y sobre todo está sensibilizada por los problemas locales o regionales, la idea liberal ha podido movilizar a los pequeños artesanos y a los comerciantes de las ciudades. La idea monárquica o la defensa de la religión han podido provocar levantamientos populares. Pero la Iglesia se ha comprometido con el Carlismo. Y la monarquía, dividida y debilitada por una prolongada minoría de edad, ya no suscita ninguna fidelidad inquebrantable.

II. El reinado de Isabel II. El final del absolutismo borbónico (1843-1868)

Al salir de un largo período de crisis, agitación y enfrentamientos violentos, el reinado de Isabel se nos presenta como un momento de relativa calma política. El Carlismo ya sólo se manifiesta esporádicamente y sin poner verdaderamente en peligro las instituciones. No se ha perdido el hábito del pronunciamiento; pero, excepto una crisis brutal en 1854-1856 que recuerda en muchos aspectos los enfrentamientos de 1820, la sucesión de los gobiernos se desarrolla sin demasiadas dificultades, y en cualquier caso sin demasiada violencia. La monarquía parece haberse moderado y los Liberales, perdido su intransigencia.

Pero esto no es más que la fachada. España no ha resuelto ninguno de los problemas esenciales que se le planteaban a principios de siglo. La monarquía sigue siendo autoritaria, y las concesiones hechas al liberalismo no han permitido arreglar la cuestión de las instituciones de modo satisfactorio para los partidos presentes. La derrota del Carlismo ha acarreado el fracaso del movimiento foralista, pero el centralismo de los militares no ha ahogado las pretensiones regionales, que se despertarán fácilmente. Sobre todo, las dificultades económicas del país no han podido sino agravarse debido al bandolerismo, la guerra civil, la inseguridad y la incuria administrativa entregada a sus miserias y divisiones, España se siente despreciada por las otras potencias europeas. Necesita tranquilidad para modernizarse y para atraer los capitales necesarios para su transformación económica. El reinado de Isabel coincide con esta búsqueda afanosa de prosperidad.

Pero, si bien las sacudidas de principios de siglo parecen atenuarse, el período sigue caracterizado por la incertidumbre y la inestabilidad, que son la regla desde la muerte de Fernando. La única diferencia con el período precedente es que los problemas esenciales están mejor disimulados. Las divisiones políticas desaparecen por un momento tras una pseudounión, facilitada por un progresivo desafecto repecto a la corona. Los gobiernos de la reina Isabel no consiguen resolver la principal contradicción de España en esta mitad de siglo: conciliar un deseo de reconstrucción y de grandeza nacionales, con la necesidad de apoyarse en una potencia extranjera para vivir o, incluso, para sobrevivir. La alianza francesa pesa con toda su fuerza sobre la España de Isabel. Si viene la crisis será la propia monarquía la que será barrida, y esta vez sin resistencia.

La política del cotillón *

Las circunstancias políticas han proporcionado unas bazas in-

* En el original, "la política del *tour de valse*". Los autores se refieren a la crisis del *baile* o del *cotillón*. Durante el baile celebrado el 10 de octubre de 1856 en honor de la reina Isabel II, en ocasión de su aniversario, ésta, para manifestar su desagrado al que era presidente del Consejo, O'Donnell, y su preferencia por Narváez, se negó a bailar el coti-

cuestionables al reinado que comienza en 1834. La joven reina, que ejerce oficialmente el poder a la edad de catorce años, después de la derrota de Espartero, disfruta de un sorprendente nivel de popularidad debido a su juventud y a las dificultades que han marcado su minoría de edad. Y sin embargo, no existirá ningún soberano español más despreciado y ridiculizado que Isabel II. Cierto es que la Reina se presta al ridículo y a la crítica. A medida que pasan los años va engordando y conserva la fealdad de los Borbones, los rasgos demasiado acusados y un semblante algo grosero. Carente de gran personalidad, primero sigue sometida a la influencia de su madre y después a la de un círculo de íntimos sospechosos, por más de un motivo, de ambición y corrupción. Se ha exagerado desmesuradamente el número de sus amantes y el papel que desempeñaban. Conviene recordar que ha sido víctima de un estúpido matrimonio político con su primo Francisco de Asís, de tendencias homosexuales. Pero la Reina se ha puesto manifiestamente en ridículo al dejarse otorgar por el Papa la Rosa de Oro, símbolo de pureza. Sobre todo, su excesivo ardor religioso la ha entregado en manos de consejeros dudosos como el padre Claret y, principalmente, sor Patrocinio, monja mística que no desprecia interesarse por la política. Su poder irrita con razón a los Liberales y desencadena las críticas. Pero, indudablemente, es más importante subrayar la influencia del nuncio apostólico en una época en la que el Vaticano se orienta hacia una condena sistemática del Liberalismo. El papel desempeñado por la diplomacia romana en Madrid sorprende tanto más cuanto que el reconocimiento de Isabel II como soberana de España por parte del Papa se ha demorado mucho.

Al margen de esta constante religiosa que provoca serias crisis entre la Reina y sus ministros, la mediocridad y la ligereza de la soberana no dejan de tener sus consecuencias. Que el favor de la Reina llegue a expresarse a través de la concesión de un baile al futuro ministro, quita toda credibilidad a su política.

Por otra parte el personal político varía demasiado a menudo.

---

llón de honor con el primero, tal como era protocolario, y prefirió al segundo. Al cabo de veinticuatro horas cesaba el ministerio O'Donnell y era sustituido por un ministerio Narváez. [*N. del t.*]

Los ministros se suceden con excesiva rapidez para que se pueda llevar a cabo alguna empresa importante. Sin embargo, son los mismo hombres los que periódicamente vuelven a dirigir el gobierno. Después de la caída de Espartero ejercen el poder González Bravo y luego Narváez; y en los últimos años de Isabel II los primeros ministros todavía son Narváez, luego O'Donnell y más tarde González Bravo. Pero ninguno de ellos dura mucho tiempo. El gobierno de la Unión liberal de O'Donnell proporciona una sorprendente impresión de estabilidad al mantenerse sin grandes cambios durante ¡varios años seguidos!

A la inestabilidad de los hombres le corresponde la inestabilidad de las leyes —constitucionales, claro está—. Para convencerse basta con enumerar las numerosas modificaciones institucionales que se han producido en algunos años: la Constitución de 1845, impuesta por un gobierno moderado y modificada por un acta adicional diez años después y el texto constitucional de 1855, nunca aplicado; por no hablar de los repetidos cambios de la ley electoral y de la administración municipal o provincial.

A decir verdad estos textos legislativos no modifican las cosas en profundidad. Son una manifestación evidente de la insatisfacción que por estas fechas reina en España y que reflejarán aún más claramente dos fenómenos nuevos, el ascenso y la coalición de las oposiciones políticas y la aparición en Cataluña del regionalismo como fuerza política.

Los partidos políticos y los intentos de coalición

Antes de 1833 es difícil emplear el término de partido político aun en un sentido muy vago. Con anterioridad toda actividad de esta índole es marginal porque está prohibida. La costumbre de actuar en la clandestinidad mediante las sociedades secretas ha dejado una huella duradera en la vida política, incluso durante la primera guerra carlista. Los Apostólicos, que pasaron a la oposición después de 1824, recurrieron, al igual que los Exaltados, a este tipo de asociaciones ilegales. La sociedad del *Ángel Exterminador* refleja todos los excesos de la reacción clerical y absolutista. No obstante, bajo la regencia de María Cristina los grupos políticos rivales aprenden a organizarse en un marco parlamentario aunque su actividad no sea forzosamente eficaz. Además, el término de partido político, empleado corrientemente, es un poco ambicioso. Más bien se trata de grupos reducidos, formados alrededor de un líder y que disponen de uno o varios órganos de prensa para difundir sus ideas y apoyar a sus dirigentes.

Las oposiciones quizás se organizan más fácilmente que los "partidos" gubernamentales. La consolidación del régimen después del Convenio de Vergara, y sobre todo después del fracaso, en 1848-1849, de un nuevo levantamiento en el norte del país —lo que se ha convenido en llamar la segunda guerra carlista—, conduce a muchos antiguos partidarios del Pretendiente a reconsiderar su sistemático rechazo a la participación en la vida política. La defensa de los principios católicos "integristas" que por aquel entonces triunfan en Roma prevalece sobre la lucha a favor de la legitimidad monárquica. La diferencia entre las opiniones predicadas por el grupo de los neocatólicos y las defendidas por los partidarios de Isabel II afectos al mantenimiento de las prerrogativas reales es muy pequeña. En ambos casos coinciden el mismo principio de autoritarismo, el mismo afán de apoyarse en una fracción de ejército y el mismo deseo de mantener el orden que encarna el mariscal Narváez, creador en 1844 de la guardia civil, y cuya presencia en el gobierno ayudará a restablecer una calma parcial en el país.

Para los Moderados Narváez es el hombre fuerte, capaz de reprimir violentamente los motines, escasos por lo demás, que España experimenta en 1848. Sin embargo no es apreciado por la Reina, quizás por demasiado "francés", y por estar excesivamente seguro de sí mismo como hombre sin principios, incluso sin principios religiosos, que es. Una vez apartado del poder se convierte en un opositor sistemático incluso contra otra facción moderada. En efecto, algunos Moderados como Pacheco opinan que hay que posibilitar el gobierno de los Moderados y hacer viable el régimen monárquico mediante una conciliación de todos los Liberales opuestos a la amenaza revolucionaria: son los *Puritanos.*

Se dibuja entonces una nueva amenaza al otro extremo del tablero político, la de los *Demócratas* —aún no se les llama Republicanos—.

Pese al descontento que habían suscitado, Espartero y los Progresistas han mantenido durante algunos años su influencia sobre el "populacho" de las grandes ciudades. Pero, los movimientos revolucionarios que en 1848 estallan en toda Europa parecen preparar el advenimiento de una verdadera democracia. El partido progresista demócrata, que al principio representa José María de Orense, persigue el establecimiento de un sistema político basado únicamente en la soberanía nacional, lo que en última instancia excluye a la propia persona del soberano. Es cierto que los republicanos todavía son poco numerosos y, sobre todo, que están extremadamente divididos respecto a la concepción del régimen que conviene establecer. El gran problema es el de saber si la República democrática debe mantener, según la tradición jacobina, un poder central fuerte o bien si, por el contrario, debe tomar en consideración las veleidades regionalistas.

Porque hacia la misma época se asiste, sobre todo a partir de 1860, a un despertar del regionalismo catalán, que todavía mezcla de forma indistinta las reivindicaciones culturales, la revalorización de un pasado iluminado por la historia y la defensa de intereses económicos tanto más vivos cuanto que la industria algodonera de Cataluña se ha visto muy afectada por las repercusiones de la guerra de Secesión. En cualquier caso, estos recién llegados aportan nuevos aires a la lucha política; una especie de radicalismo burgués hasta entonces bastante extraño a las ideologías españolas. A falta de un partido de gobierno mayoritario, y entre los extremos, ¿hay sitio para una coalición política? Bajo el reinado de Isabel no faltan las alianzas ocasionales, y la carencia de rigor dogmático explica los frecuentes y fugaces accesos de la oposición al gobierno. Pero la única tentativa coherente que ha existido ha sido la de la Unión liberal de O'Donnell, que bajo diferentes formas dura desde 1856 hasta 1863. Se trata de reagrupar alrededor de algunas ideas elementales a individuos que hasta entonces se han enfrentado, y de posibilitar de esta forma el funcionamiento de un verdadero régimen constitucional. Se reconoce la Constitución de 1845 como base aceptable para todos si el gobierno concuerda con la mayoría parlamentaria. Naturalmente, no se trata de menoscabar la autoridad de la Reina. Pero, mediante ciertas concesiones, deja que la coalición en el poder, formada por Liberales y Progresistas, ejerza las responsabilidades gubernamentales. Se establece una especie de tregua política favorable tanto a una recuperación como a una rehabilitación diplomática. En efecto, España sueña con una gran política y, en 1859-1860, O'Donnell se lanza a una aventura militar, una guerra contra Marruecos. Ésta decepciona en cuanto a sus resultados, pero recuerda a los españoles su vocación cristiana y conquistadora en África.

Para realizar una política como ésta, hacen falta medios. O'Donnell nunca los obtendrá. La disminución del movimiento desamortizador, condición esencial para un buen entendimiento con la soberana, aún complica más el arreglo de los problemas financieros. La Unión liberal va a fracasar. Al menos representa una primera experiencia de entendimiento entre los diferentes grupos políticos para ejercer el poder en común y asegurarse unas buenas elecciones. Posada Herrera, el ministro del Interior de O'Donnell, ofrece el modelo de lo que puede ser una organización electoral basada en un simple acuerdo entre responsables políticos, bajo la protección del gobierno.

Pero esta experiencia acaba en 1863 con el final de las Cortes unionistas. Una parte de los Progresistas ya ha elegido el camino de la oposición; es el *retraimiento.* Isabel II cede a la tentación de volver a un absolutismo monárquico anacrónico y condenado por la mayoría de los grupos políticos. En definitiva, el período de conflictos e incertidumbres políticas que se ha inaugurado en 1824 no ha posibilitado el crear una organización política viable. El reinado de Isabel ve sucederse gobiernos y regímenes antagónicos. Al igual que durante los años que lo precedieron, no consigue establecer un equilibrio duradero.

La sucesión de las personas y de las políticas: un régimen fundamentalmente inestable

Al alternancia de los partidos en el poder, según el capricho de las circunstancias y de los conflictos de personas, ofrece un panorama bastante completo de las alternativas y de las disensiones políticas que, durante este período, sintetizan la historia de España. Los Moderados dominan el gobierno durante la decena de años que presencian la aplicación de la Constitución de 1845. Es un período de espera y de transición entre la agitación del período esparterista y el gobierno liberal de 1854. España parece evolucionar a la inversa que el resto de Europa. Cuando la Santa Alianza hace reinar el orden absolutista desde París hasta San Petersburgo, España está inmersa en un estado de permanente agitación, y por el contrario, aparece como un oasis de paz en medio de la tormenta de 1848.

Sin embargo, los trastornos que sufre Francia afectan, y de qué modo, a España. Para Isabel II la monarquía de Julio es un aliado cuando no un modelo. En 1846, la elección de un esposo para Isabel, cuya candidatura está apoyada por Francia, y la simultánea celebración del matrimonio de la hermana de la Reina con el duque de Montpensier, hijo de Luis Felipe, parecen revivir los tiempos del Pacto de Familia. La severidad de las reacciones inglesas así como la solemnidad de las ceremonias dan un sorprendente realce a las *bodas reales*. Pero, al elegir la alianza francesa, España escoge una alianza útil con una monarquía burguesa y conservadora. El gobierno de Narváez observa atemorizado la Revolución de 1848 porque en los medios dirigentes españoles ha penetrado profundamente la idea de que las sacudidas que afectan a Francia siempre tienen una repercusión en España. Entonces Madrid se acerca a las potencias absolutistas del este de Europa, que sin embargo han apoyado diplomáticamente la rebelión carlista. Cuando se produce el golpe de Estado del 2 de diciembre de 1851, el gobierno español es de los primeros en aprobar la instauración de un régimen autoritario en París. En España, la tentación de deshacerse también de toda oposición y así esbozar un acercamiento entre las dos potencias latinas y católicas es grande. Del mismo modo que el partido católico aplaude en Francia el advenimiento del Imperio, la España de Isabel quiere acabar con las secuelas del anticlericalismo liberal y reconciliarse con el Papado. En 1849 franceses y españoles participan juntos en la expedición contra la República romana. Y en 1851 la firma del Concordato significa la realización de importantes concesiones al catolicismo, comenzando por el reconocimiento de la religión católica como "la única religión española", excluyendo a todas las demás.

Por lo tanto, en París y en Madrid se han instalado dos regímenes conservadores basados en los mismo valores y que pueden aportarse un mutuo apoyo. En el terreno financiero la obra de Mon, de tendencia centralizadora, intenta reformar, simplificar y unificar el sistema fiscal, pero también trata de ofrecer al extranjero, y muy especialmente a Francia, la impresión de que España dispone, de ahora en adelante, de una economía sana en un régimen político estable.

Todo esto puede ser de nuevo puesto en tela de juicio en 1854, cuando el levantamiento militar progresista (la *Vicalvarada*) impone a la reina la destitución de sus ministros y la llamada de Espartero, apoyado por las milicias urbanas y por una parte del ejército, dirigida por O'Donnell. Sin embargo los dos hombres no se entienden y pronto el radicalismo esparterista será eliminado en provecho de un gobierno moderado y conciliador impuesto por O'Donnell. La población no ha seguido en absoluto, y la agitación que durante algún tiempo se ha podido manifestar en Madrid o Barcelona es sofocada por el gobierno progresista... Como máximo se vuelve a despertar el conflicto sobre los bienes de la Iglesia con la ley Madoz sobre la *desamortización.* Es significativo que las medidas más importantes y duraderas del *bienio liberal* de 1854-1856 sean de índole económica: la ley de ferrocarriles y, sobre todo, la ley de sociedades de crédito. Esta última permitirá que el capital extranjero, y en especial el francés, entre en España. Para todos, moderados u oportunistas, la alianza francesa aparece como la condición necesaria de la recuperación española.

Sin lugar a dudas y pese a las reticencias de la reina, la Unión liberal juega esta carta diplomática. En todos los terrenos tiene lugar una significativa aproximación. Se construyen carreteras entre los dos países; la primera vía férrea internacional, inaugurada en un ambiente de entusiasmo, une París y Madrid. Se abren las fronteras y la España proteccionista incluso acepta, en 1865, un tratado con Francia de orientación liberal.

Esta colaboración económica va acompañada por una entente política que llega incluso hasta compartir los riesgos de empresas militares comunes. Los soldados franceses y españoles combaten juntos en Indochina y en Crimea. La cruzada marroquí de O'Donnell está apoyada, en la medida de lo posible, por el gobierno imperial. Sin embargo la entente militar no llegará nunca hasta el final. En Madrid se despiertan fácilmente los antiguos recelos, sobre todo cuando se trata de alianzas con un Bonaparte. El asunto de México pone de manifiesto los profundos malentendidos entre los dos gobiernos. El general Prim, comandante en jefe de las tropas españolas en México, rompe bruscamente con sus homólogos franceses con el pretexto de que no quiere dejarse arrastrar en una aventura peligrosa. De hecho, tanto para Prim como para Isabel y su gobierno, conviene sobre todo negarse a poner las tropas españolas al servicio de la política francesa. La restauración de la grandeza española no puede conseguirse únicamente a la sombra de la potencia francesa.

El régimen, desacreditado por escándalos financieros que, desde el tiempo de María Cristina, incluso han salpicado a la corona, ha reducido la vida política a conflictos de personas que no han apasionado nunca a la opinión. Pese al considerable esfuerzo de propaganda en el momento de la guerra de Marruecos, O'Donnell no ha conseguido que la población se interesara por unas empresas militares lejanas, costosas y no siempre brillantes. Pero la monarquía es demasiado frágil para permitirse errores o fracasos.

La caída de la monarquía

Desde hace años la vida parlamentaria española no es más que una farsa. Se disuelven o prorrogan las Cortes al capricho de los jefes de gobierno. Progresivamente la oposición pierde los medios de expresarse. La represión se acentúa, principalmente contra los Demócratas en 1865, después de las manifestaciones estudiantiles de la noche de San Daniel en Madrid. O'Donnell, que no ha logrado mantener a los progresistas dentro de la Unión liberal, es apartado del gobierno. El retorno de los Moderados se presenta como un paso hacia el restablecimiento del poder personal de la soberana. Los sucesivos fallecimientos de O'Donnell en 1867 y de Narváez en 1868 son el toque de agonía de una época.

Los mismos Unionistas se pasan al campo de los oposicionistas. Se adhieren al *Pacto de Ostende*, acordado con anterioridad entre Progresistas y Demócratas y que reúne así, en una alianza un poco equívoca, a todas las fuerzas políticas hostiles al régimen absolutista. El gobierno acumula las dificultades y los fracasos. Se compromete en un absurdo conflicto contra Perú y Chile (la guerra del Pacífico) que, sobre todo, demostrará que el país carece de los medios para desarrollar por sí solo una gran política, y que toda esperanza de volver a tomar pie en el continente americano debe ser completamente abandonada.

Además, una grave crisis financiera, debida parcialmente a una excesiva especulación y a la multiplicación desenfrenada de las sociedades de crédito, repercute sobre el conjunto de la economía española y crea un malestar general propicio a la dirección de una acción subversiva. El general Prim, convertido en el líder más activo de la nueva oposición progresista, intenta levantar el ejército varias veces. Estas intentonas fracasan pero consigue llegar a la frontera y refugiarse en el extranjero sin problemas. En realidad la monarquía borbónica sobrevive gracias a las rivalidades entre los dirigentes de la oposición, la diversidad de sus ambiciones y el profundo desacuerdo sobre el tipo de régimen que conviene que lo sustituya a falta de verdadera pasión política.

En el mes de septiembre de 1868 el pronunciamiento de la flota de Cádiz anuncia el final del régimen. Una tras otra, las ciudades de la periferia mediterránea se sublevan. El 28 de septiembre, la derrota en el puente de Alcolea de las tropas que se han mantenido fieles a la Reina asegura la victoria del movimiento revolucionario. Isabel II pasa la frontera francesa mientras que la capital se adhiere a la insurrección. La revolución de septiembre, la *Gloriosa*, vence sin excesos de violencia.

A decir verdad, el triunfo de los generales sublevados no resuelve nada. Lo que en estas fechas finaliza es una cierta concepción del poder de la cual ningún soberano español ha conseguido deshacerse desde 1814. la monarquía española se ha desacralizado y desacreditado ante la opinión debido a la mediocridad de sus representantes. Ha perdido todo apoyo popular y sólo sobrevive gracias al apoyo del ejército o, al menos, de una facción militar. Basta con que este mismo ejército se revuelva contra ella para que esté condenada.

Sin embargo, en septiembre de 1868, los jefes militares parecen estar incómodos con su victoria. La experiencia de la dictadura progresista de Espartero aún es muy reciente. Ha convencido tan escasamente que ninguno de ellos tiene ganas de reanudarla por su cuenta y riesgo. Los Liberales sueñan con una monarquía a la inglesa donde el soberano no sería más que el símbolo de la unidad nacional y dejaría la realidad del poder a la clase política. Aún hay que ponerse de acuerdo sobre lo que puede y debe ser esta clase dirigente. Hasta ese momento sólo se ha compuesto de algunos miles de personas, provenientes de la aristocracia o de las clases medias, y que obtienen por sus méritos o por su influencia los títulos nobiliarios que les permiten integrarse en esta aristocracia. ¿Puede la revolución de 1868 cambiar verdaderamente el sistema político y asociar al poder a nuevas categorías sociales? ¿Puede ser una revolución democrática? ¿El retraso acumulado en el terreno económico, ¿no es, por el contrario, un obstáculo infranqueable para una transformación de esta índole?

Capítulo III

UN MUNDO ESTANCADO. ECONOMÍA Y SOCIEDAD EN LA ESPAÑA DE LA PRIMERA MITAD DEL SIGLO XIX

I. La crisis de la guerra de la Independencia

La aventura napoleónica ha precipitado la crisis de la economía española. Ésta ha sido profundamente trastornada por las luchas, el pillaje y la prolongada estancia de los ejércitos extranjeros en suelo castellano. Además, en el transcurso de estos cinco años, el país ha visto cómo desaparecía una estructura administrativa tradicional, no dejando en su lugar más que el caos.

El empeoramiento de las condiciones de vida durante la guerra

Sin un comercio regular, sin intercambios controlados y con las corporaciones (gremios) prácticamente abolidas, el Estado se halla sin recursos y sin bases para recaudar los impuestos. En cambio, la reconstrucción de una administración y de un ejército son caras. Toda la primera mitad del siglo presenciará como el poder central naufraga en esta contradicción elemental: no hay una buena fiscalidad sin una administración regular, y ésta no existe sin recursos que permitan remunerar a los funcionarios, si no correctamente, al menos regularmente. Entre 1813 y 1850 es normal que los agentes del Estado o de los municipios tengan que esperar seis meses un hipotético sueldo. En Madrid, a veces incluso se ve como la guardia del Palacio real va a mendigar la sopa boba a la puerta de los conventos.

Por lo tanto, el hundimiento del aparato del Estado en el curso de la guerra es un hecho económico de capital importancia, al que se le debe añadir la emancipación de las colonias americanas, posibilitada por la invasión francesa. Efectivamente, éstas representaban una importante fuente de ingresos fiscales y, por encima de todo, la base del equilibrio de las transacciones exteriores de la península.

No existe ningún estudio, ni siquiera en proyecto, de los efectos económicos de la guerra de la Independencia. Las consecuencias demográficas ciertamente fueron limitadas porque los combates y la represión, pese a su crueldad, han implicado a poca gente. Más graves, pero difícilmente cuantificables, son los resultados de las escaseces, tanto las grandes hambres como la de 1812, como las hambres locales, poco conocidas y agravadas por el paso de los ejércitos franceses y luego ingleses y por la parálisis de los medios de comunicación. Pero se puede admitir que los efectos de estos sucesos han desaparecido rápidamente.

Las consecuencias del conflicto son más visibles en el terreno estrictamente económico. El comercio interior ya no existe. Se reduce a unas transacciones locales y está falseado por el contrabando. Sin embargo, es la agricultura la que más ha sufrido. Han disminuido las superficies cultivadas, las crisis de producción han acarreado una subida de los precios —en 1811-1812 el precio del trigo en Madrid se ha multiplicado por 2,6— y, sobre todo, el ganado ha sido destruido. Carecemos de cifras en relación a este último punto, pero el hundimiento de las exportaciones de lana no deja ninguna duda al respecto.

Conjuntamente a la crisis de la economía tradicional, no se pueden despreciar los efectos sobre los intercambios exteriores. La guerra ha facilitado el contrabando francés a través de los Pirineos y, sobre todo, el británico a través de Gibraltar y la frontera portuguesa. En el primer caso, la ocupación de Cataluña y de las provincias vascas por los franceses no permite ningún control serio. En el segundo, la presencia del ejército de Wellington y la dependencia de Cádiz respecto de la protección inglesa explican la falta de obstáculos. Este contrabando afecta duramente a la industria textil catalana, privada además del mercado colonial, y rompe brutalmente el auge del siglo XVIII tan bien descrito por Pierre Vilar.

En el plano propiamente financiero, además de los problemas fiscales ya indicados, la guerra acarrea dos tipos de consecuencias:

— La participación española en el esfuerzo bélico francés, que ya era importante bajo Carlos IV, se refuerza durante el reinado de José. Como que el desastre de Trafalgar ya ha causado la interrupción de las *remesas* de México, para satisfacer las exigencias francesas España debe recurrir al crédito, y termina la guerra con un pasivo nominal de 30 millones de florines ante los banqueros holandeses Hope y Theo Smith. Este crédito será recusado por las Cortes de Cádiz, pero la monarquía restablecida lo deberá reconocer y consolidar en sus operaciones de los años veinte.

— Por otra parte, la ruptura del mercado americano actúa a tres niveles: pérdida de los mercados para la industria catalana (textiles, jabones y velas), interrupción de las remesas fiscales al Tesoro, y finalmente, desaparición de los convoyes de metales preciosos y de mercancías metropolitanas, que servían para colmar el déficit de la balanza de pagos metropolitana.

Al final es un país exangüe el que sale "victorioso" de la tormenta. Los desórdenes y el desequilibrio exterior cada vez más agudo desembocan en una desaparición de numerario. A los males ya descritos se añade, desde 1814, una profunda deflación de los precios. Es verdad que la baja de los precios es general en toda Europa, pero en ninguna parte tiene la brutalidad, la profundidad y, eso evidentemente aún no se sabe, la duración de la española.

En este contexto, las medidas económicas adoptadas por las Cortes de Cádiz, libertad de comercio, abolición de las corporaciones y libertad de establecimiento industrial y propiedad plena y completa de los bienes inmuebles libres de costumbres y prohibiciones (roturación de los montes, derechos de pasto) parecen bien inútiles. Además, toda esta legislación se anula en 1814.

Arruinada como está, España debe ser reconstruida política, administrativa y económicamente. Ciertamente no es la única que ha sufrido los contratiempos de la guerra, pero sí que es la única que ha perdido los elementos de su antigua prosperidad. Ninguno de sus dirigentes más clarividentes, incluso Canga Argüelles, puede ni siquiera considerar la posibilidad de la pérdida definitiva del Imperio. Mutatis mutandis, la reconquista de América es para los españoles de la época lo que será para la Francia de 1918 el "Alemania pagará" de Klotz. Este rechazo a enfrentarse con las realidades pesará duraderamente sobre el futuro económico de la nación.

Un difícil retorno a la normalidad

En el plano económico, el retorno a "los negocios" de Fernando VII, lejos de ser un volver a poner la casa en orden, no tiene ningún efecto positivo. En el plano político la voluntad del rey y de sus allegados de volver al pasado conduce a la parálisis del Estado. A fin de cuentas, bien hay que admitir que la realidad económica es desastrosa. El hambre cesa, pero ahora le sucede un hundimiento duradero de los precios. Los precios de las mercancías bajan hasta el punto que, para el campesino, el incremento de la producción no puede compensar lo que deja de ganar. El rey centra sus esperanzas en la reconquista del Imperio, mientras que su ejército carece de armas y su flota de barcos. Los escasos recursos que llega a reunir y las indemnizaciones obtenidas por Francia sirven para armar las tropas y para comprar unos barcos rusos que resultan ser absolutamente inadecuados para enfrentarse con el océano. Este mísero esfuerzo ni siquiera permite pagar el ejército, *a fortiori* a los funcionarios. De ahí la ausencia de control aduanero, ya que los responsables a todos los niveles se dejan engañar por los capitanes de los navíos mercantes para alimentar a su familia. mientras que la crisis recorta el poder adquisitivo de los campesinos, el contrabando no se reduce y roba los escasos mercados de la industria catalana. Este contrabando se paga al contado, mientras que la exportación legal o intérlope sigue siendo escasa. Por lo tanto prosigue la hemorragia monetaria y se agrava la deflación.

II. Los problemas de la agricultura

La principal característica es la profunda y duradera depresión de los precios de los principales productos. Sus efectos negativos sobre los ingresos de los campesinos no se compensan mediante el incremento de la producción.

Los años negros: 1814-1834

El censo de 1799 estima que la cosecha bruta de cereales de la península es de 2.154.000 toneladas. ¿Hace falta recordar que por aquel entonces los cereales constituían la base de la alimentación? En 1834, el mejor observador de la España de su tiempo, Moreau de Jonnès, considera que la producción alcanza los 4,5 millones de toneladas. Pero esta cifra, establecida a partir de una población estimada en unos 14 millones de habitantes y de un consumo per cápita de 256 kg/año, es claramente exagerada. Si, con Artola, estimamos que la población ascendía a unos 12 millones de habitantes, la producción cerealícola se situaría, en una estimación todavía optimista, alrededor de los 3,8 millones de toneladas. Es un resultado notable si se tiene en cuenta la estabilidad de las superficies y la ausencia de inversión de capital. Pero no debe hacernos olvidar la compartimentación del mercado interior, especialmente sensible en tiempo de carestía. Además, el aumento de la producción apenas basta para equilibrar el ingreso total ante la baja de los precios; y no se ha podido obtener más que de un incremento de trabajo. No cabe ninguna duda de que durante este período se han reducido los ingresos per cápita.

Esta difícil situación de la agricultura cerealícola no se ve compensada por una evolución favorable de la ganadería. Todos los testigos coinciden en apreciar una seria reducción de la cabaña durante la guerra de la Independencia. Según las frágiles estadísticas de las que se dispone, el ganado bovino y el porcino apenas se recuperaban, en 1826, de la destrucción de principios de siglo. En cuanto a las cifras optimistas relativas a los ovinos, nos parecen inexactas y se oponen a una realidad indiscutible: el hundimiento total y definitivo de las exportaciones de lana, sin que ningún signo indique un aumento del consumo de carne de cordero o de la producción nacional de tejidos de lana. Además, en vísperas de su abolición la *Mesta* no es más que la sombra de sí misma, y habría una contradicción entre el aumento de los cultivos cerealícolas y el incremento del número de ovejas.

Por lo tanto, los escasos índices de que disponemos confirman la profunda depresión que afecta a los ingresos agrícolas de una población en crecimiento. Moreau de Jonnès lo aprecia indirectamente: "En España la masa de los productos territoriales debe aproximarse, actualmente a 6.649.200.000 reales de vellón. Con todo, la disminución de precio de los cereales puede producir una baja considerable en esta cantidad". Esta situación tiene efectos directos sobre los sectores que dependen del mundo agrícola: la hacienda pública, cuyos ingresos son cada vez más problemáticos; el clero y los propietarios, cuyas rentas en especies (diezmos y arrendamientos) experimentan una disminución real; los comerciantes, cuya clientela cada vez es menos solvente. Una situación como ésta favorece a los prestamistas hipotecarios, que van consiguiendo el control de las propiedades a bajo precio. Desgraciadamente, la falta de catastro y de títulos de propiedad en más de la mitad de España impiden cualquier estimación al respecto.

La "desamortización" y sus efectos

A mediados de la década de 1830 se inicia una profunda transformación de la agricultura española. La situación creada por la guerra carlista obliga a la Reina Regente a buscar el apoyo de las clases medias, y la necesidad de financiar la guerra le da la voluntad de superar los obstáculos que se oponen a la desamortización de los bienes de la Iglesia. Más adelante trataremos el aspecto social del problema. En el plano económico, las operaciones comenzadas en 1834 se aceleran, sobre todo, con la confiscación y venta de los bienes del clero regular en 1836. El conjunto se completa con la reimplantación y ampliación de las medidas liberales de 1812: libertad de explotación y de cercado, libertad de roturación de los *montes* (1836), abolición de la Mesta (1836), de los derechos señoriales y de los diezmos (1837) y, sobre todo, intento de levantar los precios mediante el establecimiento, inspirado directamente en las reglamentaciones británica y francesa, de una escala móvil reguladora de las importaciones de cereales. Finalmente, en 1841 se pusieron a la venta las tierras del clero secular.

La "desamortización" presenta algunos rasgos ambiguos y frustrantes. Si bien es difícil apreciar la importancia exacta de las transferencias, hay algunos hechos ciertos:

— No se puede establecer ningún paralelismo entre la "desamortización" y la venta de los bienes nacionales durante la Revolución francesa. El objeto inmediato de la operación es el de subvenir a las necesidades de una guerra. Pero el campesinado español que dispone de un mínimo de bienes es poco numeroso. La profunda depresión que dura desde 1812 ha agotado sus escasos recursos financieros. Pero, además, los presupuestos del Estado sufren un déficit constante desde el final de la guerra de la Independencia. Regiones enteras han dejado de pagar impuestos; numerosos municipios los han tenido que adelantar tres y hasta seis años, y en los Pirineos las aduanas no existen más que en el recuerdo. En estas condiciones hay que atender a lo más urgente, alimentar la Hacienda con numerario y aligerar los gastos públicos reduciendo el más gravoso de ellos, el servicio de la deuda. De ahí la orientación de la ley en provecho de los poseedores de capital: la burguesía provincial y la nobleza. El gobierno de la Regente logra de este modo una doble operación. Políticamente, vincula los intereses de la burguesía y de una buena parte de la aristocracia al éxito de la Reina legítima. Económicamente, consigue parcialmente los medios para la victoria al mismo tiempo que evita la quiebra de la Hacienda.

— A esto hay que añadir que Mendizábal y sus allegados, admiradores de Inglaterra, desean imitar la agricultura británica: grandes dominios, una dirección brutal pero eficaz, inversiones y productividad. Cuentan con esta agricultura renovada para suministrar la acumulación de capital y los recursos presupuestarios: la primera etapa de una industrialización a la inglesa.

En estas circunstancias, no hay nada más alejado del pensamiento de los redactores de las leyes desamortizadoras que el modelo democrático y semiigualitario de los revolucionarios franceses. No hay ninguna ambigüedad, ninguna hipocresía en la forma como se dirigen estos asuntos. El error y la culpa de los políticos es el de negarse a ver la realidad: los compradores no tienen ni los medios ni las ganas de invertir en las tierras adquiridas. De los proyectos de Mendizábal, como de los de Madoz en 1855, surgirá un grupo de propietarios de tierras más numeroso y más rico y adicto al nuevo régimen. Pero, finalmente, ninguna de las esperanzas económicas en ellos depositadas estará justificada.

A estos compradores con medios limitados les corresponden unas modalidades de compra muy favorables que recuerdan la utilización de los *assignats* para la adquisición de los bienes nacionales. En un primer momento basta con pagar el 20 por ciento al contado en metálico; el resto se puede satisfacer en 16 años (en metálico) o en 8 (en deuda interior admitida a su valor nominal). A partir de 1841 los bienes del clero secular se pueden comprar pagando el 10 por ciento al contado y el resto con deuda interior durante 20 años, pero calculada al 120 por ciento. Para el comprador de unos bonos que a menudo han caído hasta cotizaciones del 15 por ciento, y además considerando aplazamientos de 8 años o más, la operación es excelente. Para la Hacienda el resultado es muy distinto:

CUADRO 1

Estimación del valor de las tierras eclesiásticas vendidas desde 1834 hasta 1854

En metálico (millones de reales de vellón)	372,9
En títulos de la deuda pública. Nominal: 4.362 millones de reales de vellón; valor efectivo según Artola (de 8 a 20 años)	611,0
Estimación total en metálico	983,9

De hecho la Hacienda cobra unos 370 millones de reales de vellón en metálico, o sea menos de seis meses de gasto público. Respecto a la deuda, el importe global recuperado corresponde, en última instancia, al ahorro anual de unos 153 millones de reales de vellón en intereses. En estas condiciones se puede afirmar que la venta limita el crecimiento de una deuda amortizada a precios exagerados.

En el plano propiamente agrícola, la "desamortización" está lejos de alcanzar, incluso a medio plazo, los objetivos previstos. La compra de los bienes del clero junto con la abolición de los obstáculos al cercado y a la roturación de tierras tiene como consecuencia un avance de las tierras cultivadas en detrimento de los bosques y pastizales. Dados los medios limitados de los nuevos propietarios y su negativa a invertir más capitales, el incremento de la producción se ha conseguido mediante la roturación de tierras marginales. Evidentemente los resultados se han ajustado a la ley de rendimientos decrecientes. El ganado es el que ha sufrido esta política y de rebote se han reducido las disponibilidades de estiércol, mal compensadas por una utilización modesta y limitada del guano. De ahí el fenómeno claramente reconocido del incremento de la producción acompañado por una baja de los rendimientos. Este incremento no se ha medido directamente, pero, como antes, se refleja en un aumento de la autosubsistencia a medida que la población aumenta. Los rendimientos se mantienen alrededor de los siete quintales de trigo por hectárea. La "desamortización" ha ido demasiado lejos al posibilitar la roturación de tierras inadecuadas. Este fenómeno se acelera después de 1855 con la cesión de los bienes del Estado y comunales, la *desamortización de Madoz*. La operación desemboca, en definitiva, en un empeoramiento de la condición campesina. Los nuevos propietarios quieren rentabilizar su "inversión" y reclaman sus rentas con más regularidad. Pero, sobre todo, favorecen la proletarización rural al reducir el número de arrendatarios y al bajar los ingresos de los braceros, privados de los derechos de pasto y de rebusca.

Lamentablemente, los aumentos de producción son frágiles. Las exportaciones señaladas por Nadal o Artola corresponden a un muy pequeño porcentaje de la producción que, por lo demás, sigue prisionera del albur de circunstancias generadoras de carestías como en 1835 o 1847. Las ventas al extranjero sólo son posibles gracias al mantenimiento del consumo individual al nivel de 180 kg/año como durante el Antiguo Régimen. Esta cifra corresponde a quinientos gramos por persona y día, y los cereales constituyen lo esencial de una alimentación en la cual brillan por su ausencia los productos lácteos y la carne.

Los cultivos *ricos*, los vinos y oleaginosos, no experimentan ningún progreso y la exportación sigue siendo escasa tal como lo atestiguan algunas cifras relativas a los dos principales clientes:

CUADRO 2

Índice de las exportaciones agrícolas

Media 1837-1846

Hacia Francia (base 100 = media 1827-1836)
Aceite de oliva: 100; agrios: 142
Hacia Inglaterra (base 100 = 1820)
Vino: 1825, 248; 1830, 216; 1835, 241; 1840 (máximo), 347; 1849, 279

Por su parte, los precios no presentan ningún síntoma de recuperación:

CUADRO 3

Tendencia de los precios agrícolas, 1834-1855

(Índice Sardá, 100 = 1913)

	Índice 1834	Tendencia media anual 1834-1855
Arroz	89,8	– 0,1
Trigo	108,9	– 0,5
Aceite de oliva	93,2	– 0,4

De esta forma, la "desamortización" y los subsiguientes progresos de los cultivos han tenido unos efectos económicos de lo más limitado. La producción de cereales ha aumentado. Pero, habida cuenta de la presión de los nuevos propietarios, de la roturación de tierras pobres, por no decir inadecuadas, y de la persistencia de la baja de los precios, es lógico concluir que el ingreso medio per cápita ha seguido reduciéndose.

Las consecuencias sobre los otros sectores de actividad son fáciles de definir: falta de ampliación del mercado de productos manufacturados, contracción de la materia imponible y ausencia de formación de capital rural. Sobre todo este último punto es importante porque, tanto en el interior como en el extranjero, la rapidez con la que las tierras puestas a la venta han encontrado comprador acredita la tesis de un ahorro importante, pero escondido, que una estructura bancaria adecuada podría atraer para mayor provecho de la inversión industrial y del Estado.

III. Las actividades industriales

Un progreso mediocre

La miseria del mundo agrario y la modestia de los medios de una burguesía acostumbrada a la usura y a la especulación están en directa relación con la debilidad de las otras actividades creadoras. La minería, que en la segunda mitad del siglo hará que España parezca el Eldorado de Europa, en lo esencial sigue ignorada. Es verdad que se puede tomar nota de algunas explotaciones diseminadas. Por ejemplo, aprovechando las facilidades proporcionadas por la guerra de la Independencia y por la desaparición de la empresa estatal, los comerciantes andaluces, y en particular los Heredia, agotan sin escrúpulos los yacimientos de grafito. Ya nunca volverán a ser lo que eran. Las minas de mercurio de Almadén, patrimonio de la corona, también se explotan regularmente aunque el provecho que obtenga la hacienda sea dudoso. En cambio, el hierro, el cobre o la plata duermen en yacimientos conocidos pero desperdiciados por falta de capitales y de técnicos, de medios de transporte y, sobre todo, de mercados.

La industria, que había experimentado un progreso modesto pero real durante el siglo XVIII, ha sufrido la guerra napoleónica más que cualquier otra actividad. A finales del siglo las tentativas colbertistas de manufacturas reales como las fábricas de paños, de lana, de cristales y de armas, ya sólo se sostenían con la ayuda de la Hacienda. El conflicto las hace zozobrar por completo, y el intento de algunos industriales alsacianos de hacer renacer, a principios de la década de los veinte, la más célebre de ellas, la fábrica de paños de lujo de Guadalajara, fracasa. La clientela ya no existe y la incapacidad técnica crea un producto mediocre y caro, incapaz de competir con los tejidos ingleses o franceses.

Un caso particular: la industria catalana

La industria catalana resiste mejor. Sin embargo, también aquí la guerra tiene graves consecuencias: la pérdida del mercado colonial y, entre 1808 y 1813, la libre concurrencia de los productos franceses y luego de los británicos. Después sufre las dificultades inherentes a la contracción del mercado nacional.

Cataluña, la única región que ha mantenido algún dinamismo, parece poseer una potencialidad de crecimiento desde los años veinte. Los informes consulares ingleses y franceses dan fe de una actividad limitada pero continua. El cónsul de Francia apunta, sin duda con cierta exageración, que la industria textil, que emplea a unas 20.000 personas, paga salarios "tan elevados que el obrero puede comer carne varias veces por semana". Situación anómala que explica, según el cónsul, los costes elevados y la campaña proteccionista de los industriales locales.

Su dinamismo incluso se refleja en la creación de nuevas actividades como la fabricación de jabón y de vidrio... La fábrica de vidrio de Arenys de Mar trata de competir con el producto francés contratando técnicos de la región de Saint-Étienne. Este esfuerzo inquieta a los industriales franceses hasta el punto de obtener del ministerio de Asuntos Exteriores la retirada de los pasaportes de estos obreros. Después el cónsul soborna a las autoridades provinciales y se expulsa a los vidrieros de España por "no tener los papeles en regla" y cuando están en Francia se les condena. Esto desanima a cualquier nuevo candidato a marcharse y acarrea el cierre de la empresa.

No obstante, desde mediados de los años veinte aparece un cambio en la industria algodonera. Desde 1820 la producción de telas de algodón estampadas recupera su nivel de 1792, el año de mayores ventas a América. Pero el principal esfuerzo corresponde a la época de la Regencia. La primera manufactura que funciona mediante una máquina de vapor importada de Inglaterra, la de Bonaplata, data de 1833. El huso mecánico, casi desconocido antes de 1835, se ha convertido en el instrumento normal hacia 1861 (3,78 por ciento en 1835 y 99,04 por ciento en 1861 según Nadal). Por el contrario, el tejido se mecaniza más lentamente que la hilatura y en 1861 los telares modernos aún no producen la mitad del total. Entre 1820 y 1860 el consumo de algodón en rama se multiplica por diez (20.000 toneladas en lugar de 2.000). La industria catalana, que se ha modernizado relativamente y utiliza el vapor, también se ha concentrado geográficamente. Al abandonar, como fuente de energía, el agua en provecho de la máquina de Watt, se ha marchado de los valles y se ha acercado a Barcelona. Simultáneamente su mano de obra pasa a ser urbana, creando así las primeras formas de proletariado industrial en España. Pero esta industria sigue siendo pequeña:

CUADRO 4

Consumo de algodón en rama

(en miles de toneladas métricas)

País	1820-1824 (media)	1855-1864 (media)
Gran Bretaña	54,8	369,4
Francia	18,9	74,1
España (1820)	2,0 (estimación de Nadal)	20 (1861)

Debido, sobre todo, a sus elevados costes y a sus calidades, debe limitarse al mercado interior y a las Antillas, donde debe luchar contra los competidores ingleses y americanos. La clientela española es fundamentalmente rural. Es verdad que los progresos de la industria catalana se realizan en detrimento de los productos regionales y del artesanado local. Su desaparición aún agrava más las disparidades entre la periferia y el interior y empeora las condiciones de vida de los campesinos sin tierras.

Las otras actividades industriales

Corresponden a lo que los británicos denominan "arqueología industrial" y su importancia económica es secundaria. Es el caso de la siderurgia que, ante todo, sufre la falta de mercados. Los altos hornos instalados en el siglo XVII se han apagado antes de 1810 pese a los esfuerzos del gobierno real en el terreno de las industrias de armamento. El único elemento destacable es el intento realizado en Andalucía por Manuel Heredia de explotar los yacimientos de mineral de hierro próximos a Marbella, invirtiendo en ello los beneficios ilegales obtenidos, principalmente, a partir de la exportación de grafito a Inglaterra durante los años de confusión. Utilizando técnicas inglesas crea una industria pequeña pero viable que pronto se extiende a Málaga. La competencia de Asturias y del País Vasco se anula gracias a la guerra civil. Cuando vuelve la paz los industriales del Norte consiguen derechos prohibitivos sobre el carbón inglés y obligan a las fundiciones andaluzas a recurrir al carbón vegetal que se importa a Cerdeña. Pese a esto, Andalucía mantiene su preeminencia dentro de un total muy modesto (en 1856 el 55 por ciento de la producción de hierro colado que, según Nadal, asciende a un total de 15.200 toneladas).

Dejando a un lado los altos costes y la falta de carbón, el fracaso de la siderurgia nacional está vinculado, por supuesto, a la ausencia de un mercado nacional. En nuestra opinión, la extensión de las tierras cultivadas no implica una nueva demanda de hierro. No hay nada que indique un aumento de la cantidad de instrumentos de arado, ni siquiera de los parcialmente metálicos. En este terreno, tampoco la modernización de la industria textil provoca una demanda suplementaria: por una parte, hasta mediados de siglo el armazón de los telares a menudo es de madera; por la otra hay que tener en cuenta, sobre todo, la importación de material británico y francés. El modelo americano de Fogel según el cual la agricultura es el primer motor del consumo de hierro es inaplicable para Europa ya que se basa en una mecanización precoz y en unos cercados metálicos. El modelo inglés o belga, con mercado ferroviario, no es en absoluto más adecuado. Hasta 1854 España sólo dispone de 300 km escasos de vías férreas. Cuando en 1855 el capital francés emprende el equipamiento ferroviario de España, no tiene ningún motivo para favorecer especialmente una siderurgia española. Pero en Inglaterra, en Francia, en Bélgica, incluso en Prusia, la industria siderúrgica es anterior al ferrocarril, y éste ayuda a que aquélla crezca. En España, como en los Estados Unidos entre los años treinta y sesenta, el ferrocarril es anterior a la siderurgia y no puede esperar a que ésta se desarrolle. Las condiciones naturales poco favorables, un carbón difícil de explotar y un mercado nacional inexistente explican la ausencia de una verdadera industria pesada. Cuando llega el ferrocarril, el país, pobre en capitales, sin tradición industrial y falto de técnicos y de financieros preparados para realizar inversiones a largo plazo y de escasa rentabilidad, no puede crear a la vez una red ferroviaria y una industria pesada. En 1854 todavía no existen ninguna de las dos.

IV. El capitalismo español y sus problemas

Los burgueses capitalistas, sean beneficiarios de la desamortización o promotores de la industria catalana como los Güell, Bonaplata y Girona, o andaluza como Heredia, o financieros de Levante como José Campo, o madrileños atraídos por las recaídas de los déficits presupuestarios como O'Shea, De Osma y Remisa —este último procedente de Barcelona—, o aventureros de la industria y de las finanzas como Salamanca, no aparecen en el primer término de la escena española hasta la regencia de María Cristina. Pero esta burguesía con débil base financiera si bien comparte el *Enrichissez-vous* de Guizot, aún está lejos de ser conquistadora. Su sector dinámico y creador es muy reducido: algunas individualidades brillantes, catalanas mayoritariamente, repartidas entre la industria textil y los primeros talleres mecánicos. Heredia para el hierro y la fundición, y un catalán, Gaspar Remisa, que se ha lanzado a la explotación minera, a veces en detrimento de su fortuna, son pocos y no hacen una clase dominante. Lo que sucede es que la base de la potencia burguesa, el capital financiero, tiene grandes dificultades para formarse.

El papel deflacionista del comercio exterior

Al igual que en Francia o en Inglaterra, la industria textil no permite directamente la acumulación de excedentes financieros utilizables en otros sectores. Más que las inmovilizaciones materiales, es la importancia de los salarios, de los stocks y de las indispensables compras de materias primas lo que absorbe el grueso de la eventual liquidez. Los límites de la aventura catalana en los ferrocarriles son una prueba de ello en los años 1865-1866. La actividad textil, reducida al mercado nacional y cubano, en ambos casos no consigue la clientela de lujo, poco numerosa pero muy rentable, debido al contrabando. La agricultura está entre la espada de los costes crecientes a medida que se roturan tierras marginales y la pared de la depresión de los precios. Estas tijeras han eliminado cualquier asomo de excedente. Los beneficios conseguidos se emplean localmente en préstamos hipotecarios al 30 o 40 por ciento anuales y más... El comercio exterior sigue siendo la fuente principal de acumulación de capital.

Tenemos pocos datos sobre este aspecto de la economía nacional. Sin embargo, a partir de las reconstrucciones a las que nos hemos dedicado, aparecen con claridad algunos puntos.

Desde el siglo XVIII el comercio metropolitano de España está profundamente desequilibrado. Éstos son los valores en 1797 (según Fontana):

CUADRO 5

Comercio con el extranjero

(en millones de reales)

Importaciones	714,9
Exportaciones	397
Déficit:	317,9

Comercio imperial

(en millones de reales)

Importaciones (mercancías)	325,8
Importaciones (dinero)	421,3
Exportaciones	444

La balanza se caracteriza por un déficit con el resto del mundo cubierto en un 37 por ciento por el excedente comercial del Imperio. Pero el resto del déficit, unos 200 millones en cifras aproximadas, queda compensado por unos ingresos del doble en moneda y metales preciosos procedentes de las colonias.

Por esto la balanza global es positiva en unos 200 millones de reales.

Desde el principio del siglo XIX el comercio colonial desaparece completamente. Al contrario que Portugal, España, en guerra con sus colonias rebeldes, no volverá a tratar con ellas en el plano comercial hasta la segunda mitad del siglo.

Después del retorno a la paz los intercambios con Europa no han mejorado. Continúa el contrabando de textiles y tabaco sobre todo porque hasta el final de la primera guerra carlista los fueros vascos sitúan el control aduanero entre estas provincias, por un lado, y Castilla y Navarra, por el otro. Las circunstancias políticas se añaden a las otras dificultades. El Pacto de Familia, invocado por Francia después de la intervención de 1823, prácticamente prohíbe condenar a los contrabandistas franceses. Aunque los detengan con las manos en la masa están protegidos por la benevolente vigilancia de los cónsules de Francia. De la misma forma, la presencia de voluntarios ingleses y de un cuerpo portugués en el bando de los Cristinos durante los conflictos carlistas, permeabiliza la frontera portuguesa e impide castigar con demasiado rigor el contrabando realizado desde Gibraltar. Por lo demás, la escasez de metálico es tal que las monedas de plata francesas y portuguesas tienen curso legal en España, lo que facilita todavía más el tráfico. Además, las ventas de Francia e Inglaterra a España, que constituyen los dos tercios de las compras españolas, no cesan de crecer:

CUADRO 6

Exportaciones a España

a) de Francia (en miles de francos)

Período o año	Tejidos de algodón	Tejidos de lana	Tejidos de seda
1827-1836	12.752	4.854	5.840
1837-1846	25.147	12.441	8.761
1849	22.303	20.505	10.907

b) de Inglaterra (en volumen, yardas)

1841	153.982	21.751	
1845	599.790	180.656	
1849	122.648	187.975	

Por lo tanto se puede apreciar la enorme importancia de las ventas de tejidos e hilados durante este período pese a la prohibición de principio. Lo que también sorprende al observador es la poca importancia de las importaciones de bienes de equipo y de hulla. Esta laguna confirma la ausencia de un efectivo desarrollo de la actividad industrial.

Frente a estas importaciones crecientes las ventas españolas experimentan diversas vicisitudes, pero rara vez favorables para las grandes cantidades:

CUADRO 7

Exportaciones españolas

a) a Francia (en miles de francos)

Año	Lana bruta	Aceite de oliva	Corcho	Agrios
1821	4.187	5.440	3.073	1.931
1837	7.125	7.753	3.553	3.599
1849	7.524			

b) a Inglaterra

Año	Vinos (en miles de galones)	Lana (en miles de libras)	Plomo (en toneladas)
1820	1.232	3.536	
1825	3.053	8.207	
1841	3.434	1.088	1.099
1849	3.461	127	6.210

Después de la pérdida del Imperio, España ya no posee los elementos para un comercio exterior activo. Dejando a un lado el plomo y el mercurio, sus riquezas mineras tienen poco mercado y, de entre los productos de su agricultura, sus vinos están siendo sustituidos en el mercado británico por los "Oporto" o los vinos franceses. Quedan las lanas. Su mediocre calidad explica el hundimiento de las ventas en provecho de la competencia sajona que, a partir de entonces, se adueña en exclusiva del mercado inglés. En estas condiciones el déficit no puede reducirse y, para todo el período 1820-1850, alcanza el enorme total acumulado de 463 millones de pesos fuertes [1 peso fuerte = 20 reales de vellón]. Y ya no existen los intercambios y entregas coloniales para restablecer el equilibrio.

Cierto es que España todavía tiene colonias, poco numerosas pero ricas, en particular las dos grandes Antillas, Cuba y Puerto Rico, grandes productoras de azúcar, tabaco y café. Pero las islas tienen una estructura de intercambios bastante peculiar. Pese a las presiones de los empresarios catalanes y cántabros, los gobiernos españoles vacilan respecto a reforzar la reserva del mercado colonial por el temor a los levantamientos. En estas circunstancias el comercio de la metrópoli con sus colonias es relativamente escaso:

CUADRO 8

Comercio colonial español

(en millones de pesos fuertes)

Año	De las colonias a la metrópoli	De España a las colonias	Saldo
1827	5.589	2.113	– 3.476
1846	8.127	4.101	– 4.026
1849	7.731	5.796	– 1.935

Para los productos nacionales el Imperio es un mercado limitado. Y aunque las transferencias financieras, que casi no se conocen, no se realizan regularmente, el comercio colonial comparte el carácter negativo de los intercambios de la metrópoli con el extranjero. Además, la metrópoli no se beneficia, como podría pensarse, del excedente del comercio de las colonias con el resto del mundo. Los intercambios con Europa son modestos y no generan fuertes diferencias ya que consisten en su casi totalidad en tabaco bruto y elaborado (cigarros). La balanza comercial es ligeramente positiva. Por el contrario, el comercio de las Antillas españolas con los Estados Unidos es importante y produce un excedente enorme que, acumulado, asciende, para los años 1820-1849, a 278 millones de pesos fuertes. Sin embargo, este excedente nunca se ha repatriado hacia Cuba, y menos aún hacia la metrópoli. Todo sucede como si los grandes plantadores exportadores de tabaco y azúcar a los Estados Unidos no repatriaran más que los fondos necesarios para la marcha de su explotación, dejando en los USA el excedente de la venta tal como lo harán las sociedades mineras en Londres y en París durante los años que van de 1870 a 1913. El comercio colonial parece que esté constituido por dos células no comunicantes. La metrópoli prácticamente no se beneficia de los excedentes antillanos.

Por lo tanto, en el plano de los equilibrios financieros, la situación de los intercambios exteriores es totalmente nueva. España, que ya no dispone del dinero de las colonias para compensar su déficit, recurre a los préstamos exteriores y, cuando esto no basta, a las exportaciones de metales preciosos, amonedados o no. Estas salidas, obviamente, reducen la masa monetaria en la península. Esta situación empeora debido a la ausencia de un sistema fiduciario, incluso elemental, y a la subevaluación del tipo de cambio de la moneda de plata española. Por lo tanto, el déficit creciente de los intercambios exteriores es uno de los elementos claves de la profunda deflación española de los años 1813-1855. Las autoridades, incapaces de reducir el déficit comercial por motivos estructurales y también presupuestarios, están paralizadas ante la crisis; y las medidas proteccionistas de 1820 o 1834 tienen poca repercusión.

El equilibrio imposible de las finanzas públicas

Una situación como ésta tiene graves consecuencias para el funcionamiento del Estado. Como en el terreno del comercio exterior, nos tenemos que limitar a aproximaciones, porque España sólo sabrá lo que es un presupuesto, en el sentido contable del término, a partir de 1850. Sin embargo, las investigaciones permiten reconstruir la marcha general de las finanzas públicas. En la primera mitad del siglo, los gastos, sin contar los de la guerra civil, representan entre el 130 y el 150 por ciento de los ingresos previstos (pero no obtenidos). Bajo el Antiguo Régimen el Estado español ya no alcanzaba a equilibrar sus cuentas. Pero un elevado número de estructuras paraestatales funcionaban con sus propios recursos, y la relativa confianza en el Estado había posibilitado que la Hacienda superara los momentos difíciles. A partir de 1815 se acumulan las cargas sobre el presupuesto del Estado: hay que volver a poner en orden las comunicaciones y reconstruir el ejército y la marina. Sin embargo, estos gastos no están compensados por las pequeñas indemnizaciones obtenidas de Francia y que esencialmente van a parar a las personas cuyos bienes habían sido expoliados, sobre todo en Cataluña. A estos gastos se añadirán los de la reconstrucción de una estructura de autoridad pública en las provincias, el costo enorme de los inútiles intentos de reconquista colonial y el desastre financiero de la guerra carlista.

A partir de 1834 se deben añadir nuevas cargas que se derivan de la venta de los bienes de la Iglesia: las remuneraciones del clero y la asunción por parte del Estado de los hospitales, hospicios y colegios que antes administraba y mantenía la Iglesia. El que la mayor parte del tiempo estos compromisos no se hayan respetado no cambia el problema. Como que constan como obligaciones del Estado, aumentan sus cargas teóricas. La desatención de la Hacienda tiene consecuencias duraderas sobre la miseria popular y la salud pública, fundamentos de una demografía atrasada, y sobre el muy bajo nivel educativo, cuyas consecuencias afectan, de rebote, a todos los sectores de la economía.

Es verdad que las Cortes de Cádiz establecen la universalidad y la proporcionalidad del impuesto. Pero la fiscalidad tradicional recobra sus derechos con el retorno de Fernando VII. Los intentos de mejorar los ingresos del Estado fracasan. Durante el *trienio* constitucional los Liberales tratan de volver a aplicar los principios enunciados por las Cortes de Cádiz. Al mismo tiempo, y para cubrir las necesidades urgentes de la Hacienda, reducen a la mitad tanto la contribución general como el diezmo y exigen la percepción de la mitad restante en metálico. Este pago en metálico en lugar de la recaudación en especie provoca la cólera de los campesinos. En efecto, la deflación los incapacita para procurarse las cantidades necesarias para el pago de los impuestos. Esta hostilidad es una de las causas fundamentales del hundimiento del régimen constitucional.

Por lo tanto, habrá que esperar hasta la reforma fiscal de Mon, en 1845, para ver un primer intento serio de fiscalidad modernizada, pese a que aún se apoya en los dos pilares tradicionales: las contribuciones territoriales y los impuestos indirectos sobre el consumo.

En realidad los orígenes de las dificultades deben buscarse en la escasez de la materia imponible. Los recursos nacionales no aumentan, y hasta los años cuarenta las bases imponibles incluso disminuyen debido a la baja constante de los precios agrícolas, al estancamiento e incluso reducción de los ingresos per cápita, a la interrupción de la recaudación de impuestos en las regiones sublevadas, y a la insuficiencia de las tasas aduaneras. El Estado "ignora" la entrada de productos intérlopes y de esta forma se priva de los derechos que debiera percibir sobre unas mercancías que se distribuyen ampliamente en todo el territorio nacional.

Pese al recurso a los expedientes clásicos como los impuestos excepcionales y los adelantos sobre impuestos de años venideros, el Estado español sólo puede atender sus compromisos tomando prestado del interior y, sobre todo, del exterior. El recurso al crédito exterior presenta dos ventajas: al introducir en España metálico o billetes extranjeros se atenúa temporalmente la deflación originada por el desequilibrio de la balanza de pagos; por otra parte, se espera obtener de París o Londres mejores condiciones para cantidades superiores. Ciertamente, estos préstamos deben reembolsarse y todos tienen una garantía-oro, pero no hay que olvidar la voluntad de todos los regímenes que se suceden hasta la mitad del siglo: reconquistar el Imperio.

Desgraciadamente para España, las circunstancias son desfavorables. En el mercado de Londres sufre la competencia de prestatarios que ofrecen mejores garantías. Los prestamistas dudan de la estabilidad del régimen liberal del Trienio, y después se convierten en francamente hostiles debido a que Fernando VII se ha negado a pagar los préstamos suscritos durante estos años. Del lado francés, si bien el gobierno de la Restauración apoya a Fernando VII, vacila a la hora de abrir el mercado parisino a un Estado cuyas finanzas son dudosas. Todo esto explica la abstención de todas las grandes casas de banca, desde los Baring hasta los Rothschild, y la modicidad de los préstamos realizados:

Cuadro 9

Préstamos de las Cortes (1820-1823)

Ardouin y Lafitte en París; Haldimans en Londres

Préstamo nominal:	60,44 millones de pesos fuertes
Préstamo efectivo:	26,17 millones de pesos fuertes
Importe recibido por la Hacienda:	14,48 millones de pesos fuertes

Préstamos reales (1823-1834)

Aguado y Guebhard en París

Préstamo nominal:	87,54 millones de pesos fuertes
Préstamo efectivo:	35,76 millones de pesos fuertes

o sea, en total una deuda de 147,98 millones de pesos fuertes, cuyo ingreso efectivo en caja corresponde a una emisión al 41 por ciento aproximadamente, y a una carga de intereses de 5,93 millones de pesos fuertes, lo que representa ¡más de los dos tercios de los ingresos presupuestarios!

Esta carga insoportable no se puede mantener durante los últimos años del reinado de Fernando VII más que mediante dos subterfugios, el no-reconocimiento de los préstamos "de las Cortes" y, sobre todo, el pago de intereses mediante nuevos créditos.

La guerra civil obliga a buscar nuevos préstamos. Las bancas Ardouin (París) y Ricardo (Londres) proporcionan un préstamo de 19,44 millones de pesos fuertes al 57 por ciento. De hecho sólo el 6,6 por ciento de esta cantidad entra en España. El resto sirve para pagar gastos efectuados en Londres o para reembolsar los anticipos y pagar los intereses de la deuda anterior. Después de este préstamo la Hacienda recurre a diversas soluciones y, finalmente, en 1841, a una nueva bancarrota. Hay que esperar hasta la gran reordenación de Bravo Murillo en 1851 para que la carga de la deuda se reduzca del 50 al 30 por ciento de los gastos presupuestarios.

Sin embargo, este endeudamiento desmesurado tiene dos consecuencias positivas: posibilita el mantenimiento del frágil y modesto aparato de Estado, y después de 1834 desempeña un papel determinante en el éxito de los Constitucionales; en el plano económico, frena los efectos deflacionistas de la hemorragia de numerario.

Ciertamente, después de 1841 el recurso a los mercados financieros de París y de Londres se manifiesta temporalmente imposible. Pero, como que la paz ha acarreado la consolidación del régimen borbónico, las finanzas madrileñas toman el relevo mediante adelantos a corto plazo aceptados en condiciones extremadamente onerosas para la Hacienda. En buena medida es de este tipo de operaciones que nace, en los años cuarenta, la banca madrileña.

La crisis monetaria y la formación del sistema bancario español

Ya hemos señalado la importancia de la circulación monetaria extranjera en España, en particular de la moneda francesa de cinco francos, facilitada por su tenor de plata, inferior al del duro. Las autoridades están desarmadas ante esta circulación extranjera que, en 1840, asciende a la mitad de la masa monetaria española.

Esta situación financieramente malsana se agrava a partir de 1846 debido al alza mundial del precio de la plata. Las autoridades, pese a ser conscientes del problema, sólo se deciden a tomar medidas parciales, para acortar distancias, como las devaluaciones de 1848 y 1854. La baja de las cotizaciones mundiales del oro mantiene el flujo de salida, aunque algo amortiguado. La situación sólo se invertirá con la oleada de inversión extranjera, es decir, a partir de 1855.

El sistema bancario no puede ni soñar en compensar con sus créditos esta constante disminución de la masa metálica. El Banco Nacional de San Carlos, arruinado por las exigencias del Estado, ha cedido su lugar en 1829 al Banco de San Fernando destinado, sobre todo, a socorrer la Hacienda Pública. La fragilidad del mercado y la ausencia de empresas sólidas también explican la corta vida del Banco de Isabel II, fundado por Salamanca sobre la base de una idea próxima a la que aplicarán los Péreire en el *Crédit Mobilier.* Ese establecimiento, creado en 1844, se salvará de la quiebra mediante su fusión en 1847 con el Banco de San Fernando y, de este modo, dará lugar al futuro Banco de España.

Paralelamente a estos establecimientos de tipo clásico, en los años cuarenta se desarrolla otro tipo de establecimiento, la casa de banca. El código de Comercio de 1829 trata de facilitar la creación de bancos, sin resultados prácticos por falta de necesidades económicas reales. Hay que esperar más de diez años para que aparezcan en la escena madrileña casas financieras que proporcionen crédito a corto plazo. La *Hacienda*, que ya no puede conseguir grandes préstamos del exterior, emite entonces gran cantidad de bonos del Tesoro con un fuerte descuento. Estos financieros los solían tomar, a menudo como pago de anticipos anteriores pactados a unos tipos de interés exorbitantes, y luego consolidados como deuda perpetua al 3 por ciento. Al contrario que la deuda exterior, esta deuda interior cobra regularmente sus intereses. Su cotización en bolsa es alta. De ahí se derivan una serie de beneficios en cascada para estas casas financieras que, poco a poco, adquieren importancia: Beltrán de Lis, Remisa, Safont, Carriquiri, Gaviria, sin olvidar al agente español de los Rothschild, Weisweiler. Los vínculos entre estos banqueros y el alto personal político son estrechos. Algunos, como Beltrán de Lis o, en otra escala, Salamanca, a menudo son ministros. Prefiguran la estructura de la clase dirigente de la Restauración. Pero, si bien estos personajes y sus casas de banca volverán a aparecer, después de 1855, en la mayoría de las grandes empresas extranjeras instaladas en el país, su escasa solvencia y su inclinación por las operaciones especulativas obstaculizarán gravemente la inversión autóctona durante los años sesenta. Los modernos establecimientos que tratan de crear, como el Banco de la Unión fundado por Remisa y Safont, o el Banco de Fomento de Enrique O'Shea, no tienen la suerte del Banco de Isabel II y naufragan en la crisis de 1847. Los pocos establecimientos que sobreviven a ella, como el Banco de Barcelona, la Caja de Descuento de Zaragoza o la Valenciana de Crédito desarrollan una actividad local caracterizada por la falta de participación en las operaciones de crédito estatal.

V. La sociedad española en la primera mitad del siglo XIX

La demografía

El primer censo serio de la población española no se remonta más allá de 1857. Sin embargo, a principios de siglo, el conjunto de los observadores de España se sorprenden por las escasez de la población del reino y la desigualdad de su distribución: "La distribución de los habitantes de España presenta la singularidad de que unas Provincias están tan desiertas como las de Rusia, cuando otras tienen tanta población como las regiones más pobladas de la alta Italia". Así empieza el capítulo sobre la población del estudio, muy serio, de Moreau de Jonnès, fechado en 1833. Continúa advirtiendo que, según la estimación de 1803, "en España no se contaban más de 550 habitantes por legua cuadrada, como en Polonia o en Escocia".

Es verdad que el siglo XVIII, que sucede a un largo período de depresión demográfica, ha experimentado un crecimiento bastante importante para una demografía de tipo antiguo. Este ritmo no parece aumentar en absoluto en la primera mitad del siglo XIX. Si se toma como base de cálculo, tal como lo hace Nadal, las cifras del *Censo de Godoy*, sin lugar a dudas inferiores a la realidad, o sea 10,5 millones de habitantes en 1797, España, con 15,6 millones de almas en 1860, habría experimentado una tasa de crecimiento del 0,63 por ciento anual. En la misma época este crecimiento era del 1,25 por ciento en Inglaterra y del 0,52 por ciento en Francia, país que ya sufre una clara disminución del crecimiento demográfico. Por lo tanto, el resultado es muy modesto y refleja un comportamiento que algunos califican de "preindustrial" o demografía de Antiguo Régimen, caracterizada por una elevada natalidad, superior al 35 por mil, pero sobre todo por una mortalidad femenina e infantil muy alta. La tasa media de mortalidad asciende aproximadamente al 30 por mil.

CUADRO 10

Comparación de la población española con la de otros países europeos

Año	España	Francia	Gran Bretaña	Italia	Bélgica
1800	100	260	100	164	30
1860	100	238	147	159	29

Hay que matizar este cuadro. Nunca hay que olvidar que a menudo Inglaterra es un caso particular. Todavía no se puede hablar de verdadero desequilibrio respecto a otras naciones más representativas de Europa como Francia, Alemania, Italia e incluso Bélgica, que sin embargo proporcionalmente es la segunda potencia industrial del mundo en 1860 según el producto per cápita. Es verdad que España parte de un nivel de población bastante bajo. Esto explica las diferencias de densidad, pero no la estructura del comportamiento, a fin de cuentas muy parecida.

Lo que es más destacable, como bien lo ve Moreau de Jonnès, es la desigual distribución de los españoles sobre su suelo. La migración del centro hacia la periferia, que es un fenómeno antiguo, no experimenta un verdadero empeoramiento durante esta primera mitad de siglo. Mientras que la población en conjunto crece un 49 por ciento, la distribución regional evoluciona poco:

CUADRO 11

Región	Distribución de la población (en %)		Índice	
	En 1797	En 1860	En 1797	En 1860
Noroeste costero (Galicia, Asturias, País Vasco)	16,97	17,64	100	103,9
Norte Central (Aragón, Navarra, León)	17,09	15,78	100	92,3
Castillas y Extremadura	24,75	21,6	100	87,3
Cataluña	8,14	10,67	100	131,1
Levante y Andalucía	29,56	30,98	100	104,8
Islas Canarias y Baleares	3,41	3,23	100	94,7

Si hacemos abstracción de Cataluña, región relativamente industrializada, los cambios son bastante escasos. Sin embargo, se puede apreciar la muy débil atracción de Madrid. La presencia de esta capital sin actividad y con funcionarios mal pagados no impide que las dos Castillas pierdan más de una décima parte de su peso relativo. Pero, de forma general, la falta de actividad no empuja al español a abandonar su región más que para migraciones temporeras y provisionales. Las migraciones también están frenadas por la falta de transportes y la escasa urbanización. En 1857 España sólo cuenta con cuatro ciudades de más de 100.000 habitantes y con ocho que superan las 50.000 almas:

CUADRO 12

Población de las ciudades españolas

	1836	1857		1836	1857
Madrid	225.000	281.000	Cádiz	58.000	64.000
Barcelona	115.000	179.000	Granada	52.000	63.000
Sevilla	99.000	122.000	Zaragoza	41.000	59.000
Valencia	65.000	106.000	Palma	33.000	43.000
Málaga	75.000	93.000	Valladolid	20.000	42.000

El rasgo esencial que sobresale de este cuadro es la estabilidad. La futura capital industrial del País Vasco, Bilbao, entre 1836 y 1857 pasa de 12.000 a 18.000 habitantes y apenas se mantiene en el nivel de un pequeño centro administrativo y comercial. Pero, ¿qué se puede decir entonces de estas "ciudades muertas" como Córdoba, Toledo o Ávila?

Una estructura social inmóvil: las clases dominantes

Tenemos ante nosotros una demografía tradicional, con una real disminución de las crisis de subsistencias, pero con la recurrencia siempre peligrosa de las epidemias, la fiebre amarilla y el cólera, cuyos efectos están atenuados por la escasa urbanización. Porque se trata de una sociedad esencialmente rural. En 1836, en Francia, el departamento menos urbanizado, la Creuse, tiene el 7,7 por ciento de su población en las ciudades. Asturias, la futura región minera y siderúrgica, sólo tiene el 5,3 por ciento, y Castilla la Vieja el 6,6 por ciento. Y es una sociedad aparentemente inmóvil desde que en el siglo XVI desaparecieron la burguesía comercial castellana y los negociantes judíos. Habrá que esperar hasta 1835 para que los judíos estén de nuevo oficialmente tolerados en España.

Sin embargo se trata de una sociedad libre y que ignora la dependencia personal desde mucho antes de 1789. En la España de 1808 no hay servidumbre que abolir, y de ahí la falta de interés por las ideas francesas en las clases populares. En España, a diferencia de lo que se puede ver en Baviera o en Wurtemberg, no hay familias que después de la primera guerra mundial todavía tengan sobre la chimenea de su granja el retrato de Napoleón, no el invasor sino el hombre que les dio la libertad personal.

La aristocracia prácticamente ha salido indemne de la tormenta. Algunos de los Grandes de España se han adherido a José, pero la mayoría de la nobleza se ha mantenido apartada del conflicto adoptando una actitud de prudente espera. Las Cortes de Cádiz pretenden retirarle sus privilegios jurídicos y sus "plazas" (principalmente en el ejército). Fernando VII se los devuelve en 1814, e incluso aumenta ampliamente el número de sus miembros con la intención de reforzar lo que piensa que es uno de los fundamentos de la autoridad tradicional. Hay que esperar hasta las constituciones de 1837 y de 1845 para que se restablezca la igualdad civil y el libre acceso a los empleos públicos. Pero no por ello la nobleza titulada y los Grandes de España dejan de conservar algunos privilegios electorales en el Senado, ventajas que se cuestionan cada vez que los Progresistas llegan al poder, y que les son retiradas entre 1845 y 1857.

En cambio, las medidas económicas que afectan a la nobleza tardan en producir efectos tangibles. Pese a lo que haya dicho Vicens Vives, la abolición de los mayorazos en 1841 no acarrea una división significativa de los patrimonios. Las grandes propiedades evolucionan poco. Incluso la abolición definitiva de los derechos señoriales en 1837 tienen unos efectos financieros muy reducidos. En la mayoría de las regiones, con la excepción del país valenciano, los derechos señoriales se transforman en propiedad efectiva. Pese a que las modalidades de la transformación sigan siendo objeto de controversias historiográficas, cuesta ver el perjuicio sufrido por la aristocracia. Por lo tanto, ésta sigue siendo una verdadera potencia social y económica, tanto más cuanto que participa en la adquisición de bienes desamortizados y, en consecuencia, en muchos casos aumenta sus dominios. Si hay cambio, sin duda consiste en que cada vez más las grandes familias de la nobleza van a instalarse a la capital, donde su red de relaciones les permite ejercer un poder cuya importancia real se puede apreciar por su larga duración.

En cambio, el clero es la gran víctima del período. No obstante, y a diferencia de los aristócratas, ha participado en el levantamiento nacional. Y entonces ha demostrado lo determinante que podía ser su influencia sobre las masas populares. Durante mucho tiempo es el firme sostén de Fernando VII. Pero atrae las críticas por su número y por sus privilegios, que se juzgan excesivos. A finales del siglo XVIII, los eclesiásticos son aproximadamente 200.000. En 1826 todavía ascienden a 150.000, lo que en relación a la población es el doble que Italia y el triple que Francia. Pero incluso esta reducción de un cuarto en veinte años es dudosa, ya que las cifras de 1806 y 1826 dan *exactamente* el mismo número de regulares de cada sexo. El clero regular constituye la mitad de la clerecía de 1806, y los dos tercios en 1826. Los 1.075 conventos de mujeres tendrían 29 monjas en promedio, y los 2.051 monasterios de hombres, 30 monjes. Aunque estas cifras sean exageradas, atestiguan un excesivo número y riqueza. "La primera cosa que me choca —dice Adolphe Blanqui cuando visita España a comienzos del reinado de Fernando— es la increíble variedad de los hábitos de monjas y religiosos de todas clases que pululan por las calles. Los unos iban completamente vestidos de casimir blanco y con la cabeza cubierta; los otros, vestidos de negro, no llevaban ni medias ni zapatos [...] [En los conventos] vegeta una multitud de franciscanos, de agustinos, de dominicos, de bernardinos y de capuchinos de todos los colores, que viven a expensas del público. El amplio vestido de uno solo de estos parásitos bastaría para cubrir la desnudez de tres padres de familia [...]." Todo esto explica los celos, las acusaciones e incluso las violencias del anticlericalismo español que se refleja espectacularmente en las medidas de fuerza de los gobiernos liberales y en las explosiones populares de 1835.

Los privilegios jurídicos de los tribunales eclesiásticos han disminuido mucho después de la abolición de la Inquisición durante el Trienio liberal. Es de destacar que, en lo sucesivo, Fernando VII se haya negado a restablecerla. También desaparecen los diezmos, y si la Iglesia todavía está autorizada a pedir a los fieles una colaboración financiera "para la Cruzada", es debido a que el Estado se aprovecha directamente de ella. Sin ningún género de dudas el Concordato de 1851 sigue confiriendo al catolicismo su carácter de religión de Estado; pero limita oficialmente el número de congregaciones y reorganiza las diócesis en función de los efectivos eclesiásticos, muy disminuidos en relación a los de principios de siglo. La gran cantidad de conventos abandonados o que han pasado a nuevas actividades y también la ausencia del hábito monástico en las calles lo atestiguan: "Cuando ya no he encontrado —escribe un viajero francés en 1849 (se trata de Bégin)— ni la capucha de los monjes, ni el hábito de los padres capuchinos, me ha parecido que mi vieja España desaparecía".

Pero la Iglesia católica se verá afectada, sobre todo, en sus bienes materiales. Ya en el siglo XVIII los *Ilustrados* habían visto en la riqueza del clero una causa esencial de la miseria española. Ya se realizaron algunas intentonas de desamortización con Jovellanos, y Pío VII había concedido al rey un impuesto de un noveno (el *noveno*) sobre el diezmo con el objeto de amortizar la deuda del Tesoro. Esta potencia financiera de la Iglesia ha conseguido la unanimidad de la opinión en contra suya. No sorprende advertir que en España las regiones donde el patrimonio territorial de la Iglesia es menor, son las que están menos afectadas por el anticlericalismo: Galicia, Navarra o el País Vasco.

Cuando el clero, en su gran mayoría, toma partido a favor del pretendiente carlista, el gobierno decide la "desamortización". Se aplica en 1837 (simultáneamente a la total abolición del diezmo) a los bienes del clero regular, y se amplia en 1841 a los del clero secular. Llevada a cabo sin vacilaciones, encuentra fácilmente compradores pese a las violentas reacciones del papado. En principio, la operación dura desde 1837 hasta 1844, y en 1845 los moderados devuelven al clero los bienes que quedan. Pero son poca cosa; lo esencial se ha vendido. Ya hemos explicado el sistema de enajenación, poco favorable para el Tesoro y muy interesante para el adquirente. El Erario ha recibido, en valor efectivo, 984 millones de reales de vellón distribuidos a lo largo de, al menos, ocho años. Esto corresponde a unas tierras y bienes que las Cortes de Cádiz habían estimado que constituían el 18 por ciento de la riqueza territorial de España. La ganancia es tanto más insignificante desde el momento que la Hacienda se responsabiliza del mantenimiento del clero, o bien mediante sueldos o bien mediante intereses de los títulos del Estado entregados a cambio de los bienes alienados, y, en teoría, del mantenimiento de las instituciones escolares y caritativas que tradicionalmente pertencían a la Iglesia:

CUADRO 13

Instituciones a cargo de la Iglesia en 1808

Hospitales	2.231
Colegios	368
Prisiones atendidas	5.898
Hospicios	106
Casas de estudio	383
Manicomios	82
Casas de pobres	7.347
Orfanatos	67

La incapacidad del Estado para cumplir estas obligaciones, particularmente las de caridad y de salud, es un elemento agravante de la miseria rural a mediados de siglo. Pero el sueño de los reformadores del siglo XVIII se ha realizado. La potencia financiera y, sobre todo, territorial de la Iglesia ha cambiado de manos. ¿Acaso es en provecho de una clase de pequeños propietarios rurales tal como habían esperado?

De hecho, la gran beneficiaria de esta transferencia de propiedad es, además de la nobleza, la clase de los notables, tanto rurales como urbanos. Es esta clase la que, en el transcurso de los años cuarenta, obtiene enormes ventajas a cambio de su adhesión a la causa de Isabel II. No sólo ha adquirido los bienes del clero en condiciones extraordinariamente favorables, sino que además, para cultivarlas provechosamente se beneficia de disposiciones protectoras y liberadoras de los obstáculos tradicionales que ya se han mencionado con anterioridad.

Pero este beneficio jurídico tiene efectos decepcionantes en el plano económico. Pese a las facilidades crediticias, las compras absorben lo esencial de las disponibilidades líquidas de la burguesía local, y, al revés de las esperanzas de Mendizábal, la inversión subsiguiente es muy escasa. El aumento de la producción, universalmente observado, está relacionado con la extensión de los cultivos sobre antiguos baldíos y, por lo tanto, acompañado por una disminución del rendimiento medio. La rentabilidad es demasiado pequeña para posibilitar el beneficio esperado, y no se puede acumular capital. A falta de transportes baratos —contrariamente a lo que se podría pensar, la carreta rudimentaria sobre caminos mal conservados sale muy cara— y de mercados urbanos importantes, la liberación de los precios y de los intercambios constituyen factores negativos. Los notables rurales son más poderosos y más ricos en tierras; pero todavía no representan la esperada reserva de ahorro. Por su parte, la burguesía urbana todavía es muy débil. Está vinculada a una industria todavía modesta (Barcelona), a un comercio en dificultades (Cádiz, Valencia) o en progreso incierto (Bilbao, Santander) y, aunque se le añadan los medios madrileños (financieros, altos funcionarios, juristas, políticos), constituye un grupo más que una clase. Su interés procede de que es el embrión de una clase que intentará ocupar el primer puesto en el tablero político y económico con la Revolución de 1868 y la Restauración.

Lo que ya se puede apreciar es la progresiva integración a la nobleza terrateniente de esta burguesía surgida de los negocios, del ejército o de la función pública y política, generalmente por la vía de la abogacía. Por un Girona, banquero catalán orgulloso de su condición de burgués y que rechaza los títulos, ¡cuántos Aguados, banquero y marqués de Las Marismas desde Fernando VII, o marquesados como los concedidos a Salamanca y Remisa, o títulos de conde, más bien reservados a los militares! El movimiento se extenderá durante los años cincuenta y sesenta, y se convertirá en algo tan corriente durante la Restauración que parecerá un elemento del *cursus honorum* español, al estilo de la lista de honores británica. De este modo, aun antes de convertirse en una clase social, antes de conseguir el poderío económico, la burguesía española se convierte en una parte de la clase aristocrática. En medio de la inestabilidad política, y mediante nuevas aportaciones, se refuerza una casta aristocrática y plutocrática que, durante la Restauración, confiscará el Estado en provecho propio y, por lo tanto, deja de estar interesada en perseguir una profunda renovación política y social de la nación.

El proletariado rural y urbano

Esta renovación no puede venir de las clases inferiores. La falta de industria y la pobreza del campo son un ambiente poco propicio para el nacimiento de una clase media a la francesa, incluso a la alemana. La falta de enseñanza que en 1860 mantiene al 80 por ciento de la población en el analfabetismo y reduce a 21.000 el número de alumnos de una secundaria totalmente literaria, también es un obstáculo para la aparición de categorías sociales intermedias. El artesano escasea, y esto plantea un grave problema de mano de obra para el despegue industrial. El comerciante local es modesto y no acumula; los primeros bazares que aparecen en Madrid o Barcelona hacia los años cincuenta figura que son grandes almacenes. Como máximo, en las pequeñas ciudades se pueden encontrar personajes al estilo de Balzac, unos *Père Grandet*, usureros del mundo rural al 24 por ciento anual, los más afortunados de los cuales se han beneficiado de la "desamortización". El ejército, de forma muy típica de este modesto nivel de desarrollo social, se presenta como un medio de ascenso social, al menos para aquellos que se han beneficiado de los ascensos de la guerra de la Independencia, y después de la primera guerra carlista. Esta débil clase media también se encuentra en las oficinas del Estado: funcionarios de paga escasa y aleatoria, pero privilegiados, y mucho, en relación a la clase campesina y cuyos hijos a veces, gracias a estudios jurídicos, consiguen incorporarse a la casta en el poder por la vía de la política.

Quedan las masas populares. Aparentemente el mundo rural no se manifiesta en absoluto socialmente en el transcurso de esta primera mitad de siglo. Los campesinos, que constituyen el esqueleto de las fuerzas que luchan contra los ejércitos napoleónicos, no obtienen ninguna ventaja de sus combates y sacrificios. Faltan estudios que nos describan su destino. Pero la larga depresión de los precios sólo puede haberlo empeorado. Para los que no se han movido de su sitio, arrendatarios o pequeños propietarios, las condiciones de vida no cambian en absoluto: sumisión al impuesto en lugar del derecho señorial, aislamiento que les condena a vivir sobre la limitada base de los recursos locales y a veces fuera de cualquier forma de economía monetaria, mediocridad de la vivienda, y arcaísmo del utillaje.

Pero ¿cuántos pequeños propietarios del Norte y del Oeste han perdido sus tierras en beneficio de los usureros y notables locales? Cuántos aparceros expulsados de las suyas por la desamortización? ¿Cuántos han tenido que proletarizarse después de abolida la derrota de mieses por no poder subsistir de lo que producía su pedazo de tierra? Artola advierte que en 1860 los propietarios constituyen el tercio de los activos agrarios y los jornaleros el 54 por ciento, todo ello en detrimento de los aparceros y arrendatarios.

Es verdad que la desamortización ha empeorado el destino de los campesinos, y la adhesión de los del norte a la causa carlista no sólo se debe a la influencia de los curas y a la sumisión a los señores tradicionales. Al defender la tradición, lo que los campesinos franceses antaño llamaban "las buenas costumbres", y al combatir por el pretendiente que prometía el mantenimiento de sus *fueros*, los campesinos se defendían contra la proletarización y la explotación que implicaban las medidas "liberales" de la Regencia. Sin duda combate en vano, pero también consciencia de que las medidas progresistas, a corto plazo, sólo podían empobrecerlos todavía más. Además, políticamente las reformas de los años treinta son desfavorables para el mundo rural. Para ser elector, el arrendatario debe tener unos ingresos del doble de la renta exigida por el propietario. En cambio, el jornalero está explícitamente privado del derecho de voto.

Esta difícil situación alcanza niveles de miseria insostenible a la mínima mala cosecha, a la menor escasez. Entonces, familias de jornaleros sin trabajo y sin recursos deben ir por los caminos en busca de subsistencia. Para muchos de ellos no hay más solución que la mendicidad o el bandolerismo. Éste tiende a desaparecer durante los últimos años del período debido a la organización de la guardia civil. Pero, hasta los años cuarenta, en este largo momento de incertidumbre política y de abandono administrativo que corresponde al reinado de Fernando y a la primera guerra carlista, las bandas organizadas se extienden por toda España, reclutan fácilmente a campesinos pobres e imponen rescates a los viajeros. El bandolero es un personaje tan familiar como el *escopetero*, encargado de escoltar a las diligencias pero a veces tan "ladrón" como el primero. La represión hace que ambos desaparezcan. ¡Pero no suprime la miseria! Y fácilmente vuelven a aparecer en los caminos y en las ciudades, en las puertas de las iglesias, estas multitudes de mendigos, a veces profesionales pero más a menudo ocasionales, que la mala cosecha reduce a esta forma elemental de sobrevivencia. A la élite "burguesa" no le gusta nada subrayar este aspecto poco brillante de la sociedad española. A mediados de siglo los retratos y descripciones de mendigos ya no son la obra de los artistas ibéricos. Pero los extranjeros, como Regnault y, sobre todo, Gustave Doré transmitirán a Europa con una cierta complacencia la imagen de una España de la miseria y de los harapos.

Entre estos desgraciados, muchos prefieren buscar sus medios de existencia fuera de la península, por ejemplo, hacia Francia o Argelia. El cónsul de Francia en Alicante entrega visados gratuitos y, a veces, paga el transporte de familias enteras que vienen de la Mancha y que, habiendo vendido todos sus bienes, no tienen ni con qué pagar los cinco francos del pasaje Alicante-Orán.

Ciertamente, hay reacciones de cólera y de violencia, pero son muy limitadas. La única concentración obrera, la catalana, es un núcleo muy reducido. Sin embargo, la rápida mutación técnica de su industria también provoca una rápida descualificación, que se expresa en los incendios de fábricas de 1835. Simultáneamente se desarrollan movimientos huelguísticos en el proletariado barcelonés. Se toleran los intentos de asociación en la medida en que la previsión sea su objetivo principal. Pero la agitación obrera no desemboca en una idea política. Los obreros de Barcelona todavía son sensibles a la ambigüedad del Progresismo. El alzamiento de la ciudad condal en 1842 es característico de esta confusión. Ello explica la inquietud de las autoridades, que se refleja en la prohibición de las sociedades obreras en Barcelona desde 1850, y en el conjunto de la península en 1853. La reanudación de las huelgas en Barcelona coincide con la revolución de 1854, y el movimiento obrero, regional y aislado, experimentará un desarrollo condicionado no sólo por las consecuencias políticas del bienio progresista sino, sobre todo, por sus consecuencias económicas: la llegada del capital extranjero y el equipamiento industrial del país.

En el plano económico, la primera mitad del siglo se presenta, en definitiva, como un período particularmente sombrío. Con la perspectiva que da el tiempo, es posible apreciar que el país ha pagado un precio bastante caro por el retraso en el abandono de las estructuras del Antiguo Régimen: el Imperio y la potencia financiera de la Iglesia. La profunda depresión, que se debe más al desequilibrio originado por la desaparición de los recursos americanos que a la guerra de la Independencia —y las dos están, evidentemente, relacionadas—, ha anulado todos los esfuerzos destinados a reconstruir el Estado y la sociedad sobre bases sólidas. Los inevitables conflictos se han agudizado, y casi han llegado a carecer de una solución de compromiso. Pero, por encima de todo, la profundidad de la crisis, sumada al coste de los conflictos internos y a la malversación del ahorro que es la *desamortización*, impide toda verdadera acumulación de capital. A esta situación se añade la ausencia de productos de exportación adecuados para generar negocios y para engendrar intercambios remuneradores. La desaparición de la lana no se compensará hasta los años setenta con el hierro y el vino. Tras la Vicalvarada está claro que la transformación de la economía y la sociedad españolas no podrá realizarse por sí sola. Es lo que piensan los dirigentes más clarividentes. También es lo que esperan los capitalistas franceses.

Capítulo IV

UNA TRANSFORMACIÓN ABORTADA: ECONOMÍA Y SOCIEDAD EN LA SEGUNDA MITAD DEL SIGLO XIX

El estancamiento económico y el anquilosamiento social de la España de mediados del siglo XIX no hallan ni una aceptación ni una resignación unánimes. Por el contrario, los llamamientos a una transformación del país se multiplican. Se le proponen como modelos sus vecinos del norte en curso de industrialización. Hasta entonces, el esfuerzo industrial sólo ha contado con algunos propagandistas aislados y bastante poco realistas como González Azaola durante los años veinte. El movimiento va perdiendo su ingenuidad aunque todavía ignore en gran medida las realidades económicas. Sobre todo es más amplio. A partir de entonces España dispone, en el seno de un medio intelectual predominantemente jurídico, de algunas competencias técnicas, en realidad obtenidas en el extranjero por los liberales emigrados en 1823 y, sobre todo, por sus hijos, formados a veces en Francia y más a menudo en Inglaterra y además preocupados por la polivalencia técnica. En sus biografías con frecuencia se mezclan la ingeniería civil, el equipamiento urbano y la explotación minera. Pero también hay alumnos de las escuelas españolas de ingeniería. Para los ingenieros de minas, los años 1840-1860 son el período de las grandes propuestas de reforma de los establecimientos mineros del Estado y de un primer florecimiento de estudios geológicos rigurosos. La comisión del mapa geológico se crea en 1849.

Sin embargo, no hay que engañarse. Pese a la energía del tono, reforzada por la certeza de estar en posesión de la verdad, pese a una acogida muy favorable en los ambientes liberales y, en general, en las clases medias urbanas, estos hombres nuevos no tienen por sí mismos, en absoluto, los medios necesarios para sus ambiciones. Procedentes de la pequeña burguesía, no poseen los capitales necesarios para lanzarse por su cuenta a grandes empresas. Y la oligarquía terrateniente no tiene ninguna intención de orientar a sus hijos hacia carreras tan austeras como poco lucrativas. Esta actitud se mantiene durante todo el siglo XIX. La carrera de ingeniero es más un elemento de promoción social que de consolidación de un poder.

La introducción de nuevas técnicas debe mucho a la conjunción de otros factores. En primer lugar, la presión de los medios empresariales, sobre todo en algunos puertos del Mediterráneo como Málaga, con sus esfuerzos metalúrgicos, y Barcelona, que mecaniza su industria textil y construye la vía férrea Barcelona-Mataró con sus propios capitales. También hay la voluntad del Estado. Sean cuales sean los grupos en el poder, hay acuerdo unánime para favorecer la modernización de la infraestructura. ¿Acaso el objetivo de la reforma fiscal de Mon no es el de sanear las finanzas del país para poder, finalmente, atraer capitales e iniciativas del extranjero?

Porque la intervención de los capitalistas extranjeros se manifiesta indispensable. En la península, cada esfuerzo de equipamiento o de industrialización estará relacionado con la inversión financiera procedente de Francia o de Inglaterra pese a las reticencias que suscitan en el exterior las incertidumbres políticas españolas. Para muchos, en particular para los ingleses, España es un simple terreno de búsqueda de beneficios, y la ayuda que se le puede aportar ha de estar en función de las necesidades del extranjero. Pero para los hombres influidos por el pensamiento saint-simoniano es mucho más que esto: es un verdadero país de experimentación; es la deseada plataforma sobre el Mediterráneo. La estancia de Fernando de Lesseps, pariente de los Montijo, en la embajada de Madrid, y la atención privilegiada de los Pereire por los asuntos españoles son signos notorios de este interés.

Para los españoles con afán de progreso este apoyo del extranjero es, a su vez, un estímulo y una fuente de inquietud. Ciertamente aporta un esfuerzo financiero y técnico. Desde los años cuarenta, ingenieros extranjeros como el francés Paillette o el inglés Partington recorren el país y suman sus trabajos y su entusiasmo a los de los españoles. Pero el ideal habría sido el contar solamente con medios del país. En la medida en que puede crearse una economía moderna, corre el peligro de ser una economía de dependencia, demasiado preocupada por la especulación y el beneficio inmediato como para preocuparse prioritariamente por las necesidades nacionales y ayudar a la profunda transformación de una sociedad de la cual sólo refuerza las flagrantes desigualdades sociales.

I. Los instrumentos de la transformación económica

Los capitales

En lo esencial son de origen extranjero. Ciertamente existen, en la misma España, importantes fortunas: grandes propietarios de tierras, negociantes enriquecidos, banqueros y financieros. Desde 1840 el país incluso experimenta una actividad financiera febril, cuyos principales objetos son el arriendo de los impuestos, pero también proyectos de obras públicas, de ferrocarriles y de minas. Es la época de las grandes especulaciones y de los aventureros de las finanzas. Muñoz, esposo de María Cristina, y Salamanca, que inspira a Alejandro Dumas el personaje de Monte-Cristo, son los reyes de la época. Pero ni las fiebres bursátiles ni los enriquecimientos espectaculares ni los escándalos financieros no nos deben llamar a engaño. ¡Los beneficios de Muñoz han servido para acumular una enorme fortuna en tierras!

La mayoría de las veces los capitales invertidos son ridículos. Los centenares de sociedades, sobre todo mineras, que se crean cada año en realidad sólo disponen de capitales ínfimos y casi nunca permiten enfocar una explotación seria. Estas "minas de papel" no tienen más finalidad que la de sostener una especulación que, hasta los años sesenta, renace después de cada crisis coyuntural. Con medios importantes, y sin duda más realismo, Muñoz y Salamanca tienen un comportamiento análogo. La connivencia con el poder de Estado sirve para obtener efectivamente enormes beneficios, pero sus inversiones ferroviarias o industriales siempre son especulativas. Éste es un rasgo demasiado frecuente en las inversiones españolas. La gestión de las empresas rara vez se sitúa en unas perspectivas de duración y crecimiento. Las más de las veces se contenta con explotar una situación momentáneamente favorable. Buen ejemplo de ello es la evolución del textil catalán, que experimenta breves fases de euforia, la más espectacular de las cuales es la de la guerra de 1914-1918, y largos períodos de estancamiento.

Entonces, un conjunto de medidas jurídicas que siguen la línea de la reforma de Bravo Murillo ofrecen un marco favorable a la recepción de capitales extranjeros. La ley de ferrocarriles de 1855 establece los grandes rasgos de la red ferroviaria y garantiza su financiación mediante un sistema de subvenciones a la construcción y de exenciones fiscales que permiten, en particular, la importación de material en régimen de franquicia. Las leyes bancarias de enero de 1856 reorganizan los bancos de emisión. Sobre todo posibilitan la creación de sociedades de crédito muy libres financieramente.

Este marco jurídico favorece la aparición de los grupos franceses, que de esta forma pueden desarrollar proyectos globales, asociando estrechamente bancos y compañías ferroviarias. La sociedad de crédito creada en la misma España tiene por objeto el drenar los capitales locales hacia los ferrocarriles del mismo grupo financiero. Es así que tres grupos, los Pereire, los Rothschild y la asociación Prost-Guilhou fundan cada uno de ellos su sociedad de crédito y se pelean por las concesiones ferroviarias en un clima de competencia favorecido por la legislación española. El Crédito Mobiliario Español de los Pereire controla los ferrocarriles del Norte; la Sociedad Española Mercantil e Industrial de los Rothschild controla los mediterráneos, principalmente a través del *Madrid-Zaragoza-Alicante* (*MZA*); la Compañía General de Crédito Prost-Guilhou está más diversificada en sus proyectos ferroviarios así como en el conjunto de sus actividades. También es la única que obtiene un resultado pasajero en la captación de capitales locales gracias al establecimiento de una red de cajas de descuento. En conjunto, la insuficiencia de las disponibilidades nacionales exige un recurso mucho más importante de lo previsto a los capitales franceses bajo la forma de compra de acciones u obligaciones.

Las sociedades de crédito con capitales españoles que se crean en la misma época, principalmente en Barcelona y Valencia, tienen una importancia infinitamente más modesta. Ciertamente vienen a sumarse a unos bancos de emisión más antiguos, como el Banco de España o el de Barcelona, fundado en 1844. Pero el número de bancos no nos debe llamar a engaño. Las operaciones que ponen en marcha son muy reducidas. Los capitales franceses desempeñan, de largo, un papel preponderante en esta primera estructura financiera del país.

Estructura efímera, ampliamente barrida por la crisis financiera que aparece en 1864 y culmina en 1866. Los Rothschild, recelosos desde siempre respecto a las "aventuras españolas", ya han empezado a desmantelar su sociedad de crédito, la liquidación financiera de la cual concluye en 1867. En cambio, es la crisis la que acaba con la Compañía General de Crédito, que ya estaba en suspensión de pagos desde 1864. Numerosos bancos españoles están en quiebra. Hay pocos sobrevivientes, el Banco de Barcelona, el de Bilbao, también el Crédito Mobiliario Español, fuertemente afectado pero alrededor del cual los Pereire organizan el salvamento de su imperio europeo después de la quiebra del *Crédit Mobilier Français* en 1867.

No por esto el papel del extranjero se convierte en secundario, sino que se organiza sobre nuevas bases. En los años ochenta el ferrocarril mantiene una posición privilegiada, pero es al sector minero hacia donde se dirigen principalmente los favores de los capitalistas. En esta dirección Inglaterra consigue rápidamente el primer puesto, delante de Francia y Bélgica.

Es gracias a las exportaciones de mineral de hierro y a la sombra del capital inglés que se desarrolla en Bilbao, a finales de la década de los setenta, el núcleo capitalista más dinámico del país. Concesionarios de minas, comerciantes y armadores, los Ibarra, Urquijo, Gandarias, Chávarri y Sota consiguen una incuestionable potencia financiera incluso mucho antes de la creación del Banco de Vizcaya en el año 1901.

Este fenómeno y la repatriación de capitales coloniales explican la constitución, a principios del siglo XX, del esqueleto del actual sistema bancario. Se dibujan dos grandes conjuntos: un grupo vasco, con los bancos de Bilbao y de Vizcaya, y un grupo madrileño dominado por dos bancos, el Hispano Americano, también vinculado a los capitales vascos, y el Banco Español de Crédito (Banesto), que sucede al Crédito Mobiliario de los Pereire, con una fuerte participación de Paribas (un tercio del capital). Finalmente, la banca catalana mantiene su presencia, pero principalmente le falta vitalidad, con la excepción del Hispano Colonial que, después de la pérdida de Cuba, logra una notable reconversión.

El período 1914-1920 confirma y refuerza esta evolución. Para los establecimientos bancarios es la ocasión de constituir verdaderos activos industriales y de librarse en gran medida de la presencia extranjera. Sin embargo, la banca catalana se hunde espectacularmente después de finalizada la guerra, comenzando por el Banco de Barcelona, víctima de una desgraciada especulación con el marco, antes de que se adoptara en 1921, y bajo el impulso de Cambó, una ley que se proponía evitar nuevos "accidentes".

Por lo tanto, el análisis de las disponibilidades no se puede separar en absoluto del de los posibles objetos de inversión. Parece que los capitales extranjeros sólo se han interesado por la industria tardíamente. Sin duda su reserva se justifica por la gravedad de las crisis y la permanencia de las dificultades presupuestarias, que impiden que el Estado pueda sostener el esfuerzo de equipamiento del país.

La política presupuestaria

Efectivamente, en España las finanzas públicas rara vez desempeñan un papel dinámico. Sin embargo, durante la segunda mitad del siglo el Estado se organiza de forma moderna. El funcionamiento de las instituciones es más regular. Concretamente, la práctica de la publicación del presupuesto es la regla a partir de 1850-1851. No obstante, se mantiene el déficit crónico, agravado durante los períodos de conflictos (1862-1872) o de guerra (guerra de Cuba). Hay que esperar hasta la reforma de Villaverde, que crea en España el principio de una fiscalidad moderna, para que aparezcan unos excedentes vinculados, de hecho y sobre todo, a una política de restricción de los gastos, nefasta en última instancia para la infraestructura y la educación. Además esta situación es efímera. Desde 1911 el conflicto marroquí hará reaparecer un déficit que ningún régimen posterior estará en condiciones de colmar. De hecho, la insuficiencia de los ingresos se debe mucho más a la debilidad de la economía que al arcaísmo jurídico de la fiscalidad. En efecto, la estructura de los recursos del Estado es muy próxima a la de Francia. El reparto de los gastos tampoco se aparta de la ortodoxia francesa. Es su volumen global el que supera los medios del Estado. El déficit endémico se cubre mediante diversos expedientes: liquidación del patrimonio del Estado y préstamos exteriores hasta 1881 y, sobre todo después de 1890, repetidos préstamos interiores con efectos profundamente inflacionistas ya que la posibilidad de pignorar los títulos de la deuda en el Banco de España aumenta la circulación fiduciaria.

El Estado, impotente para sostener financieramente el esfuerzo de equipamiento del país, se limita, como mucho, a ofrecerle garantías jurídicas. Pero la expectativa de ingresos fiscales a veces también le conduce a una profunda relajación.

La capacitación técnica

España puede suministrar sin esfuerzo una cantidad suficiente de obreros. En cambio, le faltan especialistas. En efecto, la enseñanza superior sigue siendo muy tradicional. Hacia 1860 las facultades de derecho atraen a más de la mitad de los 6.000 estudiantes del país, mientras que las facultades de ciencias a poco más de un centenar. Ciertamente, desde 1834 existe una Escuela de *Ponts et Chaussées* (Caminos), y desde 1835 otra de Minas, de buen nivel científico. Pero durante mucho tiempo sus promociones han estado limitadas por el escaso número de plazas ofrecidas y por el corto número de candidatos, desanimados por la mala retribución de la función pública, única salida durante decenios.

A esta élite se le pueden sumar los ingenieros "industriales", cuyo título no corresponde a una carrera en la Administración. La reorganización de estas escuelas por la ley Moyano de 1857 evidencia un voluntarismo industrial muy ingenuo. Después de una proliferación anárquica pero efímera, sólo subsiste la escuela de Barcelona, con dos especialidades, mecánica y química. Desde 1868 hasta finales de siglo, el promedio de las promociones no superará los veintitrés. Más tarde, dos nuevas escuelas, en Bilbao y Madrid, ofrecerán una fuente complementaria de competencias técnicas para la industria y el equipamiento tanto públicos como privados. Sin embargo, el número total de ingenieros siempre es insuficiente.

Para las minas, los técnicos de menor nivel son el objeto de esfuerzos pedagógicos un poco más importantes. Se fundan varias escuelas técnicas en Mieres, Cuevas de Vera, Cartagena, etc., a imagen y semejanza de la escuela de Almadén, creada en el siglo XVIII. Permiten que las empresas españolas o extranjeras puedan reclutar bastante fácilmente contramaestres "nacionales".

Por lo tanto, España se convierte en la tierra elegida por los jóvenes ingenieros extranjeros, ingleses, franceses o belgas, sobre todo cuando ciertas compañías extranjeras practican una política de discriminación sistemática en detrimento de los españoles. Este reclutamiento provoca una convivencia a veces difícil por el desconocimiento de las realidades españolas y por desigualdades sorprendentes. Con capacidades equivalentes, el ingeniero español por lo general está en una posición de subordinado o de representante mal pagado e impotente de la administración. De ahí provienen los conflictos latentes, que dan lugar a protestas corporativas y nacionalistas cuando se acaba la euforia minera.

Los medios materiales

La aportación del extranjero también es imprescindible para la mayoría de productos, brutos o manufacturados, necesarios para la industrialización, comenzando por la hulla. España carece de energía abundante y barata. Pese a una utilización minuciosa de las posibilidades hidráulicas locales, la industria textil catalana experimenta muy rápidamente la necesidad de unirse a los países industriales en la utilización parcial de la máquina de vapor. Por otra parte, la voluntad de sustituir las forjas a la catalana, dinámicas durante mucho tiempo en las regiones pirenaicas y cantábricas, por una metalurgia moderna, conduce a preocuparse en primer lugar por el carbón. El alto horno consume mucho más carbón que mineral de hierro, que además es muy abundante.

Durante los años treinta Asturias suscita la esperanza de convertir el país en una potencia carbonera. Pero la autonomía hullera del país nunca pasa de ser un sueño, y después un tema eficaz de la propaganda del *lobby* asturiano. Sin embargo, a España no le faltan yacimientos. Pero las cuencas, con la excepción asturiana, sólo ofrecen posibilidades muy limitadas. La misma hulla asturiana que ha suscitado tantas ilusiones, resulta ser decepcionante. Su calidad es irregular y a menudo mediocre, y su presentación incómoda. Se extrae y se transporta en condiciones costosas porque las minas están mal equipadas. La producción nacional, asturiana en sus dos tercios, está lejos de satisfacer las necesidades del país: 3,5 millones de toneladas entre 1910 y 1913, frente a un consumo que se acerca a los 6 millones. La guerra de 1914, que provoca una fuerte disminución de las importaciones, multiplica ineficazmente el número de pequeños productores. Después de la guerra el problema hullero es mucho más grave. Frente a una competencia que ha vuelto a ser normal, el *lobby* hullero logra compensar una productividad escandalosamente insuficiente mediante una protección muy reforzada y que adquiere carácter de ley en el arancel aduanero de 1922. Por lo tanto, España sigue siendo un país de hulla cara.

En su casi totalidad el carbón importado procede de Inglaterra. Pero esta insuficiencia energética, que se prolonga durante el siglo XX debido a la falta de petróleo, es por aquel entonces la única carencia mineral importante de España.

Por el contrario, la debilidad de la siderurgia y de las construcciones mecánicas españolas otorgan un papel fundamental a las importaciones de bienes de equipo. Algunas fábricas, sobre todo en Cataluña, producen máquinas de vapor y textiles; pero España debe importar su material ferroviario, desde los raíles hasta las locomotoras, así como su equipamiento minerometalúrgico, máquinas de vapor y después eléctricas, cables, material de transporte, etc. En estos terrenos la producción nacional sigue siendo muy secundaria, y sólo convierte al país en autosuficiente en cuestión de abonos y de dinamita, ¡con patente Nobel!

II. Las realizaciones

Esta multiforme presencia extranjera posibilita que España experimente una evolución económica y social original dentro del conjunto del mundo mediterráneo, pese a evidentes afinidades con el caso italiano.

Esquemáticamente se pueden distinguir tres momentos de mayor intensidad. En primer lugar, de 1856 a 1866 con la primera fase de construcción intensiva de la red ferroviaria; luego el primer decenio de la Restauración que presencia simultáneamente una reanudación de la construcción de la red de ferrocarriles, el establecimiento de la mayoría de las grandes explotaciones mineras y la creación de una siderurgia moderna en el País Vasco; finalmente, el principio del siglo XX experimenta una intensificación del esfuerzo de equipamiento, muy acentuado en Asturias, y tentativas industriales en diversas direcciones, desde las construcciones metalúrgicas hasta la pasta de papel.

La infraestructura

La red ferroviaria es la primera gran empresa, tanto para el extranjero como para todo el país. El ritmo de construcción muestra la gran concentración temporal del esfuerzo. Después de algunas anticipaciones (Barcelona-Mataró en 1848, Madrid-Aranjuez en 1851), la red pasa de 102 km en 1852 a 1.880 km en 1860 y 5.076 en 1866. Un crecimiento tan rápido, explicable por la construcción de los grandes ejes, no se repetirá nunca más. La crisis de 1865-1866 incluso provoca una interrupción brutal. La construcción sólo se reanuda, y en un principio con prudencia, a partir de 1873 y con dos nuevos períodos de mayor intensidad, de 1879 a 1886 y de 1892 a 1896. Entonces se alcanza el tamaño actual de la red, salvo modificaciones o prolongaciones secundarias. Su trazado es predominantemente radial a patir de Madrid. Cubre el conjunto del país con una red con mallas bastante espaciadas, excepto en algunas regiones como la costa catalana o la cuenca del Guadalquivir donde es más tupida. La aparente importancia de los 10.800 kilómetros de líneas debe matizarse ante los graves defectos de red: un ancho de 1,67 m cuya originalidad impide una conexión fácil con las redes vecinas y aumenta el precio del material rodante; distancias inútilmente largas, líneas absurdamente concurrentes, un material insuficiente y mal conservado debido a una rentabilidad muy deficiente.

Ésta tiene varios motivos. No hay bastantes carreteras para comunicar los pueblos y aldeas a la red ferroviaria. Los dirigentes españoles ignoran la importancia de este requisito previo necesario para el éxito de una empresa concebida según el modelo ferroviario francés. En cambio sobreestiman las necesidades de transporte interior del país. De esta forma el trigo constituye el elemento esencial y limitado de un tráfico castellano siempre expuesto a una crisis cerealera. La explotación y el transporte de la hulla de Palencia no consiguen desempeñar el fructífero papel que esperaban los Pereire. Algunas líneas son totalmente improductivas. En general, la apuesta sobre el impulso que el ferrocarril podía proporcionar a la economía ha resultado ser errónea.

Ciertamente, España ya está dotada de una verdadera red nacional. Pero es un instrumento técnicamente mediocre y, además, caro. Ante la escasez del tráfico las compañías practican una política permanente de tarifas altas.

El equipamiento urbano se moderniza, sobre todo, a partir de la mitad del siglo. Es entonces cuando Madrid se dota de una red de alcantarillas que sustituye las antiguas cloacas y pozos negros y de una red de suministro de agua cuyas instalaciones aún llevan el nombre de Isabel II. Sin embargo, el aguador gallego, que formaba parte del espectáculo cotidiano de la calle madrileña, sólo desaparece a finales de siglo, y aún progresivamente. Pese a algunas realizaciones más precoces (Madrid todavía conserva en la actualidad algunos faroles de 1832), también es la época en que el alumbrado a gas, y luego eléctrico, se convierte en un equipamiento normal de las ciudades de alguna importancia. Circulan tranvías en las grandes ciudades y, a veces, en las modestas concentraciones obreras (por ejemplo en Linares, o entre Cartagena y La Unión). En esta modernización a veces anárquica, el papel de los capitales y de los técnicos extranjeros sigue siendo primordial.

Estas innovaciones son simultáneas a los comienzos de un verdadero crecimiento urbano. Es entonces cuando Barcelona sale ampliamente de sus murallas, derribadas en 1859, y Madrid de sus estrechas callejuelas, pasando de 400.000 habitantes en el caso de Madrid y de 250.000 en el de Barcelona, ambos en 1877, a 751.000 y 710.000 respectivamente, en 1920. El paisaje urbano e incluso la sociedad se transforman profundamente. Las ciudades se uniformizan en su arquitectura y en el mismo aspecto de su población. Hasta 1850-1860 todavía se ven en Madrid los vestidos abigarrados que recuerdan los diversos orígenes de sus habitantes. Las *manolas* que todavía encantaban a los románticos de los años cuarenta desaparecen con la invasión de las modas francesas. Barcelona y Bilbao con sus nuevos barrios pierden su "sello" español. Barcelona, "la ciudad más bonita de España", y sobre todo la más activa, se dota con casas altas de cuatro o cinco pisos, verdaderas ciudades obreras, con calles anchas y bien conservadas por "pelotones de presidiarios". Pero, según Lemesle, es "casi toda moderna, sin color local, y muy parecida a nuestras ciudades de Francia". En Madrid la pavimentación, al menos parcial, de las calles centrales, las alcantarillas y el alumbrado público mejoran el aspecto y la higiene de las calles. Su instalación es paralela a un progresivo alineamiento de las fachadas. La desamortización permite recuperar terrenos conventuales. Por lo tanto desde mediados de siglo es la ocasión para un importante esfuerzo urbanizador. Se crean bastantes calles o plazas en el centro de la capital. Se construyen inmuebles altos, alineados respecto a la calle y conteniendo un patio interior. Son las *manzanas* de las que Madrid todavía conserva algunos ejemplos típicos. Mientras que el reinado de Fernando VII había dejado la huella neoclásica de la plaza de Oriente, la Puerta el Sol renovada es el producto de este urbanismo muy parisino. La extensión y la novedad del paisaje urbano caracteriza las operaciones inmobiliarias de Salamanca en un barrio nuevo con inmuebles altos que dan sobre anchas calles. Por su parte, el ferrocarril, al posibilitar comunicaciones más rápidas y cómodas con las provincias, favorece la instalación en la capital de los grandes latifundistas: la Castellana se va poblando poco a poco con grandes torres desgraciadamente destruidas en la actualidad, un poco apresuradamente, para dar paso al cristal coloreado de las sedes bancarias.

Madrid crece en población, en superficie y en altura. Es una ciudad de burócratas para una administración que se desarrolla, una ciudad de artesanos que viven de la construcción y de los pequeños oficios de fabricación y de comercio al servicio de una capa acomodada cada vez más importante. También es una ciudad de criados, a menudo recientemente urbanizados. Posibilitan que sus señores puedan participar en una vida de relaciones muy animada desde mediados de siglo; los cafés, los salones y los círculos están muy frecuentados; los aristócratas y los financieros compiten mediante recepciones. Madrid, como Barcelona, asiste a una gran actividad teatral, subrayada por la construcción de nuevos edificios, en particular el teatro de Isabel II. Esta actividad está caracterizada por una intensa competencia de géneros. La zarzuela tradicional se opone a la obra de teatro a la francesa y a la ópera italiana. Pero si bien las escuelas de flamenco todavía proliferan en las ciudades del sur, en la capital, el *baile nacional*, la danza tradicional, sólo es un "aperitivo" antes del espectáculo "parisino", bien sea comedia bufa o drama.

Esta transformación de Madrid no la convierte en absoluto en el homólogo mediterráneo de París o Londres. Representa un tipo de urbanización diferente, que permite volver a hallar, a través de los barrios o de los pisos, toda la jerarquía y los vínculos de dependencia tradicionales. No existe ninguna industrialización y, por lo tanto, no se crean arrabales ni nuevas formas de relación. Madrid todavía vive en buena medida del campo. Ciertamente la ciudad tiene barrios populares, pero no verdaderos barrios obreros. Es un gran centro urbano aislado en medio de la meseta.

El desarrollo de algunos grandes centros contrasta con la permanencia de las ciudades muertas. Córdoba, Toledo o Ávila sólo ofrecen a la vista de los turistas una población escasa dentro de unos recintos demasiado grandes.

El desarrollo minero y la debilidad industrial

La apertura hacia Europa occidental consigue sus éxitos más brillantes precisamente en la actividad minera. Sin embargo, hacia 1850, los centros de explotación están estancados o en profunda decadencia. La actividad minera del suroeste español, fundamentalmente la extracción del plomo, sólo se mantiene gracias a la Sierra de Cartagena, al este de esta ciudad, donde se tratan inmensos montones de escorias dejados por los Romanos, y algunos minerales.

Sin ningún esfuerzo el Estado sigue siendo el primer empresario minero del país. Cuenta con Río Tinto y sobre todo con Almadén, el mayor yacimiento de mercurio del mundo, que da trabajo a casi 5.000 personas. Pero el Estado español es incapaz de realizar un esfuerzo político y financiero de gran envergadura, tanto en este terreno como en otros.

La misma acción del extranjero se ha limitado durante mucho tiempo a especulaciones de poco alcance, o a algunas tentativas desgraciadas de explotación. Pero, desde mediados de los años cincuenta hasta los alrededores de 1880, las perspectivas ofrecidas por el mercado internacional de minerales y metales se modifican profundamente. La urbanización aumenta el consumo de zinc y de plomo. El procedimiento Bessemer estimula la búsqueda de minerales no fosforosos, y se explotan las piritas por su azufre y por su cobre. Estos nuevos factores explican la creación de importantes sociedades bajo control extranjero. La "Compagnie Royale Asturienne des Mines", de origen belga, se orienta hacia el zinc en 1853. Sociedades inglesas se aseguran el control de las piritas de Huelva; las dos principales son la "Tharsis Sulphur Cy", fundada en 1866, y la "Riotinto Cy", constituida en 1873 gracias a la reconstituida compra del establecimiento al Estado. Las sociedades francesas son poderosas en la industria del plomo gracias, sobre todo, a la "Société Minière et Métallurgique de Peñarroya". Es una creación tardía —1880— del grupo Mirabaud, que casi consigue una situación de monopolio en vísperas de la guerra de 1914. Además, el plomo es, junto con la hulla, el único campo donde los productores españoles alcanzan a tener alguna importancia. La familia Figueroa, de donde han surgido los condes de Romanones, extiende poco a poco una actividad que comienza en el negocio marsellés de plomos, llega hasta el tratamiento del mineral en Marsella y en Cartagena, y finalmente hasta la propia explotación minera. Sin embargo, la venta parcial del negocio a Peñarroya en 1913 refleja una voluntad de desentenderse de la actividad minera.

España, que ya ostentaba el primer rango mundial para el mercurio, también se convierte en el primer productor mundial de plomo hasta la afirmación de la supremacía americana en los últimos años del siglo. Según los años es el segundo o tercer productor de mineral de cobre y el primer proveedor de mineral de hierro de Inglaterra. Pero todo el período no experimenta una prosperidad uniforme. Los años 1880-1900 son los del apogeo del sector minero. Pese a algunos ligeros progresos, después la producción presenta síntomas de un claro agotamiento. Y la guerra anuncia una decadencia general e irreversible. Las dificultades del transporte marítimo sólo son parcialmente responsables de la disminución de la masiva exportación de minerales.

Por lo tanto la decadencia es contemporánea a la crisis del régimen. Los minerales españoles de hierro y de plomo eran más ricos que abundantes. España es pobre en materias minerales "nuevas", como la bauxita o el petróleo. Los españoles descubren estas verdades demasiado tarde.

CUADRO 14

Producción española de los principales minerales y metales

(medias quinquenales según las estadísticas oficiales)

	1860-1864	1880-1884	1909-1913	1914-1918	1919-1923
Minerales (en miles de Tm)					
Mineral de hierro	199	4.046	9.044	5.078	3.648
Piritas	197	1.876	3.476	2.228	1.998
Metales (en Tm)					
Mercurio	875	1.627	1.301	873	1.037
Zinc	1.765	5.940	9.032	11.448	9.710
Plomo	69.089	88.287	198.375	161.004	131.860

El auge minero está lejos de ir acompañado por un desarrollo industrial comparable. La metalurgia sigue siendo muy mediocre. El mineral de plomo es el único que se beneficia casi totalmente en España en algunos grandes establecimientos, en Peñarroya o Cartagena, pero también en una multitud de pequeñas fábricas locales poco y mal equipadas y prontas a dejar de funcionar cuando los precios bajan. ¡En cambio la producción de cobre refinado y la química del azufre no bastan para las pequeñas necesidades del país!

El mineral de hierro no es la excepción de esta exportación masiva. En el transcurso de este período se exportan las nueve décimas partes del mineral vasco, y esta proporción refleja al mismo tiempo la influencia de los mercados extranjeros y la debilidad de la siderurgia nacional. Hasta 1880, aproximadamente, la historia de ésta no es más que una serie de desilusiones. En los últimos años del siglo, los beneficios mineros parecen poner fin a esta fatalidad. En 1882 los Ibarra crean la sociedad "Altos Hornos y Fábricas de Hierro y Acero" de Bilbao, con un capital de 12,5 millones de pesetas. El mismo año Chávarri y Gandarias fundan la sociedad metalúrgica "La Vizcaya". Pero, a pesar del mineral de hierro local, de la hulla inglesa importada a buen precio, y de una fuerte presencia técnica británica, su desarrollo sigue siendo reducido porque el mercado interior no progresa en absoluto. A principios del siglo XX, la industria vasca sufre un atraso técnico tal que para mantener sus mercados sólo puede contar con una protección aduanera reforzada.

A diferencia de la metalurgia del hierro, la actividad textil ya se ha transformado profundamente hacia 1855. La mecanización de la industria algodonera catalana y la decadencia de las producciones artesanales no son hechos nuevos. Las sociedades más importantes, como La España Industrial, ya se han creado y los progresos más espectaculares ya se han conseguido. Pero Cataluña une a su aplastante preponderancia algodonera una nueva preeminencia lanera. Hacia 1860 las ciudades catalanas de Tarrasa y Sabadell llevan a cabo una reconversión duradera hacia la lana, y relegan a un segundo plano a Alcoy y Béjar. Sin embargo, la parte de las pequeñas empresas aún es importante; el equipamiento está muy atrasado en comparación con los otros países europeos. La industria textil carece de los medios para su necesaria modernización. Se enfrenta con varios obstáculos: el modesto tamaño de los establecimientos y la baja de la peseta durante los años noventa, que permite exportar un poco, pero sobre todo aumenta el coste de la materia prima mientras que los precios de venta en el mercado interior varían poco. También el textil catalán inicia el siglo XX en una posición difícil. Además, la euforia especulativa de los años 1914-1918 le deja una molesta herencia de microempresas. Este estancamiento incluso tiene como consecuencia el desplazar la industria textil al segundo lugar en el volumen de empleo, detrás del sector minerometalúrgico. La industria textil emplea a unas 90.000 personas en 1890 y 70.000 en 1919. La minerometalurgia cuenta con más de 80.000 obreros en 1880, más de 100.000 en 1900 y 155.000 en 1919.

Estas actividades, demasiado dispersas y reducidas, no consiguen convertir a España en un país industrial. Sin embargo, las minas y las fábricas dan al proletariado no agrícola un peso real y crean una situación original en el conjunto del mundo mediterráneo, así como respecto a la Europa industrial.

III. La evolución social. El nacimiento de una clase obrera

Concentración y dispersión obreras

La primera originalidad del mundo obrero español es la de su distribución geográfica. Solamente el conjunto barcelonés ya reúne a más de 100.000 trabajadores. A principios del siglo XX la zona de Bilbao no alcanza la mitad de esta cifra pese a la presencia de una decena de miles de mineros. Y éstas son las dos únicas verdaderas concentraciones obreras del país. Existe un proletariado bastante importante en Asturias —en 1913, 19.000 mineros y 5.400 obreros en la metalurgia de base—, pero se distribuye en varias ciudades, Oviedo, Avilés y Gijón y también a través de una cuenca minera bastante extensa y compartimentada en valles; Mieres y Sama de Langreo son sus principales centros. En el resto del país hallamos la misma fragmentación de la población obrera en algunas concentraciones reducidas y siempre alejadas las unas de las otras, y en múltiples aldeas o pueblos mineros. Málaga, con 135.000 habitantes en 1910, Linares, con sólo 37.000, e incluso La Unión, al pie de la sierra de Cartagena, reúnen cada una de ellas unos 10.000 obreros o más. Riotinto, Zalamea la Real, Huelva, etc., cuentan con varios miles; pero hay decenas de pueblos obreros diseminados por el Campo de Calatrava, la sierra Morena o las cordilleras costeras. El Horcajo, el Centenillo, y tantos otros son, a su manera, nuevas concentraciones de proletarios.

Es considerable la heterogeneidad de las situaciones en las relaciones respecto al trabajo. El trabajo en la mina y en la fábrica, que es la ocupación exclusiva y permanente de la mayoría de los obreros catalanes así como de los especialistas de la metalurgia, para muchos otros sigue siendo una simple faena temporera. Muchos obreros asturianos se marchan a los campos desde que los trabajos lo exigen. En el sur de España esta ambivalencia de los trabajadores contribuye a dar un ritmo estacional a la actividad de ciertos cantones, con campañas de extracción llamadas *varadas*, e interrupciones de varios meses. Esta situación se modifica poco a poco por la voluntad de los jefes de empresa por la creciente concentración de la vivienda cerca de los lugares de trabajo, organizada a veces por el mismo empresario, como en el caso de Río Tinto. Sin embargo existen diferencias notables de una región a otra, e incluso de un pueblo a otro. El subempleo rural facilita el crecimiento de los centros obreros del sur. Pero sólo es entre 1890 y 1900 cuando en Asturias se constituye un verdadero proletariado en detrimento de los campesinos obreros; y la recogida de la aceituna sigue marcando en la actualidad una breve pausa en la actividad minera de La Carolina.

Las remuneraciones

El empleo muy general del término *jornalero* no corresponde más que parcialmente con una remuneración por jornada. Ésta domina en la industria propiamente dicha, pese a que las primas modifican ampliamente su significado. A principios del siglo XX la jornada de trabajo es de longitud desigual, desde doce horas en el textil hasta diez para algunas tareas mineras. De hecho la duración de la jornada parece haber disminuido incluso antes de que una ley de 1919 la fijara en ocho horas. La crisis de la posguerra facilita la aplicación de esta medida cuyo efecto, sin embargo, sigue siendo limitado debido a la importancia de la remuneración a destajo. En las minas de plomo del sur este modo de retribución a menudo se combina con prácticas de subarrendamiento de la explotación. Un hábil juego de estos dos sistemas posibilita la erección de grandes fortunas en poco tiempo, como la de El Lobo en Cartagena; pero estos éxitos están directamente vinculados al mantenimiento de bajas remuneraciones obreras.

En efecto, este sistema de organización del trabajo no permite razonar en términos de salarios horarios. Dificulta incluso las comparaciones que normalmente se hacen entre los salarios diarios, establecidos con más seguridad para las actividades industriales que para las mineras, y susceptibles de múltiples matices o excepciones. Sin embargo, se pueden deducir algunas observaciones, particularmente gracias a la ayuda de las cifras suministradas por Tuñón de Lara. La desigualdad de los salarios es una primera evidencia. En primer lugar entre las regiones: en 1909 el picador de mina llega a ganar de 5 a 5,5 pesetas en Asturias y sólo de 3 a 4 en La Unión, mientras que el salario máximo de un metalúrgico barcelonés es del orden de 5 pesetas. Las desigualdades también existen según el sexo y la edad, y son más importantes que las que se basan en la calificación o en el carácter del trabajo. El salario femenino muy rara vez supera la mitad del salario masculino y nunca alcanza los dos tercios. Este fenómeno es primordial para el textil catalán cuya mano de obra se feminiza cada vez más en el transcurso del período. Hacia 1907, en la hilatura, un hombre puede esperar ganar 35 pesetas por semana, mientras que una mujer 20 como máximo. La distancia es análoga en el sector minero donde se emplea a las mujeres para trabajos de "superficie". En 1909, en Asturias, para un trabajo como éste una mujer cobra 1,5 pesetas y un hombre 2,5. Las remuneraciones de los niños son todavía más ridículas sea cual sea el sector de actividad considerado.

Sin embargo, la subida de los salarios nominales es incuestionable. El obrero algodonero de Barcelona no ganaba más de 6 reales en 1861, o sea el equivalente de 1,5 pesetas. ¿En qué medida esta alza se traduce en mayores ingresos reales? La década de los años noventa se divide en dos períodos, uno de progresos indiscutibles y otro de regresión, provocado desde 1897 por la subida de los precios y agravada por el hundimiento de los salarios. Este retroceso no es ajeno al malestar social que ha caracterizado la primavera de 1898. Después de 1914 el alza de los precios y de los salarios toma una amplitud muy diferente. En 1917 los precios suben un 13 por ciento, y el año siguiente más de un 23 por ciento. Ante esta dinámica, los salarios, a pesar de importantes aumentos nominales, a menudo empeoran en términos reales excepto, sin embargo, en las minas de hulla y en la minerometalurgia vasca. Pero, en los años siguientes los precios de las subsistencias se reducen mientras que los salarios resisten a la baja. Entonces es el paro, que ya se manifiesta en el textil a finales de 1919, el que dificulta el equilibrio de los presupuestos obreros.

Como se ve con estos ejemplos, es delicado establecer una curva, creciente o no, de los ingresos reales durante todo el período. Además, habría que añadir a esta apreciación aspectos, en apariencia secundarios, pero que a veces toman una importancia real en el contexto español: aplazamientos o atrasos en el pago de los salarios y, sobre todo, "recuperación" patronal de una parte, a veces considerable, de los salarios; los economatos de empresa son el instrumento esencial de ésta. Son muy frecuentes en Barcelona, Bilbao y Asturias así como en las ciudades mineras del sur. A menudo los administran los contramaestres y en ellos se revenden productos generalmente mediocres con un beneficio enorme. Los obreros están obligados a comprar en ellos, bien sea porque su patrono es el único que acepta un endeudamiento que él mismo fomenta, bien porque los bonos recibidos parcial o totalmente a modo de salario no les permiten tener acceso a otras tiendas. El último tercio del siglo XIX presencia el apogeo de estos abusos que las reivindicaciones obreras no son las únicas en denunciar. En 1914 no todos, ni mucho menos, han desaparecido.

La diversidad de los casos limita el alcance de cualquier juicio global sobre el nivel de vida obrero. Los metalúrgicos vascos parecen estar privilegiados respecto a los mineros del sur o a los obreros de Barcelona. Ciertas categorías de trabajadores han conseguido importantes ventajas sociales mucho antes que los obreros de la mina y de la fábrica. Los empleados de los ferrocarriles o los del gas disponen de cajas de retiro desde los años noventa. En conjunto, sin duda, no es excesivo aplicar a España una observación trivial para los países europeos industriales: un salario obrero permite que un soltero disfrute de un cierto bienestar, mientras que una familia, para sobrevivir, casi siempre necesita un salario de complemento. Sobre todo es importante subrayar el contraste entre la situación de los obreros de las minas y de la industria y la de los jornaleros agrícolas que estudiaremos después. A pesar de las dificultades reales, los primeros siempre tienen ingresos muy superiores. Para los campesinos sin tierra, acceder a la mina o a la fábrica es una promoción económica indiscutible.

Las condiciones de vida

El problema de la vivienda, siempre difícil de resolver, se plantea en términos particularmente graves en las zonas de concentración obrera reciente como Bilbao o Riotinto. Aunque en Barcelona hayan barracas, la empresa de Riotinto siempre tiene más prisa por contratar que por construir casas, y el País Vasco aloja a los emigrados, sobre todo los temporeros, en *barracones* de madera donde los obreros están sometidos a una disciplina militar, reina una total ausencia de higiene y a menudo los trabajadores ocupan por turnos una misma cama para dos personas. Este amontonamiento, beneficioso para los patronos, convierte a los nuevos centros industriales en focos permanentes de epidemia y en lugares de alta mortalidad. A pesar de una proporción bastante importante de adultos recién inmigrados, a finales de siglo la mortalidad siempre supera el 30 por mil en Bilbao, mientras que en el resto de la provincia es inferior al 20 por mil. Se alimenta de sucesivas epidemias de sarampión, viruela, difteria y cólera. En La Unión, en el sureste del país, se constata lo mismo, con el añadido del tifus y la fiebre tifoidea. Los accidentes de trabajo y las enfermedades profesionales también contribuyen a mantener esta mortalidad elevada, sobre todo en los centros mineros donde la seguridad más elemental no siempre está garantizada.

Aún se podría oscurecer más este sombrío panorama insistiendo en el aislamiento de algunos barrios obreros, por ejemplo en los alrededores de Bilbao y también evocando la agresión de la mina sobre la propia ciudad: los humos tóxicos sobre Riotinto, el desagüe de los estanques de lavado del mineral que inunda las calles de La Unión. Sin embargo, no habría que desconocer otro aspecto, no despreciable, de la vida en estos centros obreros. Urbanizarse, tanto en La Unión como en Barcelona, también significa para la gente del campo alguna oportunidad de tener acceso a una cultura rudimentaria, sea en las escuelas de ciertas empresas u obras de beneficencia, sea en las escuelas municipales. Éstas son muy insuficientes y están desarrolladas muy desigualmente por los ayuntamientos que son responsables de ellas desde la ley Moyano de 1857. No obstante escasean menos que en el campo. También la asistencia médica es mejor en las ciudades. En los casos graves, el recurso a los servicios del médico o a la hospitalización los facilitan los ayuntamientos o las empresas. En los negocios importantes y correctamente administrados, los asalariados incluso tienen acceso a un sistema de previsión social, enfermedad, accidentes y retiro que es pesadamente paternalista pero eficaz.

Finalmente, estas ciudades industriales ofrecen otro estilo de vida. Es verdad que el acceso temprano a la electricidad o al teléfono es muy escaso, pero la ciudad es un lugar de intensa circulación de dinero, un lugar de gasto. La gran cantidad de solteros, el nivel relativamente alto de los salarios, incluso la simple novedad de la remuneración en metálico convierten a las ciudades, y especialmente las mineras, en lugares de dinero fácil. Múltiples tabernas alimentan el alcoholismo y el endeudamiento obreros. Todas las ciudades de alguna importancia cuentan con *casinos*, a veces incluso varios, como en La Carolina, donde las bebidas y los juegos engullen fácilmente los salarios. A comienzos del siglo XX se desarrollan los cafés cantantes, y en Barcelona y Bilbao desde antes de 1914 los cines atraen a un amplio público popular. Finalmente, es inútil subrayar la amplitud de la prostitución. La cantidad y los salarios de los trabajadores aseguran el éxito de las fiestas, como las *romerías* asturianas, donde a veces explota una violencia incubada en el trabajo, mientras que los inmigrados venidos de las provincias del sur aportan a Cartagena sus formas de cantes populares; todavía en la actualidad las *Cartageneras* y las *Coplas mineras* lo atestiguan. Son fiestas verdaderamente populares pero que escapan a la vista del observador extranjero tan prolijo, en cambio, sobre el otro aspecto de la fiesta popular que es la *corrida.*

La corrida de toros se ha transformado considerablemente desde comienzos del siglo XIX. El *matador* se ha convertido en un profesional espléndidamente bien pagado y a veces rodeado de un prestigio considerable que, en 1854, llega hasta hacer del torero Puchero un líder popular. Desde las grandes corridas que se celebraron en ocasión de las *bodas reales* de 1846, se ha convertido en un espectáculo difundido en todas las ciudades de España. Pero donde verdaderamente conserva su carácter de fiesta popular es en el sur del país. Los encierros por las calles y las corridas improvisadas en las plazas del pueblo atraen a las multitudes. El carácter dramático del espectáculo también es más fuerte que en la actualidad. No se limita la potencia de los toros mediante ningún artificio. Los *matadores* y los *chulos* constantemente arriesgan su vida. La masacre de caballos que acompaña a la pica evidentemente confiere al espectáculo un carácter sanguinario y algo repugnante que ofusca al turista. El estribillo sobre la inhumanidad de las corridas se repite en la mayoría de los textos dedicados a España. Es curioso que otras distracciones tan sanguinarias como ésta, como por ejemplo las peleas de gallos, siempre escapen a estos observadores.

Las ciudades mineras e industriales, como ciudades vivas que son, también se agitan con facilidad. Los detentadores del poder económico y administrativo temen estas emociones masivas. De lo cual se deduce una doble actitud: en primer lugar, y cuando es posible, de alejamiento. En Barcelona, los barrios buenos se distancian de las residencias obreras; aún más en Bilbao. Los nuevos ricos de la explotación minera casi siempre construyen sus "palacios" en Cartagena y no en La Unión. Finalmente, en Riotinto, y de forma más compleja, la construcción a varios kilómetros de distancia del pueblo de una ciudad reservada, hasta la caricatura, al alto personal inglés corresponde, sin lugar a dudas, a una doble preocupación de sanidad y seguridad pero, además, también a la voluntad de proteger, según un método muy "colonial", la pureza del *English way of life.* Este alejamiento siempre tiene un coste, la pérdida de control. El control de la situación económica y financiera de los obreros ha sido débil. La creación de las cajas de ahorro, destinadas originariamente a atenuar los antagonismos sociales, constituye una manifestación duradera de ello. Pero ningún arbitraje impide los despidos en tiempos de crisis ni permite regular los conflictos sociales. La buena voluntad sincera de algunos notables locales o nacionales no tienen más medio para manifestarse que el tradicional socorro de beneficencia. El esfuerzo de control sanitario es más real, y a veces incluso valiente, frente a epidemias demasiado frecuentes. Por último, el control policial es el más evidente, siempre presente, y dispone de los importantes efectivos de la guardia civil, en algunas ocasiones milicias de empresa, como en Riotinto o Tharsis, y como último recurso, el ejército. Porque, si bien la guardia civil es eficaz en los pueblos mineros aislados, es impotente ante el levantamiento de toda una ciudad o una región industrial. Los sucesos de 1909 en Barcelona ilustran este papel intermitente del ejército en la represión interior.

Si tratamos de hacer un *balance* de esta transformación y modernización del país, se puede admitir que es parcialmente positivo. La apertura de España hacia el extranjero no se ha limitado a algunas reacciones aisladas y espectaculares. En 1923 dispone de una verdadera infraestructura de equipamiento, cuyo elemento esencial son los 11.500 kilómetros de vías férreas. Es uno de los principales exportadores de mineral, e incluso ha logrado implantar una pequeña industria metalúrgica. Pero en definitiva una visión de conjunto no puede ser sino decepcionante. La infraestructura que se ha desarrollado es insuficiente o mediocre. España no se ha convertido en un verdadero país industrial. Esta industria, que en gran medida depende del extranjero, sigue siendo débil y fragmentaria. Por ejemplo, las máquinas herramientas, las construcciones mecánicas y el material eléctrico son casi inexistentes.

Este fracaso industrial en buena medida es el fracaso de la apuesta minera. Las esperanzas financieras del Estado, al igual que las de los Liberales, se han frustrado. Sin ningún género de dudas, el auge minero ha generado ingresos fiscales, pero han sido escasos. Sin duda ha contribuido a mejorar el equilibrio financiero de los intercambios con el exterior, pero mucho menos de lo que podríamos suponer por lo masivo de las exportaciones.

Ciertamente, a pesar de las dificultades del estudio cuantitativo, se puede afirmar que España presenta un saldo comercial global positivo con sus tres principales clientes y proveedores, Inglaterra, Alemania y Francia. Estos resultados se han conseguido gracias a las exportaciones de vinos y materias primas minerales, pero también por la debilidad de las importaciones, frenadas por la atonía de la economía, por las tarifas aduaneras de 1882 y 1891 y por la depreciación de la peseta durante los años noventa. Y este excedente comercial no impide que España experimente una grave crisis monetaria caracterizada por la desaparición del oro en circulación, el curso forzoso de una moneda fiduciaria y considerables pérdidas en el cambio. Los déficits presupuestarios no bastan para dar cuenta de estos fenómenos. De hecho se explican, sobre todo, por el control extranjero de la explotación minera; sólo una pequeña parte del producto de las ventas de minerales y metales, negociadas las más de las veces en Londres, vuelve a España. En efecto, el páis sólo recibe lo que es necesario para el funcionamiento de la explotación, o sea, por ejemplo de 1880 a 1890, únicamente del 25 al 30 por ciento del producto de las ventas.

El excedente de la balanza comercial sólo es una apariencia contable. El comercio exterior, en términos de flujos financieros, es muy deficitario precisamente cuando la explotación de los recursos del subsuelo crea entre los responsables políticos una impresión, ilusoria y peligrosa, de progreso y de prosperidad.

Al final de la Restauración, España casi se ha vaciado de sus minerales más interesantes, incluido el más útil para una implantación siderúrgica. Es un precio muy caro el pagado por el empleo de un centenar de miles de personas durante dos generaciones en el sector minerometalúrgico de exportación. Al final, España ha sido engañada por una explotación que le deja pocos elementos para el futuro, unos paisajes descompuestos y la amenaza de la desaparición de unos puestos de trabajo. El minoritario mundo obrero corre el peligro de ser la víctima de una situación que no ha permitido resolver los graves problemas agrarios planteados desde comienzos de siglo.

IV. Preponderancia de un mundo rural tradicional

El gran fracaso industrial de España tiene una consecuencia evidente: al final de la Restauración el país sigue siendo predominantemente rural, con una agricultura profundamente anclada en sus estructuras y en sus producciones.

Para empezar, se trata siempre de una agricultura de gran propiedad y de minifundios. La primera se consolida sin cesar. Hasta comienzos del siglo XX la prosecución de la desamortización, que a partir de 1855 se extiende a las tierras comunales, permite constituir o redondear grandes dominios. Las cifras suministradas por Carrión en su excelente estudio del problema del latifundio, escrito en 1932, son las primeras que nos posibilitan una visión de conjunto del reparto de la propiedad. Se refieren a las provincias que ya disponen de un catastro a finales de 1930, o sea 27 sobre 49, con dos grandes lagunas, Cataluña y Galicia. La estabilidad de la propiedad rural nos autoriza a utilizar sin reparos los resultados que de ahí se deducen para el final de nuestro período. El cuadro siguiente resume la distribución de la tierra entre los diferentes tipos de propiedad:

Cuadro 15

Distribución de la tierra

	Propiedades		Superficie	
	Número	%	Ha	%
Hasta 10 Ha	10.016.094	98,06	8.014.715	35,72
De 10 a 100 Ha	169.472	1,66	4.611.789	20,56
De 100 a 250 Ha	16.305	0,16	2.339.957	10,43
Más de 250 Ha	12.488	0,12	7.468.629	33,29

Esta clasificación, a pesar de su arbitrariedad, pone claramente de manifiesto la importancia numérica de la micropropiedad y la del latifundio en cuanto a superficie. La cantidad de propiedades de menos de 1 Ha, 7.933.298 con 2.969.842 hectáreas, y como contraste la de las de más de 500 hectáreas, 4.527 con 4.916.590 Ha, sólo sirve para confirmar la anterior afirmación. Evidentemente, estas cifras esconden una disparidad regional muy grande. Aunque existe en todas partes, el latifundio sin embargo tiene sus preferencias: en el sur del país, las propiedades de más de 250 hectáreas representan el 58 por ciento de la superficie útil de Cádiz, el 50 por ciento de la de Sevilla y el 47 por ciento de la de Granada. Lo mismo ocurre en Extremadura y la Mancha (el 42 por ciento de la superficie de la provincia de Cáceres y el 53 por ciento de la de Ciudad Real se ajustan a esta categoría). Por el contrario, en las provincias de Castilla la Vieja, al igual que en Galicia, las propiedades de menos de 10 hectáreas son la norma, y generalmente representan el 60 por ciento de las superficies sometidas al catastro.

En realidad la concentración de la propiedad es más intensa de lo que indican las estadísticas de grandes propiedades. La posesión de varios grandes dominios es un fenómeno lo bastante corriente como para que Carrión evalúe que, en promedio, diez propiedades corresponden a ¡siete propietarios! Además, la frecuencia de los vínculos familiares entre propietarios de una misma región refuerza la concentración del poder.

La oligarquía terrateniente

Mientras que el 95 por ciento de los propietarios de estas regiones sólo tienen que repartirse el 33 por ciento de la base imponible de la contribución territorial, un 1 por ciento de ellos concentra el 42 por ciento. Forman un grupo de 17.000 personas, la mitad de los cuales incluso destaca por una fortuna excepcional.

Se conoce mejor a estos grandes propietarios gracias a los recientes trabajos de Malefakis sobre seis provincias donde predomina el latifundio. Entre ellos hay dos ausencias destacadas. Por una parte, la Iglesia, cuyos extensos dominios no han resistido la desamortización, lo que no significa, muy al contrario, que se haya alejado del régimen dominante. Al depender, en sus recursos y en sus riquezas, del Estado, está más vinculada que nunca a él. El campesinado también está "ausente". Sólo algunas individualidades han logrado constituir un patrimonio importante. La gran mayoría de las tierras se distribuye entre dos categorías desiguales de propietarios. En primer lugar, los nobles. Poseen menos de lo que creen sus contemporáneos, pero han conservado a través de las herencias al menos el 6 por ciento, y en promedio el 8 por ciento, del conjunto de las tierras cultivadas en estas provincias. La relativa modestia de este porcentaje posibilita, sin embargo, la existencia de fortunas considerables, de las cuales los Grandes de España proporcionan una lista muy conocida. Al comienzo de la Segunda República, en abril de 1931, son noventa y nueve y poseen 577.359 hectáreas. De éstos, los diez mayores propietarios son los siguientes:

CUADRO 16

Las tierras de los Grandes de España

Duque de Medinaceli	79.146 Ha
Duque de Peñaranda	51.015 Ha
Duque de Vistahermosa	47.203 Ha
Duque de Alba	34.455 Ha
Marqués de la Romana	29.095 Ha
Marqués de Comillas	23.719 Ha
Duque de Fernán Núñez	17.732 Ha
Duque de Arión	17.666 Ha
Duque del Infantado	17.171 Ha
Conde de Romanones	15.171 Ha

A pesar de estos inmensos patrimonios sobre los cuales fácilmente se concentra la atención, también existe una gran propiedad burguesa alrededor de ciertas ciudades como en la campiña sevillana, pero, más generalmente, en el conjunto del territorio. Esta preponderancia de la gran propiedad no noble subraya de nuevo que es la tierra, y no la industria, la que ha captado lo esencial de las fortunas "burguesas", si es que en este caso se puede utilizar tal término. Ilustra un verdadero alineamiento en torno a los valores tradicionales de la aristocracia. Junto con el título nobiliario, la tierra es la consagración de un enriquecimiento.

Esta oligarquía terrateniente de hecho sólo pertenece parcialmente a la sociedad rural. El absentismo total o estacional de bastantes propietarios favorece la prosperidad de toda una categoría de administradores locales. A veces, éstos incluso acceden a la gran propiedad, y, las más de las veces, para los campesinos son la encarnación del poder.

De hecho, la sociedad rural sigue siendo notablemente estable en sus componentes y diversidades regionales.

Pequeña explotación y campesinos asalariados

Los pequeños explotadores, propietarios o no, continúan dominando en el norte del país, con sus variantes regionales. En Galicia la explotación a menudo es de superficie muy escasa, y los *subforados* reclaman, con el apoyo del clero rural, el acceso a la propiedad mediante la supresión de viejos censos, los foros, generalmente cobrados por propietarios urbanos. En Cataluña los *rabassaires* incluso constituyen un campesinado más bien acomodado que se dedica a la explotación del viñedo. No son propietarios, pero hasta la filoxera tenían la garantía de conservar su tierra durante mucho tiempo gracias a los contratos de "rabassa morta" que vinculan la duración del arrendamiento a la de las vides.

La pequeña explotación también existe en el sur, incluso en los grandes dominios que, a menudo, se subdividen en múltiples parcelas para su posterior arriendo. En estas regiones su situación es, en conjunto, más difícil que en el norte del país. Están sometidos a unos arrendamientos a corto plazo que estipulan unos pagos relativamente gravosos. Carecen de medios financieros y, a veces, se ven obligados a contratarse ellos mismos como jornaleros. Extremadura proporciona una forma extrema de esta situación. En efecto, los *yunteros* se deben someter cada año a la buena voluntad de los grandes propietarios para poder disponer de una pequeña porción de tierra para labrar. Estos pequeños explotadores de hecho están mucho más cerca de los jornaleros que de los grandes arrendatarios.

En las regiones de latifundio, los asalariados representan más de la mitad de la población activa rural. Se reparten en dos categorías diferenciadas. Una pequeña minoría dispone de un empleo fijo en alguna gran explotación. La mayoría está constituida por jornaleros, contratados en general por jornada o, a lo mejor, por temporada. En efecto, su empleo está estrictamente relacionado con las exigencias de los campos. Casi todos encuentran trabajo en el momento de las grandes faenas, sobre todo cuando las cosechas, al precio de jornadas muy largas y, a menudo, de un penoso alejamiento cotidiano o temporero del pueblo, normalmente muy poblado, donde residen. La mayoría carece de trabajo durante los meses de invierno después de la cosecha de las aceitunas, siempre aleatoria. Sólo una parte de ellos consigue realizar jornadas más cortas, pero por lo tanto menos pagadas. En estas circunstancias, el número medio de días de trabajo en el curso de un año no supera en absoluto los doscientos en los casos favorables.

A lo arbitrario, insuficiente e irregular de la contratación, hay que sumarle la escasez de los salarios. Una encuesta de 1905 del Instituto de Reformas Sociales en Andalucía y en Extremadura evidencia un nivel global muy bajo, con grandes desigualdades regionales y locales. Dejando al margen los días de cosecha, el promedio de los salarios para los adultos masculinos no supera una peseta, con unos mínimos provinciales de 0,5 pesetas e incluso menos, y máximos siempre inferiores a dos pesetas. Cuando las cosechas, un jornal de tres pesetas es un máximo que rara vez se supera, excepto para la del grano. En Extremadura es donde los salarios son más irrisorios.

Estos salarios, muy claramente inferiores a los de los obreros de las minas o de la industria, proporcionan unos ingresos anuales muy escasos. El equilibrio de los presupuestos de los trabajadores agrícolas a veces se facilita mediante un autoconsumo parcial, a partir de pequeños pedazos de tierra individuales. Para muchos depende del número de trabajadores por familia, de la inserción en las estructuras paternalistas de la contratación, y de condiciones meteorológicas favorables para las cosechas. Siempre es aleatorio. ¿Cómo podría ser de otro modo cuando una estimación de 1904 evalúa los gastos anuales de una familia rural en 693 pesetas, de las cuales 547 corresponden a alimentación? Por falta de recursos suficientes, los jonaleros e incluso los pequeños explotadores a menudo se ven obligados a endeudarse hasta niveles que frecuentemente alcanzan el 30 y el 40 por ciento anuales. De este modo, la usura, que se ha extendido como una plaga sobre el campo, acentúa la concentración de los ingresos en las manos de los grandes propietarios, la miseria y la dependencia del proletariado rural.

Por lo tanto, los grandes pueblos andaluces son concentraciones de la miseria, y también del analfabetismo —más de tres cuartas partes de la población a comienzos de siglo—, de la falta de higiene y de las mortalidades cíclicas. Frente a las tensiones que situaciones como éstas no pueden dejar de generar, sobre estos pueblos se ejerce una triple vigilancia. Primero, la de los propietarios o sus representantes, incluidos los alcaldes, después la de la autoridad religiosa local, siempre muy influyente, y por último la de la guardia civil, preparada para reprimir los pequeños delitos y los primeros disturbios.

A lo largo de todo este período la estabilidad de esta sociedad sólo experimenta dos amenazas importantes: la venta de una gran parte de los bienes comunales y el crecimiento demográfico. Tanto el uno como el otro son susceptibles de poner en tela de juicio un equilibrio difícil. Pero la emigración hacia las ciudades o hacia el extranjero permite atenuar sus efectos. En cambio, la industrialización del país ha sido demasiado incompleta para provocar el despoblamiento del campo, y la modernización rural demasiado tímida para modificar las estructuras del empleo.

Las producciones agrarias

Dependen, evidentemente, de la coyuntura internacional, pero también de un equipamiento que sigue siendo insuficiente a pesar de los proyectos y las demandas que plantea, especialmente, Joaquín Costa: modernización de los cultivos y un esfuerzo específico en pro de la irrigación. Palabras vanas según parece, porque desde la finalización del Canal de Urgel en 1861 hasta finales de siglo, no hay ninguna gran realización en el terreno de los cultivos de regadío.

El plan Gasset de 1902 todavía es más la manifestación de una voluntad política que el principio de un amplio esfuerzo de grandes obras. Pese a esto se desarrollan los agrios y las hortalizas tempranas y constituyen una de las bases importantes y regulares de las exportaciones nacionales. A pesar de una crisis pasajera en el período 1914-1918, las exportaciones de naranjas experimentan un verdadero desarrollo del cual dan fe las medias decenales calculadas por Nadal:

CUADRO 17

Exportaciones de naranjas

(en toneladas)

1850-1859	11.898
1880-1889	92.378
1890-1899	178.289
1900-1909	382.926
1910-1919	415.571

Las explotaciones pequeñas y medias del Levante, junto con las casas comerciales de Valencia, son los principales responsables y beneficiarios de estos progresos que, ciertamente, a partir de 1890 son menores en valor que en tonelaje.

Estos progresos siguen siendo únicos en el conjunto del país. Fuera de esta zona sólo merece mencionarse la difusión de la remolacha azucarera en los valles del Ebro y del Guadalquivir. En la agricultura no se manifiesta ningún verdadero esfuerzo de renovación. Salvo muy raras excepciones los propietarios, antiguos o nuevos, no invierten en la mejora de las explotaciones y prefieren fundamentar sus beneficios en la debilidad de los salarios y en el incremento de las superficies cultivadas. Por lo tanto, España sigue dedicada a la trilogía mediterránea, trigo-viña-olivo, y a una ganadería mediocre o muy extensiva, como la de los toros de lidia.

Inmovilismo no significa ausencia de evolución coyuntural. Muy al contrario, a la trivial irregularidad de las cosechas se añaden entonces dos crisis graves, la del trigo y la de la viña.

La España de la segunda mitad del siglo XIX todavía sufre graves crisis de subsistencias relacionadas con malas cosechas que se repiten a menudo. La más conocida es la de 1856-1857; pero le suceden otras en 1868, 1882 o 1887. En los años ochenta, a estos accidentes típicos de una economía tradicional se les debe añadir una crisis de distinta índole, de origen comercial, y, sobre todo, mucho más larga. Efectivamente, la agricultura española soporta tanto peor la nueva competencia de los trigos extranjeros en la medida que la escasez de los rendimientos acarrea unos costes de producción altos y que la carestía de los transportes aún grava más el precio del trigo castellano en las zonas costeras. La crisis provoca una reducción real de las superficies sembradas, cuya extensión era fruto de la desamortización. Sin embargo no ocasiona una renovación de los cultivos. El trigo, al amparo de los aranceles proteccionistas de 1891 y 1906 y de la desvalorización de la peseta durante los años noventa, reconquista poco a poco su territorio con medios tradicionales: el arado, el mulo y los brazos... Desde antes de 1900 las superficies sembradas vuelven a aumentar, pero la mejora de los rendimientos es ínfima. En promedio todavía son inferiores a siete quintales por hectárea. Como en el siglo XIX, España sigue sufriendo un déficit de trigo. Cada año debe importar más de dos millones de quintales, y esta carencia no impide que el *lobby* cerealista obtenga en 1922 una ley que equivale a la prohibición de importaciones excepto en casos de prolongada tensión del mercado.

La crisis del viñedo es posterior a la del trigo en una decena de años. El desarrollo de las exportaciones francesas de vino hacia Inglaterra, gracias al tratado de 1860, ya ha ocasionado algunas dificultades al viñedo español. En cambio, los años ochenta presencian una prosperidad excepcional gracias a la filoxera francesa y al tratado especial de comercio francoespañol de 1882. El viñedo se convierte en objeto de especulación y aumenta su superficie en muchas provincias, sobre todo en Cataluña. La euforia dura poco. La filoxera ya se advierte en 1878 en Málaga y se extiende poco a poco a todas las regiones. Cuando en 1892 Francia denuncia el tratado, el viñedo ya está profundamente afectado aunque algunas provincias, como Huelva, sufran la plaga muy tardíamente.

Varios factores contribuyen a conferir a la crisis una gravedad excepcional a nivel regional. La avanzada reconstitución del viñedo francés y el desarrollo del argelino cierran los mercados exteriores y a menudo desalientan a los viticultores españoles. En Cataluña el problema se complica aún más por el vínculo existente entre duración de la cepa y duración de los contratos de arrendamiento. Este último aspecto es el que provoca la agitación de los *rebassaires*. Sobre todo, y más que una mala cosecha de trigo, la crisis del viñedo, al arruinar duramente la economía de regiones enteras, genera paro y, por lo tanto, miseria.

La filoxera y el arcaísmo de una agricultura que es tan sensible a los azares climáticos como durante el Antiguo Régimen, explican que el comienzo del siglo XX todavía proporcione ejemplos trágicos de miseria rural. Por ejemplo, en 1905, año de gran sequía, y en ocasión de un reportaje sobre Andalucía, Azorín escribe a propósito de Lebrija (provincia de Sevilla), pueblo de 14.000 habitantes de los cuales 3.000 son jornaleros y sólo la mitad de ellos dispone de un pequeño pedazo de tierra: "Todos están ya en igual situación angustiosa. ¿Qué sucederá dentro de ocho, de diez, de veinte días? ¿No hay acaso ninguna solución por el momento?".

De hecho, los únicos paliativos de la miseria son el paternalismo discriminatorio de los notables locales y, sobre todo, la emigración. Pueblos enteros abandonan el campo mediterráneo para dirigirse a América del Sur. El gobierno ordena que se realicen encuestas pero no hace ningún esfuerzo real para aportar remedios materiales. No se concede ninguna ayuda financiera para atenuar el paro andaluz.

Esta dureza de la coyuntura para con las masas rurales se manifiesta, al final de este período, incluso fuera de los años de crisis. Durante los años de inflación el aumento de los salarios nominales en el campo es inferior al alza de los precios. Entre 1913 y finales de 1918, el precio del pan en Montilla (provincia de Córdoba) aumenta un 89 por ciento mientras que el salario medio un 44 por ciento. La legislación de 1919 no hace sentir en absoluto sus efectos; la jornada de ocho horas, que rompe demasiado con la tradición, apenas se aplica.

La España de 1923 ya no es el país casi únicamente rural de mediados del siglo XIX. Pero la transformación iniciada no ha sido capaz de sacudir las rémoras. Ni el ferrocarril ni las diversas industrias del país han provocado la potencia de las fuerzas tradicionales. Al contrario, incluso las actividades nuevas no han hecho más que reforzar la oligarquía. Los Aristócratas de viejo cuño y los hombres de negocios frecuentemente ennoblecidos no sólo tienen en común el ser grandes propietarios, sino que también se codean en los consejos de administración de las empresas y los bancos. La élite ha sabido fortalecer su poder, pero este éxito, por su mismo exceso, no carece de peligros.

En efecto, en el transcurso del período no se ha desarrollado esta burguesía media que es la única que habría podido favorecer un cierto consenso nacional y consolidar una democracia parlamentaria. Las clases medias urbanas de las que hablan los contemporáneos siguen siendo demasiado débiles para disponer de un peso autónomo importante bien sea en la economía, en la política o en la ideología.

Por lo tanto la oligarquía y las masas populares se vuelven a encontrar en un cara a cara mucho más peligroso para la estabilidad del país que a mediados del siglo XIX. Efectivamente, desde entonces las luchas sociales han experimentado enormes progresos. Este terreno era favorable tanto para los enfrentamientos sociales como para la penetración de las influencias extranjeras.

Capítulo V

LA RESTAURACIÓN

El corto período de libertad que se abre en 1868 con la caída de los Borbones, se caracteriza por una actividad excepcional de la prensa y de los diversos medios de propaganda oral. Permite el nacimiento o la aparición a la luz del día de ideologías políticas y sociales que cuestionan el despotismo borbónico y las prácticas falsamente constitucionales que le sirven de camuflaje. De hecho, por mediocre que haya sido la vida política bajo el reinado de Isabel, la mera existencia de las Cortes ha despertado el hábito de la controversia. Por breve que haya sido la experiencia democrática de 1854, ya ha visto nacer el gusto por la discusión en los clubs y asociaciones obreras. Entre 1848 y 1856 los tradicionalistas y los demócratas españoles intentan definirse y precisar sus posiciones. La contestación se extiende a los terrenos económico y social. En los años sesenta el librecambismo encuentra su hogar predilecto y su tribuna de propaganda en el Ateneo de Madrid, donde se traen y se comentan las obras de los economistas franceses e ingleses. También es antes de la *Gloriosa* que Sixto Cámara expone las ideas fourieristas y que Pi y Margall empieza a traducir a Proudhon.

Porque este movimiento ideológico a menudo se inspira del extranjero. Hace ya varios años que se ha descubierto el considerable papel que ha desempeñado el *Krausismo* sobre una parte de la élite política e intelectual española. Sin duda se le ha concedido demasiada importancia, pero es significativo de la actitud de toda una generación, al acecho de ideas nuevas, que busca en el exterior novedades que parezcan susceptibles de ayudar a poner en tela de juicio las antiguas estructuras y a modernizar el país.

La Revolución de 1868 enfrentará bruscamente a estos utopistas con las realidades españolas. ¿Va a intentarse imponer desde arriba, con Prim, un sistema "a la inglesa"? O por el contrario, ¿va a esperarse el establecimiento de un régimen democrático desde abajo, a partir de la expresión espontánea de la voluntad popular? La extrema variedad de las ideologías que se van a expresar libremente oculta, sin duda, un análisis mediocre de la sociedad española. No por esto es menos interesante, y dos generaciones posteriores, la de 1898 y la de 1931, van a obtener de ella lo esencial de su reflexión política.

I. Las ideologías políticas

Será conveniente analizar más adelante la penetración del socialismo y de la anarquía en España. El desarrollo de estas utopías está demasiado estrechamente vinculado al movimiento obrero como para que sea conveniente estudiarlos por separado. Pero en un primer momento es cómodo oponer los diversos discursos políticos bajo su forma más depurada aunque no sea más que para mostrar su alcance y sus límites.

El pensamiento tradicionalista

Como que hasta ahora no era más que un arma de combate, sólo se ha manifestado a través de manifiestos y "programas" que expresan ideas simples de conservadurismo político y de fidelidad a la religión. El carlismo se mantiene esencialmente bajo la forma de *foralismo* y gracias a una red de clientelas locales cuya fidelidad está asegurada en las provincias vascas o en la Cataluña interior por la permanencia de las antiguas estructuras sociales.

El pensamiento conservador, tradicionalista, cuando trata de dotarse de consistencia se identifica rápidamente con un pensamiento "católico". Bajo esta forma es como se expresa en Donoso Cortés. Ciertamente es un conservador, pero también es un político lo bastante flexible como para aceptar, apelando al orden, servir al régimen de Isabel, mostrándose fiel a la concepción del derecho divino y, por lo tanto, discípulo de Maistre y de Bonald (conviene no olvidar que los ideólogos del conservadurismo europeo son franceses), pero participando en el juego de la monarquía constitucional. Pero incluso cuando envejece y adopta una intransigencia doctrinal que se explica en parte por la sacudida de 1848, entiende perfectamente bien las contradicciones de la sociedad española: voluntad de modernización y, al mismo tiempo, negativa a suprimir las desigualdades sociales. Después de haber probado el parlamentarismo lo rechaza más por su debilidad que por un prejuicio antiliberal.

Lo que para él condena a España es esta forma suprema de la Impiedad que es el Orgullo. Hay que defender la España tradicional, que halla su equilibrio en el mantenimiento de las antiguas comunidades y colectividades, frente al individualismo destructor de la sociedad. Es el anti-Proudhon. Según él, lo peor que le puede suceder a una sociedad es el triunfo del individualismo, a cualquier nivel. Si la monarquía tradicional es capaz de impedir esto, la defiende. Si no, Dios puede suscitar un hombre providencial. La dictadura no es el mejor régimen pero es aceptable si es el medio necesario para salvar el orden. A este respecto es significativo que Cortés, siendo embajador en París, haya aprobado el golpe de Estado del 2 de diciembre, y que haya podido soñar por un instante en apoyar una vuelta al poder de Narváez, a pesar de su desprecio por el hombre. A partir de este momento la fidelidad al soberano pasa a un segundo plano en la defensa de los valores tradicionales. Cuando, en 1868, aparece una asociación conservadora, se autodenomina *Asociación de católicos*, para transformarse un poco después en *Sociedad católico-monárquica.*

Pi y Margall: el proudhonismo en la teoría y en la práctica

A veces es interesante aproximar los extremos. La hostilidad que Cortés manifiesta respecto a Proudhon o sus escritos en nombre de la España cristiana precede en varios años a la traducción al español por parte de Pi y Margall de las obras originales de Proudhon. Los escritos de este último son inseparables del movimiento democrático al cual finalmente aportan una reflexión política y social seria. Desde la aparición, en 1854, de la obra titulada *La Reacción y la Revolución*, Pi y Margall afirma que la revolución democrática es tanto social como política. Pero dicho esto, la etiqueta de socialista con la que se le ridiculiza a veces es incómoda. Es inexacto oponerlo al individualismo liberal de Castelar. La diferencia entre los dos hombres radica en las prioridades. Para Castelar primero conviene defender las libertades individuales; pero éstas no deben ejercerse en detrimento del Estado, árbitro supremo y autoridad elegida democráticamente. El poder centralizador sigue prevaleciendo. Castelar coincide con Gambetta en su crítica del régimen monárquico y en su creencia en una solución de los conflictos mediante el establecimiento de una república democrática.

Pi y Margall no rechaza totalmente el Estado. Se opondrá a la anarquía sin posible equívoco, estableciendo claramente las fronteras entre la herencia proudhoniana y el combate libertario. Pero pretende defender el Hombre, dejarle la posibilidad de actuar sobre los acontecimientos, y para esto predica una solución federalista del problema político español: "En el sistema actual el Estado lo domina todo; en el sistema federal, el Estado, la Provincia y el Municipio son tres entidades autónomas, pero ligadas por acuerdos concretos". La idea federal, aunque parezca de origen proudhoniano, en esa época sólo adquiere verdadera importancia en España. Pero su éxito es considerable. Como bien lo ha mostrado Jutglar, la república federal se convierte en un verdadero mito, explicable, sin duda, por el renacimiento del regionalismo, pero también por la esperanza de encontrar de este modo la vía de una verdadera democracia, capaz de acabar con las injusticias sociales. En cualquier caso, el movimiento es tan fuerte que la casi totalidad de los dirigentes republicanos deben adherirse momentáneamente al principio federalista. En 1868 incluso se puede hablar del *partido republicano demócrata federal.*

Pero este acuerdo no durará. Se funda sobre demasiadas ambigüedades como para resistir la prueba de las realidades políticas. Los fundadores de la república federal se enfrentarán con el movimiento cantonalista que los desborda al cuestionar éste toda forma de poder estatal. Los republicanos unitarios ya han denunciado la destrucción del Estado como el peor peligro político. El mismo Pi y Margall debe renunciar a ejercer las responsabilidades políticas que le han sido confiadas. Pero la idea federal no está muerta en España.

La difusión de las ideas liberales y reformadoras

Al menos existe un punto en común entre el tradicionalismo conservador de Cortés y la democracia federalista de Pi y Margall. El uno y el otro apelan a una adhesión popular, el primero en nombre de un pueblo cristiano que quiere permanecer fiel a sus costumbres y a su fe, y el segundo en nombre de los derechos del individuo y de la defensa de las libertades locales. La permanencia de la corriente carlista y el éxito del federalismo son fenómenos indiscutiblemente populares e incuestionablemente españoles.

La élite política, que llega al poder en 1868 con ideas innovadoras, tan alejadas del pensamiento cristiano como de la revolución social, buscará lo esencial de su inspiración en el extranjero. La Ciudad liberal preconizada por Castelar se opone a la Ciudad cristiana. Los liberales españoles se inspiran en las ideas positivistas y utilitarias de Bentham y mezclan estrechamente las libertades políticas y las libertades económicas. Creen en el progreso del Hombre y ponen el acento en el papel fundamental de la enseñanza. El Ateneo de Madrid es el centro de sus actividades. Fundado en 1820, es a un mismo tiempo lugar de discusión y establecimiento de enseñanza. Los cursos públicos que en él se imparten versan sobre las ciencias, las lenguas y la economía política. Ha seguido de forma significativa las fluctuaciones políticas de España. Cerrado en 1823, vuelto a abrir en 1835, durante los años sesenta se convierte en el foco de agitación librecambista, lo que también es una forma de rechazar el repliegue de España sobre sí misma.

Todos los liberales están de acuerdo sobre este punto fundamental: a las nuevas necesidades de la sociedad deben corresponder nuevas instituciones y nuevos poderes. La primera de las libertades es la libertad de enseñanza, que debe permitir arrancar las generaciones venideras de la influencia opresiva y retrógada de la Iglesia católica. Así nació un anticlericalismo liberal, diferente en su esencia y en sus manifestaciones de las violencias anticlericales populares. La enseñanza oficial, recientemente organizada por la ley Moyano de 1857, mantiene la huella de la influencia religiosa al imponer el estudio de la "doctrina cristiana" a los niños de la escuela primaria. Por lo demás esta ley sólo ha proporcionado resultados mediocres. La escuela sigue siendo de pago excepto para los indigentes. Se deja a cargo de los ayuntamientos, que no se preocupan en absoluto por dedicar cantidades importantes a enseñanza. Veinte años después de promulgada la ley en España todavía habrá un 75 por ciento de analfabetos. Se ha tratado en varias ocasiones de modificar esta enseñanza insuficiente, superada en sus métodos y en sus programas. La iniciativa más destacable en materia de enseñanza (si exceptuamos la obra de los anarquistas) data de principios de la Restauración. El mantenimiento de la libertad de enseñanza proclamada en 1868 y la destitución, en 1875, de profesores demócratas entre los que se cuentan Salmerón, Figuerola y, sobre todo, Giner de los Ríos posibilitará la creación de la Institución libre de Enseñanza. Giner, que se inspira en el idealismo del alemán Krause, le aporta un nuevo espíritu, muy impregnado por las ideas liberales, que pone el acento en el estudio de las ciencias y las técnicas. La enseñanza, por lo demás muy elitista, que imparte la Institución contribuye a formar una generación ansiosa de transformaciones. Indudablemente inspira el movimiento "regeneracionista". Su más eminente representante, Joaquín Costa, es partidario de la democracia, pero de una democracia impuesta desde arriba, por los "mejores"; desea dotar al país con medios modernos, y quiere apoyarse en las asociaciones económicas que se han multiplicado por todo el país desde el siglo XVIII (Sociedades *de Amigos del País*, Cámaras de Comercio y de Cámaras Agrarias, etc.), para conseguir una verdadera modificación de las estructuras sociales. Es el portavoz de la España reformadora, liberal y europea, cuyo papel es importante a finales del siglo XIX pero que en la práctica sigue muy alejada de las masas populares.

II. La crisis del régimen (1868-1876)

La experiencia "progresista"

La Gloriosa ha sido acogida con estusiasmo por el pueblo español. La monarquía de Isabel ha caído ante la indiferencia general. A través del país y un poco por todas partes, se forman espontáneamente juntas revolucionarias, a menudo sin vínculo aparente entre ellas. Y sin embargo, en los programas elaborados aquí y allá sin consulta previa se pueden hallar un cierto número de reivindicaciones comunes y fundamentales: reducción o supresión de los impuestos sobre el consumo, especialmente impopulares, desaparición de las tasas abusivas, particularmente la que gravaba la sal, liberación de los intercambios. Se trata sobre todo de reivindicaciones económicas, expresadas con mayor énfasis porque estamos en período de crisis. También aparecen demandas relativas a las libertades políticas y, casi en todas partes, a la libertad religiosa (pero hay que advertir que los campesinos rara vez participan en esta agitación). También pertenece a la tradición de la revolución urbana, bajo su forma liberal de 1820 o de 1854, la formación de milicias locales. Repasando los testimonios que describen estos movimientos populares, sorprende tanto su importancia como su concordancia. En todo el país domina la impresión de que la caída de la monarquía prepara un cambio profundo. Es un poco la *Illusion lyrique* que ha experimentado Francia veinte años antes.

Los españoles deben volver muy rápidamente a la realidad. Los militares, dueños de la situación política, aceptan, sin duda, una evolución liberal. Pero son, ante todo, hombres de orden partidarios de la unidad nacional aunque se proclamen liberales o progresistas o que, en el fondo de su corazón, echen de menos a los Borbones. Ni Serrano, proclamado regente, ni Prim, designado jefe del gobierno provisional, están dispuestos a apoyar una revolución social ni incluso ayudar al triunfo de una república federal. Disuelven las juntas revolucionarias comenzando por la de Madrid, desarman a las milicias populares y, en octubre de 1869, acaban con los motines locales que están apoyados por un cierto número de líderes republicanos.

Evidentemente, se reconocen las libertades individuales. Las Cortes constituyentes, reunidas en enero de 1869, proclaman la tolerancia religiosa. La adopción del sufragio universal parece un paso importante hacia la democracia. Pero el gobierno provisional sabe "orientar" bastante bien las elecciones. Las Cortes, pese a la agitación republicana, siguen siendo ampliamente favorables al régimen monárquico, según el deseo claramente expresado de los dirigentes del momento. Igualmente, la mayoría de las Cortes se adhiere a una política librecambista, ¡pero dosificando cuidadosamente su aplicación a lo largo de cinco años!

La monarquía a la inglesa preconizada por el general Prim supone por lo menos una autoridad gubernamental establecida sobre instituciones sólidas y un soberano reconocido por todos, preferentemente un soberano venido del exterior, que pueda romper las tradiciones establecidas, como se ha hecho en Inglaterra. Sin embargo las rivalidades entre militares ambiciosos y grupos políticos rivales no facilitan en absoluto la estabilidad. La multiplicidad de los candidatos al trono de España pone de manifiesto la incertidumbre de la situación política. La candidatura del príncipe Leopoldo de Hohenzollern, causa inmediata de la guerra franco-prusiana de 1870, sólo es un episodio de esta querella dinástica.

Por lo tanto, hay que esperar hasta finales del año 1870 para que Amadeo de Saboya sea proclamado rey en medio de la indiferencia general. Como soberano extranjero impuesto por Prim carece personalmente de autoridad sobre las Cortes y de prestigio en el país. El asesinato de Prim el 27 de diciembre de 1870, antes de la asunción de funciones del monarca, priva a éste de su principal apoyo. Sin embargo, Amadeo trata de jugar al juego constitucional, pero es la clase política española la que no está preparada. Este monarca sin poder abdica después de dos años escasos de reinado sin haber podido arreglar los graves problemas que se plantean al nuevo régimen.

La ausencia —o la inexistencia— de un verdadero poder de Estado no tarda en reflejarse en la protesta armada. Desde finales del año 1868 se ha desencadenado un levantamiento en Cuba (*el grito de Yara*) bajo la dirección de Carlos Manuel Céspedes. En efecto, los gobiernos españoles no han sabido hacer evolucionar el sistema colonial en Cuba, ni siquiera aplicar las reformas necesarias. La consecuencia es un conflicto que se alarga (durará diez años) pero que no afecta directamente al gobierno español.

Parecen mucho más amenazadoras las conspiraciones que se multiplican en la misma España. En abril de 1872 se propaga un amplio movimiento carlista en las provincias del norte. Es el principio de lo que se ha convenido llamar la tercera guerra carlista. No hay que exagerar su importancia: espacialmente se limita a las provincias vascas y a Cataluña y, por lo menos al principio, los efectivos militares implicados también son limitados. Fundamentalmente se prolonga bajo la forma, ya clásica, de la guerrilla, cuyo principal animador en el País Vasco es el cura Santa Cruz. Pero pone de manifiesto la incapacidad de los ministerios que se suceden en Madrid y, de todos modos, cuesta muy cara a una España que ya está particularmente empobrecida.

Efectivamente, la crisis socioeconómica es profunda. Las malas cosechas han avivado el descontento en el sur de España. No se toma ninguna medida para resolver la cuestión agraria. En las regiones meridionales del país, particularmente en Andalucía, la propaganda anarquista experimenta un rápido éxito. En general, el país se repone muy lentamente de la crisis de 1865-1868 que ha frenado bruscamente una expansión económica que todavía estaba en sus comienzos. Por todas partes reaparecen el bandolerismo y la mendicidad, y en el clima de incertidumbre política que por aquel entonces caracteriza a España incluso se desarrollan. Las medidas liberales aprobadas por las Cortes evidentemente no constituyen un remedio para una crisis tan profunda y tan compleja.

La tentativa republicana

La abdicación de Amadeo demuestra la impotencia de la monarquía constitucional. En medio de una gran confusión deja el camino expedito para una república que se proclama el 11 de febrero de 1873 sin que previamente se haya resuelto el problema político esencial: ¿cuál será la forma de este gobierno?

Mientras espera la elaboración de una nueva Constitución, un gobierno provisional, con Figueras como presidente y Pi y Margall como ministro del Interior, debe enfrentarse a múltiples amenazas. A la guerrilla carlista se le añaden las conspiraciones "alfonsinas"; al desorden general engendrado por las dificultades económicas se le añaden la agitación campesina y la ocupación de grandes propiedades en Andalucía, en Extremadura y en Castilla la Nueva. Entonces hay que enviar el ejército para restablecer el orden.

Pi y Margall, que sustituye a Figueras a partir del mes de junio, quiere, evidentemente, preparar un futuro más acorde con sus ideas. Después de unas elecciones poco convincentes en las que triunfan los federalistas, hay que preparar una constitución democrática que prevé la creación de quince territorios autónomos con un gobierno federal encargado de la defensa, de la diplomacia y de las finanzas.

Pero estas concesiones no son suficientes para la pequeña burguesía urbana, que querría ir más lejos, hasta la instauración de pequeñas repúblicas locales y librarse de este modo de cualquier forma de Estado "opresivo". En el sur del país aparecen juntas locales por todas partes. Es la revuelta cantonalista de julio de 1873, cuya importancia se circunscribe a Andalucía y Levante. Pero en estas regiones afecta a todas las ciudades importantes, Sevilla, Córdoba, Málaga, Valencia y, sobre todo, Cartagena, alma de la revuelta y foco de la resistencia. La revuelta es breve. Dejando a un lado Cartagena, en ninguna parte dura más de un mes. No está organizada. Los cantones insurrectos se demuestran incapaces de coordinar sus esfuerzos incluso en el plano militar. Por último, es propicia a las medidas extremas y a los actos de violencia, particularmente contra la Iglesia. Intentar establecer un vínculo entre los diversos cantones insurrectos es un esfuerzo vano. Cada insurrección tiene su propio carácter, desde el movimiento obrero de Alcoy hasta el motín dirigido, como es tradicional, por la pequeña burguesía urbana.

La República no está verdaderamente amenazada por una revolución tan incoherente y dispersa, pero es el final del federalismo. Pi y Margall dimite el 18 de julio. Sus sucesores, Salmerón y luego Castelar, son unitarios y confían en el ejército para acabar con el movimiento.

La República unitaria y conservadora de Castelar roza lo absurdo. Sin ninguna base popular y abandonando a los militares la tarea de restablecer el orden, no tiene el apoyo de ninguna de las fuerzas sociales dominantes. La oligarquía, inquieta por las revueltas, apela abiertamente a una restauración monárquica. La Iglesia se niega a apoyar a un régimen cuyas medidas de tolerancia religiosa cree que ponen en peligro la unidad cristiana. Ya se prepara el restablecimiento de la monarquía borbónica, símbolo de estabilidad política.

La acción de los militares precipitará el movimiento. En un primer momento, el 3 de enero de 1874, el general Pavía pondrá punto final a una República que todavía es demasiado liberal. Serrano recupera el poder y adopta medidas de represión que le parecen indispensables. El 29 de diciembre de 1874, en Sagunto, el general Martínez Campos proclama a Alfonso XII rey de España. De hecho su decisión molesta más que ayuda al pretendiente alfonsino. Corre el peligro de dar un carácter de pronunciamiento al retorno del Rey que Cánovas está negociando con más prudencia. Pero al fin la República ha muerto. Sólo falta proporcionar a la monarquía restaurada unas bases institucionales sólidas que le permitirán durar.

III. La Restauración

España no sale realmente cambiada de la crisis de 1868-1873. En realidad nada se ha modificado en profundidad. El momentáneo abandono del sistema proteccionista no ha resuelto los problemas de su economía, tan profundamente vinculada como siempre al valor de la tierra y tan dependiente, también como siempre, de la inversión extranjera. Las reivindicaciones campesinas y los primeros pasos de un movimiento obrero, particularmente apreciable en Cataluña, sin duda dan fe de la existencia de nuevas fuerzas que, no obstante, todavía están débilmente o mal organizadas y que la represión diezma rápidamente. La pequeña burguesía, que ha esperado mucho de la revolución de 1868, no ha obtenido ningún resultado positivo. Sus reivindicaciones se olvidan rápidamente y el poder político se le escapa de las manos con el aparatoso fracaso de la República federalista.

Sin embargo, y en el plano político, la fecha de 1868 puede ser considerada como la única ruptura digna de este nombre a lo largo de todo el siglo XIX español. La desagregación del país ante la ausencia de una autoridad estatal, casi podríamos decir que ante el vacío de poder, muestra que la unidad política sigue vinculada por el momento a los valores tradicionales, a la Iglesia, a la monarquía, al ejército, y que las estructuras sociales existentes no permiten en absoluto el establecimiento de una democracia parlamentaria basada en la defensa de las "libertades fundamentales" y en un voto libre. Algunos años después Joaquín Costa mostrará en un libro notable hasta qué punto la palabra *Libertad*, tantas veces pronunciada por los *sesentayochistas*, ha sido mancillada, y cómo el verdadero poder, el de la oligarquía dominante, permanece estable y fuerte a través de la tormenta (*Oligarquía y Caciquismo*). Sin embargo, si España quiere modernizarse, ¿no debe dotarse con instituciones mejor adaptadas a su tiempo? A falta de poder crear una verdadera monarquía parlamentaria a la inglesa, los fundadores de la Restauración al menos guardarán las apariencias.

La configuración de las Instituciones

Si bien ya no se trata de crear un régimen constitucional a la imagen de las sociedades occidentales, los dirigentes de España no dejan de experimentar un imperioso afán de estabilidad política. Hay limitaciones inherentes al poder militar; es precario y no puede jactarse de ninguna legitimidad. Por el contrario, la llamada a los Borbones simboliza la vuelta al orden. Alfonso XII, que es un soberano sin altivez y de natural simpático, goza de una cierta popularidad. Pero sobre todo se beneficia de ella en la medida en que no intenta imponer de nuevo la voluntad despótica del monarca, y que acepta dejar la dirección de los asuntos a su Primer ministro.

Su entente con el verdadero fundador del régimen, Antonio Cánovas del Castillo, ha sido perfecta desde el comienzo del reinado. Éste, que ha sido consejero de la reina Isabel en el exilio, prepara desde hace tiempo el retorno de los Borbones. Antes incluso del pronunciamiento de Martínez Campos, ha hecho que el futuro rey firmara el *manifiesto de Sandhurst*, esbozo de programa político que incluye a la vez la promesa de volver a la forma conservadora y católica de gobierno y el compromiso de elaborar una Constitución liberal. Pese a sus orígenes modestos, Cánovas inspira confianza a la oligarquía dirigente y a los militares, que ven en él al hombre de la vuelta a la calma y a la autoridad. Se entiende perfectamente bien con la clase política de la cual forma parte desde hace mucho tiempo. Dispone de un partido que está tan bien estructurado como es posible, el partido liberal conservador. Por lo tanto, en un primer momento puede ejercer una verdadera dictadura legal, suprimiendo la prensa de oposición, reforzando el poder de la Iglesia sobre los diversos tipos de enseñanza, destituyendo a los partidarios de una educación laica.

Pero si quiere mantener indefinidamente el poder de la clase dirigente, debe poner remedio a sus divisiones, establecer un régimen lo suficientemente flexible para permitir una evolución y, a falta de libertades, proporcionar a España las apariencias de la libertad. A este respecto, el texto constitucional de 1876 es fundamental. Se reafirman las libertades individuales: las libertades de expresión, de reunión, de asociación y el derecho de petición. Pero, por el momento, se les somete a múltiples restricciones que las convierten en prácticamente inoperantes. El artículo 17 incluso permite suspender todas las garantías constitucionales. Se autorizan los partidos políticos, pero el ministro del Interior, Romero Robledo, distingue cuidadosamente los partidos legales e ilegales. Se proclama la libertad religiosa, pero la religión católica sigue siendo "religión de Estado".

A pesar de todo, la Constitución de 1876 instaura un régimen parlamentario. Los poderes del rey están limitados. Comparte la autoridad legislativa con las Cortes; nombra a un cierto número de senadores, pero los otros los designan las corporaciones constituidas, Iglesia, Universidad, etc., y los *Mayores Contribuyentes*, es decir, los oligarcas. Los diputados, elegidos por cinco años por unas juntas electorales y según un sistema censitario, tienen derecho de control sobre el ejecutivo. Los ministros pasan a ser responsables ante las Cortes.

Pero todavía hace falta que la estabilidad parlamentaria pueda durar y que la responsabilidad del gobierno no sea una mera apariencia si se quiere que el poder dualista del rey y del Primer ministro no degenere en una dictadura de hecho. Para que el régimen funcione hay que reconocer y desarrollar grupos políticos representados razonablemente en las Cortes. Naturalmente, para Cánovas no se trata de integrar en el sistema a partidos que cuestionan el mismo principio de la monarquía alfonsina. Los carlistas y republicanos se autoexcluyen al negarse a aceptar el régimen. Sólo Castelar, después de un tiempo de exilio parisino, reanuda la lucha electoral en el terreno constitucional. Es el origen del *posibilismo.* Sin embargo, a comienzos de la Restauración, la verdadera oposición no tiene medios para expresarse.

La genialidad de Cánovas es el no tratar de perpetuarse en el poder, pese a tener las posibilidades de hacerlo. Por el contrario, improvisa una alternancia a la inglesa. A partir de entonces, al partido conservador, que pierde sin demasiada pena la etiqueta de liberal, se le opone un partido liberal fusionista, que ha nacido en 1879 de la unión de pequeños grupos políticos carentes de eficacia. En lo sucesivo podrán aparecer otros partidos políticos, pero desde este momento el régimen funciona sobre la base del *Turno*, con los liberales sucediendo a los conservadores y a la inversa, según iniciativa del monarca. Así se suceden el gobierno liberal de Sagasta de 1885 a 1890, el gobierno conservador de Cánovas de 1890 a 1892, y después de nuevo los liberales. En este momento el sistema parece perfectamente rodado. No obstante, es inquietante y revelador que el cambio de gobierno siempre preceda al cambio de mayoría parlamentaria. El electorado no modifica el equilibrio político mediante su voto. Es el ministro del Interior el que negocia y fabrica la nueva mayoría parlamentaria.

Las realidades sociopolíticas. El sistema del caciquismo

En la práctica, la clase política se reparte el poder y las elecciones carecen de todo significado. Su resultado es el fruto de una entente desarrollada desde 1881 entre los representantes de los partidos para asegurar el buen funcionamiento del Turno y los cambios de mayoría.

Aparentemente el ejemplo procede de arriba. Cuando Alfonso XII muere en 1885, se prevé una larga regencia debido a que el heredero de la corona es un hijo póstumo. Hay que asegurar absolutamente la permanencia del régimen. La entente acordada entre Cánovas y Sagasta —lo que se ha dado en llamar el *pacto del Pardo*—, da el poder a los liberales con el consentimiento del gobierno conservador.

A partir de entonces, el *Pactismo* se convierte en la palabra clave de la política. El ministro del Interior recién nombrado envía instrucciones a los gobernadores civiles ordenándoles favorecer la conclusión de acuerdos locales entre los "jefes" de los partidos y asegurar, en la medida de lo posible, la designación de candidatos oficiales. Por lo tanto, el futuro diputado parece que esté designado desde arriba; es el *encasillado.* Para garantizar su elección se recurre, si es necesario, a todas las formas de fraude. La compra de sufragios es "moneda corriente". El sufragio universal acordado en 1890 a iniciativa de Sagasta no cambia mucho la situación. Para estar seguro de las administraciones locales el gobierno no vacila en disolver *ayuntamientos* (consejos municipales) y en expulsar a los jueces demasiado poco complacientes. Y no hay que olvidar que el escrutinio secreto es una ficción en un país donde durante mucho tiempo se seguirá votando en urnas de cristal.

Sin embargo, el papel de los gobernadores civiles es menor de lo que las instrucciones ministeriales podrían sugerir, y su intervención no siempre es absolutamente eficaz. Cuando las presiones del gobierno central demuestran ser necesarias, sólo facilitan la victoria de un candidato que ya esté bastante bien situado para ganar. Las más de las veces los fraudes consisten en dar al futuro diputado una cómoda cantidad de sufragios mediante la reducción, trucada, del número real de abstenciones. No siempre hay un verdadero enfrentamiento electoral. A veces la victoria del candidato oficial está tan bien asegurada que los partidos oponentes se desaniman y no presentan a nadie contra él. El resultado se conoce con anterioridad, y el voto carece de todo significado.

A todos los niveles el poder real está en las manos de una red paralela de poderosos, los llamados *caciques.* En primer lugar el cacique es el hombre influyente en el sentido local de la palabra; a veces gran propietario, sobre todo en las regiones latifundistas, y a menudo personaje más modesto, administrador de una finca, político de pueblo o incluso sacerdote. El cacique dispone de una clientela tanto más dependiente cuanto que él puede asegurarle trabajo en un país donde la mano de obra disponible, y a menudo errante, sigue siendo muy abundante y donde la contratación se realiza a diario. Los alcaldes y los jueces dependen de él, y la red de relaciones que ha constituido le permite proporcionar múltiples servicios. Por lo tanto es él quien hace la elección y contribuye a designar el diputado. Claro está que su red de relaciones se extiende más allá del pueblo o del barrio. Desde el cacique local hasta el oligarca omnipotente o *prohombre*, que dispone de influencia hasta en el gobierno, se establece una jerarquía de poder en la cual, las más de las veces, el gobierno civil sólo es una rueda del engranaje, un simple intermediario en la negociación política. A todos los niveles los funcionarios no son más que los servidores, los dependientes de este poder permanente y de la clase política que lo representa. Pero el *turno* también se realiza a su costa o en su provecho. Los que debido al cambio político pierden su plaza, los *cesantes*, esperan pacientemente que las próximas elecciones vuelvan a situar a su partido en el gobierno; entonces recuperan sus destinos y remuneraciones.

Sin embargo, el sistema varía según las circunscripciones electorales. En bastantes de ellas hay una estabilidad perfecta. Evidentemente el *prohombre*, que constantemente es reelegido, forma parte de la clase dirigente. Así, los Larios convierten la circunscripción de Torrox en un coto cerrado desde 1891 hasta 1918. Los Sánchez Guerra son dueños de la de Cabra de 1893 a 1923. Los funcionarios del ministerio del Interior lo admiten, y además permite mantener, sea cual sea la mayoría fabricada por el *pactismo*, una minoría de oposición.

En los demás sitios el cacique asegura la elección del *encasillado*. Puede haber conflicto entre un cacique local y el candidato ministerial, pero esto rara vez sucede. El sistema funciona perfectamente en unos medios rurales tan diferentes en su estructura socioeconómica como Andalucía y Galicia. En ellos la influencia caciquista se ha establecido desde hace mucho tiempo. Es el hecho social el que ha determinado el hecho político. El tradicional poderío terrateniente no se preocupa en absoluto por la democracia. Pero el caciquismo también existe en las pequeñas ciudades. Sólo Madrid y Barcelona se salvan de él casi por completo.

Pero la masa de la población, ¿cómo puede tomarse en serio una comedia como ésta? A decir verdad, no le concede ninguna importancia. La abstención, muy importante, es un signo revelador de esta indiferencia en relación al juego político. A finales del siglo adquiere tales proporciones que, en 1907, el gobierno decide suprimir la formalidad de la elección en caso de candidatura única. Sin duda, esta modificación del artículo 29 de la ley electoral tiene una finalidad moralizante. Se trata de evitar el fraude, que es el único que puede llenar las urnas en ausencia de lucha política, incluso formal. Pero es muy difícil no ver en ello la confesión del fracaso de todo un sistema. En el caso planteado por el artículo 29 la elección se reduce a las negociaciones preliminares entre caciques. Cuando se ha cerrado el pacto el futuro diputado ya está designado. Los otros candidatos se retiran. El voto se convierte en un acto inútil...

Desde un punto de vista democrático el sistema es, ciertamente, inmoral, y sin embargo está ampliamente aceptado. El poder de un cacique tiene algo de tiránico. Pero no siempre se explica por la riqueza y por la dominación económica; a veces se justifica por un consenso popular. Tusell cita abundantemente el ejemplo de Borbolla, el "buen cacique", prisionero él mismo del sistema, pero cuyos adversarios le reconocen la benevolencia y la integridad. De todos modos los partidos de la Restauración no conocen más política que estos enfrentamientos locales. Las reacciones populares contra un "mal" cacique, incluso cuando adoptan formas violentas, también conservan la mayoría de las veces un carácter local. Cuando un hombre político trata de elevarse por encima de estas realidades, como Pi y Margall en la época del federalismo y del cantonalismo en nombre de una filosofía política que supera los intereses de campanario o como Antonio Maura después de 1898 en nombre de la grandeza nacional y de la moralidad política, puede ser respetado por una élite, pero no es seguido en absoluto por la masa. En realidad no es el caciquismo el que vicia el sistema, es todo el sistema social que está viciado. La oligarquía dominante se aprovecha del caciquismo para mantener un poder antiguo en una situación nueva.

La evolución del régimen y el progreso de las diversas oposiciones

El buen funcionamiento del sistema de Cánovas supone un peligroso inmovilismo político ya que el dualismo conservadores-liberales no es más que la sucesión en el poder de dos partidos nacidos de una misma clase política. Pero a la larga supone una cierta apertura. En efecto, sería difícilmente concebible que el régimen viviera en un estado de excepción permanente, y que las libertades proclamadas por la Constitución no pudieran ser defendidas más que por los adversarios del régimen. La misma ficción de una oposición liberal se hunde si la llegada al poder de los liberales no se refleja en algunos cambios reales.

El primer gobierno Sagasta, formado en 1881 —precede al pacto del Pardo—, resulta ser bastante tímido. Sin embargo lleva a cabo el primer gesto de liberalización política al autorizar todos los partidos, lo que principalmente permite que antiguos republicanos puedan manifestarse públicamente.

Durante la regencia de María Cristina de Austria, establecida por la minoría de edad de Alfonso XIII, el ministerio liberal de los años 1885-1890 llevará las reformas más lejos. En 1887 se reconoce plenamente la libertad de asociación. La introducción de jurados en los tribunales trata de limitar la arbitrariedad judicial. Finalmente, el 26 de junio de 1890 se promulga la ley que introduce en España el sufragio universal. Como ya hemos visto, el sistema caciquista es inmune a la ampliación del voto. No obstante, es la condición indispensable para que puedan constituirse partidos de masas. La oposición al régimen por fin consigue algún éxito, al menos en los grandes centros urbanos.

Por su derecha el régimen no está en absoluto amenazado. Como que es razonablemente conservador, poco a poco va consiguiendo la adhesión de la gente de orden, agrupada momentáneamente en el *Círculo popular moderado histórico.* Sobre todo una parte de la alta jerarquía de la Iglesia aprueba la formación de la *Unión Católica*, creada en 1881 por iniciativa de Pidal y Mon. Esta fuerza católica y monárquica trata de reunir una parte de los antiguos carlistas antes de fundirse totalmente en el partido conservador. Evidentemente subsiste una oposición carlista "pura", pero está aplastada militarmente después de la serie de fracasos sufridos entre 1873 y 1876, y a pesar de los sacrificios aceptados. En el mes de marzo de 1876, el manifiesto de Somorrostro proclama, junto con la victoria de las tropas regulares, la abolición de los fueros. El carlismo se repliega cada vez más sobre sus ciudadelas vascas y, sobre todo, navarras. Sin embargo, en el País Vasco, pronto se disolverá para ir a engrosar en buena parte el movimiento autonomista.

Por la izquierda el régimen se expone a ser cuestionado más seriamente, pero evidentemente no por el posibilismo de Castelar, parcialmente satisfecho por la adopción del sufragio universal, sino por la corriente republicana, que pretende situarse decididamente fuera del régimen y que se reagrupa en torno de la Asociación militar española, creada en París por Ruiz Zorrilla. En la izquierda no ha muerto la afición por el pronunciamiento. Así lo atestigua la intentona de Villacampa en Madrid en 1886. Pero el ejército ya no sigue y la población no se mueve. Si subsiste alguna amenaza revolucionaria, a partir de entonces se refleja de modo muy distinto en el nacimiento del movimiento obrero y en la agitación anarquista bajo la forma de acción directa, sean revueltas campesinas o terrorismo urbano. Cánovas será su víctima más ilustre.

Los republicanos, siguiendo el ejemplo de Castelar, juegan la carta del sistema electoral pese a que esté falseada. En un primer momento, un éxito moderado, pero real, parece justificar esta actitud. La unión que agrupa a las diversas tendencias republicanas consigue una treintena de escaños en las elecciones de 1893. Pero también aquí los límites se alcanzan rápidamente. Las victorias electorales de los republicanos se reducen a las grandes ciudades, Madrid, Barcelona y Valencia. Las facilita un programa que incluye reivindicaciones sociales, principalmente la reducción de la jornada de trabajo. Pero el republicanismo no tiene ninguna posibilidad de triunfar en la mayoritaria España rural. Una alianza impuesta por las exigencias del momento no ha borrado las viejas diferencias. Sobre todo, los dirigentes republicanos siguen siendo los mismos entre 1868 y 1893. En 1903, el jefe que designa la Unión republicana todavía es Salmerón, el antiguo jefe de gobierno de la 1.ª República agonizante. No se ve aparecer a ningún nuevo líder excepto, quizás, Lerroux en Barcelona, en una época en la que el republicanismo catalán está profundamente dividido por el auge de las reivindicaciones regionales frente al centralismo gubernamental.

Cánovas y Sagasta están perfectamente de acuerdo sobre la necesidad de afirmar y mantener este centralismo. Es el gobierno conservador de Cánovas el que proclama el final de los fueros vascos. Es el gobierno liberal de Sagasta el que promulga en 1889 el código civil, visiblemente inspirado en el código de Napoleón pese a algunas concesiones al derecho consuetudinario. Es de destacar que esta reafirmación de la unidad nacional a través de la ley castellana se realice precisamente cuando el autonomismo empieza a afirmarse como fuerza política.

IV. La crisis del régimen durante los primeros años del siglo xx. Los autonomismos

En España, como en el conjunto del mundo mediterráneo, la región es el marco natural de la vida política y económica. El país está extremadamente fragmentado. Las grandes líneas del relieve que aíslan las mesetas castellanas de las regiones periféricas mediante una sucesión de barreras que se extienden desde los Pirineos hasta Gibraltar contribuyen a esta división. Las recientes transformaciones económicas acentúan todavía más la oposición entre las provincias situadas en la periferia y las de la España interior. Salvaguardar los intereses locales o regionales frente a las usurpaciones del centralismo castellano es una tradición muy antigua vinculada a este profundo sentimiento del individualismo y de la personalidad local que en España se manifiesta en cualquier ocasión. En el pasado, los soberanos españoles lo habían comprendido, y siempre habían admitido el ejercicio de las libertades locales desde el momento en que no afectaban a lo esencial de su poder.

Precisamente es del auge del centralismo madrileño que progresivamente nace el regionalismo catalán. Es el primero en el tiempo quizás porque es el más amenazado y el más coherente en sus intereses.

Los orígenes del catalanismo

En el origen del regionalismo catalán nos hallamos ante unas elementales reacciones defensivas: por una parte defensa de los intereses económicos y, por la otra, salvaguarda de una originalidad cultural y lingüística.

Desde hace ya mucho tiempo los catalanes han advertido la existencia de un desarrollo económico más rápido en su región que en cualquier otra parte de España. Consideran el resto del país como un mercado, y les parece natural el reservarlo para su producción industrial. De ahí se deduce la defensa de los aranceles proteccionistas, que se han convertido en muy populares en la medida en que se ve en ellos una garantía de actividad económica y, por lo tanto, una garantía de empleo. Los motines contra el gobierno liberal de Espartero ya proceden de esta primera reivindicación.

Pero también es significativo que en estos años de mediados del siglo XIX se consolide el renacimiento de la cultura catalana. La *Renaixença*, cuyo momento culminante es la restauración de los Juegos Florales en 1859, es en primer lugar la resurrección de la lengua, que siempre se ha hablado, como vehículo de cultura; también es la resurrección del pasado. Los intelectuales catalanes, como Víctor Balaguer, encuentran en la *Historia de la Corona de Aragón* el eco de un mundo abierto hacia el Mediterráneo y, en particular, hacia las regiones próximas de la Europa occidental. El despertar catalán se relaciona de muy buena gana con los intelectuales del *Félibrige*, y se adhiere a la defensa de la idea latina. Pero, mientras que en Francia el movimiento occitano y felibreo se desarrolla en regiones que económicamente pierden impulso, el regionalismo catalán se desarrolla en las provincias más evolucionadas económicamente de la península. Ello provoca que el sentimiento de la personalidad catalana sea aún más vivo.

Sin embargo, antes de 1880 el catalanismo no se manifiesta como fenómeno político. En el nivel de los acontecimientos, sus reacciones anticastellanas se sitúan en la contestación carlista o democrática. Es una contradicción profunda que posibilita cualquier interpretación. El movimiento catalán todavía no es una fuerza potente defendida por un partido político con intenciones claras y precisas. Por lo tanto no debe sorprendernos que, desde un principio, el regionalismo catalán se presente bajo unas apariencias diversas e incluso contradictorias.

— En Barcelona y en las ciudades obreras de la región, sobre todo, se ha desarrollado un catalanismo de izquierdas. Está influenciado por las teorías federalistas y socializantes de Pi y Margall. El fundador del movimiento, Almirall, al principio es un admirador de Pi; después de la Restauración se aleja de él. Es el primero que afirma la necesidad de un verdadero partido catalán cuyos medios de propaganda ya no se deben limitar a reuniones entre iniciados o a revistas especializadas. Recurre a reuniones políticas y, en 1879, funda un periódico, el *Diari Català*, para difundir las ideas de su grupo; a partir de 1882 éste adopta el nombre de *Centre Català*. Aún le faltan a este partido unos objetivos precisos y determinar un programa. En 1885 Almirall redacta el *Memorial de Greuges*. En él se afirma doblemente la personalidad catalana. En primer lugar se defiende la originalidad del pueblo catalán, grupo étnico particular por su lengua y sus instituciones, pero también por las cualidades de "su raza"; después se apoya el retorno a una solución federal. Ésta es la única que permitiría volver a encontrar el dinamismo natural que existe, en el fondo, en los pueblos de España, pero que el sistema centralizador impide que se exprese. Para que este partido hubiera conseguido imponerse, habría sido necesario que reuniese a su alrededor a la mayoría de las fuerzas catalanas. Pero la historia del catalanismo de izquierda y del *Centre Català* no es más que una sucesión de escisiones y excomuniones. Así es como los intelectuales de la *Renaixença*, cuya actividad había preparado la fundación del *Centre Català*, se separan de él en 1887 para fundar la *Lliga de Catalunya*.

— El catalanismo de derechas no presenta mucha más unidad que el anterior, y aún le cuesta más definirse. Como máximo se puede constatar que existe una profunda relación entre el catalanismo de derechas y el carlismo a través de la afirmación de una diversidad en la unidad española, lo que permitirá que Vázquez de Mella afirme encontrar los principios del federalismo en la tradición española.

Pero aunque los catalanistas moderados provengan de horizontes políticos diferentes, siempre representan a las dos mismas fuerzas sociales: la burguesía industrial y la Iglesia catalana. Torras y Bages, obispo de Vic, estima que Cataluña deber ser comprendida y tratada como una nación, y que debe reencontrar su originalidad a través de la fe en Cristo. ¡Se ven inmediatamente los vínculos con el carlismo integrista! La derecha catalana se identifica, sobre todo, como el conservadurismo social. Mañé y Flaquer, su portavoz más conocido, condena en bloque todos los liberalismos: el religioso, el político y el económico (aquí hay que entender: el librecambio). Pero, en realidad, la derecha catalana sólo se muestra combativa en la cuestión proteccionista. La idea de nación catalana todavía es lo bastante etérea, y las tentativas políticas de los catalanes lo demasiado dispersas, para tener la menor eficacia.

El catalanismo como fuerza política

Almirall ha dado un paso decisivo hacia adelante al pedir la creación de un partido catalán. Pero buscar en la izquierda los apoyos necesarios para la creación de este partido era un esfuerzo inútil. En su mayoría, la izquierda liberal española era centralizadora. La izquierda obrera estaba más preocupada por la mejora de su condición que por las reivindicaciones autonomistas.

Lógicamente, el primer unificador de las fuerzas catalanas es un conservador, un hombre de la burguesía católica e industrial: Prat de la Riba. Deseoso de llegar a una solución del problema catalán por las vías legales, decide crear un partido organizado y potente. La Lliga es el resultado de la fusión del Centre Català con la Unión regionalista de escasa influencia hasta entonces. Es un partido moderado pero que ya no vacila a la hora de hablar de nacionalismo. Para Prat de la Riba el triunfo del federalismo no provocará el establecimiento de una provincia autónoma de Cataluña. Los términos se invierten. Habrá federalismo porque es el único medio de asegurar la necesaria independencia de un Estado catalán.

A este partido abiertamente nacionalista le hacía falta un programa más estricto y detallado que el *Memorial* de Almirall. Este programa, establecido en 1892 en el texto conocido como las *Bases de Manresa*, es el que adoptan Prat y sus sucesores hasta la dictadura de Primo de Rivera. No sólo reclama el mantenimiento o el restablecimiento de los privilegios financieros y judiciales que la tradición concedía a Cataluña, sino que también pide la existencia de un verdadero legislativo, de un parlamento catalán que tenga competencias en materia de legislación penal y que controle las fuerzas de orden, directamente en el caso de la policía e indirectamente en el del ejército en la medida en que se podría sustituir el servicio militar obligatorio por el envío de un contingente anual de voluntarios para servir en el ejército español.

La Lliga, una vez constituida, aparece como una fuerza nueva, intransigente en sus principios, pero en el fondo deseosa de encontrar un terreno de acuerdo con el gobierno. Después de 1898 los regionalistas incluso entran, pero por poco tiempo, en el ministerio formado por Silvela. Los éxitos que en 1901 obtiene la Lliga como fuerza de oposición no deben llamarnos a engaño. No consigue presentar un frente unido. Los monárquicos y los republicanos conviven en él con muchas dificultades. Incluso en Barcelona resulta casi imposible que estos conservadores, el más destacado de los cuales a partir de entonces es Cambó, venzan en los barrios obreros.

Al final se piensa que sólo se puede conseguir un éxito electoral mediante una conjunción de todas las oposiciones frente a unos partidos sólidamente organizados y que disponen de un poderoso aparato político. En 1906 las negociaciones desembocan en la formación de una coalición heterogénea bautizada muy impropiamente con el nombre *Solidaridad Catalana.* En ella entran la Lliga, fuertemente orientada a la derecha bajo la dirección de Cambó, la Esquerra,* más favorable a la República pero cuya influencia aún es muy escasa, la Unión catalanista y, en los dos extremos, por una parte los carlistas catalanes y por la otra los republicanos federalistas y, finalmente, lo que puede parecer aún más sorprendente, los republicanos de Salmerón. Para tratar de justificar esta coalición definen, bajo la inspiración de Cambó, el *Programa del Tívoli.* En él se reclama prin-

* Se trata del Centre Nacionalista Republicà (CNR) formado por un grupo escindido de la Lliga, denominado "la Esquerra" y por otras formaciones políticas catalanas. [*N. del t.*]

cipalmente la instauración de una amplia autonomía admistrativa y la supresión de la *Ley de Jurisdicciones* según la cual los crímenes "contra el ejército y la patria" los deben juzgar tribunales militares. A pesar de la insuficiencia de este programa y del carácter como mínimo sorprendente de ciertas alianzas, la coalición obtiene un claro éxito. Solidaridad consigue cuarenta y un diputados sobre cuarenta y cuatro. Pero es una victoria sin futuro. El regionalismo no será más que una palabra hasta que no defina su orientación política.

Una vez desaparecida la Solidaridad, las dos tendencias fundamentales vuelven a aparecer: la de la Lliga, francamente orientada a la derecha, y la que reúne a la Esquerra (el CNR) y a los Republicanos catalanes bajo una nueva sigla, la UFNR (Unión Federal Nacionalista Republicana). En vísperas de la toma del poder por los militares en 1923, la Lliga parece ser la fuerza dominante con bastante ventaja. Es más realista que la izquierda y busca el éxito del momento. A falta de autonomía, que, en lo inmediato, correspondía al terreno de la utopía, ha pedido la creación de una *mancomunidad*, que permita la unión de las cuatro diputaciones provinciales de Cataluña en una sola. Este paso se franquea mediante un decreto real de 1913. Las atribuciones de esta nueva diputación son muy limitadas, pero Cambó ve en ella una primera etapa hacia la autonomía. No obstante, parece bloquearse toda evolución, y es que, ¿podría ser de otra forma cuando los ricos dirigentes de la Lliga tienen absoluta necesidad del apoyo de Madrid para proteger sus propios intereses? Sitúan el orden social por encima de sus otras preocupaciones, y están dispuestos a apoyar a un gobierno capaz de acabar con las parodias políticas y con las reivindicaciones sociales expresadas violentamente.

El nacimiento del nacionalismo vasco

Durante el movimiento cantonalista las ideas federalistas obtenían algunos éxitos en la periferia mediterránea, pero no en el noroeste del país, que se mantenía totalmente ajeno a ellas. Esto no significa que las provincias vascas, Navarra e incluso Galicia no fueran conscientes de su originalidad. Pero el País Vasco ha vinculado la defensa de sus libertades a la causa del carlismo, y este fenómeno basta para explicar el retraso con el que se manifiesta en relación al nacionalismo catalán.

Sin embargo hay que convenir en que, desde el principio, el nacionalismo vasco siguió los pasos del catalanismo. El fundador del partido nacionalista, Sabino de Arana y Goiri, encuentra sus modelos e inspiración en Barcelona. Y el primer grupo nacionalista vasco que se reúne a su alrededor se compone de algunos estudiantes que por aquel entonces residían en la capital catalana. Por lo demás, los defensores del "foralismo" económico, es decir, de los privilegios económicos vinculados al mantenimiento de un estrecho proteccionismo, encontrarán fácilmente un terreno de acuerdo. La *Liga Vizcaína de Productores*, que ha manifestado ruidosamente su adhesión a la política proteccionista, se ha formado en 1890. A partir de esta fecha, los esfuerzos de los hombres de negocios de Bilbao y Barcelona se unen constantemente para impedir una liberalización de los intercambios.

Dicho esto, hay sensibles diferencias entre los dos movimientos. El catalanismo en particular, ha surgido del renacimiento de una cultura y de la acción de los medios intelectuales. En el País Vasco no hay ninguna tradición literaria. Los grandes escritores vascos de la época escriben en castellano. Es el caso de, por ejemplo. Unamuno o de Pío Baroja. Esto no significa que la lengua vasca sea una lengua muerta. Muy al contrario, es el medio cotidiano de comunicación, y además, una lengua irreductible al español y no contaminada por él. Finalmente, es la expresión de la unidad de las provincias vascas, incluso más allá de la frontera francesa. Esta profunda conciencia de su originalidad étnica y lingüística explica el carácter "racial" del movimiento vasco. Contentémonos con recordar la definición que dio García Venero del nacionalismo vasco: "El sistema político que defiende el derecho de la raza vasca a vivir con independencia de toda otra raza".

Por el contrario, cuando se quiere definir el programa nacionalista, hay que contentarse a menudo con generalidades. En primer lugar es una voluntad de retorno a los antiguos privilegios, como lo muestra la fórmula *Dios y leyes viejas*, que durante mucho tiempo sirve de banderín de enganche. Pero estas reivindicaciones nunca se definen claramente. ¿Se trata de volver a la situación de antes de 1839, considerada como la fecha de la pérdida de la autonomía vasca? Y, en este caso, qué importancia conceden a los privilegios económicos? Incluso después de 1876 los vascos conservan el derecho de fijar sus propios impuestos, previo acuerdo con la Hacienda española. ¿Se trata, tal como aparecerá después, de reivindicar una independencia casi total, siendo el único vínculo que ciertos nacionalistas aceptan mantener con el resto del pueblo español el de la fidelidad a la persona real?

De hecho todo esto se puede encontrar en los textos, pero lo que separa a los carlistas de los nacionalistas, es que sólo éstos emplean la palabra independencia.

Por último, no hay que olvidar la influencia esencial de la Iglesia católica. El papel del clero en el movimiento nacionalista vasco, al igual que en el levantamiento carlista, será considerable.

La acción propiamente política no comienza antes de 1890. Entonces Arana y Goiri crea una pequeña revista, *La Abeja*. En 1893 crea el centro vasco (*Euzkaldun Batzokija*), agrupación tradicionalista que pide la creación de una verdadera confederación de las provincias vascas, incluida Navarra. Pero la agitación se limita principalmente a las ciudades. En agosto de 1893, la celebración de una verdadera ceremonia nacional en Guernica ocasiona algunas manifestaciones. Pero sobre todo es a partir de la década de 1900 cuando se organiza un partido nacionalista. Con la creación de *El Correo Vasco* dispone de un aparato de propaganda. El Partido Nacionalista Vasco se completa con un movimiento juvenil, y define su programa a base de conservadurismo y proteccionismo. Sin tener el monopolio de la representación electoral, a partir de entonces obtiene regularmente escaños en las diputaciones provinciales, en los ayuntamientos e incluso en las Cortes. Sabino Arana fue elegido por primera vez diputado por Bilbao en 1899.

Sin embargo, la tutela de la Iglesia y de un empresariado paternalista a veces pesa demasiado, y esto explica la nueva orientación adoptada a partir de 1910 por un cierto número de militantes vascos. Algunos se adhieren directamente al socialismo, y muchos obreros prefieren sindicarse en la UGT antes que ingresar en la *Solidaridad de Obreros Vascos*, de influencia católica. El grupo *Patria y Li-*

bertad se aleja del conservadurismo tradicional y se transforma en partido político; el Centro nacionalista republicano vasco sigue siendo muy minoritario. Sin embargo, el conservadurismo vasco se muestra más intransigente que el conservadurismo catalán en sus reivindicaciones nacionales. No aprecia el interés de la mancomunidad y quiere ir directamente hacia la autonomía. En 1917, y aprovechando una agitación generalizada, las diputaciones provinciales, reunidas en congreso en Vitoria, reivindican una semiindependencia, dejando al Estado español un cierto número de competencias privilegiadas. De este modo se vuelve a poner en tela de juicio la unidad española en un momento en el cual el auge de los enfrentamientos sociales pesa gravemente sobre el futuro del país, se deteriora el sistema político establecido por Cánovas, y las derrotas coloniales aceleran el proceso de descomposición de un régimen moribundo.

V. Las crisis coloniales y la "reacción nacional". La generación de 1898

Mantenimiento o renovación del mito colonial

España es un país dominado por el capital extranjero y que depende cada vez más estrechamente de las grandes potencias para asegurar su equilibrio económico. Desde hace mucho tiempo ya no es más que una potencia de segundo orden. Sin embargo, y contra toda evidencia, sigue manteniendo el mito imperial. De donde el desarrollo del *americanismo*, que no hay que confundir con las preocupaciones cubanas. La pérdida de Cuba en 1898 no es más que un episodio particularmente doloroso de una descolonización comenzada mucho tiempo antes. Los militares españoles sufren profundamente la humillación de la derrota. Pero el fracaso de 1898 no se ha traducido en un repliegue de España hacia Europa, sino todo lo contrario. Los *regeneracionistas* insisten en recordar la misión de España: tanto si ejerce como no una dominación colonial, su vocación es transmitir y perpetuar una civilización superior. Más allá de las guerras fratricidas y de los abandonos militares, existe una comunidad de lengua y de cultura que une las dos *Españas* de los dos lados del Atlántico.

El Imperio se ha fraccionado, pero la unidad iberoamericana permanece.

Quizás es el sueño de una élite intelectual, pero también es un sentimiento profundamente experimentado por la masa española. El mantenimiento de las misiones religiosas allende los mares recuerda la unidad cristiana que es uno de los componentes esenciales de esta comunidad de cultura. Las migraciones hacia la América española nunca han sido tan numerosas como en estos años finales del siglo XIX.

La moda *africanista* que se desarrolla durante este mismo final de siglo es en apariencia más sorprendente, y también más elitista en sus componentes. No es una moda aislada. Toda Europa se interesa por el continente africano. Es la época del gran reparto colonial, de las expediciones de exploración de un mundo aún ignorado. La Sociedad de Geografía de Madrid es el eco de la de Londres o de la de París. El gobierno español no puede dejar de estar atento a este movimiento, y los *regenaracionistas* son los primeros en desear desarrollar una política intervencionista en África. Costa impulsa la creación de la *Sociedad africanista.* Sus peticiones tienen una resonancia tanto más intensa cuanto que vuelven a dar vida a un viejo sueño y reanudan una antigua tradición, la de la Cruzada y la de la misión civilizadora de la España cristiana frente a los moros. En todo caso, quieren trasladar este sueño a la realidad, y no pierden ninguna ocasión de subrayar los intereses permanentes de España en Marruecos.

Pero el gobierno español carece de medios para su política imperial. La Restauración se mueve entre el desastre cubano de 1898 y el desastre marroquí de Annual en 1921. Los españoles, por su parte, soportan mal la humillación de la derrota y el precio muy gravoso que deben pagar tanto en hombres como en dinero por resultados tan decepcionantes. Ninguna expedición colonial es popular. Éstas debilitan el régimen y acaban de desacreditarlo.

El desastre colonial

Después de 1824 el imperio colonial español se reduce, en lo esencial, a las Antillas y al archipiélago filipino. Sobre todo este último es motivo de preocupación para los españoles, ya que nunca han conseguido obtener grandes riquezas de él, ni siquiera sofocar el bandolerismo y las revueltas endémicas.

Cuba, en cambio, se ha convertido en "la perla de las Antillas". Está mejor explotada gracias, en primer lugar, a una mano de obra esclava de origen africano y, después, a una mano de obra extremo-oriental tratada casi como los esclavos negros. Los funcionarios españoles se enriquecen, y los grandes propietarios obtienen grandes beneficios de las plantaciones de caña de azúcar. Es verdad que desde hace mucho tiempo, y en lo esencial, el comercio cubano está en manos de los Estados Unidos. Por lo demás, una de las razones de la última insurrección es el intento realizado por el gobierno español de restablecer una verdadera preferencia imperial a favor de ciertos productos procedentes de la metrópoli. También desde hace mucho tiempo, Washington anima las insurrecciones criollas, ante las que España no ha hecho nada serio para reducir su frecuencia. Desde hace más de treinta años la oposición política cubana halla refugio en las costas americanas, y en ellas prepara las próximas revueltas. Pero hasta entonces, los gobiernos americanos, incluso los favorables a la vinculación de Cuba a los Estados Unidos (la *lone star*), no han intervenido directamente a favor de los insurrectos.

En 1898 el gobierno americano se ha convertido en francamente intervencionista. Desde 1895, y bajo el impulso de Martí, la revuelta cubana se ha reanudado y no ha dejado de extenderse. El gobierno conservador español desarrolla un gran esfuerzo para reducirla. El general Weyler, encargado de la represión, dispone de casi 200.000 hombres y para aplastar la insurrección recurre a los medios más violentos. Sin embargo, no consigue un resultado decisivo, y Sagasta, que ha vuelto al poder según el ritmo del Turno, manda volver a Weyler e incluso propone a los cubanos otorgarles un estatuto de autonomía. La intervención americana, justificada por la explosión, accidental o voluntaria, del acorazado *Maine*, precipita los acontecimientos. Los Estados Unidos declaran la guerra a España. Los americanos destruyen fácilmente la flota de guerra española, tanto en las Filipinas como en las costas cubanas. El 10 de diciembre de 1898 el tratado de París confirma la pérdida de las últimas posesiones españolas de alguna importancia: Cuba, Puerto Rico y las Filipinas.

¿Cuál es exactamente la repercusión de esta derrota? En primer lugar, la guerra cuesta muy cara en hombres y en dinero. Los sacrificios pedidos afectan fundamentalmente a las clases populares. El sistema de reclutamiento que sigue estando en vigor en España permite la sustitución. Los ricos no van a combatir, lo que provoca en el pueblo el sentimiento de injusticia y aumenta el número de los insumisos. Se comprenden las reacciones de cólera engendradas primero por las pérdidas humanas y por la inflación, y también por el aumento de los impuestos sobre el consumo. Los movimientos de oposición no tienen ninguna dificultad en explotar una tal situación. Pero sobre todo son los círculos políticos e intelectuales y los militares, los que experimentan la humillación de la derrota. La *generación del desastre* es la de Costa y Picavea, la de los que quieren *regenerar España* modernizándola. Quieren condenar a las fuerzas conservadoras, en sentido amplio, a las que responsabilizan de los fracasos.

Por otra parte se desarrollará un ultranacionalismo, que en esta época no es exclusivo de España, pero que aquí adopta la forma de una meditación sobre el pasado y de un rechazo de lo extranjero. Son aspectos contradictorios que sin embargo constituyen el resultado de una misma crítica a un régimen corrompido y corruptor que vive tanto de las apariencias de democracia como de su inexistencia.

La generación del desastre

De hecho, bajo el término de generación del 98 se mezcla, con demasiada frecuencia, a hombres y obras muy diferentes en su inspiración y en su orientación política. Es verdad que el final del siglo XIX aporta una sorprendente floración de obras literarias y artísticas, mientras que la España de mediados de siglo parecía estéril, limitándose a pálidas imitaciones del modelo francés o a perderse en las especulaciones religiosas.

La influencia europea siempre había marcado a los intelectuales, y sobre todo a los universitarios. Básicamente es en estos círculos donde se reclutan los "modernistas" que quieren introducir en España las corrientes de la Europa moderna. La inspiración krausista había caracterizado a los reformadores de la Institución Libre de

Enseñanza; la influencia de la novela francesa y de los grandes frescos sociales, desde Balzac al naturalismo, marca con su huella el excepcional florecimiento de la novela española de los años ochenta, dominada por la gran figura de Pérez Galdós, pero también por la obra de Pereda. No obstante, el mejor representante de la tendencia "modernista" pertenece a la generación siguiente. Es, sin ninguna duda, Ortega y Gasset, admirador de la ciencia y de la filosofía alemanas, y fundador en 1923 de la *Revista de Occidente.*

Sin embargo, la generación del 98 se ha caracterizado en buena medida por la reacción nacionalista. De hecho, ésta asoma en el casticismo (expresión popular del orgullo nacional y de la defensa de la "raza" española contra la influencia de lo extranjero), ya muy visible en la expresión literaria y artística de los veinte años anteriores. La obra de Pérez Galdós, por más influida que esté por la novela extranjera, halla su apogeo en los *Episodios nacionales*, vasto fresco histórico dedicado a la mayor gloria de España. La figura más caracterizada del casticismo es, sin ninguna duda, Menéndez Pelayo, apóstol de la grandeza española y glorificador del pasado castellano. No obstante, lo esencial de su obra es anterior al 98. En el plano filosófico la generación del desastre no ha hecho más que repetir o exagerar las ideas nacionalistas expresadas con anterioridad. La mediocre defensa de la *Hispanidad* realizada por Maeztu y glorificada por el régimen franquista, constituye su último testimonio. La obra de Unamuno se vincula a esta corriente de forma marginal, y su aportación carece de importancia.

En cambio, lo que sí es destacable es el despertar, o la reaparición, de una inspiración artística propiamente española. La obra musical de Albéniz y de Granados y, más tarde, la de Manuel de Falla, encuentran su inspiración en el acervo popular ibérico. La pintura del vasco Zuloaga también anuncia el despertar de una nueva generación artística. Simultáneamente, el genio barroco de España se manifiesta en la sorprendente arquitectura catalana de Gaudí.

Sin duda, esta reacción o este renacimiento nacional, como se querrá llamarlo, adopta formas tanto más agresivas cuanto que las humillaciones militares no han cesado con la guerra de Cuba.

Las humillaciones marroquíes

En estos años difíciles de principios del siglo XX, el ejército español encuentra otro campo de acción, Marruecos. Sin embargo, la guerra de 1859-1860, iniciada por O'Donnell, había mostrado los considerables obstáculos que el ejército corría el peligro de encontrar en su lucha contra las gentes de las montañas del Rif.

No obstante, el terreno es próximo y de fácil acceso. La situación internacional se ha convertido en favorable a un acuerdo entre París y Madrid. Desde 1904 se ha establecido un primer proyecto de reparto. Sin embargo el asunto se complica. En el transcurso de las operaciones, los españoles chocan con una intensa resistencia. Sufren una dura derrota en el Barranco del Lobo. Este fracaso coloca en una posición crítica al gobierno Maura. La subsiguiente llamada a los reservistas provoca una violenta revuelta en Barcelona. Es la semana trágica de julio de 1909.

Mientras tanto, el asunto marroquí se ha convertido en un problema internacional, y como tal es tratado en la conferencia de Algeciras. Las grandes potencias reconocen la posición privilegiada de Francias y de España; pero el tratado franco-español del 27 de noviembre de 1912 sólo deja a España una zona septentrional muy reducida. Las tropas españolas penetran lentamente en esta región montañosa. La lucha difícil que así comienza pone de manifiesto las insuficiencias de su preparación y la mediocridad de su mando. Los mismos militares están divididos acerca de la oportunidad de proseguir las operaciones.

En 1921 el ejército español sufre un verdadero desastre en Annual. El impacto psicológico que provoca precipita la crisis política latente desde hace unos siete u ocho años. A partir de entonces los militares y los nacionalistas rechazan un régimen que ni siquiera puede dotarse de las apariencias de la democracia parlamentaria "dualista" de Cánovas, y que se manifiesta incapaz de contener las fuerzas de contestación y de revolución sociales. Las crisis coloniales no crean una situación nueva. Sólo sirven para revelar y acelerar el movimiento de desagregación que afecta al sistema de la Restauración desde principios del siglo XX.

VI. La descomposición del sistema político

El caso es que el régimen deja de funcionar por sí mismo. Se edificó para perpetuar el dominio en una clase social y, indiscutiblemente, favorece la integración de esta clase dominante de los recién llegados de la riqueza o de la carrera política. Pero, como que se construyó sobre una sociedad rural, no puede impedir que se desarrolle la contestación al unísono con el crecimiento urbano y la toma de conciencia política de un proletariado miserable. Los partidos políticos, que se reparten el poder según un sistema arbitrariamente dualista, representan tanto el uno como el otro a la misma clase dominante. La aparición de fuerzas representativas de tendencias populares lo cuestiona todo. A la larga el sufragio universal modifica las condiciones políticas al permitir que estas nuevas fuerzas, socialismo, pero también autonomismos, puedan organizarse y expresarse. El sistema del Turno puede mantenerse a base de fraudes y de presiones políticas. Pero la corrupción, poco molesta bajo el régimen censitario, se convierte, con el tiempo, en cada vez más intolerable.

Además, los hombres que han hecho la Restauración desaparecen en pocos años: primero Cánovas, luego Castelar en 1899, y finalmente Sagasta en 1903. Sus sucesores no tienen la autoridad necesaria para mantener la unidad de los partidos políticos, y a veces incluso critican un sistema del cual son los primeros en aprovecharse. Le reprochan el que impida toda evolución y, en consecuencia, toda solución seria de los problemas internos de España.

El final del bipartidismo

Los partidos del Turno sufren, a un mismo tiempo, las consecuencias de los desastres coloniales, de los que se les responsabiliza, y de la degradación del régimen. La muerte de Cánovas, que sobreviene unos meses antes de la pérdida de Cuba, divide al partido conservador. El hombre fuerte del partido es Antonio Maura, que pretende volver a dar prestigio y continuidad a la monarquía mediante una reforma institucional. Se presenta como el renovador del partido, pero, sin embargo, debe contar con grupos minoritarios: los regionalistas conservadores de Polavieja, los partidarios de Villaverde, que al menos ha tenido el mérito de haber dotado a España de un sistema fiscal moderno, los gamacistas, agrupados alrededor de Gamazo, tránsfuga, como el propio Maura, del partido liberal. Además, Maura asume la responsabilidad de la desventurada intervención de 1909 en Marruecos y de las subsiguientes revueltas de Barcelona. Se ve obligado a presentar su dimisión y a abandonar la dirección del partido. Pero sus amigos políticos siguen oponiéndose a los sucesivos dirigentes del partido, el más destacado de los cuales es Dato.

Después de Sagasta el partido liberal también está dividido. Primero entre Moret y Canalejas, y luego, tras la muerte de éste, entre Romanones y García Prieto. Estas divisiones, que son rivalidades de hombres más que de principios, condenan a un sistema que hasta entonces sólo se justificaba por su estabilidad política.

Esta disgregación coincide con el desmenuzamiento de las fuerzas políticas de oposición que ya no puede ser disimulado a pesar de algunas alianzas ocasionales. El carlismo ya se ha escindido en dos grupos. Los autonomistas demuestran su incapacidad para unirse. Los grupos republicanos se hacen y se deshacen según el capricho de los hombres y de las circunstancias. La crisis de 1909, que afecta duramente a Cataluña, asiste a un endurecimiento de las fuerzas de oposición en Barcelona. Lerroux, en nombre del partido radical, adopta actitudes revolucionarias cuya violencia está destinada, sobre todo, a atraerse las masas de los barrios populares.

En resumen, los partidos políticos de la Restauración se fragmentan en una multitud de grupos y subgrupos antagonistas. La estabilidad política cede el paso a una rápida sucesión de ministerios con una existencia precaria que despojan al régimen de toda credibilidad, y a los responsables de toda autoridad.

La crisis de 1917

A pesar de las crecientes dificultades, la monarquía constitucional se ha mantenido y, en varias ocasiones, trata de afrontar los diversos problemas que se le plantean. Las reformas sociales son insuficientes para frenar el malestar obrero, pero no se deben despreciar. El hecho más destacable es que el gobierno de Maura de 1907-1909 hace aprobar una ley que limita la jornada de trabajo para las mujeres y los niños, y legaliza de hecho el derecho de huelga al reglamentarlo. La ley sobre las *Mancomunidades* trata de contener el movimiento regionalista otorgándole unas satisfacciones limitadas. Además, la economía parece beneficiarse de factores favorables. Las exportaciones mineras han aumentado rápidamente desde 1880. El capital extranjero ha reanudado el esfuerzo de equipamiento. Y la guerra de 1914 estimula el desarrollo de la producción en todos estos sectores. Pero la euforia económica originada por la guerra cesa al cabo de dos años. La prosperidad aparente se traduce en una importante subida de los precios; el nivel de vida baja sensiblemente.

He ahí las causas de la crisis de 1917, que presenta todos los síntomas de un descontento generalizado. Todos los sectores de la opinión se ven afectados, comenzando por el ejército. No se debe aislar la formación de las *Juntas militares de defensa* de las otras manifestaciones de insatisfacción. Son signos evidentes de una desconfianza respecto al régimen que alcanza a toda la nación.

En el origen de los incidentes que empiezan en Barcelona hay las desigualdades en el interior del ejército, el favoritismo en los ascensos y la incapacidad del gobierno para hacerse obedecer. Los oficiales de infantería de Barcelona forman una primera junta de defensa, dirigida por el coronel Márquez, que se dirige al rey para presentarle sus peticiones. El movimiento se extiende muy rápidamente al conjunto del ejército, y el gobierno García Prieto carece de medios para desarticularlo. Durante casi dos años las juntas ejercerán una presión constante sobre el poder, y obtendrán algunas satisfacciones, aumentos de sueldo, etc., llegando hasta imponer la destitución de ministros. El ejemplo de los oficiales es contagioso. Los suboficiales, a su vez, también constituyen juntas de defensa. El fenómeno se extiende al sector civil de la función pública. El ejército actúa como un poder autónomo que sólo acepta servir al régimen en según qué condiciones. Es la prueba de la fragilidad de este régimen. Esto no basta para destruirlo, ya que al movimiento que se ha iniciado le falta una voluntad política.

Ésta puede venir de los partidos de oposición. En julio de 1917 un cierto número de ellos convoca en la capital catalana un congreso de parlamentarios de oposición que va desde los socialistas hasta la Lliga, y del cual Cambó es el primer animador. Esta asamblea reclama abiertamente el final del Turno y la constitución de una verdadera democracia. Es el esbozo de un cambio radical. Pero los parlamentarios carecen de los medios para hacer triunfar sus ideas.

Sin embargo, la progresiva degradación de la situación incita a los dirigentes obreros a convocar una huelga general, bastante mal preparada, en el mes de agosto. La agitación obrera, que comienza en Valencia, parece justificar esta acción de la central sindical socialista, la UGT, que los anarquistas apoyan en la medida en que algunos de ellos ven en ella el comienzo de la lucha armada que debe acabar con el Estado.

Pero en ningún momento hay una conjunción de las fuerzas de oposición. Muy al contrario, los militares se ofrecen para restablecer el orden, e incluso lo hacen de forma brutal en Cataluña y Asturias. Se arresta a la mayoría de los dirigentes socialistas españoles comprometidos y se les condena a penas de prisión. La intentona revolucionaria ha sido vencida, pero a partir de entonces la debilidad del régimen es manifiesta.

La agonía del régimen

Los gobiernos se suceden a un ritmo acelerado. Los políticos que asumen la responsabilidad del poder vacilan, andan con rodeos, negocian con las juntas a la vez que tratan de quebrar su poder, rechazan toda concesión a los regionalistas a pesar de que Cambó haya participado durante un breve período en un gobierno tan prestigioso como efímero. Y, sobre todo, la "amenaza social" se precisa. Una masa de nuevos afiliados refuerza los sindicatos, la UGT y, sobre todo, la CNT. Las huelgas se multiplican. La más destacada, la de la *Canadiense* (empresa de capital extranjero que monopoliza la producción hidroeléctrica en Cataluña) en 1919, señala el ascenso de la agitación. Pese a la violenta represión que Martínez Anido organiza en Barcelona, las huelgas y atentados terroristas se suceden hasta comienzos del año 1923.

Sólo las profundas divisiones que separan a las fuerzas políticas de oposición de las fuerzas sindicales explican la supervivencia del régimen. El desastre marroquí de Annual le da la última estocada. Los militares y los políticos se echan mutuamente la responsabilidad de la derrota. El empresariado catalán, que quiere restablecer el orden a cualquier precio, presiona para que el ejército asuma el control de la situación. El mes de septiembre de 1923, el capitán general de Cataluña, Miguel Primo de Rivera, se pronuncia e instala un directorio militar sin que el rey Alfonso XIII manifieste la menor oposición.

Se ha pasado la página. El régimen instaurado por Cánovas está bien muerto. Su inevitable desaparición pone punto final a un largo período de dominio oligárquico bajo apariencia de democracia parlamentaria. Ahora se ha despojado de la máscara parlamentaria. Sólo queda la dominación oligárquica que se apoya en la Iglesia y en un ejército que se ha constituido en defensor del orden contra la Revolución social y en defensor de la unidad nacional contra las disgregadoras fuerzas autonomistas. Pero el mantenimiento de las antiguas estructuras económicas y sociales contrasta con los esfuerzos de modernización (desamortización de las tierras, esbozo de un capitalismo industrial y comercial). España no ha sabido aprovechar la larga tregua política de la Restauración para llevar a buen puerto su transformación económica. Los antiguos conflictos no han hecho más que agravarse debido a unas desigualdades sociales cada vez más acentuadas; y las clases medias son demasiado débiles para desempeñar un papel moderador en estos enfrentamientos.

Capítulo VI

LOS ENFRENTAMIENTOS SOCIALES DESDE 1868 HASTA 1923

El estancamiento económico y el lento crecimiento demográfico dan fe de las dificultades españolas en la primera mitad del siglo XIX. Es en este período cuando España ha acumulado un retraso respecto al resto de la Europa occidental que en lo sucesivo nunca conseguirá recuperar. La sociedad española, predominantemente rural, parece inmóvil en sus formas y en su mentalidad. En bastantes aspectos se ha convertido en el arcaísmo del mundo occidental.

Si bien en estas condiciones no puede formarse una burguesía de negocios tan poderosa como para controlar la economía y la política, como en Francia o en Gran Bretaña, sería inexacto considerar la sociedad española como si se mantuviera al margen de la sociedad europea. Es una sociedad dominada y dependiente del capitalismo francés, inglés o germánico, pero también experimenta enfrentamientos cuya violencia puede sorprender en un país en el estadio preindustrial.

Esto es, en primer lugar, la consecuencia de una dominación oligárquica que ya hemos subrayado, y que se ejerce sobre una masa de pequeños arrendatarios o de campesinos sin tierra, cuya condición no ha cesado de degradarse. El poder de esta oligarquía es tal que no se puede ni soñar en sustituirlo por un nuevo poder económico. En un mundo donde las desigualdades sociales no hacen más que crecer debido al pacto o a la asimilación de las fortunas nuevas y de la oligarquía antigua, y donde el sistema político funciona en el vacío sin permitir la expresión de la voluntad popular, se puede concebir fácilmente que los conflictos se radicalicen y que las manifestaciones más violentas encuentren adeptos. En un país donde nunca ha funcionado la regla democrática, pero donde los autonomismos regionales se despiertan con fuerza contra el despotismo del poder central, se comprende que el Estado aparezca, para todos aquellos que sueñan con un orden social diferente y con más facilidad que en otras partes, como un obstáculo a derribar más que como un instrumento de poder a conquistar.

I. Crecimiento demográfico y estructura social de la población española en la segunda mitad del siglo XIX

La originalidad de la sociedad española se lee en las cifras, y más exactamente en el ritmo de crecimiento de la población y en su distribución entre los diferentes sectores de actividad. La lenta evolución que se dibuja a lo largo del siglo no modifica sus principales características. Se trata siempre de una población predominantemente rural. Hasta el final del período sufre las hambres y epidemias que, salvo accidentes, ya no afectan al resto de la Europa occidental en la misma época. En 1900, como bien nos recuerda Nadal, la tasa de mortalidad española es del 29 por mil mientras que en Europa se reduce al 18. Esta diferencia por sí sola podría resumir el creciente retraso acumulado por España en todos los terrenos, y su incapacidad para librarse de las antiguas estructuras sociales.

Crecimiento demográfico y distribución geográfica de la población

La evolución natural de la población sigue una curva original, particularmente perceptible si la comparamos con la de la vecina Francia. Mientras que en la década de 1900 la tasa de crecimiento de Francia comienza a disminuir seriamente, y que la de Gran Bretaña tiende a reducirse, es precisamente en estas fechas cuando en España aumenta sensiblemente. Entre 1860 y 1900 la población francesa crece decenalmente un 2,8 por ciento, la de Gran Bretaña un 12,5 por ciento, y la de España un 4,3 por ciento, lo que es relativamente poco. De 1900 a 1930, la población francesa aumenta un 2,8 por ciento (pero está incluida la población de la Alsacia-Lorena recuperada), la de Gran Bretaña un 4,6 por ciento, y la de España un 8,3 por ciento. Las cifras absolutas también son muy elocuentes. En veinte años, de 1857 a 1877, la población ha pasado de 15.454.514 habitantes a 16.662.175, o sea un aumento de poco más de un millón de habitantes. En diez años, de 1900 a 1910, pasa de 18.600.000 a 19.920.000 (es decir, un incremento claramente superior). Un cuadro muy simple refleja esta evolución y subraya este despegue demográfico de los primeros años del siglo XX:

CUADRO 18

Año	Población total	Tasa de natalidad (en ‰)	Tasa de mortalidad (en ‰)
1857	15.454.514	36	
1877	16.662.175	36	30,4
1887	17.534.416	36	32,7
1900	18.594.405	33,8	28,8
1910	19.927.150	32,6	22,9
1920	21.303.162	29,3	23,2

Las cifras recogidas en este cuadro muestran claramente ciertos factores de esta evolución. La tasa de natalidad se mantiene aproximadamente estble durante todo el período. Prácticamente es la misma durante la segunda mitad del siglo XIX (superior al 35 por mil); luego baja, pero lentamente. La tasa de mortalidad, más desigual, es muy alta hasta 1890, lo que es perfectamente comprensible: en 1880-1881 todavía hay gente que muere de hambre en el sur del país; regularmente las epidemias hacen estragos; el cólera de 1885 ocasiona, seguramente, más de 100.000 víctimas. En el umbral del siglo XX, en cambio, se asiste a una caída bastante rápida de la tasa de mortalidad, pero aún con algunas vacilaciones apreciables. La gripe "española" de 1918 hace subir bruscamente la tasa de mortalidad a más del 33 por mil. Pero esto es sólo un fenómeno accidental. A pesar de que la epidemia sigue ocasionando víctimas en 1919 y 1920, la curva vuelve a bajar muy rápidamente. A principios del siglo XX se sigue sufriendo hambre, sobre todo en las regiones miserables y aisladas del interior, pero ya no se muere por su culpa. La mortalidad infantil, sobre todo, ha disminuido considerablemente. Otro signo característico de esta evolución es que, hacia 1900, en la mayoría de las provincias se pasa de una mortalidad predominantemente estival a otra predominantemente invernal, como en Inglaterra o Francia.

Por lo tanto, en el conjunto del país la población crece muy de prisa al final del período, sin duda demasiado de prisa para una evolución económica de la que ya hemos evaluado los límites. Allí donde se desarrollan centro urbanos aparece un nuevo equilibrio. Las regiones rurales se despueblan en provecho de la gran ciudad, centro industrial o comercial. La población de Cataluña aumenta, pero en una proporción moderada si se tiene en cuenta que sólo la ciudad de Barcelona (considerando sus límites mayores) pasa de 215.000 habitantes en el censo de 1857, a 533.000 en 1900; lo que supone, como ya lo advertía Vicens Vives, que una buena cantidad de pueblos o de pequeñas ciudades de Cataluña presencian como, simultáneamente, su población disminuye. Lo mismo sucede en el país valenciano. Valencia tiene su reserva demográfica en las comarcas más próximas, e incluso en las montañas de Teruel. Bilbao y San Sebastián incluso atraen población de Navarra. Sin embargo Madrid es un caso aparte. La ciudad ha crecido más rápidamente que cualquier otra. Pasa de 200.000 habitantes en 1857, a cerca de 540.000 en 1900; pero los recién llegados vienen prácticamente de toda la España interior.

Por lo tanto hay migraciones internas y transferencias de población que corrigen un poco el antiguo equilibrio. Pero se trata de un fenómeno parcial y limitado. Sólo afecta a unas pocas grandes ciudades y, con toda seguridad, no basta para absorber la masa creciente de población. Las regiones minifundistas del noroeste, que ya están superpobladas, participarán ampliamente en el vasto movimiento que expulsa a una gran cantidad de emigrantes de la Europa mediterránea. Gallegos, asturianos y vascos serán los primeros de estos emigrantes con destino a la América latina, conocidos las más de las veces como los *indianos*, y que superan el millón entre 1880 y 1914. Mallorquines, valencianos y murcianos se expatrían hacia el norte de África y Francia. Esto no impide que la población andaluza se mantenga ni que la de Extremadura crezca de forma apreciable. Se puede imaginar fácilmente la trascendencia de esta situación.

La distribución socioprofesional y la diversidad de las relaciones sociales

El primer rasgo que hay que subrayar es la importancia constante de la población activa en el sector rural (más de cuatro millones de individuos). No sólo no disminuye sino que, por el contrario, aumenta regularmente hasta 1910. Representa casi los dos tercios de la población activa total. No se trata ahora de volver sobre problemas económicos ya planteados, sino de subrayar las consecuencias de un estado de cosas. En primer lugar, los problemas agrarios siguen siendo, con mucho, los más importantes, sobre todo, el de la distribución de las tierras y las relaciones entre propietarios y pequeños arrendatarios o trabajadores agrícolas. Allí donde las relaciones son más simples también es donde acarrean presiones y violencias. En el sur los grandes propietarios, que son dueños de la tierra y de la contratación, no tratan de reinvertir los capitales para valorizar tierras improductivas y dejan una gran parte de sus dominios en barbecho. Mientras tanto, el número de *braceros* crece de forma alarmante. El aumento del número de *labradores*, que son los propietarios que viven en sus tierras y que ellos mismos las mejoran, no elimina los antagonismos, ya que, al estar presentes en la propiedad, a menudo se muestran más duros y más ávidos de ganancias que los aristócratas latifundistas, generalmente absentistas.

Pero los conflictos no se limitan a las zonas ocupadas por los grandes dominios. El mantenimiento del sistema del *foro* hace que recaiga una presión insoportable sobre el minifundista gallego. La misma Cataluña, presa de la crisis de la filoxera, ve como a finales del siglo XIX se enfrentan los propietarios, que tratan de salvaguardar sus ingresos restableciendo antiguos privilegios, y los *rabassaires*, arrendatarios decididos a defender los derechos adquiridos, y capaces de agruparse para conseguirlo. Así, en el mundo rural, a unas relaciones sociales muy diversas, corresponden múltiples formas de conflictos sociales. Es difícil realizar un estudio de conjunto, y hay la tendencia a estudiar y a poner de relieve los enfrentamientos más espectaculares y más simples.

En cualquier caso, no se puede desarrollar ningún movimiento obrero en España sin tener en cuenta el mundo rural. Además, ¿acaso no representa la inagotable reserva de hombres a la que acude el mundo industrial? A veces resulta difícil trazar la frontera entre el obrero de la mina o de la construcción y el campesino que originariamente es y que rápidamente vuelve a ser a partir del momento en que la contratación escasea. En España, y durante todo el siglo XIX, el mundo del trabajo es un mundo en movimiento, en el que se confunden campesinos sin tierra y obreros que buscan trabajo en un tajo.

La población industrial de España no crece a un ritmo excesivamente elevado. Entre 1860 y 1910, y tomándola en su más amplia acepción, pasa de un millón a un millón ciento veinte mil individuos, y se mantiene en una proporción del orden del 15 por ciento en relación al conjunto de la población activa. Es poco si se admite que esta cifra incluye a la masa de artesanos, que aún es considerable en las ciudades españolas. En Barcelona, que con mucho es la mayor ciudad obrera del país y uno de los escasos centros del capitalismo industrial en España, la importancia del artesanado y de la pequeña empresa es esencial. En Cataluña, en las provincias vascas y en Asturias existe una patronal poderosa frente a una clase obrera relativamente coherente y consciente de sus intereses.

Indiscutiblemente, en la España de finales del siglo XIX hay una superposición de conflictos de carácter fundamentalmente distinto. El desigual desarrollo económico de las provincias españolas aún acentúa más la aparente confusión. Con demasiada frecuencia, se ha tenido tendencia a considerar, según una visión intelectualmente sugerente, que a la sociedad "estamental" del siglo XVIII le sucedió, en el siglo XIX, la "sociedad de clases". España, que ha fracasado en su revolución industrial, habría entrado tardíamente en esta sociedad de clases. Para que el esquema fuera válido sería necesario que hubiera una verdadera sucesión de poderes; que una burguesía dominante consiguiera suficiente fuerza para subsistir a una nobleza cada vez más débil. En el sistema español la dificultad proviene de que la oligarquía tradicional se mantiene, que hay superposición de la antigua categoría dominante y de la nueva clase. Pero, ¿podemos hablar de una nueva clase cuando el único deseo de los que deberían formar parte de ella y dirigirla es situarse al lado de los antiguos propietarios?

II. El mantenimiento de las clases dominantes: Oligarquía y Clases medias

Las modificaciones aparentes

El poder de la oligarquía tradicional, basado en la tierra, es de tal importancia a finales del siglo XIX que sería un esfuerzo inútil tratar de buscar en alguna parte el origen primero del poder social y político. Sin embargo, en el transcurso del siglo se ha creado una nueva clase de Oligarcas, los *prohombres industriales*, enriquecidos gracias a la industria y el comercio. Como es natural, sobre todo son numerosos en Cataluña, en las provincias vascas, pero también en Madrid, y secundariamente en centros menos importantes como Valencia, Cádiz, etc. Vicens Vives ha hablado mucho del "*grupo catalán*", en el cual figuran familias poderosas como las de los Girona, los Güell, los Arnús. Se podrían enumerar rápidamente los poderosos de nuevo cuño repasando los dirigentes de las asociaciones patronales, de las cámaras de comercio, de los círculos mercantiles e industriales, a los cuales habría que añadir los organizadores de estas asociaciones típicamente españolas que son las sociedades económicas de *Amigos del País.* Pero la cifra global sería modesta.

Además hay que subrayar que la fortuna rara vez es de origen puramente industrial. Por poco que nos remontemos en el pasado, en casi todos los casos nos encontramos con el comercio y la banca. Evaristo Arnús es banquero; Remisa también, aunque su primer enriquecimiento no sea de origen bancario; también es banquero Aguado, más tarde marqués de Las Marismas, el que quiere desarrollar la industria minera asturiana; y Romualdo Arellano, de Santander, fundador de la sociedad hullera de Santa Ana; y la lista está lejos de cerrarse...

Ciertamente, existen otros medios fuera de la banca y del capitalismo moderno para elevarse en la jerarquía social. La función publica es uno de ellos. La carrera militar, en particular, permite ascensos fulgurantes Naturalmente, hay que entender por ejército los jefes militares de más alto grado, coroneles, y sobre todo generales. Y, más que la gloria militar, que sin embargo no hay que despreciar (Prim consigue parte de su prestigio en la guerra de África de 1859-1860), es la acción política la que permite obtener grados, títulos y sueldos elevados. A mediados del siglo XIX no es raro encontrar generales en los consejos de administración de las sociedades financieras. Ciertas plazas les están reservadas, entre otras los gobiernos coloniales; el de Cuba hasta 1898 y, más tarde, el cargo de alto comisario en Marruecos. Incluso después de la Restauración es habitual verles ocupar sillones ministeriales, incluida la presidencia del Consejo (Martínez Campos constituye un buen ejemplo). Además, la misma política es un medio de promoción social en la medida en que, con la evolución del régimen monárquico, la oligarquía tradicional y la clase política no son totalmente idénticas.

El mantenimiento del poder oligárquico

Hay que rechazar la idea de una clase alta burguesa que sustituye, incluso parcialmente, a la tradicional aristocracia terrateniente. No la sustituye; se mezcla estrechamente con ella hasta el punto de formar una sola clase a la que, en cambio, le aporta una fuerza y un poder nuevos al vincular los intereses de la banca, del comercio y de la industria a los intereses de la tierra. Nadie discute el mantenimiento en el poder, al menos parcialmente, de la nobleza tradicional. Los historiadores "políticos" de la España contemporánea, Malefakis, y más recientemente Tusell, admiten que la supervivencia de este poder está vinculada al régimen latifundista, e insisten en el hecho de que esta nobleza domina esencialmente en las regiones meridionales del país. Es indiscutible, y sin embargo esto no basta para dar verdadera cuenta de la situación sociopolítica y de la dominación oligárquica en la península.

Porque, desde comienzos de siglo, los nuevos potentados, los nuevos oligarcas, aspiran a recibir títulos que les permitan integrarse en la nobleza tradicional. Se vinculan a ella mediante matrimonios porque ya están unidos por la comunidad de intereses. Bajo el régimen de Isabel II la gloria militar hace, entre otros, de O'Donnell un duque de Tetuán, y de Prim, un conde de Reus. Más tarde, Martínez Campos y los suyos emparientan con las grandes familias oligárquicas. Los grandes nombres del período isabelino o de la Restauración a menudo surgen (ya hemos visto algunos ejemplos) de la banca o del comercio. Es el caso de los López, promovidos al marquesado de Comillas, los Figueroa, condes de Romanones, los Urquijo..., por citar sólo alguno de los nombres más célebres. Además los poderosos "burgueses" (el término sólo se puede emplear con reservas) catalanes también emparientan entre sí. Así, el conde de Güell se casa con Isabel López, hija del primer marqués de Comillas. Y es evidente que la posesión de tierras, base principal de la riqueza, acompaña siempre al ennoblecimiento. El acceso a la categoría de los Grandes de España siempre significa la existencia de enormes posesiones. Todavía en 1930, las propiedades del marqués de Comillas o del conde de Romanones superan las 15.000 hectáreas y pueden rivalizar con las de un duque de Alba o un duque del Infantado (el cuadro reproducido en el capítulo cuarto da fe de ello).

De este modo, el poder político de la oligarquía se explica y se refuerza por este fenómeno de importancia capital: no hay oposición sino lo contrario, estrecha asociación, entre la antigua y la nueva nobleza. Los intereses de los unos y de los otros se aproximan y se confunden, incluso en las regiones que parecen, por su evolución socioeconómica, susceptibles de crear un tipo de burguesía parecida a la que se ha formado en el resto de la Europa occidental.

La clase dirigente reúne en un mismo conjunto a los grandes propietarios terratenientes, a la alta burguesía industrial y fabril y a la alta burguesía procedente de las finanzas y del sector público. Se puede calcular, siguiendo a Martínez Cuadrado, que, como máximo, el número total de personalidades pertenecientes a esta clase dirigente que tienen un verdadero poder de decisión sociopolítico, no superan en absoluto el millar de individuos. El conjunto de los que forman parte, en mayor o menor grado, de esta clase dirigente debe oscilar alrededor de las 150.000 personas. Por lo tanto se trata de un mundo muy reducido a pesar de las nuevas aportaciones del siglo XIX.

Entre esta fuerza dominante y la gran masa de la población existen, claro está, grupos intermedios. Estas *clases medias*, en el pleno sentido de la palabra, han desempeñado un papel político importante. Surgen, por una parte, de la pequeña industria o del pequeño comercio y, más a menudo, de la función pública, de la burocracia y de las profesiones liberales o intelectuales. Han sido la fuerza del partido progresista antes de 1868, y con frecuencia han animado las juntas locales en la época de la Gloriosa. Pero el control que han podido llegar a ejercer sobre el poder político ha durado muy poco. La monarquía restaurada los ignora. En cualquier caso no constituyen una fuerza suficiente para imponer un arbitraje en los conflictos sociales que dividen a los españoles.

III. Los movimientos sociales en España antes de 1868

La originalidad de los componentes de la sociedad española forzosamente también debe reflejarse en sus antagonismos. Es nomal que el problema agrario domine a todos los demás en un mundo que es rural para más de dos terceras partes de su población y donde la desigualdad de la riqueza se refleja claramente en una distribución desigual de la tierra. Las explosiones campesinas recuerdan, a intervalos regulares, la presencia de esta masa miserable y al borde de la desnutrición, que en cualquier instante corre el peligro de que la sequía, o simplemente una cosecha insuficiente, los eche a los caminos para encontrar los medios de subsistencia en la mendicidad o en el bandolerismo. Este proletariado analfabeto, totalmente inculto políticamente y reducido al papel de clientela de los poderosos o de los caciques locales, al carecer de la menor noción de lo que es una amplia organización social, evidentemente es más sensible a la propaganda oral que a la escrita sean periódicos o folletos, que no pueden llegar a afectarlo. En cambio, las ideas socialistas, que a menudo vienen del extranjero, se difunden muy rápidamente en las regiones tempranamente industrializadas y en las grandes ciudades, donde se forma una élite obrera.

En España el movimiento obrero no ha surgido de la nada en 1868, pero las circunstancias le dieron entonces un impulso extraordinario. El hundimiento del Estado represivo y la libertad de expresión, casi ilimitada, posibilitan que se organice en el mismo momento en que la creación de la I Internacional abre unas perspectivas nuevas y más amplias a la asociación obrera.

Los problemas de la tierra y las primeras revueltas campesinas

No hay ninguna duda respecto a que en un primer momento, en el siglo XIX, hayan habido acciones violentas en el campo español y a que anuncien otras acciones, más amplias y mejor orquestadas. Sin embargo, es delicado generalizar a partir de unos estudios locales, e incluso el relacionar las revueltas campesinas del siglo XIX con otros movimientos más antiguos. Efectivamente, se constata que los conflictos de esta clase se limitan, esencialmente, al sur del país y, sobre todo, que no se puede hablar verdaderamente de movimientos revolucionarios antes de mediados de siglo. Muchas de estas "emociones" campesinas en Aragón, en Castilla y en Andalucía, están visiblemente relacionadas con las crisis de subsistencias de carácter tradicional. Es lo que sucede en 1847, o incluso en 1854, aunque estas últimas manifestaciones vayan acompañadas por ocupaciones de tierras.

De hecho, los mayores conflictos de la primera mitad del siglo no son tan explosivos, y a menudo se arrastran durante años. Están relacionados con las medidas adoptadas por los gobiernos liberales para modificar o suprimir la sociedad *estamental*: querellas jurídicas relativas a las tierras que dependen de señoríos y que los campesinos querrían que volvieran a la propiedad comunal. La mayoría de los procesos entablados en torno a este tema acaban con una sentencia favorable al antiguo señor. Otros conflictos están determinados por la aplicación de las leyes desamortizadoras. ¿Acaso la desaparición de los comunales no se hace en detrimento de los campesinos sin tierra y en provecho de los ricos?

En cualquier caso está claramente establecido que las reivindicaciones se van endureciendo con el paso de los años, que los medios empleados se convierten en más violentos, y también que la represión es más dura. Desde 1840, los motines de Casabermeja, en la provincia de Málaga, han sensibilizado a la opinión, pero de la misma forma que las manifestaciones de bandolerismo. La creación de la guardia civil por parte de Narváez aporta una misma respuesta para todas las formas de inseguridad presentes en el campo.

Sin duda se ha restablecido el orden, pero los problemas perduran y, en dos ocasiones, van a plantearse brutalmente. En 1875 estalla un levantamiento en la campiña sevillana, asociado a un movimiento demócrata dirigido por Manuel Caro. Este levantamiento no tendrá consecuencias, pero es típico en muchos de sus rasgos: ataque contra el cuartel de la guardia civil, movilización bajo el símbolo de la bandera roja y, sobre todo, importancia de la participación campesina, lo que en parte explica la ferocidad de la represión.

En 1861, la revuelta de Loja mantiene este doble carácter de movimiento democrático y de levantamiento campesino localizado. La tropa dispersa rápidamente a los seiscientos hombres de Pérez de Alamo. El asunto quizás ha tomado excesivo relieve por el hecho de que se ha desarrollado en el feudo político del mariscal Narváez. Pero de todas formas es interesante el que en él se encuentre expresada por primera vez la idea del reparto de las tierras. El problema de la posesión individual o colectiva de la tierra se ha convertido en esencial para los campesinos de las zonas latifundistas. Hay que destacar que en este mismo período que precede a la Gloriosa se pudiera instalar en un pequeño pueblo castellano, Pozal de las Gallinas, y durante tres años, un falansterio que se autodenomina *República de los Pobres.* En estas regiones el movimiento colectivista encontrará un terreno abonado.

Los comienzos del movimiento obrero

Además, España es una de las patrias adoptivas del movimiento fourierista. El falansterio que se crea cerca de Jerez constituye otro buen ejemplo. Sobre todo los primeros socialistas españoles que han tenido alguna influencia, Sixto Cámara y Fernando Garrido, han sido muy sensibles a las ideas de Fourier. Sus amistosas relaciones con los socialistas franceses y el hecho de que hayan podido conocerles y expresarse en la prensa francesa, ofrecen un interés indudable. Garrido, en particular, ayudará considerablemente, después de la Revolución de 1868, a la penetración en España de las "utopías" socialistas de origen francés.

Sin embargo, ambos pertenecen a un medio burgués. Naturalmente, la acción obrera propiamente dicha está relacionada con el modesto desarrollo industrial de España. Su implantación inicial en Cataluña se explica fácilmente. Además no hay nada muy original en su evolución. Al igual que en Francia o en Inglaterra el movimiento comienza con destrucciones de máquinas, luego cede el paso a huelgas espontáneas, y finalmente a intentos de establecer asociaciones de defensa obrera.

En un primer momento, las ciudades catalanas son prácticamente las únicas que experimentan manifestaciones de violencia. Alcanzan su apogeo con la destrucción de la fábrica Bonaplata de Barcelona, incendiada en año 1835. Esta fábrica se había fundado tres años antes con el simbólico nombre de *El Vapor.* La represión es inmediata y ejemplar. En los días siguientes fueron fusilados cuatro obreros, convictos de haber participado en los disturbios. El gobernador civil se decide, al menos, a crear una comisión mixta encargada de estudiar los problemas laborales.

También es en Barcelona que, aprovechando una legislación más liberal, se constituye en 1840 una *Asociación de protección mutua de tejedores* que fundamentalmente agrupa a los trabajadores de la industria algodonera. Esta asociación crea filiales en toda la provincia. Pero, muy de prisa, la tensión entre la Asociación y los poderes locales se agudiza. La autorización oficial que se le concede en el año 1842 precisa que debe mantenerse "apolítica y local". La disolución de la sociedad, en enero de 1843, después del bombardeo de Barcelona, no acaba con el movimiento. En Valencia como en Cataluña, las asociaciones obreras sobreviven bajo la forma de sociedades de socorros mutuos. Los obreros siguen reuniéndose bajo la apariencia de grupos culturales.

Sin embargo es la Vicalvarada la que dará la señal para una fuerte agitación obrera, correspondiendo, de forma bastante lógica, al primer intento de despegue económico. La subida de los precios, que coincide con los disturbios del *bienio liberal*, estimula una reanudación de las reivindicaciones. Las asociaciones se multiplican; con *la Unión de Clases* que se crea en 1854 incluso se puede hablar de una primera confederación de las sociedades obreras. Las huelgas, muy duras, que se derivan de la constitución de esta confederación, chocan con la alianza de los poderes públicos y de la patronal. Sin embargo, se ha ofrecido un modelo de acción colectiva y de organización obrera. Miembros del gobierno han recibido a delegados de esta organización. Aún más, con la publicación de *El Eco de la Clase Obrera* aparece una primera forma de prensa obrera. Otros órganos de prensa verán la luz durante los años sesenta: *El Obrero* y, sobre todo, *La Asociación.* A partir de entonces el movimiento obrero es lo bastante fuerte para que empiecen a preocuparse de él en los medios que hasta ese momento se habían desinteresado. Éste es el sentido de la creación, a partir de 1864, de los círculos de obreros católicos. Pero la propaganda socialista, que se desarrolla a partir del *Fomento de las Artes* de Madrid o del *Ateneo Catalán de la clase obrera* de Barcelona, precisamente sólo alcanza a las clases medias. Ningún español participa en la creación de la Asociación Internacional de Trabajadores. El primer delegado español a un congreso de la Internacional, el catalán Antonio Marsal —que participa en el congreso de Bruselas bajo el seudónimo de Saro Magallán—, no representa a ninguna organización sólida ni importante.

La Revolución de 1868 y la introducción en España de las ideas de Bakunin modificarán radicalmente las cosas y darán una profunda originalidad al movimiento obrero español. España no ha hecho ninguna aportación fundamental al pensamiento socialista, pero se convierte en un terreno de experimentación privilegiado en la medida en que a toda experiencia revolucionaria le es inherente un rechazo del Estado centralizador.

IV. El desarrollo del movimiento obrero en España y la 1.ª Internacional

La explosión de 1868 y los comienzos de la Internacional en España

Los Liberales, dueños del poder después de la Gloriosa y coherentes con ellos mismos, reconocen en España, mediante un decreto de noviembre de 1868, el derecho de reunión y de asociación. Entonces el movimiento obrero se desarrollará con una fuerza muy superior en la misma medida que las secuelas de la crisis de 1865-1866 aún son perceptibles (las malas cosechas de los años 1867-1868 han agravado el panorama). Las asociaciones obreras se multiplican. Simultáneamente, el movimiento federativo que ha nacido en Cataluña se refuerza. El Centro federal de las sociedades obreras reúne en Barcelona a la casi totalidad de las asociaciones catalanas y, sobre todo, a la más importante, *Las tres Clases de Vapor*, que agrupa al conjunto de los obreros del textil. La experiencia de los militantes catalanes los sitúa naturalmente a la cabeza del movimiento. El primer congreso obrero se celebra en Barcelona del 19 al 26 de junio de 1870. Funda oficialmente una organización "regional", rama española de la 1.ª Internacional, y procede a la elección de un consejo federal, cuyo secretario general es el zapatero Francisco Mora.

De hecho, la Federación regional ya experimenta la influencia de la *Alianza Internacional de los Trabajadores* y de las ideas de Bakunin. Éstas las introduce en España desde 1868 el italiano Giuseppe Fanelli. Se forman grupos "aliancistas" en Madrid con, principalmente, Anselmo Lorenzo. En Barcelona la adhesión de Farga Pellicer es decisiva: está en el mismo corazón del movimiento obrero catalán como secretario que es del Centro federal y del Ateneo Catalán. Representa a España en el Congreso de la Internacional que se celebra en Basilea en septiembre de 1869. En él habla largamente con Bakunin, se adhiere a sus ideas y las hace triunfar en Barcelona por amplia mayoría. La Federación regional española rechaza toda estructura estatal. Según la resolución final del congreso de 1870, "Pensar ya que el Estado político puede servir de escabel al colectivismo, es desconocer completamente el origen del poder, sea cual sea su fórmula...".

Farga Pellicer, como Anselmo Lorenzo, no esconden que su objetivo es el triunfo de la anarquía. En el periódico del movimiento obrero, *La Solidaridad*, se puede leer esta frase reveladora: "En política somos anarquistas, en economía colectivistas, y en religión ateos".

El año 1871 señala el comienzo de una violenta tensión entre los dirigentes del nuevo régimen y los obreros afiliados a la Federación. El asesinato de Prim abre el camino a un gobierno de coalición dirigido por el general Serrano. En el ministerio del Interior el liberal Sagasta es el encargado de preparar las elecciones y de asegurar el orden. La Comuna parisina los mantiene a ambos en el temor de una revolución social. Sagasta adopta inmediatamente medidas contra un cierto número de *Aliancistas.* Pronuncia una violenta requisitoria contra la Internacional, acusándola de querer "destruir la familia y la sociedad". La policía ocupa el local de *Las tres Clases de Vapor.* La segunda conferencia de laFederación regional se inaugura en Valencia en una semiclandestinidad. Finalmente, en octubre de 1871, conservadores y moderados unen sus voces en la Asamblea para declarar inconstitucional a la Internacional en nombre de la defensa del orden social.

La escisión de la Internacional

En aquel momento el movimiento obrero español se enfrenta a una doble amenaza:

— Por una parte, la represión de la que es objeto lo condena a la ilegalidad. Pero la misma debilidad del gobierno y la incertidumbre política esterilizan esta condena. Al contrario, el número de afiliados a la Federación regional no cesa de crecer. La proclamación de la República en febrero de 1873 autoriza todas las esperanzas.

— Mucho más grave es la ruptura entre marxistas y bakuninistas a partir de julio de 1872 que incluso precede a la que se produce entre los dos grandes dirigentes de la Internacional en el congreso celebrado en La Haya en el mes de septiembre del mismo año. La llegada a Madrid del yerno de Marx, Paul Lafargue, expulsado de Francia por la represión subsiguiente a la Comuna, precipita, efectivamente, los acontecimientos. Lafargue consigue una influencia decisiva sobre el pequeño grupo de militantes madrileños, entre los que se halla Pablo Iglesias, que se apoyan en el periódico *La Emancipación*. Este grupo minoritario ya no tiene representante en el Consejo federal. Sus miembros más destacados son expulsados de la Federación; entonces forman una *Nueva Federación madrileña.* La escisión se ha consumado.

Lafargue va a La Haya representando a los delegados de la Nueva Federación frente a los delegados de la mayoría, encabezados por Farga Pellicer, que intervienen para apoyar las tesis de Bakunin. El 15 de septiembre, los delegados mayoritarios participan en la reunión de Saint-Imier en la que se rechazan las decisiones adoptadas en La Haya, sobre todo la expulsión de Bakunin de la Internacional. La gran masa de los obreros españoles afiliados a la Internacional se suman a las posiciones antiautoritarias de la Alianza. Se puede afirmar que en este momento representan la única fuerza dinámica del movimiento obrero en España.

Es entonces cuando se proclama la República. La impotencia del Estado republicano se refleja en la intensificación de los enfrentamientos sociales, tanto en las ciudades como en el campo. Ciertamente, las revueltas campesinas y las ocupaciones de tierras que se producen en el sur (por ejemplo en Montilla en febrero de 1873) no están organizadas por la Internacional. Son acciones espontáneas, debilitadas por una evidente falta de coordinación, y reprimidas rápidamente por el ejército. El levantamiento cantonalista tampoco es una revuelta internacionalista aunque los "Internacionales" participen activamente en él y que, particularmente en Alcoy, el movimiento adopte un carácter de insurrección obrera y de verdadera revolución social.

Sin embargo, después del fracaso de la revuelta cantonalista, la Federación sufre el mismo destino que sus dirigentes más comprometidos y le alcanza la represión que cae sobre los insurrectos. El 10 de enero de 1874 Serrano disuelve la Internacional. Esta vez sí que todo se ha acabado. El primer movimiento obrero se salda con un fracaso casi total.

El movimiento obrero en vísperas de la Restauración

¿Hay que atribuir este fracaso, tal como lo hace César Lorenzo, a la falta de formación de los dirigentes obreros, al carácter "precapitalista" de la sociedad española? Es verdad que el movimiento parece incoherente y mal organizado. Pero, ¿podía ser de otra forma en un país donde la clase obrera todavía es tan poco numerosa y a menudo mal formada? Al contrario, el éxito parece notable si admitimos que al principio de la República, cuando por un breve período la Federación regional ha podido desarrollar libremente su propaganda, el número de afiliados supera los veinte mil. En los congresos de la 1.ª Internacional el papel de los delegados españoles no es en absoluto despreciable. Es cierto que la mayoría de ellos forman parte de una élite compuesta por artesanos más que por obreros de grandes empresas, pero, ¿acaso no sucede lo mismo en los países vecinos, en Francia e incluso en Inglaterra en la época, no tan lejana, del movimiento cartista?

En realidad la debilidad del movimiento obrero se debe a sus límites naturales. Esta élite obrera sólo representa a una pequeña minoría del país. En esta España rural, un movimiento de masas no puede imponerse, ni siquiera adquirir envergadura, si no tiene en cuenta los problemas agrarios. En el congreso de Córdoba de 1872-1873, que sin duda es el más representativo del movimiento obrero de aquella época, los obreros agrícolas sólo tienen a tres delegados sobre un total de cincuenta y cuatro, y ningún miembro elegido para el Consejo federal, ¡que es como decir que su voz no cuenta! También hay que tener en cuenta la reducida implantación de la organización obrera en el conjunto del país. Los trabajadores de las regiones mineras e industriales del País Vasco y de Asturias prácticamente no participan en las luchas obreras. Esto explica el peso, quizá excesivo, de Cataluña y de los obreros del textil en el movimiento.

Sean cuáles sean las razones de fondo, la fragilidad del movimiento obrero español es evidente. En el momento en que el Estado recupera su autoridad y que se vuelve a aplicar la represión, la Federación desaparece. Se abre un período de clandestinidad que durará siete años Indudablemente, la Federación clandestina se mostrará más dura en sus resoluciones, pero agrupa a pocos afiliados. La prensa obrera, importante entre 1872 y 1874, desaparece totalmente.

Pero el movimiento obrero quedará marcado durante mucho tiempo por las disensiones de la época republicana. Los aliancistas de 1873 han abierto el camino a los anarquistas. Los minoritarios de la Nueva Federación madrileña, más próximos a Marx y al socialismo autoritario, están en el origen del Partido socialista obrero español. No hay ningún país donde las querellas fundamentales de la 1.ª Internacional hayan perturbado con tanta profundidad y por tanto tiempo al movimiento obrero.

V. La reanudación de las luchas obreras y campesinas y el movimiento anarquista

En su primera fase el movimiento obrero se ha concentrado casi exclusivamente en las ciudades. No se ignora el problema agrario, pero se deja en un segundo plano. La fuerza del movimiento anarquista español en la fase que comienza en 1874 es que sólo es capaz de mantener el contacto con los obreros, sino también de dirigirse a los campesinos de las regiones latifundistas, proponerles un nuevo ideal y ayudarles a superar el estadio de las violencias no organizadas, identificándose con ellas y dándoles un sentido. No obstante, no hay que confundir movimiento anarquista y luchas campesinas. Éstas siempre son tan diversas como antes, según las regiones y según las condiciones de la propiedad del suelo y del trabajo de la tierra.

La agitación en el mundo rural

En 1870 la tierra aún es fuente de riqueza. Si bien la producción cerealícola ya no aumenta a un ritmo suficiente para satisfacer las necesidades de la población, los agrios, las aceitunas y, sobre todo, los vinos se venden bien. A partir de 1876, durante los años difíciles del viñedo francés, España tiene el cuasi-monopolio de la exportación de vinos. Por lo tanto no hay que imaginarse a los campesinos españoles como uniformemente miserables. Los pequeños propietarios y los arrendatarios, incluso los que cultivan extensiones mediocres, consiguen salir del paso. El espíritu revolucionario en el campo es patrimonio de los campesinos del sur, allí donde la anarquía hace rápidos progresos en un mundo trabajado desde hace mucho tiempo por las sociedades secretas.

Es en este contexto que estalla, en 1883, el asunto de la *Mano Negra*. Es preferible estudiarlo al margen del movimiento anarquista. En efecto, en él se puede encontrar una mezcla de la vieja agitación campesina y de provocación policial. Después de una huelga de obreros agrícolas, acompañada de amenazas y violencias, que se desarrolla en la región de Jerez, la policía, que atribuye los crímenes cometidos a una sociedad secreta, la *Mano Negra*, procede a efectuar varios centenares de detenciones. Se pronuncian siete condenas a muerte. Con toda seguridad, el asunto, si no preparado, sí que al menos ha sido utilizado por las autoridades porque posibilita una represión que debilita por algún tiempo al movimiento libertario. Pero, en la base, nos encontramos con estas acciones espontáneas, mal dirigidas y nunca coordinadas, que reflejan permanentemente el malestar de la sociedad campesina en el sur de la península.

En comparación, el movimiento de los *rabassaires* en Cataluña en los años noventa aparece como un modelo de organización en el interior del mundo campesino. En 1890 la crisis de la filoxera afecta a las viñas del norte de España, de Aragón y Cataluña. Los *rabassaires*, amenazados de expulsión por los propietarios, se rebelan, incendian las cosechas y atacan a la guardia civil. Pero, sobre todo, se muestran capaces de crear asociaciones cuya actividad finalmente acaba resultando remuneradora. A partir de entonces, los contratos enfitéuticos de que disponen se firman para un período muy largo. De este modo se instituye legalmente una verdadera propiedad. Entonces los *rabassaires* constituyen una casta privilegiada en el mundo campesino, que, en cualquier caso, está muy alejada de la acción revolucionaria y es absolutamente refractaria a la propaganda colectivista.

Desarrollo y evolución del movimiento anarquista. El comunismo libertario

El período sombrío de la clandestinidad, que se ha iniciado con la disolución de la Federación, no interrumpe la propagación de las ideas anarquistas. Cuando en 1881, después del voto de una ley que concede a los españoles el derecho de asociación y de reunión, se puede celebrar un nuevo congreso en Barcelona, en seguida vuelve a poner en marcha una organización, la *Federación Regional de Trabajadores de España.* Muy rápidamente reúne a más militantes que los que nunca había conseguido en los tiempos propicios de la Primera República.

Pero los tiempos han cambiado. El primer fracaso empuja a los libertarios al abandono de cualquier prudencia táctica por inútil y al rechazo puro y simple de toda forma de organización política. A pesar de la desaparición en 1876 del líder anarquista, las ideas de Bakunin conservan partidarios. Están resueltos a preparar la Revolución con tiempo y para ello quieren apoyarse en un verdadero sindicato. En oposición a esta línea se difunde la nueva fórmula del anarcocomunismo. Los comunistas-anarquistas son discípulos de Kropotkin y, sobre todo, de Enrico Malatesta. Rechazan cualquier forma de autoridad y de centralización, y toda veleidad reformista. Preconizan "la iniciativa revolucionaria individual", la acción espontánea de grupos autónomos y, en el futuro, el establecimiento de una socierad comunista integral.

Hay que entender que no se debe confundir esta actitud con el individualismo absoluto de un Stirner. Éste nunca se ha desarrollado en España. Malatesta y sus discípulos españoles no rechazan, sino todo lo contrario, toda forma elemental de organización. La propaganda "por los hechos", y eventualmente la acción terrorista, sólo tienen sentido para ellos si su eficacia es real y si van unidas a una propaganda ideológica y a una verdadera educación de las masas populares.

Este anarquismo de nuevo cuño, radical en su expersión y revolucionario en su forma, encontrará su patria adoptiva en el campo andaluz. La represión subsiguiente al proceso de la *Mano Negra*, al exasperar a los campesinos, acelerará su penetración. En 1882 ya hay 39.000 afiliados a la Federación en Andalucía y, de esta cifra impresionante, 20.000 se reclutan en el campo. Su cuantía ya supera bastante ampliamente la de los obreros catalanes, que todavía son mayoritariamente partidarios de los esquemas anarcosindicalistas de Bakunin.

Y es que la propaganda anarquista se ha adaptado admirablemente al campo andaluz, a este subproletariado analfabeto y miserable al que fácilmente se puede empujar a la revuelta contra los caciques, los oligarcas y los curas. Los *profetas* anarquistas van de pueblo en pueblo llevando la esperanza de un nuevo ideal y anunciando el alba de un mundo futuro, libre de todas las opresiones. Aquí no podemos hacer más que reproducir las líneas que Brenan consagra a la propaganda de los "apóstoles" andaluces: "En las gañanías de los cortijos, en aldeas perdidas, a la luz de los candiles, los apóstoles hablaban de libertad, de igualdad y de justicia a un auditorio entusiasmado. Se formaban pequeños círculos en ciudades y pueblos, y se creaban escuelas nocturnas en las que muchos aprendían a leer, se hacía propaganda antirreligiosa[...]".

Una propaganda como ésta fácilmente conduce a unas explosiones brutales. Los *Desheredados*, sociedad secreta implantada en los alrededores de Jerez, entran en la Federación para preconizar la acción inmediata y violenta contra los ricos y contra los curas. La insurrección de 1892, de la cual Jerez es una vez más el escenario y que permite que la policía acuse a uno de los más antiguos dirigentes anarquistas de Andalucía, Fermín Salvochea, es difícilmente separable del movimiento anarquista. Sin embargo, este movimiento recuerda en muchos aspectos a los motines campesinos del año anterior. Pero durante los años noventa el terrorismo y la acción violenta se han convertido en la regla, y no sólo en Andalucía.

Los comunistas libertarios, en constante rebeldía contra la Comisión federal que siempre está dominada por los catalanes, acaban por triunfar y en 1888 consiguen la disolución de la Federación. El *Pacto de Unión y de Solidaridad* firmado por una parte de los anarquistas catalanes para tratar de mantener un mínimo de organización a nivel nacional nunca alcanzará gran significación. Entonces la "propaganda por los hechos" se difunde en Cataluña. El atentado del anarquista Pallàs contra Martínez Campos en septiembre de 1892 es el comienzo de una serie de actos terroristas y de medidas antiterroristas que forman una cadena sin fin. Sería aburrido relatarlos detalladamente. Como máximo hay que subrayar los hechos más destacados, los que han tenido más resonancia, trátese de la explosión de una bomba en el teatro del Liceo de Barcelona en 1893, del atentado contra una procesión en 1896 y también en Barcelona y, sobre todo, del asesinato de Cánovas del Castillo por el italiano Angiolillo en agosto de 1897, realizado para "vengar" a cinco anarquistas ejecutados unos meses antes. Por encima de todo hay que destacar que en España se seguirá utilizando ampliamente el arma terrorista en los primeros años del siglo XX cuando parece olvidada en el resto del mundo.

De esta forma se instaura, de hecho, una verdadera guerra social que parece justificar la violencia de la represión, principalmente cuando, como respuesta a la huelga revolucionaria de febrero de 1902, el ejército restablece brutalmente el orden causando decenas de víctimas.

Sin embargo sería falso creer que el fracaso de toda organización, el desmenuzamiento del movimiento anarquista y el engranaje de la violencia impiden que se desarrolle cualquier forma de propaganda pacífica. Muy al contrario, los años noventa presencian el nacimiento y desarrollo de una gran cantidad de periódicos anarquistas o influidos por el anarquismo que demuestran hasta qué punto el afán de propaganda y de educación, en todos los sentidos del término, sigue siendo una constante del movimiento. En cualquier caso es en esta época cuando empieza a publicarse el periódico libertario *Tierra y Libertad*. Simultáneamente, nacen periódicos fundados y dirigidos por anarquistas pero en los que escriben un gran número de intelectuales y de políticos que sólo tienen unas relaciones de curiosidad simpática e interesada con la Anarquía. Es el caso de la *Revista Blanca*, que empieza a publicarse en 1898, y también de la revista titulada *Ciencia Social* (1895-1896), cuyo interés es muy considerable. Además hay que añadir la masa de folletos que difunden las ideas de los comunistas libertarios y que completan el esfuerzo de instrucción elemental emprendido por improvisados maestros itinerantes, y en condiciones difíciles, a través de las grandes regiones latifundistas.

Por lo tanto, no hay que reducir el movimiento anarquista a las explosiones de violencia andaluzas o a los atentados terroristas. El auge del terrorismo que España experimenta en esta época sin duda es lo menos original del movimiento anarquista ibérico. Porque el anarquismo español también ha sabido penetrar en las masas y preparar el advenimiento de una fuerza política que no se puede comparar con las que se han constituido en ningún otro sitio.

La nueva orientación del anarquismo español: la creación de la CNT

En España, como en el resto de la Europa latina, los atentados anarquistas no han destruido el orden social existente. Sólo han servido de pretexto para una represión acrecentada y corren el peligro de esterilizar a la larga los esfuerzos de propaganda y de educación desarrollados por los libertarios. Es así como, después de un atentado fallido contra el rey Alfonso XIII, se cierra *la Escuela Moderna* creada en Barcelona por Francisco Ferrer. Estos centros, que tenían dos filiales en Cataluña, se habían fundado por iniciativa anarquista y querían introducir una enseñanza laica y racionalista basada en la libertad y en el carácter mixto. Su desaparición representa un golpe muy duro para el movimiento libertario.

¿En qué medida puede mantenerse el anarquismo frente a la acción represiva del Estado? ¿En qué medida puede dirigir efectivamente al movimiento obrero cuando se desarrolla a la luz del día una organización sindical bien estructurada como la *Unión General de Trabajadores* (UGT)? A largo plazo la táctica impuesta por los comunistas libertarios parece particularmente peligrosa. Tanto en Madrid como en Barcelona la idea de crear una organización material, capaz de dar un nuevo impulso al movimiento libertario, va avanzando. Incluso en Andalucía, en los primeros años del siglo XX, los militantes anarquistas tratan varias veces de asociarse.

Pero lo principal es que en 1907 aparece en Barcelona la *Solidaridad Obrera.* En su origen no es una organización puramente anarquista, sino un intento de unión de los obreros catalanes de todas las tendencias. No obstante, los libertarios desempeñan un papel preponderante en ella. Son ellos los que crean y animan el periódico semanal, *Solidaridad Obrera*, que será el portavoz de la organización.

De estos esfuerzos para relanzar la acción obrera resulta una nueva orientación. Los sucesos de 1909 constituirán un impulso decisivo y acelerarán la evolución que ya se apuntaba. La *Semana trágica* de Barçelona, del 25 al 31 de julio de 1909, tiene un origen puramente político: el deseo de manifestar la oposición popular a la marcha de los reservistas hacia Marruecos. Las manifestaciones degeneran en una verdadera revuelta que se difunde a todas las ciudades industriales de Cataluña. En ella hallamos todas las formas que a partir de entonces serán clásicas de la insurrección urbana: huelga general, explosión antirreligiosa, barricadas en las calles, formación espontánea de comités revolucionarios. El motín popular desborda ampliamente a los dirigentes obreros que han tratado de organizar y canalizar la huelga. Pero su mismo carácter improvisado la condena al fracaso, y la represión actúa una vez más. Su víctima más conocida, y sin duda la más injustamente condenada, es Francisco Ferrer, cuya ejecución en octubre levanta inútiles protestas en todo el mundo.

El sangriento fracaso de las revueltas catalanas pone de manifiesto la necesidad de un esfuerzo de organización. Los dirigentes de la *Solidaridad Obrera*, que los socialistas catalanes acaban de abandonar, toman la iniciativa de convocar un congreso a escala nacional para finales de octubre de 1910 en Barcelona. Los delegados, claramente influidos por la tendencia libertaria, se niegan a admitir la táctica empleada por la UGT en la lucha sindical, demasiado "legalista" para ellos. Estiman que el sindicalismo no debe considerarse como un fin en sí mismo, sino como un medio para ayudar a la emancipación obrera. Sin embargo, deciden crear una confederación nacional al margen de la UGT. Un año después se celebra el primer congreso de lo que en adelante se llamará la *Confederación Nacional del Trabajo.* No sólo reúne a numerosas organizaciones obreras de trabajadores industriales, sino también a sociedades de trabajadores agrícolas del Levante. En 1919 recibirá la adhesión de la *Federación Nacional de Agricultores*, predominantemente andaluza. Pero, al desencadenar inmediatamente una huelga general para protestar contra la guerra de Marruecos, choca frontalmente contra el gobierno. La CNT, prohibida y condenada a la ilegalidad desde su origen, no puede asegurar adecuadamente su propaganda y para muchos el anarquismo sigue identificándose con la acción terrorista que nunca se ha abandonado y cuya principal víctima será, en el año 1912, el primer ministro Canalejas.

En estas condiciones es difícil apreciar el impacto de la CNT en el país y evaluar la cifra de sus afiliados. A principios del año 1911 no parece que esta cifra supere las 15 o 20.000 personas. El movimiento anarcosindicalista sólo adquirirá amplitud en España a partir de esta fecha. La CNT juega un papel esencial en las grandes huelgas del año 1917. Al principio el éxito del bolchevismo en Rusia parece favorecer su propaganda al provocar, de rebote, una agitación revolucionaria a través de todo el país y principalmente en Andalucía, foco tradicional del anarquismo español. En 1918, el congreso de Sants, en Cataluña, acepta la idea de una asociación efectiva de los sindicatos "únicos", dependiendo de hecho de la CNT. Incluso admite la existencia de un "Comité nacional provisional". Es un paso decisivo hacia la realización de una verdadera confederación que sin duda predicará el apoliticismo y que acepta el principio de "la acción directa".

Esta vez el movimiento está bien lanzado. Ni las intimidaciones de los "sindicatos libres" ni incluso los actos de contraterrorismo abiertamente estimulados por el gobierno y la policía, impedirán que la Confederación, que actúa abierta y legalmente, adquiera una extraordinaria influencia en el país. Las cifras de afiliados a la CNT que se han barajado siempre tienen algo de mitológico. Saber cuál es la proporción de los militantes anarquistas en el reclutamiento de la CNT aún es más difícil, por no decir imposible. Sin embargo, es cierto que en 1919 el número de sindicados a la CNT supera al de todas las otras asociaciones obreras. El anarcosindicalismo goza de un éxito enorme.

Un hombre encarna este movimiento: Salvador Seguí. Rechaza a toda costa el ilegalismo. Defiende el propio principio de la organización sindical, e incluso el de la unidad obrera mediante un acuerdo intersindical. Su muerte, en 1923, debilita enormemente a un movimiento que desde hace dos años debe enfrentarse de nuevo con una dura represión. Cuando triunfa la dictadura de Primo de Rivera, la única solución posible para la CNT es la disolución y la clandestinidad. Durante la Dictadura, el movimiento obrero sólo estará representado oficialmente por la UGT, dirigida por los socialistas. Pero el trabajo en profundidad de la propaganda libertaria no lo puede borrar la clandestinidad de su aparato sindical ni la momentánea ausencia de algunos militantes, siempre activos, bien sea en el exilio o en la ilegalidad.

VI. El socialismo español y su expresión sindical

El socialismo español, desde su creación hasta las grandes crisis que en España caracterizan el comienzo del siglo XX, tales como la crisis de 1917, la formación del partido comunista español y la instauración de la dictadura, está marcado, y a la vez limitado, por las divisiones del movimiento obrero. Su influencia y sus reacciones dependen de la actividad anarquista, que obstaculiza su desarrollo y dificulta su acción. El rechazo de un parlamentarismo ficticio y de un Estado autoritario y centralizador son temas anarquistas que ejercen tanta más atracción sobre los trabajadores cuanto que las prácticas electoralistas del socialismo autoritario parecen condenadas al fracaso. Además, lo excesivo de las desigualdades sociales confiere al proletariado español una voluntad revolucionaria que a un sindicalismo oficializado y jerarquizado le cuesta canalizar.

Los comienzos del socialismo autoritario. El grupo madrileño

Al principio, la influencia de Marx en España se ha hecho sentir, a través de Lafargue, sobre el pequeño grupo madrileño que en 1873 ha abandonado la Federación regional, y cuyos líderes son Francisco Mora y sobre todo dos tipógrafos, José Mesa y Pablo Iglesias. En realidad la Nueva Federación no tiene ninguna influencia fuera de la capital excepto, quizás, en Valencia. La tormenta de 1873 también acaba con la Federación madrileña. Mesa incluso se ve obligado a abandonar España. Es cierto que, desde París o desde Londres, sigue estando en estrecha relación con Iglesias y el grupo de Madrid. Sus contactos con Lafargue y Engels, por un lado, y con Guesde, por el otro, acentúan la influencia del socialismo marxista sobre el naciente movimiento español.

En Madrid la actividad sindical se mantiene a través de las sociedades de resistencia. Iglesias asume la dirección de la *Asociación del Arte de Imprimir.* Es el verdadero núcleo original del partido socialista, cuya acta de constitución la redacta el mismo Iglesias después de una reunión celebrada en mayo de 1879 en la calle de Tetuán. También es Iglesias el designado como secretario del primer comité ejecutivo, y los tipógrafos son los que proporcionan los primeros cuadros del partido.

El *Partido Demócrata Socialista Obrero Español* reclama, ciertamente, la desaparición de las clases sociales y la emancipación de los trabajadores, pero también la toma del poder político por parte de la clase obrera. Sin embargo, no hay que exagerar la importancia de este primer esbozo del partido socialista. Cuando, en 1881, las leyes liberales le conceden una existencia casi oficial, se pone de manifiesto que sus medios son muy limitados. Se han constituido algunos grupos fuera de la capital, en Barcelona, Valencia, Tarragona, Zaragoza, etc. Aparentemente reúnen a pocos afiliados. A partir de 1886 el partido dispone por iniciativa, una vez más, de los tipógrafos madrileños, de un periódico, *El Socialista*, la dirección del cual la asume, claro está, Pablo Iglesias. Sólo tiene unos pocos lectores. En cualquier caso nada comparable con el desarrollo que ya experimenta la prensa anarquista.

Los socialistas anuncian una serie de reivindicaciones inmediatas que tratan de obtener por todos los medios, incluida la vía legal. Desde 1882 socialistas madrileños se han presentado, sin la menor esperanza, a las elecciones municipales. Por encima de todo quieren vincular estrechamente la acción sindical y la acción política. El congreso de Barcelona, que establece las estructuras del nuevo *Partido Socialista Obrero Español*, se celebra en agosto de 1888, casi al mismo tiempo que el congreso constituyente de la UGT. Designa un comité nacional y decide enviar un delegado al congreso de París del que surgirá la II Internacional.

La UGT y la acción obrera

Por lo tanto, el movimiento político y el sindical se mezclan estrechamente desde los primeros años del socialismo español. El grupo madrileño se ha reconstituido a partir de una asociación obrera. El sueño lejano que representa la toma del poder está acompañado por reivindicaciones mucho más limitadas relativas, por ejemplo, a la jornada de trabajo. El congreso que se celebra en agosto de 1888 en Barcelona y que desemboca en la formación de la UGT todavía está dominado por los tipógrafos socialistas. El primer presidente de su comité nacional es García Quejido, tipógrafo y uno de los más próximos colaboradores de Pablo Iglesias. La organización inicialmente no representa más que a un muy escaso número de afiliados (poco más de 3.000). Admite que su acción primera debe ser relativamente modesta: en primer lugar "mejorar las condiciones de trabajo".

A pesar de ser perfectamente legal dado que la ley de asociaciones de 1887 autoriza la constitución oficial de sindicatos obreros, la UGT se desarrolla muy lentamente y a la sombra del partido socialista. Quejido asiste a los congresos de la II Internacional en Zurich, en 1893, o en Londres, en 1896, en nombre de la central sindical, pero siempre al lado de Iglesias. En estas fechas, la cifra total de afiliados a la UGT sigue sin apenas superar los 6.000. La UGT, que en sus comienzos estaba bastante bien representada en Cataluña, incluso asiste al debilitamiento de sus posiciones en este foco tradicional de la acción obrera. De hecho sólo se implanta realmente en tres puntos del país: en Madrid, en Vizcaya y en Asturias. Ni siquiera dispone de medios para que aparezca regularmente su periódico, *La Unión Obrera.* Incluso cuando el movimiento ya ha tomado alguna amplitud chocará, principalmente en las provincias vascas, con la creación de grupos obreros y, posteriormente, de sindicatos católicos cuya influencia no siempre es despreciable.

El crecimiento del partido socialista y de la UGT. Su implantación en 1914

La estrecha imbricación entre el movimiento sindical y el movimiento socialista impide totalmente distinguirlos en estos primeros años del siglo XX que son los de su verdadero progreso. El aumento en cifras absolutas de la población obrera en todos los sectores de la actividad industrial, su desarrollo aún más evidente en las regiones donde el socialismo naciente ha experimentado sus primeros éxitos (región madrileña y, sobre todo, el noroeste del país con el auge de la extracción minera y los principios de la siderurgia) constituyen, evidentemente, una primera y lógica explicación del crecimiento paralelo del número de afiliados del partido socialista y de la UGT.

Pero este crecimiento nunca es explosivo. En conjunto, el progreso de la sindicación, aunque rápido en épocas de dificultades económicas (en 1900 por ejemplo), es bastante lento. A finales de 1900 hay unos 26.000 afiliados; en 1905, alrededor de 46.000; en 1911, en una época de relativo crecimiento, la cifra total no supera en absoluto los 70.000 afiliados.

La multiplicación de las secciones sindicales no nos debe llamar a engaño. Las secciones madrileñas conservan su preponderancia e incluso la afirman cada vez más claramente. Mientras que a comienzos de siglo el número de obreros sindicados madrileños representa aproximadamente el 30 por ciento del total, en 1911 de un total de 70.000 afiliados a la UGT, más de 50.000 se han reclutado en Madrid. Si admitimos que 11.000 más proceden de Vizcaya y de Asturias, podemos concluir que las zonas de implantación no han cambiado en absoluto desde la fundación de la Confederación.

Al partido socialista le sucede lo mismo. Antes de 1918 nunca ha superado la cifra de 15.000 afiliados. También en este caso más del 50 por ciento de sus miembros se reclutan en la capital, en Vizcaya y en Asturias, que además es donde han nacido las Juventudes socialistas. En estas condiciones, su acción electoral forzosamente es muy limitada. Cuando las elecciones de 1901 los candidatos socialistas sólo consiguen un total de 25.000 votos, que además sólo aumentan muy lentamente. De hecho, los socialistas solamente desempeñan un papel político serio en Madrid y Bilbao. El fraude electoral, que es apreciable incluso en las grandes ciudades, les impide estar presentes en otras partes. La moderación de sus posiciones, tanto en los conflictos obreros (por ejemplo cuando las huelgas de 1902) como en la práctica política, somete al partido a duras pruebas.

De nuevo es el año 1909 el que marca el primer cambio de orientación. Tal como ya hemos visto, las dificultades económicas y financieras y la guerra de Marruecos han creado las condiciones para una explosión popular. El movimiento socialista, antimilitarista por principios, se endurece ante las amenazas de movilización de los reservistas. Las Juventudes socialistas llaman a los soldados a manifestar su desacuerdo mediante actos de indisciplina. En Barcelona, los minoritarios socialistas presionan para realizar una acción conjunta con los anarquistas. Pero la huelga que se inicia en Barcelona y las violencias que entonces se producen en toda Cataluña cogen desprevenidos a los dirigentes socialistas. La Semana sangrienta acaba con una represión violenta, y pone de manifiesto la debilidad y desunión de las fuerzas de oposición.

Entonces los socialistas se dan cuenta de la impotencia de una acción solitaria. El manifiesto del 22 de septiembre de 1909 anuncia que a partir de entonces están dispuestos a combatir asociados con cualquier fuerza "democrática" firmemente opuesta al régimen. La alianza electoral entre socialistas y republicanos proporciona durante años resultados favorables para los dos partidos a pesar de que a menudo es criticada por parte de una importante minoría. En las elecciones municipales el ascenso socialista se refleja en la entrada de los socialistas en unos cuarenta *ayuntamientos.* En 1910, y por primera vez, un socialista es elegido diputado por Madrid. Se trata, claro está, de Pablo Iglesias.

Es verdad que, los socialistas todavía están lejos de constituir en España un partido de masas. Sus medios parecen muy escasos. Pero un cierto número de signos favorables dan fe de un nuevo dinamismo. La prensa socialista comienza a desarrollarse. El periódico *El Socialista*, que se publica en Madrid, se convierte en diario. Bajo la presión de las Juventudes socialistas se crea una "Escuela social" para preparar y educar a los futuros cuadros del partido. Algunos recién llegados proporcionan al movimiento una base más amplia y una orientación algo distinta. Algunos de ellos son intelectuales. Es el caso de Julián Besteiro, cuya ascensión en el interior del partido es fulgurante. En 1915 se convierte en su vicepresidente. Entonces el partido socialista ya no aparece como un partido únicamente obrero sino como una vanguardia política, cuya escasez numérica no refleja en absoluto el considerable desarrollo del movimiento obrero.

Efectivamente, en 1911 la UGT asiste a un rápido aumento del número de afiliados; a partir de entonces supera regularmente los 120.000. Sin entrar en el detalle de los conflictos sociales, se puede apreciar que las grandes huelgas de los años 1910-1914 parecen mejor organizadas y más coherentes que las acciones anteriores, trátese de la huelga ferroviaria de 1912 o de la huelga de La Felguera, en Asturias, en 1912-1913. Por lo tanto, aparentemente el electoralismo del partido socialista no perjudica el desarrollo ni la actividad de la central sindical socialista.

El movimiento socialista y la crisis de 1917

La euforia originada por los primeros años de la guerra no es general. Un poco en todas partes han surgido dificultades a consecuencia de alzas repentinas de los precios de los productos alimenticios. Pero no hay nada nuevo en estas manifestaciones espontáneas, sin futuro, relacionadas con las tradicionales dificultades de abastecimiento. En conjunto, los primeros años del conflicto europeo crean una situación artificialmente favorable para la economía española. Los beneficios de ciertas empresas, a veces exorbitantes, a menudo se traducen en una sustancial elevación de los salarios obreros, que mejoran claramente en relación con los sueldos de los empleados del Estado.

El partido socialista, que es neutral en un conflicto que no afecta directamente al territorio español, también es indiferente a los movimientos de las minorías de oposición y no participa en la conferencia de Zimmerwald.

Pero sabemos que desde finales del año 1916 los precios al por menor suben de forma catastrófica. Las huelgas se reanudan, pero sin gran coordinación. Sin embargo, su frecuencia atestigua la inquietud de la población y la fuerza de las reivindicaciones.

La UGT, en la que Largo Caballero se ha convertido en el dirigente más activo (Pablo Iglesias está enfermo y sólo tiene un papel secundario tanto en el sindicato como en el partido socialista), se plantea un movimiento de protesta nacional lo que supondría, en particular, una acción común con la CNT. El pacto UGT-CNT de julio de 1916 quizás no va muy lejos, pero da al movimiento obrero conciencia de su fuerza en una situación política incierta. En marzo de 1917 los dirigentes de la UGT y Seguí y Pestaña en representación de la CNT firman un manifiesto dirigido a todos los trabajadores. El objetivo, proclamado abiertamente en este manifiesto, es la preparación en común de una huelga general. De este modo el sindicato socialista rompe con la actitud de relativa moderación adoptada hasta entonces. En buena medida la causa se debe buscar en las dificultades económicas, pero también en la crisis del Estado, abierta claramente desde principios del año 1917.

Al mismo tiempo el Partido socialista negocia con la oposición republicana e incluso se llega a plantear la constitución de un gobierno provisional destinado a sustituir al débil ejecutivo monárquico. Por lo tanto, los socialistas piensan que se acerca el momento de un cambio de régimen político y, para provocarlo, plantean una huelga general revolucionaria. Con esto no se trata de establecer un sistema socialista. En cualquier caso y por el momento, el objetivo perseguido parece ser una democracia "abierta" y una colaboración con la burguesía republicana. Luego, no hay que sorprenderse de ver a estos mismos socialistas llamar a la huelga general en el mes de agosto, afirmando simultáneamente con energía que no son en absoluto "instrumentos de desorden". No obstante es de destacar el hecho de que la huelga fuera particularmente dura en Asturias, el feudo tradicional de la UGT. No siempre hay una comprensión perfecta entre los dirigentes socialistas y sus huestes lanzadas a la lucha. El fracaso de la huelga no debilita verdaderamente al movimiento sindical pero ocasiona un estancamiento evidente del partido socialista y disensiones internas agudizadas por los conflictos originados a raíz de la Revolución soviética y del nacimiento de la III Internacional.

La III Internacional y las divisiones del movimiento socialista

El fracaso de las huelgas de 1917 no reduce la combatividad del movimiento obrero español. Muy al contrario, las dificultades económicas del período de posguerra dan un nuevo impulso a la acción sindical. Los conflictos sociales nunca han sido tan numerosos como en los años 1919-1920. La coyuntura económica, de inflación rápida, no es la única causa. El ejemplo de la revolución soviética, la extensión de las revoluciones en Europa, todo contribuye a dar a los obreros españoles la impresión de que una revolución social es algo posible e incluso próximo.

Sin duda el entusiasmo revolucionario es mayor en la CNT que en la UGT. En julio de 1921 la confederación anarcosindicalista incluso se afiliará a la III Internacional, pero la abandonará rápidamente el año siguiente para adherirse a una nueva Internacional libertaria cuya influencia, excepto en España, es muy reducida. La evolución del régimen soviético no le deja ninguna otra salida, y la mayoría de los militantes cenetistas que por un momento se adhieren al comunismo, lo abandonarán bastante rápidamente.

Para la UGT y el partido socialista el problema no se plantea exactamente en los mismos términos. Ambos refuerzan considerablemente sus efectivos en 1919 y 1920 sin que se pueda comparar su desarrollo con el maremoto de la CNT. Pero, sin embargo, la UGT supera los 200.000 afiliados y el partido socialista triplica los suyos. Las regiones meridionales, que hasta entonces sólo habían aportado un pequeño refuerzo al movimiento, se convierten en las principales zonas de reclutamiento. El socialismo incluso llega a los obreros agrícolas que hasta esa fecha sólo habían sido sensibles a la propaganda anarquista.

En el interior del PSOE se dibuja una corriente que critica la timidez de los dirigentes socialistas, denuncia los compromisos con los Republicanos y reclama enérgicamente la adhesión del partido a la III Internacional. Ante las vacilaciones de la mayoría, bastante desconfiada respecto al "maximalismo" bolchevique, las Juventudes socialistas, animadas por su fracción madrileña, deciden transformarse en partido comunista sin esperar una decisión del congreso y enviar un delegado ante la Internacional roja. Pero los partidarios de una actitud más moderada, comenzando por el viejo Pablo Iglesias, dominan la UGT, que en 1920 rompe su pacto de unidad de acción con la CNT. Los delegados socialistas Fernando de los Ríos y Anguiano, después de un viaje a Moscú y de los contactos entablados con los dirigentes bolcheviques, empezando por Lenin, vuelven a España con conclusiones diametralmente opuestas.

En abril de 1921 el congreso socialista vota por una ligera mayoría (8.808 mandatos contra 6.225) contra las 21 condiciones de adhesión a la III Internacional. Entonces los minoritarios se constituyen en oposición estructurada. A principios del año 1922 los diversos grupos comunistas formarán un nuevo partido comunista que sobre todo es fuerte en el Norte y en Levante. Pero la diversidad de los orígenes políticos de los miembros del PCE (antiguos cenetistas, Juventudes socialistas, fracción izquierdista del PSOE) presagia unas dificultades y unas contradicciones internas que no tardarán en manifestarse. En 1923, en las vísperas de la toma del poder por Primo de Rivera, el partido comunista, debilitado por múltiples escisiones, tiene una audiencia muy reducida.

El partido socialista también sufre el impacto de la escisión en su afiliación. Pero sigue teniendo una gran audiencia a través de una central sindical que todavía es poderosa y que bajo la Dictadura se convertirá en la única organización legal capaz de expresar las reivindicaciones obreras.

CONCLUSIÓN

Simplemente por su presencia, el régimen que en 1923 se establece en España es la constatación de un fracaso. En el transcurso del siglo XIX España no ha podido o no ha sabido dotarse de un sistema político liberal y parlamentario comparable con el de Inglaterra o Francia. El modelo británico, sobre el que se ha construido la monarquía restaurada de 1876, se ha manifestado inadecuado para la situación política y social de la península ibérica. Políticamente nunca ha funcionado correctamente. El fraude electoral y el dominio permanente de la oligarquía a través de las redes de clientelas y de las jerarquías paralelas lo han falseado desde el principio.

Es indudable que en los primeros años del siglo XX se apunta una evolución. Los partidos de masas, republicanos o socialistas, consiguen que se elijan sus representantes y que se oiga la voz de una verdadera oposición. Pero las grandes ciudades son las únicas que experimentan esta evolución. El éxito de la abstención preconizada por los anarquistas refleja el despego cada vez más evidente de una gran parte de la población respecto a un sistema incapaz de resolver unos antagonismos sociales cuya virulencia no hace sino aumentar.

La burguesía *conquérante*, o mejor dicho, la fracción de las *clases medias* enriquecida gracias a las finanzas y la especulación más que por las empresas industriales, confunde sus intereses con los de una oligarquía terrateniente que sólo se preocupa por los beneficios inmediatos y que es conservadora por naturaleza. El progresivo abandono del régimen señorial y la gran operación de la desamortización no han ayudado a mejorar el nivel de vida en el campo. El fracaso del desarrollo industrial, que depende demasiado de los intereses exteriores, no ha posibilitado un éxodo rural de suficiente amplitud como para atenuar estos problemas. La tardía presión demográfica aún los ha agravado más, a pesar de una emigración continua desde mediados de siglo.

España sufre simultáneamente la huida de los hombres ante la maldición del subempleo y la hemorragia de las riquezas mineras explotadas al máximo por el capital extranjero y en beneficio de una industria inglesa, belga o alemana. España está lejos de haber aprovechado todas las posibilidades ofrecidas por las inversiones extranjeras. Sólo algunas regiones, en primer lugar Cataluña y luego las provincias vascas y la región asturiana, experimentan una industrialización favorable a un enriquecimiento local. Esta evolución también permite la creación de una élite obrera más sensible que en otras partes a las desigualdades sociales características del capitalismo naciente. Estas provincias, herederas de las tradiciones regionalistas, al defender sus privilegios y su originalidad harán que renazca un movimiento autonomista. Éste se radicaliza en la medida en que choca con un Estado que teóricamente es autoritario y centralizador, pero que en realidad es muy débil frente a las fuerzas sociales que lo controlan o lo dirigen.

En esta España desgarrada por los antagonismos políticos y sociales, la crisis que toda Europa atraviesa a principios del siglo XX corre el peligro de adoptar una forma trágica si no consigue encontrar una solución de equilibrio en un régimen político nuevo.

SEGUNDA PARTE

LA CRISIS DEL SIGLO XX

Capítulo primero

UN PERÍODO DE DESESTABILIZACIÓN (1923-1936)

Con el sistema de la Restauración y durante medio siglo, el régimen político de España al menos ha gozado de una aparente estabilidad. En el lapso de trece años se suceden dos regímenes opuestos en sus principios y en su práctica cotidiana. Primero una dictadura, la del general Primo de Rivera, prolongada durante quince meses por el gobierno del general Berenguer; luego, la Segunda República, nacida de las elecciones municipales de 1931. Caracterizada por tensiones muy agudas, se hunde en 1936 desgarrada entre una revolución social y un pronunciamiento militar. Zozobra en medio de la explosión de todas las violencias difícilmente contenidas durante estos años. Los mismos contrastes de este período agitado también ilustran el fracaso del establecimiento en España de una organización política capaz de resolver o de apaciguar los conflictos sociales exasperados por el paso del tiempo, trátese de un régimen elitista inspirador de un Estado autoritario, o de una democracia parlamentaria que representa, al menos parcialmente, al voto popular.

I. Las oportunidades de Primo de Rivera

La crisis de 1917 y los desastres coloniales condenan definitivamente a un régimen falsamente parlamentario, que naufraga en medio de las humillaciones y del ridículo. Al parecer, el auge de las oposiciones sólo puede ser contenido mediante una autoridad firme instaurada en circunstancias favorables. En los primeros años de su gobierno, Miguel Primo de Rivera se beneficia de unas oportunidades indiscutibles.

Las oportunidades políticas

Son las que se ponen de manifiesto de forma más inmediata, en la misma medida en que el éxito del golpe de estado no está en deuda con ninguna demostración de fuerza. A diferencia de Mussolini, Primo de Rivera no es jefe de partido ni de milicias armadas. Como Capitán general de Cataluña le basta con mandar ocupar los servicios telefónicos de Barcelona en la noche del 12 al 13 de septiembre de 1923 y leer un manifiesto ante los periodistas para que todo se haya consumado. Dos días después, el rey, que ha vuelto de San Sebastián sin prisa, le encarga formar gobierno.

Un éxito tan sorprendente supone la reunión de varias bazas políticas. La primera es el apoyo del Rey, que fácilmente habría podido hacer fracasar la operación. Alfonso XIII, que ya es hostil a las Cortes desde hace mucho tiempo, debe enfrentarse con una amenaza urgente: la comisión de encuesta parlamentaria sobre las responsabilidades de Annual debe reanudar sus trabajos en octubre y hay el peligro de que alcance al trono.

Por otra parte, el aparato de Estado en descomposición no puede oponerse a una decidida acción militar. El gobierno ya no controla al ejército. El descontento y el malestar, a menudo relacionados con la desgraciada aventura marroquí, se expresan abiertamente, y numerosos militares de alto rango aprueban el golpe de Estado. Incluso el empresariado catalán es favorable a una solución autoritaria que practique una mayor represión contra las conspiraciones anarquistas y que procure una autonomía moderada para Cataluña. De este modo ofrece un apoyo ostensible e inesperado a Primo de Rivera.

A estos apoyos reales hay que añadir la inercia de aquellos que habrían podido alzarse contra la Dictadura, sobre todo los socialistas y los sindicalistas. ¿Por qué tendrían que defender esta caricatura de régimen democrático, que alimenta una represión torpe y mantiene la dominación egoísta de la oligarquía?

Ciertamente, la resignación y la aceptación de la Dictadura no son unánimes. El centralismo castellano del que el dictador hace ostentosa demostración, la supresión de todas las tímidas concesiones efectuadas al regionalismo —en 1924 se suprime la *Mancomunitat*—, rápidamente le crean sólidas enemistades en Cataluña. Van acompañadas por un descrédito de la Lliga, que en este asunto ha hecho de aprendiz de brujo, e incluso del Rey, a quien, evidentemente, se asocia con la Dictadura. La formación de la *Unió de Rabassaires* en 1922, y la represión que sufren, también alimentan la agitación en Cataluña. También la Universidad es un foco de hostilidad al régimen. La resonancia de algunas medidas, como la suspensión y el exilio de Unamuno, y sanciones adoptadas contra estudiantes, son otros tantos torpes excesos que se pueden atribuir tanto al sentido teatral del dictador como a la fuerza de la costumbre... El responsable del mantenimiento del orden es Martínez Anido, de quien los catalanes han guardado un recuerdo bastante malo después de la represión ejercida en Barcelona en 1920.

Añadamos la hostilidad de los ambientes republicanos, de algunos liberales, incluso de algunos oligarcas nostálgicos de la Restauración como Romanones o Maura. Todo esto no crea una oposición muy peligrosa. Cataluña manifiesta su mal humor en ocasión de los viajes reales. Algunos libelos critican al dictador a pesar de la censura. Pero las intentonas de contra-golpe de estado fracasan lamentablemente. La Sanjuanada de junio de 1926, que es un complot que reúne a liberales, republicanos e incluso a algunos militares, es un fracaso espectacular. La época de los pronunciamientos liberales ya pasó.

La liquidación del asunto marroquí

Sin embargo, para durar, el nuevo gobierno debe salir sin graves humillaciones del avispero marroquí. Primo de Rivera se ha sabido aprovechar del asunto marroquí muy afortunadamente y realmente es invulnerable. No obstante, los acontecimientos del Rif colocan durante algún tiempo a la Dictadura en una posición delicada. Ante el poder de Abd El Krim, que trata de organizarse, el ejército acumula los fracasos. Desde septiembre de 1924, Primo, que se ha proclamado comandante en jefe, debe organizar un repliegue hacia Tetuán, y las pérdidas sufridas en el transcurso de esta operación no son inferiores a las de Annual.

Pero estos fracasos no tienen consecuencias graves. Por el contrario, la intervención francesa decidirá el resultado de la guerra. Efectivamente, Abd El Krim ataca a los franceses en abril de 1925 y de este modo provoca una aproximación franco-española. Pétain y Primo de Rivera organizan un desembarco de las tropas españolas, apoyadas por barcos y aviones franceses, en la bahía de Alhucemas. La operación desemboca en la toma de Ajdir, capital de Abd El Krim. Éste se rinde a los franceses en mayo de 1926. Entonces la resistencia rifeña finaliza rápidamente. Primo de Rivera puede triunfar sin grandes esfuerzos, y ahogar sin miramientos el malestar corporativista de los artilleros. España no se ha convertido en una gran potencia, pero durante un tiempo puede aparentar serlo. Es la actitud que adopta, por ejemplo, en la S.D.N.

Las oportunidades económicas

Los primeros años de la dictadura se caracterizan por una mejora de la situación económica. Una vez más Primo se beneficia de una coyuntura favorable, la de la prosperidad internacional de los años veinte, una vez desaparecidos la mayoría de los desequilibrios de la guerra. Ciertamente, la exportación minera no puede recuperar su esplendor de antaño por falta de nuevos yacimientos de minerales de hierro o de plomo, pero sin embargo mantiene alguna importancia gracias a la estabilidad o al aumento de otras producciones, tal como lo muestra el cuadro 19.

De nuevo, como en los mejores años de la Restauración, España atrae a los capitales extranjeros, a veces americanos, orientados hacia la industria o los servicios públicos. Es entonces cuando aparecen en España la General Motors y la Standard Electric. Simultáneamente, la banca española acentúa su penetración en la industria. Favorece la

CUADRO 19

Producción anual media de los principales minerales y metales desde 1924 hasta 1928

	En miles de toneladas	Índice (1909-1913 = 100)
Minerales		
Mineral de hierro	4.606	50,9
Piritas	3.619	104,1
Metales		
Plomo	143,97	72,6
Zinc	14,81	164
Mercurio	1,692	130,1

constitución de algunas sociedades importantes. La Dictadura estimula la concentración financiera que se esbozaba antes de la Primera Guerra Mundial. Los principales bancos, gracias a verdaderas redes de participaciones, controlan a sus competidores de menor tamaño y a los negocios industriales, excepto el textil que sigue estando muy fragmentado. Se constituyen grandes empresas monopolísticas y, sobre todo, con una fuerte participación extranjera como es el caso, en el sector eléctrico, de la CHADE, presidida por Cambó.

Esta relativa prosperidad favorece las finanzas del Estado español e incluso permite poner en marcha una política de grandes obras. Durante un breve período la Dictadura es la edad de oro de los financieros y posibilita que reaparezca el tipo del hombre de negocios aventurero como Juan March. Paralelamente se experimentan sensibles progresos en la producción. La producción de lingote de hierro pasa de 400.000 t en 1923 a 489.000 en 1926 y 749.000 en 1929; la de acero pasa de 463.00 t en 1923 a 990.000 en 1926 y a 1.004.000 en 1929. Todavía son cifras mediocres, pero ¡el punto de partida es muy bajo! Un índice de producción industrial, elaborado años después y sin lugar a dudas discutible, permite, sin embargo, apreciar la importancia de los progresos realizados, sobre todo en los tres primeros años de la Dictadura.

Cuadro 20

Índice de producción industrial

Media 1906-1930 = 100

1913	95,1
1923	102,5
1926	133,7
1929	141,9

La distribución de la población activa confirma este progreso. En el mismo momento en que España pasa de 21,3 millones de habitantes en 1920 a 23,56 en 1930, o sea un aumento récord para el país del 10,6 por ciento, la proporción de la población agrícola cae del 57 por ciento al 45 por ciento (aproximadamente).

Sin embargo, estas cifras no nos deben llamar a engaño. La agricultura sigue siendo, y con mucho, el principal suministrador de trabajo. Pero España parece finalmente estar en la vía del desarrollo, y los progresos económicos son paralelos a un breve, pero real, aumento del nivel de vida. La situación laboral mejora. Los salarios suben apreciablemente. Un estudio oficial realizado en 1930 estima que entre 1920 y 1925 los salarios nominales han aumentado un 26,5 por ciento mientras que el costo de los artículos de primera necesidad bajaba un 6,2 por ciento.

La mejoría del "clima social"

Esta coyuntura favorable contribuye a un claro apaciguamiento social. Los años que van de 1924 a 1926 presencian una disminución muy acusada tanto del número de huelgas como del de huelguistas, ambos inferiores en dos tercios a las cifras de los tres años precedentes. Primo de Rivera saca todo el partido de la existencia de una legislación social aprobada en los últimos años de la Restauración y que él se esfuerza en aplicar. También se aprovecha hábilmente de las divisiones del movimiento sindical. En efecto, reserva su rigor para la CNT, que ya ha sido duramente castigada después de los atentados de Barcelona. En cambio, protege a la UGT, donde después de la escisión de 1921 prevalece una tendencia "realista". El sindicato socialista acepta la presencia de militantes en los organismos paritarios, en particular en los comités creados en 1926, e incluso la de Largo Caballero en el consejo de Estado.

En este momento Primo está en excelentes condiciones para ironizar sobre la inutilidad del régimen parlamentario, sustituido con ventaja por técnicos y comisiones. Pero, ¿tiene verdaderamente la voluntad o los medios para crear un sistema dictatorial emparentado con el fascismo?

II. La Dictadura, sistema inacabado

El obligado paralelismo cronológico entre Primo de Rivera y Mussolini no debe llamarnos a engaño. Este andaluz vividor, cuyas orgías se han hecho famosas, de voz estentórea y vocabulario poco selecto, no es ni el héroe de un partido ni un jefe carismático. Nunca tiene un proyecto político a largo plazo, y sus esfuerzos para dar una base más coherente a su régimen son simples esbozos, y a veces caricaturas ridículas, del régimen italiano. De este modo, la *Unión patriótica*, cuya creación se decide en 1924, de hecho no tiene nada en común con el Partido nacionalfascista de Mussolini. A nivel local la patrocinan los gobernadores civiles, y simplemente reúne a algunos notables vinculados al régimen.

El intervencionismo del Estado. Su importancia y sus límites

Las innovaciones en el terreno económico y social parecen ser las más importantes. La intervención del Estado en la actividad económica crece apreciablemente. Se establecen "comités reguladores" para los sectores con dificultades. El Estado reorganiza los servicios públicos y establece monopolios para el teléfono e incluso para el petróleo. En este último caso, las múltiples oposiciones, entre las que destaca la de Deterling, presidente de la Shell, que se desplaza a Madrid especialmente para este asunto, no impiden la creación de la CAMPSA en 1927.

En realidad esta política es menos nueva de lo que parece. El otorgar concesiones y monopolios constituye una práctica habitual del Estado en el siglo XIX, e incluso durante el Antiguo Régimen. Su alcance rápidamente muestra sus limitaciones. Ciertamente las medidas proteccionistas apoyan a sectores con dificultades, pero los grandes intereses financieros, nacionales o extranjeros, no están amenazados por la política de concesión de servicios, que a menudo son objeto de maniobras provechosas. La agricultura sigue estando muy abandonada. Contrariamente a ciertas apariencias, la dictadura no moderniza profundamente el aparato productivo, ni sienta las bases de un capitalismo de Estado. Lo más novedoso de su acción económica es, sin duda, su voluntad de una política de grandes obras públicas. Pero los gastos relacionados con la guerra del Rif limitan drásticamente su importancia hasta 1926.

La política social del régimen lleva el mismo sello de veleidades innovadoras, ambigüedad e inconclusión. Esta política culmina con el decreto de 26 de noviembre de 1926 que crea unos comités paritarios que reúnen a patronos y obreros bajo una autoridad política común. A pesar de la innegable influencia del modelo mussoliniano, no se puede afirmar que se haya abierto el camino hacia un corporativismo a la italiana. El decreto debe inscribirse en una política que ya se emprendió a finales de la Restauración, ya que en 1918 se crearon "tribunales industriales" similares. El régimen, sobre todo, trata de conseguir la colaboración de un sindicato verdaderamente obrero, la UGT, que, después de intensos debates internos, acepta designar representantes a los comités paritarios.

El año 1926 señala el apogeo del régimen, pero también pone de manifiesto su falta de perspectivas. Desde diciembre de 1925 el directorio militar ha cedido el paso a una dictadura civil. Primo de Rivera, presidente del Consejo, concede algunas carteras a ministros "civiles", entre los que destaca Calvo Sotelo en Hacienda. Pero esta operación no es ningún remedio para la falta de raíces institucionales del régimen. Una caricatura de plebiscito mediante firmas en septiembre de 1926, y la convocatoria, anunciada y luego aplazada durante un año, de una Asamblea Nacional, no consiguen más que disimular su profunda incapacidad para definir un proyecto político realista y coherente.

Las dificultades del régimen después de 1926

La actividad económica no espera a la crisis de 1929 para dar muestras de agotamiento. Los espectaculares progresos de los primeros años no han durado mucho tiempo. La desaceleración del crecimiento subraya la permanencia y el peso de los problemas tradicionales: insuficiencia de los capitales y problemas de costos y de mercado a los que los organismos reguladores creados tratan de responder. La Dictadura también descubre las dificultades presupuestarias. Calvo Sotelo, enfrentado con los intereses de la oligarquía, no puede realizar sus proyectos de reforma fiscal. En estas condiciones la deuda pública no puede aumentar en la medida necesaria para que la política de grandes obras alcance la amplitud inicialmente prevista. Las exposiciones de Barcelona y de Sevilla en 1929 son testigos, ya anacrónicos, de las ambiciones del régimen. La realidad del momento constituye una grave crisis de la peseta, que en 1929 pierde hasta el 20 por ciento de su valor, pese a la creación, el año anterior, de un Comité Interventor del Cambio. También existe paro y degradación del nivel de vida. Las estadísticas oficiales registran, con las normales diferencias sectoriales y regionales, una notable disminución nominal de los salarios horarios entre 1925 y 1930 (superior al 6 por ciento para los obreros no calificados).

El aumento del paro afecta tanto al mundo rural como a la población obrera. Las manifestaciones que provoca son significativas del malestar social. Las huelgas se multiplican. De cara al futuro ya no puede plantearse una política de "colaboración de clases". En 1929 la UGT rechaza, por mayoría, designar representantes a la Asamblea nacional consultiva que Primo querría reunir. Los republicanos, al igual que los socialistas, se niegan a colaborar. Incluso algunos de ellos tratan de reanudar, aprovechando las discusiones entre militares, la tradición del pronunciamiento liberal. El intento de Sánchez Guerra —enero de 1929— se salda con un lamentable fracaso, pero es revelador de una situación que se degrada.

La Dictadura no puede contar con ninguna fuerza política para defenderse. Contra ella se fraguan las alianzas más inesperadas. Incluso los libertarios, que se reorganizan en el extranjero, apoyan ocasionalmente los complots liberales y republicanos. García Oliver, representante de la nueva generación anarquista, llega hasta predicar "la alianza revolucionaria" con todos los adversarios del régimen. Evidentemente su propuesta sólo es seguida por una minoría. Pero es sintomática de una nueva actitud, la que llevará a los anarquistas a votar en las elecciones municipales de 1931 a favor de los republicanos.

Hasta finales de 1929 Primo al menos podía contar con el apoyo del Rey. Al añadirse la inquietud de los medios financieros al ascenso de las fuerzas de oposición, Alfonso XIII piensa que la única oportunidad para que la monarquía sobreviva es renunciar a una dictadura que no ha sabido imponerse ni a los medios conservadores ni a los reformistas de izquierda. El 30 de enero de 1930 consigue la dimisión de Primo de Rivera.

Hacia la República

A pesar de todo, el fracaso de la Dictadura recae sobre la monarquía que la ha creado y protegido.

La caída sin gloria de Primo de Rivera desencadena un amplio movimiento popular. A lo largo del año 1930 las reuniones y mítines van tomando cada vez más fuerza animados por ambiciones momentáneamente contenidas, por las reivindicaciones autonomistas y por un descontento social alimentado por las repercusiones de la crisis internacional sobre la industria española.

La oposición, ciertamente, aparece particularmente dividida. Ello no sólo afecta al movimiento sindicalista, donde el renacimiento de la CNT y la acción de la UGT, de nuevo reivindicativa, no han restablecido la unidad de acción, sino también a los grupos autonomistas, que siempre abundan en Cataluña. En cuanto a los republicanos, se desparraman en múltiples capillas, desde los moderados, que todavía vacilan entre la república y la monarquía, como Miguel

Maura y Alcalá Zamora, hasta los republicanos de izquierda, dispuestos a aceptar un cierto número de reformas sociales.

Sin embargo es la hora de la acción conjunta. El 17 de agosto de 1930 los representantes de las diferentes tendencias republicanas y de los autonomistas catalanes y gallegos firman el pacto de San Sebastián. Prevé el establecimiento de una república y el estudio de un estatuto de autonomía para Cataluña. A finales de octubre los socialistas y la CNT aportan su apoyo a esta acción. Las respuestas gubernamentales, que oscilan entre la represión y tímidas medidas liberales, son impotentes para frenar el movimiento. Un ministerio animado por Romanones representa el último intento de la oligarquía para salvar el régimen. La maniobra electoral consistente en aplazar las previstas elecciones legislativas y en provocar unas elecciones municipales, que tradicionalmente son favorables a los notables locales, se vuelve contra sus autores.

La derrota de la monarquía es aplastante, al menos en los centros urbanos. Para Alfonso XIII no hay más solución política que la represión brutal o abdicar. El 14 de abril renuncia al poder, que es ocupado por un gobierno provisional republicano.

III. Los comienzos de la República. Una coyuntura de crisis

Más de setenta años después de la Gloriosa, la historia de España parece repetirse: la monarquía borbónica desaparece en medio de una atmósfera de crisis económica y social. El Estado unitario y centralizador ve alzarse contra él una coalición importante pero heteróclita. Y si bien la Segunda República se beneficia del desánimo general de los partidarios de la monarquía, debe afrontar una coyuntura excepcionalmente difícil.

Los efectos de la crisis internacional

La crisis es parcialmente responsable de estas dificultades. En primer lugar provoca, muy claramente, una caída de las exportaciones, en cantidad y aún más en valor a causa del hundimiento de los precios. Las exportaciones básicas resultan profundamente afectadas: las exportaciones de minerales bajan, entre 1930 y 1935, un 40 por ciento en cantidad y un 68 por ciento en valor. El plomo, concretamente, baja un 52 y un 86 por ciento respectivamente, y el aceite de oliva un 42 y un 81 por ciento. Las medidas proteccionistas, o de preferencia colonial, que adoptan los principales clientes —Inglaterra y Francia— contribuyen a explicar la importancia de estas bajas que afectan duramente a la producción española. Sin embargo, no hay que exagerar su incidencia sobre el conjunto de la economía.

El mismo arcaísmo de las estructuras limita el papel de los intercambios exteriores y protege a España de las graves sacudidas sufridas por otros países. La cerealicultura tradicional, que se destina por completo al mercado interior, puede conseguir récords de producción sin experimentar bajas importantes en los precios (menos del 8 por ciento en el caso del trigo). La producción hullera nunca cae por encima del 19 por ciento, incluso en 1934, cuando la insurrección obrera de Asturias. Las dificultades de la industria textil apenas aumentan a causa de la crisis. La siderurgia sufre problemas más graves. La producción de lingote de hierro desciende un 45 por ciento entre 1930 y 1935, y la de acero un 33 por ciento. La fábrica de Sagunto, en actividad desde 1923, debe interrumpir su producción en 1932. No obstante, el peso de la actividad industrial no es suficiente para tener profundas repercusiones sobre el conjunto de la economía.

Pero la crisis internacional modifica radicalmente el sentido de los movimientos de población entre España y el extranjero. Desde hace mucho tiempo, la emigración es el corolario indispensable de una economía mediocre. Durante la guerra de 1914-1918 Francia se ha convertido, junto a los países latinoamericanos, en un importante foco de atracción, muy superior a lo que indican las cifras oficiales. A partir de 1931 la emigración se interrumpe casi por completo, mientras que los retornos son numerosos. Entre 1931 y 1936 el saldo migratorio es favorable a la inmigración en más de cien mil personas. Habida cuenta de la emigración "impedida", se puede considerar que la España republicana sufre, debido a la crisis, una sobrecarga "coyuntural" en su población activa de, al menos, doscientas mil personas.

Los efectos de las incertidumbres políticas nacionales se suman a los de la dependencia respecto al extranjero. Las inversiones se hunden en unas proporciones que dan fe de los temores de los industriales más que de la gravedad de la crisis. A partir de 1931 las importaciones de maquinaria son inferiores en un 45 por ciento a las de 1930, y en los años siguientes la proporción llega al 70 y al 75 por ciento.

Todos estos elementos, la modificación de los flujos migratorios y las dificultades industriales, contribuyen a dar al problema agrario una agudeza sin precedentes. Al revés de lo que sucedía durante la Dictadura, la emigración hacia Barcelona o Madrid ya no alivia eficazmente la presión demográfica del campo. Ahora ésta no dejará de aumentar.

El empeoramiento de los problemas agrarios

En estas condiciones no debe extrañarnos que las zonas rurales, aún más que las ciudades, sean el escenario de tensiones incesantes a lo largo de todos estos años, ni que los conflictos más frecuentes se refieran al aprovechamiento de las tierras y a la contratación de los obreros agrícolas. La España de los años treinta es, más que nunca, la de una gran "hambre" de tierra y de trabajo. En ambos casos es inevitable que se cuestionen las estructuras tradicionales, particularmente en las regiones de latifundio: la explotación extensiva e incompleta sólo proporciona una contratación insuficiente e irregular, acentuada por la sequía de 1930, mientras que a partir de ahora las tierras, siempre codiciadas, se reclaman más abiertamente e incluso a veces se ocupan ilegalmente.

En cambio, las perspectivas de reforma agraria provocan reacciones defensivas entre los propietarios de tierras: maniobras jurídicas o política de tierra quemada, que se reflejan en algunas decisiones de no renovación de los arrendamientos o de reducción de los sembrados.

Por lo tanto, a lo largo de estos cinco años la cuestión agraria está en el primer plano de la actualidad. En torno a ella cristalizan antagonismos irreductibles que se expresan a través del desarrollo de organizaciones representativas. Los sindicatos refuerzan su presencia. Los anarquistas afiliados a la CNT siempre dominan en Andalucía. El interés de los socialistas por el mundo rural ha sido tardío, pero se benefician ampliamente de la creación en 1931 de la FNTT (Federación Nacional de los Trabajadores de la Tierra).

El renacimiento de los autonomismos

Otro problema contribuye a acentuar el clima de crisis: la cuestión regional. Efectivamente, en 1931 el catalanismo demuestra una fuerza proporcional a las bromas pesadas y a la represión sufridas durante la Dictadura. A partir de ahora ya no se trata del catalanismo moderado y socialmente conservador de la Lliga. Ésta y su jefe, Cambó, están profundamente desprestigiados, En adelante, el catalanismo es más poderoso, más exigente políticamente, y también está más atento al contenido social del movimiento. Al principio de la Segunda República su figura más destacada es Maciá, viejo luchador de la época de la Dictadura y fundador en 1922 de un nuevo movimiento, Estat Català, que reivindica para Cataluña el derecho a la autodeterminación. Poco antes de las elecciones municipales este movimiento se adhiere a la *Esquerra Republicana de Catalunya*, de la que Maciá se convierte en líder. Las elecciones de 1931 son un verdadero triunfo para la Esquerra. Sin embargo, hay que subrayar que este movimiento no es en absoluto secesionista. Milita por una España republicana y federal, de la que formaría parte una Cataluña autónoma.

Los otros dos focos esenciales del autonomismo, el País Vasco y Galicia, están muy atrasados en comparación con Cataluña. Es verdad que en el País Vasco la reivindicación de un gobierno autónomo en una España federal se ha expresado claramente desde el 17 de abril de 1931 en Guernica. Pero el movimiento vasco, que en sus orígenes es rural, conservador y cristiano, nunca se manifiesta con la virulencia del regionalismo catalán. Y esto es aún más cierto en relación al autonomismo gallego, cuyo principal dirigente, Casares Quiroga, se sitúa políticamente entre los republicanos de izquierda, próximos a Manuel Azaña.

Los autonomismos no amenazan la unidad del país. Sin embargo, para la República representan un problema suplementario que resolver. Entorpecen los debates constitucionales y no facilitan en absoluto el funcionamiento de las instituciones. Sobre todo permiten que los enemigos de la República confundan, en provecho propio, autonomismo e independentismo, lo que es un argumento eficaz ante los electores castellanos y, sobre todo, ante un ejército siempre dispuesto a erigirse en guardián de la integridad nacional.

IV. La unidad imposible. Las fuerzas políticas y sociales

Ante las múltiples dificultades a las que rápidamente hemos pasado revista, habría sido increíble que se mantuviera la unidad aparente de los primeros días de la República. El pacto de San Sebastián ya reunía a demasiadas fuerzas contradictorias, profundamente divididas sobre lo esencial. Efectivamente, el gobierno provisional presidido por el muy conservador Alcalá Zamora, y cuyo ministro del Interior, responsable del orden público, es Miguel Maura, llega hasta los socialistas, representados principalmente por Largo Caballero, líder de la UGT, en el Ministerio de Trabajo y por Indalecio Prieto, diputado por Bilbao, en Hacienda.

La imposible unión sagrada se rompe desde el mes de octubre debido a la dimisión de los ministros conservadores y a la designación para el cargo de presidente del consejo del republicano de izquierda Manuel Azaña. Es cierto que la mayoría "de izquierdas" de las Cortes constituyentes tiene un gesto de conciliación al elegir a Alcalá Zamora presidente de la República. Pero a partir de entonces está claro que los responsables del nuevo régimen deberán proponer al pueblo español orientaciones políticas bien definidas, y que no pueden mantener una unidad perfectamente ficticia.

Los primeros tiempos de la República. Las reformas y el despertar de los antagonismos sociales

¿Podrá el gobierno verdaderamente republicano de Manuel Azaña y la mayoría que le es fiel tomar las opciones que la situación impone? A decir verdad, es dudoso. Están preocupados por no ir ni demasiado lejos ni demasiado de prisa y por encontrar soluciones aceptables para casi todos. El único aspecto donde llegan hasta el final de las reformas es el religioso. Como representantes de un anticlericalismo "burgués" que en España se ha desarrollado ampliamente desde finales del siglo XIX, no vacilan en provocar la ruptura de la coalición gubernamental cuando se plantea la espinosa, pero quizás no la más urgente, cuestión de la separación de la Iglesia y del Estado, cuyo mismo principio se introduce en la Constitución.

El texto institucional que se adopta antes de finales del año 1931 tiene como principal modelo la constitución de Weimar. Prevé la posibilidad de autonomías regionales y admite la intervención del Estado en la economía, incluso bajo la forma de nacionalizaciones. Establece un derecho de voto excepcionalmente amplio en el contexto de la Europa de los años treinta ya que se concede, sin distinción de sexo, a todos los españoles mayores de veintitrés años.

La organización de los poderes confirma esta voluntad democrática. El gobierno es responsable ante las Cortes, que pueden retirarle la confianza en cualquier momento. Este parlamentarismo está algo atenuado por las responsabilidades otorgadas al presidente de la República. Es elegido por seis años, y durante su mandato puede disolver dos veces la asamblea. Pero, por encima de todo, este derecho constituye un estorbo suplementario para el verdadero jefe del ejecutivo, el presidente del Consejo. Esta debilidad del ejecutivo contiene en potencia el germen de graves dificultades.

Por lo demás, el conjunto de estas disposiciones no suscita oposición como sí sucede en cambio, y fundamentalmente, con la proclamación de un Estado laico. Los católicos soportan mal la aprobación del artículo 26 de la Constitución, que no sólo prevé la separación de la Iglesia y del Estado sino también una serie de medidas contra las congregaciones religiosas. Y en este caso no se trata de una simple proclamación verbal. Desde comienzos del año 1932 se disuelve la orden de los Jesuitas, cuya presencia en España adquiere carácter de símbolo. Simultáneamente se reconocen oficialmente el matrimonio civil y el divorcio. Son otras tantas provocaciones a una Iglesia cuyos privilegios se habían ido prolongando hasta entonces. Hay que añadir que las medidas adoptadas no siempre son acertadas. La confiscación de los bienes de los Jesuitas es poco eficaz ya que no afecta a su cartera de inversiones mobiliarias. La prohibición de enseñar que se adopta en junio de 1933 en relación con las congregaciones religiosas es torpe en la medida en que el Estado no puede, de un día para el otro, acoger en una enseñanza laica que aún es insuficiente a los niños de las escuelas religiosas.

Las otras dos grandes reformas del gobierno Azaña también son, pese a su moderación, o quizás a causa de ella, generadoras de divisiones y de nuevas oposiciones. Del principio antonomista admitido por la Constitución en definitiva no sale más que el Estatuto aplicable a Cataluña, que se vota en septiembre de 1932.

La Generalidad de Cataluña la componen tres órganos esenciales: un Parlamento, un consejo ejecutivo y un presidente; funciona según unos principios parlamentarios y debe recibir amplias responsabilidades... que todavía no están exactamente determinadas. Los otros proyectos autonomistas siguen en los limbos, y el de los vascos es considerado ¡demasiado conservador! A pesar de la evidente satisfacción con la que se celebra el nacimiento de la Generalidad y la elección de Maciá como presidente, las concesiones realizadas por el gobierno son insuficientes para muchos, o al menos demasiado imprecisas para ser aceptadas sin reservas, y peligrosas para otros. El Ejército es especialmente sensible ante todo lo que le parece amenaza de división en el futuro.

Y queda la Reforma agraria, el más urgente pero también el más delicado de estos proyectos. La gravedad de las tensiones sociales en el mundo rural es tal que, desde los primeros días de la República, el gobierno provisional se siente obligado a conceder un cierto número de satisfacciones inmediatas: prolongación de los contratos de arrendamiento para evitar rescisiones abusivas por parte de los grandes propietarios, extensión de la jornada de ocho horas a los trabajadores agrícolas (lo que es una afirmación de principio más que una medida realmente aplicada), etc. Estas medidas de conservación preceden a una reforma largamente discutida. Desde el comienzo choca con la resistencia tanto de la oligarquía terrateniente como de los partidos políticos moderados incluido, por primera vez, el partido radical, que hasta entonces se había situado políticamente en la izquierda. La ley finalmente no es votada hasta septiembre de 1932. Distingue trece categorías distintas de tierras a expropiar, parcial o totalmente, sin incluir los pastos y bosques. Excepto en el caso de las tierras de algunos Grandes de España, que se confiscan, prevé una indemnización, cuya liquidación al contado es inversamente proporcional al valor de la propiedad expropiada.

Los inconvenientes de esta reforma son evidentes: constituye un mecanismo muy lento y pesado. La primera tarea del *Instituto de Reforma Agraria* (IRA), que se crea para aplicarla, es constituir para toda España un inventario de las tierras expropiables. El texto de la ley inquieta a numerosos medianos propietarios debido a ciertas disposiciones torpes y amenazadoras. En cambio no puede dar respuesta a la espera impaciente de centenares de miles de campesinos sin tierra. A finales del año 1933 la reforma sólo ha producido unos resultados ridículos. En ningún caso satisface las reivindicaciones populares. Por lo tanto no consigue evitar las ocupaciones ilegales de tierras propiciadas por la oposición anarquista.

La oposición popular: anarquistas y socialistas

Los aparentes progresos de las tendencias revisionistas en el interior del movimiento anarquista no nos deben llamar a engaño. Algunos de ellos, por afán de eficacia, hablan de reforzar la organización, de formar un "ejército revolucionario"; pero en esta evolución no hay que ver la aparición de ningún tipo de moderantismo. Aunque el grupo de los *Solidarios* (Ascaso, Durruti y García Oliver) trata de acabar con el *pistolerismo*, no rechaza en absoluto la acción terrorista. Simplemente, para sus miembros el terrorismo sólo debe golpear a los responsables del régimen.

En 1927 ha nacido en Valencia la *Federación Anarquista Ibérica* (FAI). En su origen es una sociedad secreta y preparada para la acción clandestina. Recluta sus afiliados entre los cuadros más "duros" de la CNT. Se fija como objetivo evitar cualquier desviación reformista de la Confederación. El movimiento libertario, para afirmarse, debe volver a la violencia. Para la FAI su radicalismo es una baza en la difícil situación política de los primeros tiempos de la República.

Consigue controlar la CNT eliminando a los "no anarquistas". Los hombres de la FAI, que actúan abiertamente, multiplican los actos revolucionarios. En varios lugares llegan a protagonizar verdaderas insurrecciones y a proclamar el "comunismo libertario". Es lo que sucede a comienzos del año 1932 en la cuenca minera del Llobregat. En enero de 1933 la insurrección se extiende desde Cataluña hacia Levante y, sobre todo, a Andalucía, donde la decepción subsiguiente a las promesas de reforma agraria moviliza a los campesinos. La República se ve obligada a reprimir y lo hace con la misma decisión que los regímenes anteriores. Después de los motines del Llobregat, se detiene y se deporta a anarquistas como Ascaso y Durruti cuya participación directa en la acción es, como mínimo, dudosa. En 1933 y en Casas Viejas (Andalucía), la guardia de asalto creada por el gobierno provisional realiza una verdadera matanza.

En cualquier caso el levantamiento de enero de 1933, aunque quiera tener un carácter de insurrección generalizada, muestra sobre todo la ineficacia de la acción anarquista. Las insurrecciones armadas fracasan en cada ocasión. La CNT debe volver a la ilegalidad por su negativa a aceptar la República burguesa, y especialmente la legislación laboral instituida por la República. Denuncia los jurados mixtos de patronos y obreros encargados de arbitrar los conflictos laborales por ser una simple prolongación de los comités paritarios de la Dictadura. Ya no avala la experiencia republicana. Cuando hay elecciones los anarquistas abandonan sus recientes alianzas y vuelven a la práctica abstencionista. De este modo provocarán la división y el hundimiento de la izquierda en las elecciones de 1933.

En cambio, el PSOE y la UGT han jugado sin gran provecho la carta de la alianza liberal desde 1931 hasta 1933. Los socialistas, minoritarios en el gobierno —tres ministros sobre doce— y en la Asamblea, no están en condiciones de imponer su voluntad. Cuando Largo Caballero presenta un proyecto de ley sobre el control obrero en las empresas es obstaculizado inmediatamente. La reforma agraria de Azaña no puede satisfacer a los trabajadores agrícolas, miembros de la UGT, que participan en las ocupaciones de tierras. Las diferencias entre la dirección del partido y de los sindicatos y la misma acción de los trabajadores, más reivindicativa, se van profundizando. La huelgas, apoyadas por el pequeño núcleo comunista, particularmente fuerte en Sevilla y en Asturias, se multiplican. Sin embargo el partido comunista sólo desempeña un papel secundario, y la central sindical (CGTU) que trata de crear desaparecerá desde noviembre de 1935 al aceptar la fusión con la UGT.

En el mismo seno del partido socialista el reformismo cada vez encuentra más adversarios. Varios dirigentes, y no de los menores, creen conveniente reconsiderar por completo su actitud de colaboración con los liberales. El cambio más destacable es el de Largo Caballero, que desde noviembre de 1933 preconiza la toma revolucionaria del poder por parte de la clase obrera. Algunos meses antes todavía era ministro y aceptaba la idea de una evolución democrática. La difícil situación de los socialistas en la coalición gubernamental, la emoción suscitada por los sucesos de Casa Viejas y la victoria del nazismo en Alemania explican, sin duda, este cambio. En las elecciones de 1933 los socialistas rompen su alianza con los republicanos y presentan candidatos propios en todas partes.

Las violencias anarquistas y el retorno de los socialistas a la idea revolucionaria dan fe de un creciente descontento popular. A los republicanos liberales les haría falta una base electoral sólida o un apoyo parcial de las fuerzas conservadoras. Pero no poseen ni lo uno ni lo otro.

Las divisiones republicanas

De hecho, y como en 1868, los republicanos no están de acuerdo ni sobre la política a seguir ni sobre las alianzas a defender. En la práctica la *izquierda republicana* ejerce el poder entre 1931 y 1933 beneficiándose de una situación de equilibrio entre conservadores y socialistas y con el sincero deseo de realizar profundas reformas sociales y de acabar con las presiones ejercidas sobre el Estado por estas fuerzas poderosas que en España son la Iglesia y el Ejército. Al practicar una política anticlerical, Manuel Azaña rompe con la Iglesia. Al vacilar en la aplicación de una reforma agraria rápida y completa, renuncia, en última instancia, a la alianza con los socialistas.

Las únicas fuerzas que parecen capaces de cooperar con él de forma sostenida son los *radicales* de Lerroux, cuya influencia en Cataluña sigue siendo importante y que se apoya ampliamente en la Franc-Masonería. Pero Lerroux nunca ha tenido un programa político muy sólido. En 1931-1933 rechaza toda posibilidad de colaboración con los socialistas y elige abiertamente aliarse con la derecha. Entonces ve cómo se separan de él sus mejores colaboradores: Domingo, fundador de un efímero *partido radical-socialista*, y Martínez Barrio, creador de la *Unión Republicana.*

En resumen, cuatro grupos o partidos se disputan los sufragios de las clases medias, que a menudo también están atraídas por el socialismo reformista o por los movimientos de derecha. Durante mucho tiempo el centro republicano ha jugado en España sobre la base de la ausencia de partidos de masas y sobre la importancia de personalidades, curiosamente emparentadas con los caciques de la Restauración, tanto por su influencia local como por sus métodos electorales. Pero el lugar que todavía ocupan se debe, sobre todo, a que representan la esperanza de una solución de compromiso entre la amenaza revolucionaria y la solución dictatorial.

Los defensores del Orden y de la Unidad. La Iglesia y el Ejército

Más allá de los grupos y de los partidos políticos, el régimen monárquico siempre ha experimentado la necesidad de apoyarse en la Iglesia y de conciliarse el Ejército. Cuando una de estas fuerzas le fallan, se rompe el equilibrio político. Después de la experiencia de las guerras carlistas, la monarquía de Isabel II ha sido la primera en aproximarse a la Iglesia católica. El Concordato de 1851 ha permanecido en vigor hasta 1931. A pesar de los malos recuerdos de la desamortización, el alto clero ha apoyado a fondo a los Borbones durante la Restauración. Prácticamente se ha identificado con el poder monárquico y sólo lo abandona a pesar suyo después de la abdicación de Alfonso XIII. La primera persona que manifiesta una oposición abierta ante el régimen republicano es el primado de España, el cardenal Segura. Sólo algunos días después de la proclamación de la República manifiesta públicamente su adhesión al régimen desaparecido. Este incidente, seguido de muchos otros, provocará su expulsión. En estas fechas sin duda no es más que un acto aislado, que no significa en absoluto una voluntad de ruptura de la Iglesia respecto a la República. Pero, sin embargo, es un muy mal síntoma. Las discusiones constitucionales hacen el resto y empujan al clero a negar sistemáticamente su colaboración al gobierno de Azaña.

La Iglesia, aunque durante la Restauración haya reconstituido una parte de su patrimonio, ya no es el gran propietario de tierras de comienzos del siglo XIX. Es inexacto el identificar clero y oligarquía. Pero el hecho es que muy a menudo hay colaboración entre el poder sociopolítico de los oligarcas y el poder eclesiástico. La Iglesia está presente en todas partes. En 1930 todavía hay 113.000 sacerdotes para una población de veinticinco millones de habitantes, lo que es una proporción muy considerable. Mantiene su influencia sobre la enseñanza mediante las escuelas parroquiales y también gracias a que las congregaciones controlan una buena parte de la enseñanza secundaria. La Iglesia, que se alimenta de una tradición militante e integrista que se remonta a principios del siglo XIX, ha tomado partido por el conservadurismo político desde hace decenios. Sin lugar a dudas, la descristianización alcanza su máximo nivel no tanto en los suburbios y en las ciudades obreras, cuanto en el campo de Andalucía, de Levante o de Aragón, donde el anarquismo sustituye a la religión católica con otra fe y otro combate. Pero las explosiones antirreligiosas son más visibles en las ciudades. Desde la proclamación de la República estallan en Madrid o en Málaga bajo la forma de estos incendios de iglesias o de conventos que acompañan a todos los movimientos políticos y sociales durante los años siguientes.

La identificación entre la política anticlerical de Azaña y las violencias antirreligiosas es fácil y falaciosa, y los católicos españoles no se han abstenido de realizarla. Pero la mayoría del alto clero, a pesar de desear el retorno al orden monárquico, no se quiere arriesgar a pasar la prueba de una guerra civil. Simplemente se esfuerza por reagrupar las fuerzas conservadoras. Es a instigación suya que se crea la *Confederación Española de Derechas Autónomas* (la CEDA) cuyo principal dirigente, Gil Robles, procede directamente de Acción católica y cuyo inspirador es el redactor jefe del periódico católico *El Debate*, Ángel Herrera.

El Ejército tiene en común con la Iglesia que es a la vez instrumento de dominación e instrumento de unidad. Sin embargo, ante los acontecimientos que se suceden está profundamente dividido. Los antagonismos entre los diferentes cuerpos, y también entre los oficiales superiores y los cuadros subalternos se han hecho públicos en 1917. A pesar de su éxito marroquí, Primo de Rivera nunca ha podido imponerse totalmente. Una buena parte del Ejército acepta la República, sin particular entusiasmo pero con el deseo de salvar el orden y la unidad del país. No obstante, su apoyo es precario: condena los autonomismos, que en su opinión representan abandonos, y desconfía de la impotencia parlamentaria.

Azaña parece haber comprendido el peligro que representa una fuerza sobrecargada de oficiales, demasiado interesada por la política y más dedicada a actividades propias de la policía que a la protección del país. Una de sus primeras decisiones consiste en ofrecer una jubilación anticipada con el sueldo completo a un gran número de oficiales, lo que, en su opinión, debería facilitar la promoción de nuevos cuadros, más fieles a la República. Al organizar la guardia de asalto también quiere sustituir, en la tarea del mantenimiento del orden, al ejército por una fuerza nueva, adicta al régimen.

De hecho, estas medidas sólo logran parcialmente el objetivo buscado. La mitad de los oficiales afectados aceptan la jubilación; pero a partir de entonces todos se preocupan por un futuro que cada vez les parece más incierto. Los intereses corporativos refuerzan la evidente falta de confianza en la República. En el transcurso del verano de 1932, el antiguo jefe de la Guardia Civil, el general monárquico Sanjurjo, que inicialmente había aceptado el nuevo régimen, intenta una sublevación en Sevilla que rápidamente es reprimida. Sin embargo su gesto es revelador del rápido cambio de opinión de numerosos oficiales superiores. La República, al sancionar suavemente a Sanjurjo, y luego al liberarlo, muestra su debilidad y la necesidad que siente de conciliarse a cualquier precio a los jefes del Ejército. Pero no por esto evitará que se desarrollen complots militares.

Los partidos de derecha. Del conservadurismo tradicional a la Falange

En primer lugar conviene situar correctamente las fuerzas políticas conservadoras. A imagen y semejanza de la oligarquía que las domina, son una alianza del tradicionalismo y de las nuevas fuerzas nacidas de la evolución económica. Sin embargo no se puede explicar su poder en España más que por el mantenimiento o la adhesión de importantes masas populares al campo conservador. Para esto el apoyo de la Iglesia católica tiene una importancia enorme. Es decisivo en las regiones donde la tradición carlista todavía es muy viva, como en Navarra, o incluso en las provincias vascas. El Partido Nacionalista Vasco es un partido católico y conservador. Los sindicatos católicos son poderosos en el País Vasco, y la influencia del sacerdote es, a menudo, decisiva. Pero el clero, que aquí está muy próximo a la masa de la población, apoya, en conjunto, las reivindicaciones autonomistas.

La otra fuerza del movimiento conservador es el mantenimiento del sistema de clientela en las regiones de gran propiedad. Evidentemente, la propaganda revolucionaria ha atacado intensamente al poder oligárquico desde hace unos años, incluso en Andalucía o en Extremadura. Pero no consigue borrar por completo, ni mucho menos, los hábitos del pasado y las relaciones de subordinación. El caciquismo no es un fenómeno totalmente caduco.

Sin embargo, la derecha española está muy dividida hasta 1933. La abdicación de Alfonso XIII aún resalta más los antagonismos entre monárquicos. Por definición, los carlistas siguen siendo irreconciliables. Tienen una larga tradición de resistencia al poder central y una sólida organización en Navarra, donde actúa Fal Conde, secretario de la Comunión tradicionalista desde 1932 y representante del pretendiente Alfonso Carlos. Fal Conde incluso organizará, a partir de 1934, el *Requeté* navarro como fuerza militar dispuesta a actuar contra la República.

Los partidarios de Alfonso XIII también se reorganizan cuando el soberano exilado se decide a anunciar su hostilidad activa contra la República. En 1933 se crea el partido de la *Revolución española*, que agrupa a un cierto número de militares, pero también a políticos conocidos, como Calvo Sotelo, partidario del restablecimiento de una monarquía autoritaria.

Estos grupos pueden actuar y conspirar contra la República, pero sin el apoyo de la mayoría del ejército y, sobre todo, sin el apoyo decisivo de la Iglesia, no tienen ninguna probabilidad de lograr que sus ideas triunfen. Por el momento la Iglesia juega una carta importante con la CEDA. Inicialmente se trata de un reagrupamiento de las fuerzas centristas, la más importante de las cuales es la *Acción Popular*, dirigida por Gil Robles. Ésta se convierte rápidamente en una fuerza política importante, que reúne tanto a los grandes propietarios andaluces como a los pequeños arrendatarios de Castilla la Vieja y de las provincias del noroeste. Algunos ven en ella al homólogo del partido popular que Dom Sturzo había creado en Italia y que era el primer verdadero ensayo de una democracia cristiana a la que Gil Robles volverá al cabo de los años. Pero de hecho el desarrollo de la CEDA se produce en un contexto de crisis nacional e internacional. Para sus partidarios Gil Robles se convierte en el *Jefe*, el hombre fuerte que debe tomar en sus manos los destinos del país incluso al precio de la desaparición de la República. Las *Juventudes de acción popular* se organizan a imagen y semejanza de las Juventudes fascistas y pretenden ser, como la Falange después, un organismo de combate contra la presión revolucionaria. Pero la CEDA es demasiado heterogénea y demasiado vacilante para satisfacer a los que, en España, creen que no hay otra solución a los problemas nacionales que una dictadura próxima al sistema mussoliniano.

Éstos no son numerosos, pero sí activos. Su dinamismo les permitirá desempeñar un papel determinante en el enfrentamiento que se prepara. El grupo más claramente fascista, pero el menos importante, es el *partido nacionalista español* del doctor Albiñana. Desaparecerá en la tormenta de 1936 fundiéndose definitivamente en la Falange.

Más importante es el grupo de las JONS (Juntas de Ofensiva Nacional Sindicalista). Su fundador, Ledesma Ramos, preconiza la creación de un Estado nacionalsindicalista, muy próximo al ejemplo alemán. Pero su acción se limita a una "élite política", y no logra verdadera importancia hasta febrero de 1934, cuando las JONS se fusionan con la *Falange española* de José Antonio Primo de Rivera. El hijo del dictador ha ido adquiriendo experiencia política a la sombra de su padre. En 1930 trabaja en esta Unión patriótica que, como máximo, puede considerarse como un primer esbozo de partido único en España. Pero también es, indiscutiblemente, un ferviente admirador de Mussolini. En 1933 funda la Falange con algunos amigos. Entonces comienza unas giras políticas que lo convertirán en uno de los portavoces más escuchados de la extrema derecha española.

Buscar un pensamiento original en los discursos de José Antonio es esforzarse en vano. En ellos se encuentran a la vez las reivindicaciones tradicionales del nacionalismo, la condena de los partidos y de los sindicatos, más tímidamente la condena del capitalismo, constantemente el principio de unidad —vinculado a veces al recuerdo de la unidad cristiana—, y siempre la voluntad de combatir el marxismo. Porque la Falange es, en primer lugar, un organismo de combate. El primer sindicato falangista es el SEU, sindicato universitario destinado a oponerse a la FUE, de tendencia socialista. Además la Falange se dota de unas milicias, dispuestas a luchar y que utilizan el terrorismo como medio de acción inmediata. La Falange, que es poco importante mientras que la legalidad republicana tiene posibilidades de ser salvaguardada, pasa al primer plano a partir del momento en que se avanza hacia el enfrentamiento armado.

V. Un país abocado a la violencia

Es fácil, al cabo de los años, condenar la impotencia de la Segunda República, su incapacidad para tomar opciones políticas y, sobre todo, para imponerlas. Sin embargo, hay que recordar que la crisis es tan aguda y los antagonismos sociales tan profundos que a partir de entonces es muy difícil evitar una confrontación brutal. La República no tiene la unidad ambigua de la Dictadura. Primero intenta encontrar una solución reformista que no satisface a nadie. En 1934 intenta jugar la carta del conservadurismo social. Esta experiencia desemboca en una situación insurreccional en Cataluña y, sobre todo, en Asturias. Finalmente, en 1936 la victoria del Frente popular abre una tercera vía, la de un gobierno de izquierda que pone en tela de juicio las estructuras tradicionales de España. Algunos meses después se desencadena la guerra civil. La Dictadura militar impondrá su solución.

La República española no ha muerto debido a sus vacilaciones. Su fracaso está relacionado tanto con el exceso de las pasiones políticas españolas como con el progreso generalizado de la violencia en Europa. El modelo de la revolución soviética todavía está vivo en las masas populares, incluso entre los que se han alejado de la Rusia bochevique desde hace mucho tiempo. Y la derecha española tiene como ejemplos más próximos el fascismo italiano y el nazismo alemán. En estas condiciones la experiencia republicana tiene muy pocas posibilidades de éxito. En un primer momento el gobierno de Azaña, apoyado en los socialistas, ha intentado resistir ante las fuerzas de desorden y debilitar a la derecha sin atacarla demasiado abiertamente.

El fracaso de Azaña y las elecciones de 1933

La apuesta del gobierno reformador sólo se puede ganar con una doble condición: mantener la unidad de la coalición gubernamental y acabar con los desórdenes, principalmente en los campos del sur y en Cataluña, ganando para la República y para la democracia parlamentaria a una gran parte de la población rural. Desde comienzos de 1933 es evidente que esta apuesta se ha perdido. El apoyo que los socialistas conceden al gobierno Azaña es cada vez más vacilante. Para ellos es absolutamente imposible compartir la responsabilidad de la represión contra los levantamientos anarquistas. Ante sus electores no pueden avalar una política liberal tan alejada del ideal marxista, y que corre el peligro de separarlos de su base obrera y campesina. Irán solos a las elecciones, rompiendo de este modo la solidaridad gubernamental. Además, la lentitud en la aplicación de la reforma agraria no permite calmar la impaciencia campesina. La continuación de las revueltas campesinas durante 1933 conduce a un reforzamiento de la legislación represiva, principalmente la ley relativa al orden público de julio de 1933. En alguna medida es la revancha de los anarquistas, que están perseguidos, encarcelados y condenados a la ilegalidad, pero que obligan al gobierno republicano a comportarse para con ellos de la misma forma que la Dictadura.

Evidentemente la coalición electoral que se constituye en torno a la CEDA se aprovecha de esta situación, y en esto está apoyada por el alto clero que acaba de denunciar la ley sobre congregaciones en una carta pastoral colectiva. Cada consulta electoral, y hay muchas, es un fracaso para los partidos gubernamentales. Así, las elecciones municipales de abril de 1933 presencian el éxito de los monárquicos y de la CEDA. Alcalá Zamora, cuyo desacuerdo con el gobierno Azaña es manifiesto desde hace mucho tiempo, disuelve las Cortes.

La izquierda dividida debe enfrentarse con la ofensiva de los libertarios, que preconizan la abstención y que denuncian la injusticia social y la incapacidad gubernamental para acabar con ella. Encuentran una muy amplia resonancia en la población. En Cataluña, en una gran parte de Aragón y en Andalucía, el porcentaje de abstenciones superará el 40 por ciento. Por el otro lado, Azaña, abandonado por los radicales de Lerroux, ya no puede esperar rehacer una alianza centrista. El éxito de la derecha es tanto más aplastante cuanto que el sistema electoral favorece ampliamente la representación mayoritaria. Sin contar a los catalanes de la Lliga ni a los radicales, dispone de más de doscientos escaños, mientras que toda la izquierda no llega a obtener cien. Los socialistas aislados, sólo cincuenta y ocho. La CEDA tiene, de lejos, el principal grupo parlamentario. Sin embargo no tiene la mayoría absoluta. Está condenada a gobernar con el centro derecha si decide, tal como lo desea Gil Robles, jugar al juego parlamentario. No obstante, su éxito electoral permite dar una oportunidad a la República conservadora. El fácil aplastamiento de una nueva insurrección anarquista que se desencadena después de las elecciones, facilita, sin lugar a dudas, la constitución de un gobierno presidido por Lerroux, viejo anticlerical, pero que llama a la CEDA y a sus aliados agrarios para asegurarse la mayoría.

El bienio negro y la insurrección de Asturias

Al comienzo la derecha en el poder se muestra bastante prudente. Al revés de lo que se podía temer, no se apresura por realizar una contrarreforma agraria. Primero las medidas de reacción tienen un alcance más bien simbólico. El IRA sigue recibiendo fondos y repartiendo tierras a un ritmo incluso más rápido que durante el gobierno de Azaña. Después de la insurrección de octubre de 1934 el movimiento de reforma prosigue gracias al ministro Giménez Fernández, jurista sensible a los temas del sindicalismo cristiano. Así, pese a la voluntad de la CEDA, cada vez más influyente, la redistribución de las tierras a los pequeños cultivadores aún continúa durante algunos meses. Sin embargo, Giménez Fernández, aislado en un gobierno cada vez más conservador, abandona su puesto en marzo de 1935, y desde el mes de julio siguiente una nueva ley de "reforma" agraria organiza, de hecho, la reacción. Los católicos moderados denunciarán, vanamente, su nocividad.

En otros terrenos el conservadurismo se manifiesta mucho más rápidamente. Los militares vuelven a conseguir favores y promociones, incluidos los "Africanos", como el general Franco, que estuvieron apartados de las altas responsabilidades durante algún tiempo. Se suspenden todas las medidas desfavorables al clero, excepto la expulsión de los Jesuitas. Pero éstos siguen enseñando, aunque con hábito "civil". No sólo no se concede ningún nuevo estatuto regional, en perjuicio principalmente de los vascos, sino que la aplicación del estatuto de Cataluña se suspende a resultas de una grave crisis que enfrenta a la Generalidad con el gobierno de Madrid. En la primavera de 1934 una medida de la Generalidad favorable a los *rabassaires* es declarada inconstitucional en Madrid. Las relaciones se rompen abiertamente con motivo de la entrada, en octubre de 1934, de ministros de la CEDA en el gobierno Lerroux. Companys, nuevo presidente de la Generalitat, proclama la República catalana el 6 de octubre de 1934. El gobierno responde mandando arrestar a los miembros del Consejo y suspendiendo la aplicación del Estatuto.

La degradación del clima político se generaliza muy rápidamente. Para las fuerzas populares la entrada de los ministros cedistas en el gobierno es una verdadera provocación. El 5 de octubre la UGT lanza una llamada a la huelga general. El movimiento es un fracaso en Madrid y en Cataluña: los anarquistas no participan en él. En Barcelona Companys se apoya en una pequeña alianza obrera que engloba a la UGT, al *Bloc Obrer i Camperol*, a la izquierda comunista, el PSOE y a la *Unió de Rabassaires*, pero no a la CNT. En pocos días la guardia civil y el ejército reducen los focos de contestación. Los responsables políticos, comenzando por Largo Caballero, han huido o han sido encarcelados.

Sin embargo, en Asturias la insurrección tomará otras dimensiones. En marzo de 1934 se había firmado un pacto de alianza regional entre militantes asturianos de la CNT y de la UGT. Este acuerdo prevé la preparación en común de un movimiento revolucionario por parte de los comités locales, dirigidos a su vez por un comité ejecutivo que deberá instalarse en Oviedo para asegurar la dirección de las operaciones. Por primera vez, pese a ser en una escala reducida, se elabora un plan destinado a asegurar el triunfo de una revolución que se fija como objetivo "la socialización inmediata de los medios de producción". Cuando estalla la insurrección, el 5 de octubre, los obreros agrupados en la UHP (Unión de Hermanos Proletarios) se apoderan en pocas horas de los depósitos de armas, de los stocks de dinamita, y liquidan por la fuerza las guarniciones de la guardia civil. Los comités, que son verdaderos soviets, se adueñan del poder. En Oviedo los comunistas y los socialistas son los únicos miembros del Comité. En cambio en Gijón dominan los anarquistas. Se instituye un embrión de gobierno local, pero no tendrá tiempo para funcionar. Desde el 8 de octubre los insurrectos son expulsados de Gijón y de Avilés por tropas traídas con la máxima urgencia de Marruecos. Pero resisten más tiempo en el interior, y sobre todo en los valles mineros, haciendo gala de notables capacidades de organización revolucionaria de la economía y de la lucha armada. Los legionarios del Tercio y las tropas marroquíes, bajo el alto mando del general Franco, son los encargados de aplastar la "Comuna asturiana". El 18 de octubre la insurrección ha sido definitivamente vencida.

Pero por primera vez ha superado el estadio de los motines locales. También por primera vez la violencia de los combates y de la represión toma proporciones tan considerables. Si bien el balance es difícil de establecer, se puede estimar en varios miles el número de víctimas; y, sobre todo, el número de detenciones efectuadas en las semanas posteriores a la insurrección se puede cifrar en más de 30.000.

La derecha se siente autorizada a aprovecharse de su victoria. En adelante la CEDA ejerce una mayor presión sobre el gobierno. En mayo de 1935 Gil Robles es nombrado ministro de la Guerra, e inmediatamente aborda una reorganización del ejército. Franco, el "vencedor" de Asturias, es nombrado jefe del Estado Mayor Central. Incluso se inicia una actuación judicial contra el antiguo presidente del Consejo, Azaña, considerado cómplice de la revolución de octubre de 1934. La interrupción de las reformas es total. Y ya se habla de anular las escasas conquistas de los comienzos de la República. No obstante, una tal reacción conservadora choca con tímidas resistencias. La eliminación de Lerroux, salpicado por los escándalos financieros, no clarifica la situación. Alcalá Zamora, convencido de la necesidad de obtener una clara mayoría para asentar la República conservadora, confía al "centrista" Portela Valladares la tarea de despachar los asuntos corrientes y disuelve las Cortes el 7 de enero de 1936.

Las elecciones del 1936 y la victoria del Frente popular

Por lo tanto, el presidente de la República, especulando con el sistema mayoritario, espera conseguir una mayoría de centro derecha en estas elecciones. En cambio, las condiciones en las que se desarrollará el escrutinio favorecerán a la izquierda. Ésta fue derrotada en 1933 porque estaba dividida y porque le fallaron los votos libertarios. El ascenso de los fascismos y la renuncia de la Internacional comunista a una estricta aplicación del principio de la lucha de clases favorecen en toda Europa un reagrupamiento de las izquierdas. En España, como en Francia, el año 1935 se caracteriza por una aproximación de las fuerzas "antifascistas". El 20 de octubre de 1935 se forma un *Frente popular* que reúne a los socialistas y a los comunistas, a los grupos republicanos de izquierda (Izquierda republicana y

Unión republicana), a la Esquerra catalana, y a la ORGA, Partido autonomista gallego. Es una coalición un poco heteróclita, pero cuyos dirigentes aceptan participar en el juego "democrático". El 15 de enero de 1936 los partidos agrupados en el Frente popular —al cual entonces hay que añadir el Partido sindicalista del antiguo libertario Pestaña y el POUM (Partido Obrero de Unificación Marxista, formado recientemente a partir de diversas tendencias comunistas disidentes)— firman un manifiesto común. El programa enunciado es muy vago en sus principios: recuperación económica, reducción de los impuestos, autonomía regional. Pero introduce con prioridad máxima medidas de reparación para con las víctimas de la represión como son la amnistía para los delitos políticos, la reintegración en sus puestos de los funcionarios "depurados" a raíz de la insurrección y la concesión de indemnizaciones a las familias de las víctimas. Estas medidas de circunstancias son importantes. El programa reformista del Frente popular era poco adecuado para atraer a las masas, pero las promesas de amnistía no podían dejar indiferente a una población extremadamente sensibilizada por los enfrentamientos de 1934. Los anarquistas no pueden hacer abstracción de estos compromisos y, sean cuales sean sus reservas respecto a la coalición de las izquierdas, revocarán su consigna de abstención. Incluso libertarios tan intransigentes como Durruti preconizan abiertamente la participación en las elecciones.

La derecha no parece tener conciencia del peligro que la amenaza. Sin duda la CEDA se ha creído demasiado fuerte, pero la experiencia reciente pone de manifiesto las dificultades que aún tiene que vencer para imponer su política en un contexto que, sin embargo, le es favorable. Ciertamente, hay alianzas tanto en la derecha como en la izquierda, pero estas coaliciones de última hora no siempre son convincentes y disimulan mal la oposición que existe entre los partidarios de una solución parlamentaria y los de un régimen autoritario, sea una monarquía o una dictadura. Los vascos, a pesar de su posición conservadora, se niegan a unirse a una mayoría que acaba de negarles toda forma de autonomía.

En cualquier caso este exceso de confianza es fatal para la derecha española. Nos parece un esfuerzo inútil el de perderse en el cálculo de los votos y de los porcentajes electorales. Sin embargo se puede afirmar que las abstenciones disminuyen considerablemente respecto a las cifras de 1933 (no obstante aun representan aproximadamente un 33 por ciento). El número total de votos obtenidos por el Frente popular es ligeramente superior a 4.100.000, sobre 9.200.000 votos emitidos. Es muy difícil "clasificar" los votos de los vascos o de buena parte de los centristas. Como máximo se puede afirmar que la persistencia de las presiones tradicionales en el campo no ha impedido la victoria de la izquierda, y que las elecciones de febrero de 1936 se pueden considerar como unas de las menos falseadas que se han desarrollado en España antes de la guerra civil.

Velando armas

Al mismo día siguiente a la primera vuelta de las elecciones, el líder de la derecha, Gil Robles, y el jefe del Estado Mayor, el general Franco, piden, en vano, al presidente de la República que proclame el estado de guerra. Esto puede parecer sorprendente habida cuenta de lo que hemos dicho acerca de la moderación del programa del Frente popular. A juzgar por los cambios políticos que se producen en la jefatura del Estado, la República no está en absoluto amenazada.

Efectivamente, Azaña vuelve a ocupar la dirección del gobierno a la espera de sustituir a Alcalá Zamora en la jefatura del Estado una vez éste haya sido destituido en el mes de abril. Todos los ministros proceden de la izquierda liberal, lo que ni siquiera corresponde a la composición de la coalición electoral del Frente popular. Sin embargo, este gobierno moderado no es tranquilizador. A partir de este momento el gobierno no representa ni a la derecha ni a la izquierda victoriosa. La negativa de los socialistas a participar lo coloca en una situación como mínimo incómoda ante el entusiasmo popular que en cualquier momento puede desbordarlo.

Desde el 17 de enero, y sin esperar a que se firme el decreto de amnistía, se empiezan a abrir las prisiones en Valencia o en Oviedo. Para evitar que se multipliquen las huelgas y las manifestaciones Azaña decide, antes incluso de que se reúnan las Cortes, la reposición en sus funciones de los concejales destituidos durante el bienio negro y el restablecimiento del Estatuto catalán. Estas decisiones no interrumpen la oleada de movimientos sociales, oleada que no cesa de ampliarse y que consiste evidentemente en huelgas reivindicativas, pero también en huelgas políticas que culminarán con el movimiento de los obreros de la construcción que comienza el 1.º de junio en Madrid impulsado por la CNT. Los anarquistas y los socialistas se enfrentarán duramente en el transcurso de esta huelga, y así volverán a poner de manifiesto los viejos antagonismos.

Además, los mismos socialistas están divididos sobre la actitud a seguir ante el movimiento popular. Mientras que Prieto predica una "revolución constructiva", Largo Caballero adopta una posición cada vez más maximalista, a menudo próxima a la de la CNT o a la de los grupos comunistas disidentes. En las manifestaciones en las que Largo Caballero participa a lo largo y a lo ancho de todo el país, se apoya principalmente en las juventudes socialistas. Pero éstas ya han iniciado las negociaciones que desembocarán en su fusión con las juventudes comunistas. De ahí surgen las Juventudes Socialistas Unificadas (JSU); dirigidas por Santiago Carrillo. De hecho, esta fusión es un éxito para los comunistas, al igual que la creación del PSUC (Partido socialista unificado de Cataluña), que reúne a los socialistas y a los comunistas catalanes en una misma organización. Además los progresos del partido comunista son muy rápidos en todo el país, signo inequívoco de una voluntad revolucionaria pese a la relativa moderación de las declaraciones de sus dirigentes.

Lo que sucede es que la presión revolucionaria desborda a los responsables de los partidos. En el campo, especialmente, se multiplican los *asentamientos* y las ocupaciones de tierras. La violencia reaparece en todas partes, y muy principalmente los incendios de conventos y de iglesias. En estas condiciones se comprende que el congreso de la CNT, que se reúne el mes de mayo en Zaragoza, asista al triunfo absoluto de la FAI en una atmósfera de delirio revolucionario.

Al terrorismo de izquierda y a los actos de violencia incontrolada responden el contraterrorismo y las amenazas cada vez más precisas de un golpe de Estado militar. Las ejecuciones sumarias y los ataques contra los locales de los partidos de izquierda se suceden diariamente. Con su actividad, los pistoleros de la Falange contribuyen ampliamente a crear o a mantener un clima de inseguridad, utilizando métodos ya probados en Italia durante los primeros tiempos del fascismo. La creciente convicción de que no hay más solución para la situación política que el recurso a la violencia cambia las relaciones de fuerza. La Falange, que hasta febrero no disponía más que de unos débiles efectivos, ve cómo crece de forma sorprendente la cifra de sus afiliados.

La lógica del terrorismo y del contraterrorismo sólo puede desembocar en un conflicto abierto. El asesinato de Calvo Sotelo por parte de un grupo de guardias de asalto, el 13 de julio, es la respuesta al asesinato, la víspera, del teniente Del Castillo. La propaganda de derechas encontrará en ello una justificación para la sublevación militar que va a desencadenarse. De hecho, el pronunciamiento se prepara abiertamente desde hace varios meses. Además, no hay una sino varias conspiraciones: la creación de una fuerza militar en Navarra es, tal como ya hemos visto, anterior a las elecciones de 1936. La conspiración militar, organizada por los oficiales monárquicos, dispone de los medios financieros necesarios, gracias principalmente a la ayuda del banquero Juan March y de útiles apoyos extranjeros.

El gobierno conoce estos complots. Incluso adopta medidas para alejar de Madrid a un cierto número de jefes militares influyentes. Son medidas de poco alcance, y a veces incluso torpes, como la que consiste en destinar al general Mola, cuyos sentimientos ultramonárquicos son de sobras conocidos, a Navarra, donde encuentra un terreno singularmente favorable para la conspiración.

En realidad el gobierno ya no tiene ningún instrumento para controlar la situación política. Intenta, en vano, manifestar algo de autoridad castigando tanto a la derecha como a la izquierda, cerrando, por ejemplo, los locales de la CNT en Madrid, y por el otro lado, mandando arrestar a José Antonio Primo de Rivera. Estas decisiones no hacen más que exasperar a los adversarios sin, evidentemente, acabar con la violencia. La República aún no está completamente muerta, pero la experiencia de una república liberal sí que se puede dar por terminada.

Capítulo II

DE LA GUERRA CIVIL A LA DICTADURA

La descomposición del sistema político sólo ha dejado paso a parches o a soluciones bastardas. Restablecer la autoridad del Estado por medio de una Dictadura militar, o tratar de crear, en un marco republicano, las condiciones adecuadas para el establecimiento de una democracia parlamentaria, son unas soluciones que no permiten resolver los problemas de fondo o que tan sólo los abordan superficialmente. Ni el régimen instaurado por Primo de Rivera, ni la II República, han ido hasta las últimas consecuencias de su lógica interna. El primero pretende mantener la dominación de la clase oligárquica, pero sin romper totalmente las resistencias a su dominio; la segunda se limita a iniciar reformas estructurales, que no tiene ni medios ni, sin duda alguna, deseos de completar.

Así pues la clase dominante conserva su poder, y la protesta social, al no poder expresarse en las instituciones tradicionales ligadas a un caciquismo pertinaz, no tiene más salida que la violencia. Los dirigentes de los sindicatos y de los partidos políticos se encuentran a menudo desbordados por sus seguidores. El Estado republicano, rechazado tanto por las fuerzas conservadoras —la Iglesia, el Ejército y la oligarquía— por juzgarlo impotente para mantener la unidad de la Nación, como por las fuerzas populares, que no ven en él más que la última expresión de un Estado opresivo, debe enfrentarse al terrorismo, a los enfrentamientos armados y a los levantamientos revolucionarios. La revuelta asturiana de 1934 y la represión que la aplasta son testimonios evidentes de que el recurso a la fuerza es el único medio para hacer triunfar las reivindicaciones sociales o para asegurar el orden. No es pues de extrañar el pronunciamiento de julio de 1936 y el desencadenamiento de violencias que lo acompaña o lo sigue. Lo asombroso, lo realmente nuevo, es la capacidad de resistencia de las fuerzas populares y sobre todo la duración de esta resistencia, alentada por todos aquellos que, por encima de las fronteras, ven en ella el símbolo de la defensa y el mantenimiento de las libertades.

El hecho es que el golpe de Estado de julio de 1936 provoca el hundimiento del Estado Republicano. Pero la misma amplitud del conflicto y del movimiento revolucionario que provoca le confieren dimensiones imprevisibles. España se convierte en el campo de enfrentamiento de las grandes potencias y el terreno de maniobra de los grandes ejércitos europeos. La dictadura militar nacida de la guerra sigue estando marcada durante años por sus alianzas, aunque no participe directamente en la conflagración mundial.

I. Los inicios de la guerra civil

El 17 de julio de 1936 se levanta el ejército de Marruecos. El 18 se generaliza el pronunciamiento a las principales ciudades del país. El movimiento triunfa parcialmente, pero fracasa sobre todo en los dos mayores centros urbanos, Madrid y Barcelona, ante una resistencia popular inesperada. El conflicto entonces se prolongará transformándose en una guerra civil que durará casi tres años. ¿Rebelión armada contra el poder legal o reacción necesaria para restablecer el orden? En realidad la discusión carece de interés. Como máximo se puede tratar de determinar en qué condiciones se inició el conflicto.

Los orígenes inmediatos del conflicto. Revolución y Pronunciamiento

Es evidente que la amplísima victoria del Frente popular en febrero de 1936, en unas elecciones relativamente honradas, se debió al sistema de escrutinio mayoritario que transforma un éxito relativo en un triunfo absoluto. Se puede reprobar semejante práctica e incluso asimilarla a un verdadero trucaje; pero sin embargo es preciso recordar que la ley electoral también había sido votada por la derecha. De hecho, ésta no rechaza la ley electoral, sino que teme sus consecuencias. Porque el Frente popular en el poder, aunque su programa sea bastante vago, significa abrir las cárceles, relanzar la reforma agraria y desencadenar los autonomismos.

Como ya hemos visto, a partir de febrero de 1936, se multiplican los actos revolucionarios, como las ocupaciones de fábricas y de tierras y la destrucción de edificios religiosos. Ciertamente el gobierno moderado salido de las elecciones no es responsable de esta explosión, pero es incapaz de frenarla. Está atrapado entre dos adversarios: los que desde la izquierda preconizan una acción inmediata para transformar la victoria política en revolución social, y por otra parte la acción contrarrevolucionaria que el terrorismo falangista ya anuncia.

No obstante, hay que señalar que el complot militar se ha forjado mucho antes de las elecciones. Bastantes oficiales, bien sea por fidelidad a la monarquía o, simplemente, por identificar el régimen republicano con el desorden y la anarquía, preparan desde hace mucho tiempo un golpe de fuerza. El técnico de la conspiración, el coronel Galarza, así como el jefe reconocido del complot, el general Sanjurjo, son monárquicos. Los dirigentes carlistas o falangistas aportan su apoyo político. Todos han previsto, mucho antes del 18 de julio, la necesidad de ayuda extranjera en el caso de que el levantamiento encuentre una seria resistencia. Se entablan negociaciones con la Italia fascista para procurarse armas.

El complot se está preparando desde hace más de un año. No se puede decir que el resultado de las elecciones haya modificado su objetivo. En todo caso, la agitación revolucionaria le da una justificación; el asesinato de Calvo Sotelo le proporciona *in extremis* un pretexto. En cambio, la adhesión de un cierto número de personalidades a la conjura se halla directamente relacionada con la victoria electoral del Frente popular. Concretamente es el caso del general Franco, convertido en jefe del movimiento por la muerte de Sanjurjo en un accidente de aviación el mismo día del levantamiento. En cualquier caso, en el mes de julio la mayoría de responsables militares ya se han adherido a la conspiración. El gobierno se encontrará, de la noche a la mañana, sin ejército, sin policía, sin nadie que transmita o ejecute las órdenes que sigue inútilmente dando. En pocos días no quedará Estado.

El hundimiento del Estado republicano. Éxitos y fracasos del pronunciamiento

Sin embargo, el golpe militar del 18 de julio estaba muy mediocremente preparado. Es evidente que los responsables del movimiento no habían previsto una resistencia popular duradera. El ejército unido es lo bastante fuerte como para acabar con todas las oposiciones. Y los oficiales fieles a la República ¡son una minoría tan pequeña!

En Marruecos, donde se acantonan las unidades mejor entrenadas y las más disciplinadas, el Tercio y las tropas moras, los militares se hacen con el poder en unas horas. Lo mismo ocurre en Navarra, donde los voluntarios carlistas se ponen bajo las órdenes del general Mola. En algunas grandes ciudades el éxito del pronunciamiento depende únicamente de la toma de posición de generales considerados sin embargo como republicanos y con los que el gobierno creía poder contar. Es el caso de Cabanellas en Zaragoza y, sobre todo, el de Queipo de Llano en Sevilla. Estas aglomeraciones, tradicionales bastiones obreros, caen casi por sorpresa. Y la caída de Sevilla inclina a buena parte de Andalucía hacia la rebelión. Las tropas moras, que desde el 18 de julio están bajo el mando de Franco, encontrarán en Sevilla una base de partida cómoda para continuar las operaciones.

Pero, junto a estos rápidos éxitos, el movimiento conoce fracasos estruendosos. La mayor parte de la armada no se adhiere al movimiento. En la mayoría de ocasiones los marinos amotinados se niegan a seguir a sus jefes. Las consecuencias de este rechazo son bastante graves para los militares. Dificulta el transporte de tropas de África a Andalucía. Pero sobre todo en el País Vasco, en casi toda Asturias, en toda Cataluña, así como en la capital, el levantamiento fracasa totalmente. En Barcelona la insurrección militar estalla el día 19. Los obreros, animados por la CNT, se han preparado para el combate. Pero están mal armados y sufren pérdidas terribles durante las primeras horas de la lucha. La ayuda que aporta una parte de la guardia civil a los obreros catalanes será decisiva. La caída de los grandes hoteles del centro, que estaban en manos de los militares, y después la capitulación del general Goded, aseguran la victoria popular.

En Madrid son aún más evidentes las dudas de los militares. Quizás la muerte de Sanjurjo, al privar a la insurrección de su principal dirigente, explica una tal vacilación. El general Fanjul se decide demasiado tarde a proclamar el estado de guerra. Ya se han empezado a distribuir armas. Los combates se reducen esencialmente al ataque al cuartel de la Montaña, foco de la insurrección. Pero durante semanas algunos francotiradores mantienen un estado de inseguridad en la capital, que ya está amenazada por los hombres del general Mola, que vienen de Navarra.

Esos éxitos modifican sin duda alguna los datos políticos del problema. Los jefes de la insurrección no se esforzaban en indicar claramente el tipo de régimen que pretendían imponer a España. La coalición heteróclita que dirigen no se lo permite. Lo que contaba para ellos era un rápido éxito militar que comportase evidentemente la desaparición del gobierno republicano. La victoria inmediata se les escapa de las manos, pero el gobierno, efectivamente, se ha hundido.

A pesar de estar desbordado por los acontecimientos, el presidente del Consejo, Casares Quiroga, duda sobre si tomar medidas radicales. Los sindicatos, desde el principio de la rebelión, han lanzado la consigna de huelga general y reclaman armas. Dárselas suponía aceptar la entrega de la realidad del poder a los dirigentes sindicales y a los responsables de los grupos políticos de izquierda. Casares Quiroga se niega a hacerlo. Pero ya no controla la situación. Las fuerzas de policía no le responden; la guardia civil se ha pasado en gran parte a los militares alzados; los cuadros administrativos suelen ser dudosos, y los mandos del ejército están en franca rebelión. En unos pocos días se suceden tres jefes de gobierno. El tercero, José Giral, dará por fin la orden de distribuir armas a los obreros.

¡Decisión ridícula! Allá donde era posible, ya se había hecho.

Pero, una vez legalizada la acción revolucionaria, el gobierno reconoce su incapacidad para ejercer en adelante ninguna autoridad. El poder estatal sólo es una apariencia. El presidente de la Generalidad de Cataluña, Companys, lo admite abiertamente cuando, dirigiéndose a los obreros en armas de Barcelona, declara: "Habéis vencido, y todo está en vuestro poder. Si no me queréis como presidente, decidlo..."

República y Revolución

Tanto en Madrid como en Barcelona, en Valencia o en Asturias, surge efectivamente un nuevo poder, nacido de la oleada revolucionaria que se opone al pronunciamiento, y cuyas formas difieren totalmente de una región a otra. Por consiguiente no podemos presentar un análisis global de la situación política. Como máximo podemos tratar de definir sus tendencias dominantes.

Dejemos aparte el caso del País Vasco, donde continúan dominando conservadores y católicos. Aquí no se trata de revolución social. El Partido Nacionalista Vasco, muy rápidamente, se hace cargo de la administración y dirige las milicias populares. Decide unilateralmente constituir, en el seno de la República, un gobierno autónomo cuya existencia sólo se legalizará en octubre. José Antonio de Aguirre es elegido presidente el 7 de octubre. La independencia real de que gozan las Provincias Vascas está facilitada por una situación militar que muy pronto las aísla de la mayor parte de la zona republicana.

En todos los demás puntos los obreros armados toman el poder. Se constituyen espontáneamente comités, sin duda inspirados en los soviets de 1917, pues el mito de la revolución bolchevique mantiene toda su fuerza. Pero también se puede ver en ellos una forma moderna de las juntas revolucionarias del siglo XIX. La tradición revolucionaria no ha muerto en España. Lo nuevo es el carácter generalizado de estas acciones locales, perceptibles hasta en el más pequeño pueblo. Pero estos comités tienen componentes muy diversos según las regiones e incluso según las localidades. Donde dominan los socialistas y los comunistas, como por ejemplo en Santander, el poder local se dota en seguida de nuevos dirigentes y a veces vuelve a crear un verdadero aparato de Estado. En cambio, en Aragón, los comités de pueblo son en su casi totalidad anarquistas, y el *Consejo de Defensa*, formado por delegados de los comités, está enteramente compuesto por miembros de la CNT. Sanciona las medidas revolucionarias cuya aplicación se ha decidido a nivel local y que constituyen por sí mismas una verdadera revolución social.

Entre estos dos tipos de poderes se dan multitud de casos, asociaciones a menudo heterogéneas de fuerzas políticas o sindicales que se unieron momentáneamente contra la amenaza militar pero que se suelen encontrar otra vez en campos opuestos tan pronto como ya no se debe únicamente combatir sino también gobernar, administrar, asegurar el orden público y enfrentarse a los problemas cotidianos.

En Cataluña los libertarios fueron los primeros en tomar la iniciativa de resistencia. Es verdad que les sigue el conjunto de fuerzas obreras de la capital catalana y que les sostiene la guardia de asalto, aportándoles un valioso apoyo. Pero los anarquistas han suministrado el grueso de los combatientes... y el grueso de las víctimas. En Barcelona, concretamente, domina la CNT. El mantenimiento de la Generalidad y de su presidente, Companys, no debe confundirnos. La realidad del poder está en manos de un *Comité Central de Milicias Antifascistas*, verdadero ejecutivo revolucionario, que asume las responsabilidades en todos los terrenos. Sin embargo los anarquistas no son los únicos. Tenemos, además de la CNT y de la FAI, a representantes de la UGT y del PSUC, delegados de la Esquerra e incluso de los *Rabassaires*.

Así pues el poder legal ya no es más que una apariencia. Subsiste en la medida en que ya no molesta y asegura una cobertura tranquilizadora e incluso necesaria para las relaciones con el extranjero. El gobierno central trata por todos los medios de hacer oír su voz, reconstruir una policía; pero ésta no extiende su competencia más allá de la capital. Y hasta en el mismo Madrid no consigue impedir que partidos y sindicatos posean sus propias patrullas y pronto sus propias cárceles, las *chekas.* Por todos lados desórdenes y arreglos de cuentas son el pan de cada día. El poder local se traduce demasiado a menudo por esos abusos y por la multiplicación de *paseos*, cuyo único fin es la eliminación física del adversario de clase o de partido.

Pero no hay que limitar la acción revolucionaria a esas violencias que, por otra parte, tienen su contrapartida en la represión llevada a cabo en la zona rebelde. Esas persecuciones, por sus mismos excesos y por su generalización, obligan a plantear algunas preguntas. Para tomar el ejemplo más destacado, la destrucción radical de la influencia de la Iglesia se refleja no sólo en ejecuciones sumarias sino también en medidas altamente simbólicas. Se persigue, expulsa, encarcela o ejecuta a los sacerdotes; pero es la función más que el hombre lo que se tiende a hacer desaparecer. Llevar sotana es peligroso. Se prohíben las ceremonias religiosas. Se queman iglesias o, en el mejor de los casos, se las requisa. El hecho de que sean transformadas en almacenes, garajes y mercados tiene un sentido muy preciso. Salvo, claro está, en el País Vasco, la Iglesia católica está asociada en el espíritu de los españoles, desde hace mucho tiempo, a las clases dirigentes. Hacer desaparecer su poder es hacer desaparecer una fuerza opresiva, y es en sí mismo un acto revolucionario.

Las colectivizaciones

Pero la revolución no puede reducirse a gestos destructivos o a eliminaciones físicas. El terror instaurado por los comités tiene como efecto primordial hacer desaparecer las estructuras socioeconómicas antiguas, y a los hombres que las representan. El encarcelamiento o la huida de un gran número de empresarios inmoviliza brutalmente la producción en toda la zona republicana. La confiscación de bancos, fábricas y empresas comerciales por parte de los comités obreros es su consecuencia directa. Así ocurrió con la casi totalidad de las empresas catalanas, pero también fue el caso del país valenciano, Asturias, etc. Una vez más el País Vasco representa una excepción, y se respeta la propiedad en la mayoría de los casos. Naturalmente estas colectivizaciones, reconocidas oficialmente por el gobierno durante el mes de agosto, se realizan de maneras muy diversas: presencia o no de un delegado del gobierno, modo de reparto de los beneficios, etc. Y así se pasa de una total igualdad de salarios en cierto número de empresas controladas por la CNT, al mantenimiento de una jerarquía bastante amplia.

Pero la experiencia revolucionaria más notable es la de la revolución agraria, desarrollada de modo muy desigual en el interior de la zona republicana. En las regiones latifundistas del sur las explosiones campesinas habían desembocado ya en experiencias de este tipo. Pero el rápido éxito de los militares las han reducido a poca cosa. Incluso en Cataluña, la oposición de los *rabassaires* a cualquier forma de confiscación de tierras dificulta una colectivización total. En cambio se ha impuesto muy ampliamente en Aragón, donde los colonos libertarios reconquistan los pueblos momentáneamente abandonados a los nacionalistas. y crean comunidades que reúnen a la gran mayoría de los campesinos. Indudablemente es una colectivización impuesta, pero es muy delicado precisar si sólo ha sido debida a la coacción o si se aceptó fácilmente.

De hecho no hay una única respuesta a esta pregunta. Casi cada comunidad se presenta como un caso especial. En algunos casos un consejo elegido por la asamblea de campesinos decide el reparto del trabajo; en otros, el comité revolucionario ejerce una verdadera dictadura e impone su voluntad. Pero en todas partes, y en su gran mayoría, las tierras se han puesto en común, y un comité *ad hoc*, emanación del comité revolucionario, regula los problemas esenciales del abastecimiento. Y a menudo, en fin, por lo menos al principio de las colectivizaciones, suprimen pura y simplemente la moneda, reemplazándola por bonos. Pero, ¿puede eso durar? Tal sistema supone en efecto una extremada limitación de los intercambios y un repliegue casi total de la colectividad sobre sí misma. ¡Y sólo en Aragón se pueden contar hasta 450 colectividades!

Las colectividades son el resultado de situaciones locales; funcionan de manera demasiado diferente según la región; no disponen, en ausencia de cualquier atisbo de sistema bancario coherente, de ningún medio financiero. Por lo tanto viven de sí mismas, repartiéndose la producción local. Asimismo las empresas industriales y comerciales, sin stocks ni capitales, apenas tienen medios para abastecerse y veces ni tan sólo para funcionar. Para durar, la Revolución debe probar sus capacidades de adaptación, poner otra vez en marcha las fábricas, volver a producir. En pocas palabras, dar trabajo de nuevo y asegurar al mismo tiempo el esfuerzo bélico. ¿Es eso posible?

Si los anarquistas pretenden mantener el entusiasmo revolucionario mediante la confiscación de tierras y de bienes inmuebles, y con el igualitarismo y la colectivización a ultranza, también tienen que enfrentarse con los problemas inmediatos que plantea la continuación de la guerra y la necesidad de movilizar energías. En tales condiciones no pueden renunciar a toda forma de organización. Incluso en Aragón, los anarquistas acaban aceptando el funcionamiento de un embrión de poder político, el Consejo formado por delegados elegidos. Durruti da el ejemplo de voluntad de eficacia, introduciendo entre sus hombres una verdadera disciplina. Pero lógicamente esta opción es difícil y tropieza con múltiples resistencias.

Los comunistas, por el contrario, se presentan como una fuerza unida y coherente. Denuncian la colectivización forzosa como un factor de desorden. Para ellos la Revolución no puede hacerse inmediatamente sin correr simultáneamente graves peligros. Hay que restablecer la disciplina para hacer la guerra y tranquilizar en el interior a los moderados, asustados por la tormenta revolucionaria, y en el exterior a los países occidentales, poco inclinados a ayudar a un país librado al desorden y a la anarquía.

Como se puede apreciar, las dos concepciones son absolutamente incompatibles. ¿Hay que devolver al gobierno una parcela de este poder que se la ha escapado, o no? ¿Hay que reconstituir un aparato de Estado, devolviéndole, además de los medios de hacer la guerra, la posibilidad de imponer una autoridad que desapareció el 18 de julio?

La España nacionalista: una coalición heteróclita y una represión brutal

Frente a esta revolución desordenada y multiforme, que del poder del Estado no ha dejado que subsistiera más que un gobierno fantasmagórico, improvisando aquí y allá multitud de poderes rivales, la zona controlada por los militares ofrece al observador extranjero una impresión de orden y disciplina que disimula, no obstante, profundas divergencias.

De hecho, la España nacionalista vive en estado de guerra permanente, y el poder absoluto de los militares evidentemente no permite que se exprese la diversidad de los hombres y de las ideologías. Se ha prohibido inmediatamente la actividad política y sindical. Hay una censura total sobre la prensa y sobre cualquier otro medio de propaganda. El silencio que pesa sobre el conjunto de la zona lo impone la represión que acompaña el avance de las tropas nacionalistas. Los antiguos responsables de los sindicatos o de partidos de izquierda sufren un verdadero "terror". Se van sucediendo detenciones masivas y ejecuciones sumarias, con unos puntos de máxima violencia particularmente apreciables en las regiones meridionales, en Sevilla, Badajoz o Málaga. Los consejos de guerra no vuelven a reemprender su funcionamiento "regular" hasta febrero de 1937.

Pero, sobre todo, también aquí el poder que se ejerce durante los primeros meses no es más que un poder local y eminentemente provisional. ¿Cómo podría ser de otro modo? El hombre que hubiera debido ejercer la autoridad suprema caso de triunfar el golpe de Estado, el general Sanjurjo, ha muerto. Los líderes "civiles" de cierta envergadura, como Calvo Sotelo y José Antonio Primo de Rivera, también han muerto, el primero asesinado en las condiciones que ya conocemos y el segundo ejecutado tras muchos meses de detención. La capital, donde se hubiera podido instalar en seguida un organismo gubernamental, permanece en poder de los republicanos. La junta militar creada para dar al movimiento una apariencia de unidad —pero que se considera a sí misma provisional— no es más que la reunión de generales que ejercen una autoridad particular, cada cual en su sector: Mola en el norte, Franco en el sur, al mando del ejército de África y Queipo de Llano en Sevilla y Andalucía. El hombre encargado de presidir la junta es un personaje sin gran prestigio, el general Cabanellas. Es verdad que hacia el otoño se apunta una evolución. A partir del primero de octubre de 1936 el general Franco se convierte oficialmente en jefe del Estado. Sin embargo, el gobierno que va a funcionar en Burgos, convertida durante algún tiempo en capital, aún es provisional. La organización política de la zona nacionalista se va estructurando muy lentamente.

Para ello hay numerosas razones. El fracaso parcial del pronunciamiento plantea a los militares problemas que casi no habían previsto. Piensan que sus medios en hombres y armas son suficientes para ganar rápidamente la guerra, pero a condición de no preocuparse demasiado por implantar un poder político ni por establecer una nueva administración. El avance, desde el sur, del ejército de África se desarrolla a lo largo de grandes ejes, dejando tras él una vasta zona que después deberá reducir y que, de momento, a menudo sigue sin someter. Lo importante es tomar contacto con las fuerzas que, desde el norte, convergen hacia Madrid, y conquistar la capital con la complicidad de una *quinta columna* dispuesta a levantarse contra la República en el interior mismo de la ciudad.

La imposición del estado de guerra y la entrega a los militares de todo el poder, sólo son expedientes provisionales en una situación de desorganización administrativa casi absoluta. De momento muchos funcionarios se niegan a obedecer a las nuevas autoridades, y una depuración rápida e importante aún debilita más al personal de la Administración. La dictadura de los generales también evita subrayar las divisiones reales que oponen, por ejemplo, a carlistas, que dominan en Navarra, y falangistas, cuya importancia ha aumentado considerablemente desde el inicio de la guerra, sobre todo en Castilla y Andalucía. La resistencia popular, al prolongar el conflicto de manera inesperada, obliga a replantearlo todo.

Tras los primeros éxitos nacionalistas, en el norte la ocupación de Irún, que aleja a los vascos de la frontera francesa, y en el sur la conquista de Extremadura por las tropas procedentes de África y la ocupación de Badajoz que asegura el enlace entre los ejércitos nacionalistas, el país se encuentra partido en dos. Los republicanos ocupan en el norte el País Vasco y Asturias, pero estas regiones están aisladas de la vasta zona que abarca Cataluña y gran parte de Aragón, extendiéndose por el sur hacia el país valenciano y Málaga, y prolongándose por el centro alrededor de Madrid. En el interior de esta zona los insurrectos sólo ocupan algunos núcleos de resistencia; el más importante lo constituye el Alcázar de Toledo. En el noroeste y en el oeste, de Galicia a Andalucía, y apoyándose en la frontera portuguesa que controlan por completo y en Marruecos, los militares tienen a su disposición una vasta región sobre la que deberán afirmar un gobierno duradero.

El general Franco ya no puede ignorar por más tiempo las divergencias políticas que, a la larga, acabarán manifestándose. Y en el otro lado tampoco es posible dejar que subsista el desmenuzamiento del poder que la revolución ha ocasionado. Las intervenciones exteriores modificarán aún más los datos políticos del conflicto y contribuirán a reinstaurar en las dos zonas un verdadero poder estatal en detrimento de las divergencias políticas o de las explosiones revolucionarias.

II. Del pronunciamiento a la guerra ideológica

La guerra civil española pone de manifiesto de forma brutal e inmediata la diversidad del país y la complejidad de los antagonismo sociales. La alianza del ejército y de las fuerzas conservadoras más tradicionalistas y la resistencia popular que reúne en comités organizados espontáneamente a socialistas, comunistas, anarquistas, e incluso en ocasiones a burgueses sinceramente republicanos, traducen una situación específicamente ibérica, y que no se puede en modo alguno reducir a un enfrentamiento maniqueo entre partidarios de una revolución "comunista" y defensores de un orden "fascistizante". Pero la intervención extranjera así como las necesidades militares irán confiriendo a la guerra civil esta imagen esquemática.

Un conflicto que trasciende los límites de España

Es evidente que la internacionalización del conflicto se explica en primer lugar por la situación política europea en 1936. El avance de los fascismos y el carácter agresivo de los regímenes instalados en Roma y sobre todo, desde 1933, en Berlín, provocan tensiones tanto más agudas cuanto que la crisis mundial ha acarreado un reforzamiento de los egoísmos nacionales y de las rivalidades económicas. La remilitarización alemana anuncia la guerra europea. El gobierno francés, aparte de la simpatía natural que existe entre los dirigentes del Frente popular instalados en París y en Madrid, no puede permanecer insensible ante la idea de que, después de la frontera del Rin y la de los Alpes, los Pirineos puedan caer en manos de una potencia hostil por sus principios y alianzas a la República francesa.

Además, una economía dependiente como es la española tiene sus consecuencias lógicas: un ejército en campaña sólo puede abastecerse en armas y en municiones en el extranjero. Las primeras negociaciones entabladas para preparar el levantamiento militar tienen como objetivo esencial el procurarse armas cerca de los gobiernos favorables al Movimiento, en particular el gobierno italiano. Asimismo, la primera gestión de los responsables de la República española después del desencadenamiento de la insurrección apunta a obtener de Francia una ayuda material que es indispensable. Durante los tres años que durará el conflicto esta dependencia del extranjero será patente y determinará las posibilidades de victoria. En estas condiciones parece imposible evitar la internacionalización de la guerra.

Intervención entranjera y "no intervención"

De hecho, tanto si se reconoce como si no, clandestina u oficialmente, la ayuda material llega muy de prisa a uno y otro lado. Los aviones de transporte y de combate italianos ayudan a las tropas franquistas desde los primeros días de la guerra. Por su parte, a principios del mes de agosto, el gobierno francés del Frente popular acepta enviar material de guerra, concretamente aviones de combate, a los republicanos españoles.

La ayuda de hombres llega más tarde, al menos de forma masiva y organizada. Pero en la mayoría de países la opinión pública se moviliza. Por un lado se denuncia la España roja, las violencias contra sacerdotes y los ataques a la propiedad. Y se desarrolla toda una línea de propaganda que asimila el alzamiento armado al combate contra el "comunismo ateo y destructor". Por el otro, se exalta la defensa de la libertad, y las fuerzas "antifascistas" manifiestan su deseo de venir en ayuda de la España republicana. Pero esta transformación de la guerra civil española en enfrentamiento ideológico, ¿no corre el peligro de acelerar aún más la internacionalización del conflicto?

La Inglaterra conservadora, cuyos intereses económicos son fundamentalmente hostiles a la España "roja", no quisiera sin embargo favorecer la implantación de Alemania e Italia en la península ibérica. Impulsa, según una vieja tradición política, un acuerdo de *no intervención*, que prohibiría a las potencias firmantes suministrar material de guerra y enviar hombres a España. El gobierno francés, que desea no quedar aislado en este problema, toma la iniciativa de la negociación. Alemania, Italia y la URSS se adhieren al proyecto. Un comité, instalado en Londres, ultima un plan de control de fronteras.

Pero esta negociación, que se va alargando, es ridícula. Se contenta con afirmaciones de principios. En realidad la intervención extranjera aumenta sin cesar. El campo de batalla español se convierte, por el contrario, en terreno de maniobras y de ensayo de armas modernas, principalmente carros blindados y aviones. Aviones y submarinos italianos proporcionan a las tropas de África medios para pasar sin grandes dificultades a Andalucía. A lo largo de toda la guerra la aviación alemana consigue para los nacionalistas una supremacía decisiva en el aire. A la inversa, a partir de octubre de 1936, la aportación de material pesado soviético permite que los republicanos salven Madrid. Pero sobre todo, y a ambos lados, van llegando "voluntarios" extranjeros. La guerra de España adquiere, a través de ellos, un alcance internacional.

Voluntarios extranjeros y "Brigadas Internacionales"

Desde el principio del conflicto algunos extranjeros presentes en España han combatido en las filas de las milicias populares. Desde el mes de agosto pilotos italianos actuán en la zona franquista. La prolongación de la guerra multiplicará el número de estos voluntarios; su alistamiento, sobre todo, estará cuidadosamente organizado, y su papel en los combates llegará a ser decisivo.

Así es cómo decenas de miles de italianos procedentes de las "milicias fascistas" forman un verdadero cuerpo de ejército, el CTV (*Corpo Truppe Volontarie*) que, desde la batalla de Málaga hasta los combates ante Madrid, y desde la conquista del País Vasco hasta la ofensiva de Aragón, reciben su parte en los fracasos y también en las victorias del ejército franquista. De igual modo se ha formado, fundamentalmente con especialistas de la aviación y del arma antiaérea, una fuerza alemana de intervención, la *legión Cóndor*, cuyo papel, como acabamos de ver, es primordial en todas las grandes operaciones.

Del lado republicano, si bien la URSS es sin duda el único país que envía material moderno, y si bien hay consejeros militares soviéticos, mandos y técnicos, su número sigue siendo extremadamente limitado. El papel de las Brigadas Internacionales es, en cambio, muy importante. Intervienen por primera vez en la batalla de Madrid con una voluntad de vencer y, sobre todo, con unas cualidades de disciplina, que se encuentran especialmente a faltar entre las milicias españolas. El papel esencial que aquí juegan los comunistas —aunque en las brigadas estén representadas todas las fuerzas del antifascismo— indudablemente sirve a la propaganda del P.C. español, así como la ayuda italiana y alemana a la España nacionalista favorece la propaganda fascistizante de los falangistas en Burgos y Valladolid.

Con el tiempo, la movilización de un número siempre creciente de españoles y el reforzamiento de los ejércitos tanto en material como en disciplina reducirán la importancia de la acción de los voluntarios extranjeros, principalmente en el campo republicano. Las brigadas, tras haber sido un elemento determinante de la resistencia republicana, no renuevan sus efectivos. Las marchas y las elevadas pérdidas sufridas en los combates disminuyen sensiblemente una masa de voluntarios que no superó los treinta mil hombres. En 1938 las brigadas se disuelven oficialmente. No obstante, hasta el último momento, algunos centenares de brigadistas continúan la lucha en las filas del ejército republicano.

En cambio la ayuda italo-alemana perdura en toda su amplitud hasta la victoria franquista, aunque el esfuerzo bélico español en la zona nacionalista la conviertan en menos esencial. Las tropas extranjeras tendrán el honor de ser situadas a la cabeza del desfile de la Victoria en Madrid, en 1939. La acogida deparada a los voluntarios italianos a su regreso de España es triunfal.

No obstante, la máscara ideológica no debe esconder las ambiciones e intereses de las grandes potencias. Los gobiernos rivales, de Valencia y Burgos, han tenido que pagar las ayudas obtenidas. Los republicanos con el oro del Banco de España, y los franquistas aceptando suministrar a Alemania materias primas, de las que tiene y tendrá, durante la segunda guerra mundial, urgente necesidad. Pero más allá de los intereses del momento y de los cálculos de los gobiernos y los estados mayores, y más allá de la estrategia política que conducirá a que en 1938 Stalin abandone casi totalmente a la República española, sin embargo sometida más que nunca a la influencia del partido comunista, la propaganda y la idealización sistemáticas de la causa española acaban por dar dimensiones de leyenda a la guerra civil.

La mitificación del conflicto español: la Cruzada franquista y los "Voluntarios de la Libertad"

Herbert Southworth ha sido el primero en elaborar, corrigiendo a Calvo Serer, una lista de los escritores que han dedicado una parte de su obra a la guerra de España. Es un trabajo inmenso, que se debería matizar hasta el infinito mediante un estudio historiográfico constantemente puesto al día. Aquí nos contentaremos con pasar revista rápidamente a algunos de los temas presentes con más constancia en la literatura dedicada a la guerra. La revolución española ha tenido sus poetas, como los "Voluntarios de la Libertad" de las brigadas internacionales, pero es curioso señalar que, fuera de obras-testimonio sobre las brigadas, a veces muy importantes, como por ejemplo las de Longo o de Ludwig Renn, la leyenda de las brigadas la han creado más artículos y pasajes significativos de obras sobre el conflicto español que una propaganda bien orquestada. Es de destacar que la obra más importante escrita sobre la intervención extranjera en ayuda de los republicanos sólo trata de las brigadas muy secundariamente (se trata de *L'Espoir* de André Malraux).

En cambio, la organización en Burgos de un servicio de prensa y de propaganda, dirigido en sus primeros tiempos por el antiguo jefe del Tercio, el general Millán Astray, y confiada luego a la Falange, facilita la proliferación de una masa de periódicos, panfletos y libros destinados a glorificar el movimiento y a darle una nueva dimensión. Encontramos, más de un siglo después, los temas explotados entre 1812 y 1814 contra los franceses; la lucha del general

Franco contra la España roja se convierte en la lucha del Ángel contra el Demonio. Los jefes de la Falange muertos al principio de la guerra aparecen en un libro dedicado a la instrucción infantil como *tres profetas y tres mártires.* Los defensores del Alcázar de Toledo son enaltecidos por escrito y en el cine. De este modo la cruzada se preconiza mucho antes de la toma de posición oficial del episcopado español a favor del franquismo.

Y es que la guerra civil española se ha convertido en una guerra total, no sólo porque compromete a toda la población, sino porque implica una movilización de recursos y energías que también es total. Cada lado necesita ofrecer una imagen movilizadora de sí mismo, tanto en el extranjero como en España, para atraer simpatías y ayudas.

III. El restablecimiento del Orden y la restauración del Estado

En cualquier caso la prolongación de la guerra impone una reorganización política, y eso tanto en la zona nacionalista como en la republicana. Ante la perspectiva de un conflicto de larga duración, ya no es posible mantenerse en una situación provisional.

La configuración del Estado nacionalista

Es evidente que el general Franco puede contar con el conjunto de las fuerzas conservadoras para reforzar su poder. Los grandes propietarios que han recuperado sus tierras le apoyarán. El ejército, que se presenta siempre como un elemento de unidad, tiene en el generalísimo suficiente confianza para acallar sus divergencias ideológicas. La muerte del general Mola hace desaparecer al único rival posible del general Franco. Los oficiales monárquicos aceptan no manifestar demasiado abiertamente sus sentimientos. Como consecuencia, aparte de algunos oponentes sistemáticos, en particular el "falangista" Yagüe, los militares, encargados permanentemente del orden público, serán el sostén más sólido del nuevo régimen.

El otro pilar del Estado nacionalista es, naturalmente, la Iglesia. A pesar de la multiplicidad de los compromisos individuales y de la denuncia apasionada de las persecuciones antirreligiosas, la jerarquía católica espera bastante tiempo antes de tomar una postura oficial en tanto que cuerpo constituido. El 1.º de julio de 1937, la publicación de la *Carta colectiva de los obispos españoles* acaba con estas vacilaciones y justifica un compromiso total del clero español con el gobierno nacionalista. Ya no se trata sólo de condenar los "excesos" de los "rojos", sino también de reconocer el *plebiscito armado*, y el gobierno surgido de él. El aplastamiento del País Vasco, donde la mayoría de sacerdotes aún apoyan a la República, elimina cualquier duda que aún le pudiera quedar al Vaticano, que reconoce al gobierno nacionalista, aportando al mismo tiempo un valioso aval a la Cruzada.

Con la seguridad que proporcionan estos apoyos indispensables, el general Franco puede avanzar en la configuración de un régimen estable y autoritario. Deseoso de jugar un papel de árbitro, de no convertirse en prisionero de ninguna facción política, compone su primer gobierno en gran parte con sus más cercanos colaboradores o con sus amigos personales. El principal puesto de responsabilidad lo ocupa su propio hermano, Nicolás Franco, con el título de secretario general de la Junta técnica, que engloba los nuevos servicios administrativos, encargados de la economía de guerra.

Pero la decisión esencial en esta etapa de la reorganización del Estado es, sin duda alguna, el decreto del 19 de abril de 1937. Probablemente lo redactó Serrano Suñer, cuñado del jefe del Estado, procedente políticamente de Acción Católica, pero amigo personal de José Antonio Primo de Rivera. Este texto establece en España el sistema de partido único. Aparentemente se trata de acabar con unas querellas que a veces toman un cariz peligroso. El nuevo partido es la resultante de la fusión en un mismo y único conjunto de tendencias divergentes, unidas en la Cruzada. A decir verdad, algunos partidos ya han desaparecido voluntariamente, como la Acción popular de Gil Robles. Siguen presentes sobre todo la Falange y los carlistas de la Comunión Tradicionalista. Para dejar bien claro el fin de estas divisiones, el partido único se denomina: *Falange Española Tradicionalista y de las JONS.* Las fuerzas paramilitares de la Falange y de los Requetés también se fusionan en una *milicia nacional.* El Consejo nacional del Partido, instancia suprema que es una clara imitación del Gran Consejo fascista, debe representar a las diferentes tendencias.

En realidad el texto de abril de 1937, más que aportar solución a los problemas políticos, hace del jefe del Estado el único amo de la situación. De ahora en adelante ya no hay más que una sola organización, una sola jerarquía, un solo jefe. El general Franco, jefe del Estado y generalísimo de los ejércitos, también es presidente del Movimiento. En un primer período nombra a todos los miembros del Consejo. Esta autoridad absoluta e indiscutida se traducirá en un nuevo texto, publicado el 4 de agosto de 1937, que define de la manera más amplia las funciones que ejerce el general Franco: "El Jefe Nacional, [...] Supremo Caudillo del Movimiento [...] asume, en su entera plenitud la más absoluta autoridad".

No se puede decir que a finales de 1937 las nuevas instituciones se hayan definido claramente en la España nacionalista, ni siquiera que la Administración vuelva a funcionar correctamente. Pero la autoridad del Estado, toda ella concentrada en la persona del Caudillo, le permite dirigir a su gusto el ejército, el partido y el gobierno. Las oposiciones que pueden subsistir, la de los falangistas puros, los *Camisas Viejas*, preocupados por las orientaciones ultraconservadoras del régimen, así como la de los monárquicos intransigentes, ya no estorban el funcionamiento eficaz de un sistema aún mal definido pero asentado sólidamente, el del *Caudillaje*, el de la España franquista.

El gobierno Largo Caballero y la restauración del Estado en la zona republicana

En el lado republicano ya vimos que las rivalidades entre grupos políticos se han manifestado de modo mucho más inquietante. La multiplicación de poderes locales, el "desorden" revolucionario, son evidentemente el resultado de la ausencia de un Estado cuyos engranajes esenciales han saltado y que se encarna en un gobierno sin autoridad y cuya representatividad efectivamente es casi nula. El poder ha pasado a la calle y, en medio del estruendo de la Revolución, ha hecho estallar todas las estructuras políticas. El entusiasmo revolucionario contribuye a la movilización popular. Pero las primeras derrotas, y el combate entablado por Madrid mostrarán la necesidad de una disciplina militar y de una autoridad política aceptadas para enfrentarse con tropas regulares, mejor armadas y preparadas para el combate.

Así pues, ganar la guerra supondría unificar las fuerzas republicanas y restablecer una autoridad desaparecida. Ésa es al menos la opinión de la mayoría de los socialistas y sobre todo de los comunistas, cuya influencia se va reforzando considerablemente a medida que llega la ayuda soviética, pero también a medida que el partido comunista aparece como una fuerza de orden, tranquilizadora frente a los excesos anarquistas. La primera etapa de esta restauración del Estado consiste en el establecimiento de un gobierno que sea por fin representativo de las fuerzas populares. La designación de Largo Caballero como jefe del gobierno y la entrada en este gobierno, además de los republicanos moderados, de socialistas y comunistas y, dos meses después, el nombramiento de ministros anarquistas, crean una situación completamente nueva. Los libertarios, al anteponer su deseo de eficacia a su tradicional rechazo a cualquier forma estatal, hacen, efectivamente, una concesión decisiva.

Como responsable del gobierno, Largo Caballero pretende establecer la unidad de mando en el ejército e imponer a todos su poder político. Lo que evidentemente supone liquidar los poderes revolucionarios locales. El anarquista Juan Peiró, convertido en ministro de Industria, en el fondo expresa la misma idea cuando declara que los Comités deben ser "los auxiliares del gobierno". Ciertamente aún no se trata de poner en tela de juicio las conquistas revolucionarias. La Generalidad de Cataluña incluso legaliza las colectivizaciones. Se mantienen los tribunales populares, instituidos en el transcurso del período revolucionario; pero al ser reconocidos oficialmente se convierten a pesar de todo en organismos del Estado. El gobierno vuelve a constituir una fuerza de policía, que poco a poco va tomando la delantera a las "milicias de retaguardia" que son la expresión del poder insurreccional. Se reorganiza el ejército popular a partir de las milicias, y a pesar de la resistencia de algunos grupos anarquistas. Se vuelve a hablar de divisiones, de regimientos, de batallones; se restablecen los grados. En la mayoría de casos, los Comités aceptan disolverse y dejar sitio a las nuevas autoridades. Se restablecen los ayuntamientos con la ayuda de los partidos políticos. Los gobernadores civiles recuperan todo o parte de su poder.

Eso no significa, sin embargo, que todas las rivalidades hayan desaparecido. La adhesión de ministros anarquistas al gobierno de Largo Caballero y a la política de "la guerra ante todo" provoca resistencias y protestas entre los libertarios. Los comunistas disidentes del POUM se inquietan por el ascenso del PCE, cuya influencia se traduce, sobre todo, en su eliminación del Consejo de la Generalidad. En el interior del partido socialista no tardan en reanimarse las viejas diferencias en la medida en que Largo Caballero se sigue considerando el guardián de las conquistas revolucionarias.

La liquidación de las oposiciones revolucionarias

Una vez trasladado el gobierno a Valencia como medida de seguridad y con Madrid controlado enérgicamente por una Junta encargada de la defensa de la capital, sólo quedan Aragón y Cataluña como bastiones revolucionarios. Pero ahora el gobierno de la Generalidad, presidido por Companys, pretende recuperar, con el apoyo del PSUC y de los moderados, una verdadera autoridad e imponerla por la fuerza si fuera necesario. Durante el mes de abril de 1937 estallan una serie de incidentes entre milicianos de la CNT y policías o miembros del PSUC. Los esfuerzos para volver a tomar las riendas de la situación por parte de las fuerzas gubernamentales y, concretamente, la ocupación de la central telefónica de Barcelona, controlada hasta entonces por los libertarios, provocan una insurrección obrera entre el 3 y el 5 de mayo. Las milicias anarquistas amenazan con marchar sobre Barcelona. En los combates participan partidarios de la CNT y del POUM. La intervención de los responsables de la CNT, que desean por encima de todo evitar un enfrentamiento, pone punto final a los combates. Pero centenares de hombres han caído en esta lucha fratricida.

Lo principal es que se ha efectuado un giro decisivo. La minoría revolucionaria ha sido definitivamente vencida. Incluso en la CNT, tras las jornadas de mayo, se excluye al grupo de *Los Amigos de Durruti.* Los iniciadores de los "desórdenes" sufrirán los ataques de todos los que desean acabar con lo que subsiste de los poderes locales. Los ministros comunistas piden sanciones contra los "responsables" de la insurrección y exigen la disolución del POUM, acusado de ser una organización trotskista y de hacer el juego al fascismo. Largo Caballero, que se ha negado a acceder a tales demandas, se ve obligado a dimitir.

El nuevo gobierno, formado por otro socialista, Juan Negrín, señala el triunfo de los partidarios de un poder central fuerte. Largo Caballero queda excluido de él; los anarquistas no participan, por lo menos en un primer momento. Las consecuencias de esta nueva situación no se hacen esperar. Se desencadena la represión contra el POUM; todos sus dirigentes son detenidos. El más conocido, Andrés Nin, es trasladado a una "prisión" comunista y nunca volverá a aparecer. En el mes de octubre se condena a los demás por atentar contra el orden establecido, pero se abandona la acusación de espionaje y traición que se había formulado contra ellos. El Consejo de Aragón, el único poder revolucionario que sobrevive, es disuelto. Las tropas regulares a las órdenes del gobierno ocupan los locales de los Comités y de la CNT en toda la provincia. La misma Confederación anarquista se inclina y se suma a la condena del Consejo de Aragón. Finalmente, se separa a Largo Caballero de la dirección de la UGT.

El Estado republicano restaurado: fuerza aparente y debilidades reales

De hecho la coalición en el poder reúne unas fuerzas políticas muy heterogéneas: comunistas, socialistas reformistas, republicanos burgueses y nacionalistas vascos. Difícilmente se pueden entender sobre una política común. Fundamentalmente sólo están de acuerdo acerca de la necesidad de restablecer la autoridad del Estado. La falta de representatividad de lo que queda del Parlamento y la progresiva supresión de las fuerzas de oposición facilitan esta evolución. El *Gobierno de la Victoria* restablece, en primer lugar, un ejército regular y reduce simbólicamente los poderes de los comisarios políticos. Refuerza el centralismo económico, que durante los meses de agitación revolucionaria casi había desaparecido. El *Servicio de Investigación Militar*, creado por iniciativa del socialista Prieto pero pronto dominado por los comunistas, se convierte en una verdadera policía política. Se constituyen tribunales especiales para juzgar los crímenes de espionaje y de traición. En suma, no sólo se restaura el Estado republicano, sino que éste logra reunir los medios de un gobierno de guerra, que le permiten ejercer una verdadera dictadura.

El evidente que las divergencias momentáneamente olvidadas reaparecerán muy rápidamente. Para acallarlas hay que multiplicar las concesiones a los elementos moderados. En Cataluña se suspende la aplicación del decreto sobre las colectivizaciones. Se restablece parcialmente la libertad de cultos. Pero la evolución política, el peso cada vez mayor del partido comunista en la coalición gubernamental y las derrotas militares, poco a poco harán renacer las tensiones internas. Naturalmente, vascos y catalanes están descontentos con el reforzamiento del gobierno central. Prieto, ministro de Defensa nacional en el gobierno Negrín, se opone a los ministros comunistas y a los consejeros soviéticos. Debe abandonar el gobierno en marzo de 1938 por estar en desacuerdo con el presidente del Consejo sobre la actitud que había que adoptar respecto a ellos.

Sin duda en marzo-abril de 1938 se restablece una unidad aparente gracias a la firma de un nuevo y último pacto entre la UGT y la CNT. Representantes de los sindicatos entran en el gobierno. Pero el acuerdo general sobre los *13 puntos* enunciados por Negrín como condición indispensable para un retorno a la paz significa, sobre todo, el final de una esperanza, la de una victoria definitiva sobre el franquismo. En los meses siguientes se acumulan los fracasos y la situación se degrada. El apoyo que Negrín presta a los comunistas al entregarles la mayoría de las responsabilidades militares le enajena el apoyo de los responsables de la CNT, incluidos los que aún participan en el gobierno. La restauración del Estado, bien sea porque se ha producido demasiado tarde o porque ha ahogado el entusiasmo revolucionario, no ha conseguido evitar la derrota militar y la desaparición de la República.

IV. Resistencia y derrota de la República

Evidentemente no se trata de describir detalladamente las operaciones militares, pero el desarrollo y la duración de la guerra explican en buena medida la evolución política cuyas líneas acabamos de dibujar. La resistencia republicana de los primeros momentos impone el reforzamiento de la unidad del gobierno y del mando en los dos lados. En cambio la derrota hará que renazcan las controversias y las divisiones entre los vencidos; las discusiones proseguirán incluso en el exilio.

La batalla de Madrid

Evidentemente, los primeros meses de la guerra están marcados por la resistencia de Madrid. La capital es el objetivo esencial de la lucha de que se desarrolla entre octubre de 1936 y febrero de 1937. En ambas partes los medios militares son limitados y se busca una victoria rápida asestando un golpe decisivo al adversario. En el resto del país no hay un frente, propiamente dicho, entre los dos ejércitos. Tanto en el norte, donde el País Vasco y Asturias están aislados del resto del territorio republicano desde el mes de agosto, como en Aragón o en Andalucía, el contacto sólo se establece episódicamente. Las fuerzas implicadas en los combates son insuficientes o están demasiado mal equipadas para desarrollar acciones de envergadura. Por lo demás, esta forma de guerra larvada se corresponde bastante bien con el fraccionamiento político de los primeros momentos; cada milicia republicana se reserva su sector de combate. En la región del norte, que sin embargo está particularmente amenazada, la colaboración entre vascos y asturianos es casi nula.

El general Franco consagra lo esencial de sus fuerzas a la conquista de Madrid. En noviembre sus tropas están en los suburbios de la capital. De hecho, han perdido el tiempo después de los éxitos fulgurantes del mes de agosto. La larga marcha desde África y las resistencias encontradas las han puesto a prueba y están cansadas. Franco, antes que avanzar directamente sobre Madrid, ha decidido ir primero a liberar el Alcázar de Toledo, convertido en símbolo de la resistencia nacionalista gracias a la propaganda, y principalmente a la radio de Sevilla. Además, los militares están demasiado seguros de sí mismos ya que por ahora sólo se han enfrentado con milicias desorganizadas, incapaces de detener el avance de unas tropas regulares y disciplinadas.

La defensa de Madrid, evacuada por el gobierno republicano, se deja a una Junta que el partido comunista domina rápidamente. En efecto, el general Miaja se apoya en el V Regimiento, organizado por los comunistas. Recibe una ayuda importante en material y en técnicos soviéticos antes incluso de que las Brigadas aporten un refuerzo decisivo. La Pasionaria mantiene el entusiasmo de los madrileños en sus mítines. Los defensores de Madrid, convencidos de la grandeza de su lucha y que aceptan, para sostenerla, este mínimo de disciplina que había faltado a los primeros combatientes republicanos, combaten casa por casa en una batalla urbana en la que un ejército regular pierde parte de su superioridad. Los bombardeos aéreos, destinados a sembrar el terror en una ciudad que ya está superpoblada, al comienzo provocan, en efecto, escenas de pánico. Pero, poco a poco, la población se acostumbra a vivir con el peligro de los combates, en el hacinamiento de los refugios, en la oscuridad de la noche. La unanimidad en la lucha incluso apaga aparentemente las discusiones entre partidos.

Pero esta resistencia demuestra ser eficaz. Las tropas de Franco se agotan en unos ataques estériles y no consiguen penetrar profundamente en la ciudad. Sin embargo, Franco no renuncia. El objetivo es demasiado importante. A partir del mes de enero intenta rodear y aislar la capital. Primero fracasa en el Jarama, y después, a pesar de la ayuda de las tropas italianas que acaban de llegar para reforzar el frente de Madrid, en Guadalajara. Serán fracasos con repercusiones considerables. La importancia que la propaganda de los dos lados ha conferido a los combates, el papel desempeñado por los internacionales y la derrota de los "voluntarios" fascistas italianos, contribuyen a dar a la victoria del ejército popular una resonancia que se extiende más allá de las fronteras.

En cualquier caso el resultado de la batalla de Madrid cambia todos los datos del problema. Militarmente, la interrupción de la ofensiva franquista sobre la capital anuncia una guerra larga.

La división de la zona republicana

Entonces las operaciones militares se prolongarán durante más de dos años en unas condiciones sensiblemente distintas. En efecto, cada vez implican a contingentes más importantes y exigen un esfuerzo de guerra enorme en ambos lados. El gobierno nacionalista, mediante la fusión del ejército y las milicias y un considerable esfuerzo de propaganda para reclutar nuevas tropas, consigue triplicar sus efectivos. Es verdad que las graves pérdidas sufridas desde los primeros combates crean una penuria de mandos, pero nuevas promociones de oficiales ocupan rápidamente las vacantes. Evidentemente el problema de falta de mandos aún es más importante para los Republicanos. La formación de un ejército regular que hay que crear de la nada y el restablecimiento de la disciplina plantean agudamente la cuestión del encuadramiento y la instrucción de tropas numerosas, procedentes de las antiguas "milicias autónomas". Además el material moderno de que disponen los dos ejércitos es insuficiente para posibilitar una ofensiva duradera y generalizada. La falta de medios y de mandos no basta para frenar las operaciones. A pesar del esfuerzo de movilización, siempre faltarán reservas para explotar los primeros éxitos. En estas condiciones no se puede desarrollar completamente ninguna gran ofensiva de ruptura. Los Nacionalistas se contentarán con mantener la iniciativa, ganando palmo a palmo el territorio ocupado por los Republicanos, sacando provecho de una superioridad material obtenida momentáneamente mediante la concentración de medios considerables en un espacio reducido. La falta de coordinación de las fuerzas republicanas y la desmoralización que se extiende en los últimos meses los ayudará a triunfar.

En el norte, la ofensiva nacionalista comienza en abril de 1937 en las provincias vascas. Está caracterizada por la intervención masiva de la aviación "de asalto" alemana y, sobre todo, por la absurda destrucción de Guernica. Su repercusión en el extranjero es tan grande que la propaganda franquista se siente obligada a negar su responsabilidad y a traspasarla a... ¡los *dinamiteros* asturianos! Pero indudablemente esto no es lo esencial. La insuficiencia de las maniobras diversivas republicanas (la acción ofensiva de Brunete, en el frente de Madrid) sólo concede un ligero respiro a los vascos y asturianos. La superioridad evidente de los ejércitos nacionalistas y también la falta de inteligencia entre vascos y asturianos permiten la sucesiva ocupación de Bilbao y Santander. La capitulación de las tropas vascas se consuma en el pacto de Laredo, cuyas cláusulas Franco no respetará. Los asturianos, totalmente aislados, después de la caída de Gijón mantendrán, en vano, una guerrilla en la montaña.

El invierno de 1937-1938 señala una pausa en el conflicto, una especie de equilibrio momentáneo de fuerzas después de las duras batallas del frente norte. Los Republicanos incluso lanzarán una ofensiva contra las posiciones nacionalistas en Teruel. El encarnizamiento de los combates en las condiciones de un invierno particularmente riguroso no permite que consigan ninguna ventaja decisiva. Por el contrario, pierden a sus mejores tropas. Cuando en 1938 se desencadena la ofensiva nacionalista en Aragón, a ambos lados del Ebro, los Republicanos ya no son capaces de soportar la guerra de movimiento impuesta por sus adversarios. De nuevo la España republicana está dividida en dos partes, por un lado Cataluña, donde se ha instalado el gobierno Negrín, y por el otro Madrid y Levante. La última reacción republicana en el frente del Ebro sólo consigue retrasar algunos meses el hundimiento inevitable. La única oportunidad de victoria consistiría en una intervención francesa motivada por una internacionalización del conflicto. Munich toca las campanas de las esperanzas republicanas.

El final de la guerra y los sufrimientos del exilio

La República española, condenada definitivamente y abandonada por las potencias europeas que hasta entonces le habían aportado unos auxilios indispensables, sufre una lenta agonía durante los últimos días del año 1938. Las tropas de Cataluña, agotadas por los combates del Ebro, son vencidas. El 26 de enero de 1939 Barcelona cae sin oponer gran resistencia. Las condiciones de vida se han convertido en insostenibles y el abastecimiento es cada vez más problemático. Una parte de la población está al borde del hambre. El gobierno Negrín se refugia en Francia. Una multitud de fugitivos se repliega hacia la frontera francesa junto con los restos del ejército de Cataluña. Es el paroxismo de un éxodo trágico que ha comenzado en 1937 con la llegada de los refugiados vascos a los puertos franceses del Atlántico y que se prolongará durante meses.

La guerra aún no se ha acabado, pero los partidarios de la resistencia a ultranza chocan con la desmoralización del ejército y el desánimo general. Muy pronto se despiertan los conflictos entre los grupos políticos, divididos accrca de la utilidad o incluso de la posibilidad de continuar la guerra. En Madrid, una Junta encabezada por el coronel Casado asume el poder con el apoyo de la gran mayoría de los anarquistas y los socialistas, pero excluyendo a los comunistas. Su objetivo es conseguir una capitulación honorable. Pero la Junta de Casado tropieza con una negativa a negociar. El general Franco exige una capitulación incondicional. Pero en el lado republicano la confusión es total. Por un lado se desarrollan combates esporádicos en los que se enfrentan algunos grupos de obediencia comunista y partidarios de la Junta: por el otro, los dirigentes republicanos empiezan a abandonar el país. Negrín, que ha vuelto a España para dirigir una hipotética resistencia, regresa a Francia a principios del mes de marzo. En realidad ya no hay ninguna autoridad política o militar. Lo que queda de la República se descompone progresivamente. El 28 de marzo las tropas franquistas entran en Madrid. La dictadura militar impone a España sus condiciones. Los combatientes y los militares políticos, detenidos por decenas de miles se hacinan en campos y en prisiones, y algunos de ellos por muchos años. La España franquista no es la España de la reconciliación.

Para centenares de miles más comienza el exilio. Respecto al número de refugiados no se puede dar ninguna cifra exacta. En un primer momento seguramente superaron los quinientos mil. Es verdad que muchos vuelven a España en los meses siguientes al hundimiento de la República, pero otros, miles, consiguen salir de España durante los años de represión violenta que caracterizan el comienzo del régimen franquista. Se trata de un exilio que es a la vez de masas y de élites. Escritores, artistas y músicos abandonan España y ya nunca más volverán. Pablo Picasso, el pintor más célebre de la España contemporánea, y Pablo Casals, su músico más glorioso, nunca volverán a la España franquista...

En la España contemporánea siempre ha habido exiliados políticos, y ya hemos visto el papel esencial que después han podido desempeñar. Pero nunca ha habido una emigración tan importante ni tan duradera. El franquismo nunca tomará, para con ellos, una decisión global de amnistía. Además, el exilio de los refugiados españoles será particularmente doloroso. Muchos de ellos, amontonados en un primer momento en Francia o en el Norte de África, van siendo acogidos y reunidos en campos especiales, donde a veces deben pasar varios meses en condiciones extremadamente difíciles. Entre los que se quedarán en Francia después de la derrota francesa y durante la ocupación, muchos aún conocerán los campos de concentración, y otros reanudarán el combate contra el "fascismo" en el maquis. La acogida que se ofrecerá a miles de refugiados con frecuencia será desconfiada. La URSS, así como los Estados Unidos, sólo aceptan a un contingente estrictamente limitado. Afortunadamente, los países de América latina, y principalmente México, se mostrarán más generosos.

Pero la dureza del exilio no consigue sino reanimar las diferencias entre los partidos, e incluso en el interior de los partidos. Comienza una larga polémica sobre las responsabilidades de los unos y de los otros en la derrota, mientras que en España empieza la *noche negra* del Franquismo.

Capítulo III

LA DICTADURA FRANQUISTA: DEL RÉGIMEN TOTALITARIO Y AUTÁRQUICO A LA EVOLUCIÓN INEVITABLE (1937-1958)

El largo período de estabilidad política que se inaugura con la instalación del poder militar no puede ser entendido correctamente aislado del resto de la historia española, pero no sólo porque la reacción nacional y el repliegue sobre sí misma es una tentación permanente para la España tradicionalista ni porque, desde el comienzo del siglo XIX, el reforzamiento del poder autoritario y centralizador en las manos de una sola persona sea una de las tendencias políticas permanentes de la derecha española. Las contradicciones y las ambigüedades del régimen tampoco constituyen una novedad. El nacionalismo absoluto conduce a un callejón sin salida. España no puede, ni con el sistema franquista ni con anterioridad, aislarse del resto del mundo del cual depende, en primer término, para su supervivencia y luego para cualquier intento de modernización. Los condicionantes del siglo XIX siguen pesando. El largo período de reacción aislacionista que atraviesa el país entre 1939 y 1951 se explica tanto por las condiciones particulares de la segunda guerra mundial y de la cuarentena que se impone a la España franquista en los años siguientes, como por la voluntad de los responsables de la política española. Sale de su ghetto en seguida que puede.

Entonces la afluencia de capitales extranjeros y la prosperidad económica mundial constituyen las condiciones que posibilitan que una segunda generación del Franquismo reanude la tarea de modernizar el país tímidamente esbozada en la época de la dictadura de Primo de Rivera. Las necesidades económicas, que se imponen a los principios políticos, hacen inevitable la transformación de la sociedad española. Los cambios de los años 1958-1960 son la consecuencia lógica de esta situación. Por lo tanto, conviene distinguir cuidadosamente lo que es la esencia misma del régimen, la dictadura de un hombre y el rechazo de cualquier forma de pluralismo político, de sus sucesivas transformaciones, que son el fruto de una evolución impuesta por las circunstancias.

I. El Franquismo totalitario (1937-1951)

El Caudillismo

El Franquismo ha nacido en la guerra y ha crecido en la victoria, tan penosa y tan dolorosa, y aparece como un régimen de excepción, extremadamente personalizado y cuya duración se identifica con la vida misma de su jefe. Incluso en la Europa del fascismo no hay una dictadura más absoluta que la del general Franco. Es el elemento permanente de un sistema cuyas formas variarán considerablemente en el futuro.

El régimen franquista es unitario y centralizador por naturaleza, y en esto reanuda la tradición inaugurada por Fernando VII. Sin embargo, el sistema que Francisco Franco impone al pueblo español no tiene ningún equivalente ni por su duración ni por su enfoque. En efecto, se identifica con el individuo que ejerce el poder sin que nunca se plantee seriamente, excepto en los últimos años, la cuestión de su continuidad. Para llegar a este resultado ha sido necesario que se dieran un conjunto de circunstancias bastante excepcionales de las que se ha beneficiado un hombre lo bastante flexible como para aprovecharse de la situación, lo bastante autoritario para destruir las oposiciones y lo bastante seguro de sí mismo para asumir durante cuarenta años un protagonismo histórico para el cual sus orígenes y el comienzo de su carrera apenas lo habían preparado.

Al principio de la guerra civil Franco es un joven general de cuarenta y cuatro años. De origen gallego, ha elegido la carrera militar en estos años difíciles en los que España salta de humillación en humillación. De forma muy natural se ha visto lanzado hacia la aventura africana. Allí ha hecho su carrera participando activamente en las operaciones del Tercio y ganando rápidamente sus galones. No simpatiza con Primo de Rivera, y durante la Dictadura se repliega en la Academia Militar, de la que es director. A pesar de ser monárquico por principios, durante la República continúa su carrera ascendente. Es el máximo responsable de las operaciones que se llevan a cabo en 1934 contra la Comuna asturiana. El gobierno del Frente popular lo aparta de su puesto de jefe del Estado Mayor. Se adhiere al complot militar tardíamente. Sólo las casualidades de la guerra —la desaparición accidental de los posibles rivales— lo convierten en jefe indiscutido de la insurrección nacionalista.

Desde entonces acumula títulos y responsabilidades. Es jefe del Estado, generalísimo de las fuerzas armadas, presidente de la Falange y *Caudillo* de España. A pesar del mantenimiento oficial del principio y de la bandera monárquicos, es él quien detenta todos los poderes. Para convencerse basta con referirse al artículo 6 de la *Ley orgánica del Estado*, texto legislativo cuya última versión, la de 1967, no modifica el redactado en lo esencial: "El Jefe del Estado es el representante supremo de la Nación; personifica la soberanía nacional; ejerce el poder supremo político y administrativo; ostenta la Jefatura Nacional del Movimiento y cuida de la más exacta observancia de los Principios del mismo y demás leyes Fundamentales del Reino, así como de la continuidad del Estado y del Movimiento Nacional; garantiza y asegura el regular funcionamiento de los Altos Órganos del Estado y la debida coordinación entre los mismo; sanciona y promulga las leyes y provee a su ejecución; ejerce el mando supremo de los Ejércitos [...]; vela por la conservación del orden público [...]; en su nombre se administra justicia; ejerce la prerrogativa de gracia; confiere, con arreglo a las leyes, empleos, cargos públicos y honores [...]".

Añadamos que nombra a los ministros, y que no habrá un jefe de gobierno susceptible de compartir las responsabilidades con el jefe del Estado ante de ¡1973!

Por lo tanto, aquí todo depende de un solo hombre. Designarle un sucesor incluso parece imposible, porque antes que nada es un hombre providencial. Su poder se justifica por el carisma vinculado a su persona. Encarna la unidad nacional más allá de las divisiones del momento y de las peripecias de la historia, *la unidad de destino en lo universal*, para utilizar las mismas palabras que el punto 2 de la Falange. Los ditirambos de la propaganda nacionalista de la época quizás son un poco ridículos; sin embargo, en su simplismo maniqueo expresan bien la idea de un poder de esencia divina. El Caudillo es "espada de Dios contra el mal", el salvador y el protector de la unidad nacional. Sustituye al monarca que ha fracasado en su misión al aceptar abdicar. De ahí nace una confianza inquebrantable en su destino; también de ahí esa negativa sistemática a compartir el poder, porque la autoridad concedida por Dios no se comparte. Sin duda, ésta es la diferencia esencial entre el Franquismo y los regímenes fascistas. En los países fascistas el poder lo ejerce una persona, pero en nombre de un partido, verdadero depositario de la suprema autoridad. No hay nada parecido en la España franquista. Ninguna fuerza tiene los medios para actuar contra el Caudillo. Es verdad que existen grupos de presión poderosos, pero Franco sabe utilizar hábilmente a los unos y a los otros, sin dar a ninguno de ellos una influencia suficiente para imponer su política.

La configuración de las Instituciones: un régimen fascistizante apoyado en unas fuerzas conservadoras

El franquismo, tal como hemos visto, no es un fascismo. Pero en su forma inicial toma de él muchos aspectos, empezando por la existencia de un partido único. Los privilegios concedidos a la Falange no nos deben llamar a engaño. Sigue estando estrechamente controlada por el Caudillo. Su primer secretario general, Manuel Hedilla, es condenado duramente por haber intentado rebelarse contra la autoridad suprema del jefe del Estado. A partir de entonces la influencia dominante la ejerce Serrano Suñer, cuñado del general Franco. Pero, en la misma medida en que está severamente controlada, se convierte en un órgano determinante del nuevo régimen. Se adoptan los 26 puntos de la Falange (el 27, que habría podido molestar a un gobierno profundamente conservador, ha sido abandonado) como programa político del Franquismo. Evidentemente, en él volvemos a encontrar temas propios de los *Regeneracionistas* de 1898 como la afirmación de la unidad nacional y la grandeza de la hispanidad. Pero de este modo también se reafirma el carácter totalitario del régimen.

En consecuencia la Falange recibe un cierto número de privilegios. Además de la responsabilidad de la Prensa y de la Propaganda, desde 1939 controla la dirección de los sindicatos oficiales, que desempeñan un papel de suma importancia en la España *nacionalsindicalista.* El responsable de esta organización, Salvador Merino, querría convertir a los *sindicatos verticales* en la piedra angular de un nuevo edificio político. Dispone del periódico de los sindicatos, *Pueblo*, cuya tirada es la más importante de toda la prensa franquista. El *Fuero del Trabajo* que se promulga en marzo de 1938 se inspira directamente en las leyes corporativistas de la Italia fascista. Insiste en la necesidad de una colaboración de clases, único medio para arreglar los conflictos sociales. Sin embargo, los responsables de los sindicatos, nombrados por la dirección, rápidamente aparecen como unos simples funcionarios al servicio del Estado y de las clases dirigentes.

La Falange también dispone de otros medios para aumentar su influencia. El *Auxilio Social*, que se ha creado durante la guerra, desempeña un papel muy importante en el período de dificultades económicas por el que España atraviesa, y que perdura e incluso empeora en los años que siguen a la victoria franquista. Organizaciones como el *Frente de Juventudes* proporcionan a los Falangistas el casi-monopolio del encuadramiento de la juventud. Todo esto recuerda el carácter fascistizante del régimen en sus comienzos. Además, ¿no se ha convertido el saludo fascista en un símbolo oficial del nuevo sistema político?

Pero el régimen sigue siendo ante todo conservador, tradicionalista y católico. Primero se caracteriza por una reacción, en el sentido literal de la palabra, contra las reformas de la época republicana. A medida que las tropas franquistas avanzan, se devuelven las tierras a sus antiguos propietarios. La reforma agraria de Azaña se abandona definitivamente en 1940. Como máximo se deja a un cierto número de campesinos la posibilidad de firmar contratos de arrendamiento. Pero el triunfo de los Oligarcas, particularmente en el sur, es total.

Igualmente, se derogan las leyes laicas de la República. Se suprime el divorcio; el matrimonio religioso vuelve a ser obligatorio. La Iglesia se beneficia de considerables privilegios. Manda sobre el sistema educativo; se reintroduce la enseñanza religiosa en las escuelas públicas. Todo ataque contra la religión se asimila a un delito. Se restablece el presupuesto para Culto y Clero, mientras que se espera que se formalice un nuevo acuerdo entre el Estado y la Iglesia católica. En conjunto El Vaticano está satisfecho con esta nueva situación ya que en junio de 1941 acepta devolver al Caudillo el derecho concedido al jefe del Estado español de presentar los candidatos al episcopado. Esta indiscutible influencia del clero católico se refleja en la misma composición del gobierno. El Ministerio de Educación nacional, cuya importancia en un régimen que pretende ser totalitario es fácil de imaginar, se confía a un católico intransigente, antiguo diputado de la CEDA, Ibáñez Martín. La influencia de que dispone la Falange en la Universidad gracias al SEU, convertido en sindicato oficial, está compensada por el papel determinante de los católicos en las nuevas instituciones, principalmente en el Consejo Superior de Investigaciones Científicas.

Si a esto se añade el mantenimiento en puestos clave de ministros que, como mínimo, son bastante escépticos respecto a los principios fascistas como, por ejemplo, Esteban Bilbao —uno de los dirigentes carlistas— en el Ministerio de Justicia, se puede apreciar que la dictadura de Franco nunca se ha identificado totalmente con la dictadura de la Falange. Es verdad que deja a los responsables del Movimiento el control de cargos y prebendas, consiguiendo de este modo ejecutores diligentes del nuevo orden; pero rara vez les confía las responsabilidades esenciales. Desde mayo de 1941, el jefe del Estado aparta del poder a Dionisio Ridruejo, jefe de los servicios de prensa y propaganda, y en julio del mismo año a Salvador Merino, el hombre de los sindicatos. Se han acabado ya las esperanzas revolucionarias del falangismo "puro". La Falange sigue siendo poderosa, pero es el instrumento dócil del jefe del Estado. Y el Caudillo sabe que además puede contar con la colaboración del clero y con el apoyo incondicional del ejército. Por lo tanto, puede decidir libremente qué orientación definitiva conviene dar al régimen.

El ejercicio del poder: el régimen represivo

Una vez dueño absoluto de España, el Caudillo pretende encarnar la unidad nacional, la unidad del pueblo español. Para conseguirlo no predica la reconciliación. El maniqueísmo del régimen no podría soportarlo. Sin embargo, en la represión ejercida por el Franquismo conviene distinguir lo que es la venganza inmediata de una guerra inexpiable de lo que, pasadas las primeras violencias, representa la voluntad represiva del régimen.

La misma guerra ha engendrado una represión brutal cuyo balance es prácticamente imposible de establecer. Es verdad que la cifra oficial de las ejecuciones en la zona nacionalista puede fijarse alrededor de las 40.000. Pero se trata de una cifra probablemente subevaluada. Además y sobre todo, durante los años siguientes a la guerra, los campamentos y las prisiones no se vacían. Los tribunales militares funcionan sin descanso. Las ejecuciones sumarias se suceden sin que siempre dejen algún rastro. Y es poco probable que algún día los archivos revelen la cifra real de los fusilados o de los que mueren en las prisiones a resultas de malos tratos o de las catastróficas condiciones de reclusión. Por lo tanto, no haremos nuestra la famosa cifra de 192.000 fusilados entre 1939 y 1944 que se arrastra sin grandes justificaciones en todos los libros "de izquierdas", y que tanto discute la historiografía "de derechas". Pero para darse cuenta de la gravedad de la represión basta con echar una rápida ojeada a la prensa de la época y, en particular, referirse al periódico editado por la Falange y que, en nombre de la necesaria *Redención* en las prisiones, anima a la denuncia, justifica el trabajo forzado y celebra los actos de contrición y las ceremonias de expiación a las que deben asistir los prisioneros. Porque la celda no basta para redimir el crimen político, o mejor dicho: el pecado.

Porque esto es lo importante, lo esencial. Más allá de las ejecuciones sumarias y de las condenas dictadas por los tribunales políticos y más tarde por el tribunal de Orden Público, más allá de la eficaz actividad de la Policía, cuyos resultados se pueden apreciar en la incapacidad de la oposición clandestina para establecer una oposición duradera, hay la condena moral y la sospecha, y con éstas no acaba ningún *indulto.* La gracia es una reducción de pena; nunca es una amnistía. Del medio millón de españoles que al finalizar la guerra tomaron el camino del exilio, quizás 200.000 volvieron a España. Pero, ¿cuántos de ellos han seguido siendo sospechosos en opinión de las autoridades y han sido mantenidos en residencia vigilada y amenazados con la cárcel en caso de la menor desviación?

Al mismo tiempo se depura estrictamente la administración. Sin duda, la enseñanza es la que se ve más duramente afectada. Esto puede parecer sorprendente ya que, si bien la mayoría de los maestros se había adherido con entusiasmo a la República, y a menudo a la Revolución, los profesores de Universidad se habían mostrado mucho más moderados. Pero muchos de estos *catedráticos* encuentran sin demasiada dificultad una plaza en las universidades latinoamericanas donde se aprecia su preparación. Así, para toda una generación, se crea un vacío esencial en la formación y en la educación que la enseñanza religiosa no colmará, al menos a corto plazo.

Nos parece indispensable insistir en las formas más duraderas de la represión, que son las que han dejado más huellas. La legislación desarrollada durante la guerra ha prohibido los partidos políticos y las organizaciones sindicales, y ha considerado la afiliación al comunismo o a la masonería, o más simplemente la exaltación de sus principios como delitos susceptibles de encarcelamiento (ley del 1.º de marzo de 1940). Por lo tanto es una consecuencia lógica el prohibir toda veleidad de propaganda de oposición. La censura se extiende a todos los terrenos, comenzando por uno del que se habla poco, pero que sin duda es el más importante, el de los libros de texto destinados a la enseñanza primaria. Son libros de una parcialidad sorprendente, verdaderos catecismos redactados las más de las veces por clérigos, y que imponen a los niños, y durante bastantes años, una visión edificante de la historia del pueblo español. Además, las editoriales y las agencias de información están bajo el control del servicio de prensa y propaganda. Una escuela oficial se encarga de preparar técnica y políticamente a los periodistas para su futuro trabajo... Los directores de las publicaciones son nombrados a dedo. Pero, por encima de todo, el gobierno dispone de un eficaz medio de presión. En estos tiempos de escasez, los servicios oficiales de Información conceden o deniegan el contingente de papel necesario para la aparición de los libros y de los periódicos. Este monopolio de la distribución es la garantía más segura de obediencia y de conformismo, y acaba con el menor atisbo de protesta.

Es verdad que a partir de 1941 se exime de la autorización previa a un cierto número de periódicos. Pero se trata de la prensa falangista o de los boletines oficiales de la jerarquía católica. El poder aún es lo bastante fuerte como para permitirse prohibir, en septiembre de 1939, la difusión de una pastoral del primado de España, el cardenal Gomá, que se atrevía a criticar ciertos excesos de la represión. Precisemos inmediatamente que este incidente no significa de ningún modo la manifestación por parte de la jerarquía católica de una oposición al régimen... La represión ideológica se hace a la vez en nombre de la Iglesia y en nombre del Estado. El Caudillo es responsable tanto ante Dios como ante la Historia. Esto sólo significa que, en nombre del principio de unidad tan caro a la Iglesia y a la Falange, no se debe tolerar ninguna desviación de pensamiento ni de lengua.

El decreto de unificación no ha borrado la diversidad de las fuerzas nacionalistas, pero éstas tampoco pueden expresarse, suponiendo evidentemente que lo deseen. Durante la guerra, el dirigente carlista Fal Conde ha sido obligado a exiliarse. Es verdad que el pretendiente monárquico "alfonsino", Don Juan (Alfonso XIII muere en 1941), tiene calurosos partidarios en los medios gubernamentales; pero él mismo vive en el exilio. Las presiones que se ejercen sobre el Caudillo para animarlo a restablecer, de hecho, la monarquía, no consiguen ningún resultado. Cuando en 1942 unos militares monárquicos, y principalmente el general Galarza, convertido en ministro del Interior, tratan de desarrollar una oposición organizada, se les obliga a abandonar el gobierno. Como compensación, Franco cesa al mismo tiempo a Serrano Suñer, que aún era portador de las esperanzas de la Falange.

En los dos casos, si se manifiesta una oposición, se trata de un pequeño grupo de potentados y aristócratas, y sus complots no superan en absoluto el nivel de las conversaciones de salón. Indudablemente, las reacciones de los falangistas puros, los *Camisas Viejas*, son más serias. Pero, tal como ya hemos visto, el Caudillo se ha quitado rápidamente de enmedio a los que molestaban. La designación, en 1941, de José Luis de Arrese como secretario general del Movimiento coloca en el primer plano a una personalidad sin gran relieve, y cuya fidelidad al Jefe del Estado es incondicional. Aquí no hay necesidad de una verdadera represión. Basta con apartar a los indóciles o a los indisciplinados.

Por lo tanto es absurdo buscar un responsable de la política fascistizante de estos primeros años que no sea el general Franco. Indudablemente, en el terreno económico no hay que concederle un papel tan importante. Pero él, y sólo él, detenta el poder de decisión y nombra a los ministros responsables. En definitiva él es quien marca las orientaciones del régimen.

Una economía debilitada y desorganizada

En una Europa sumergida en la guerra y en la miseria las dificultades económicas de España pasan a un segundo término. Sin embargo, los años 1937-1951 son un período particularmente difícil para los españoles. La guerra civil es parcialmente responsable de esta situación. Pero hasta 1939, y a pesar de las restricciones, la zona franquista vive una prosperidad ilusoria.

El final de la guerra entrega a los Franquistas las regiones superpobladas y subalimentadas de Madrid, del Levante y de Cataluña. El desequilibrio de la economía nacional se pone brutalmente de manifiesto. Inmediatamente después de acabada la guerra, el balance de la producción agrícola e industrial es deplorable. En algunos sectores las destrucciones tienen consecuencias duraderas. El ganado esta parcialmente destruido, y harán falta bastantes años para reconstituirlo. Pero, a este balance que a fin de cuentas es soportable hay que añadirle un estancamiento económico prolongado, que es un resultado directo de la victoria nacionalista, de las malas cosechas y de una limitación de los intercambios que excluye el recurrir a recursos exteriores para compensar el déficit agrícola. España, imitando a los regímenes fascistas, y sobre todo porque las circunstancias obligan, intentará vivir en circuito cerrado. Normalmente, en un régimen nacionalsindicalista, la intervención del Estado debe crear unos órganos directivos que, mediante unas reformas apropiadas y una distribución juiciosa del capital, ayuden a un restablecimiento económico sin recurrir al extranjero. Esto es tanto más necesario cuanto que la guerra movilizará las energías y los recursos de los países vecinos que habrían podido ayudar a España.

De hecho, el régimen se halla entre la espada de la necesidad de hacer evolucionar una agricultura arcaica cuyos rendimientos incluso han empeorado, y la pared de la presión de la oligarquía terrateniente, que ha vuelto con fuerzas renovadas detrás de los ejércitos nacionalistas. Después de la recuperación de las tierras por parte de los antiguos propietarios, las condiciones de vida de los campesinos sometidos a la reacción caciquil son tan intolerables y la producción tan escasa que el régimen no puede seguir ignorando este problema. El *Servicio Nacional de Reforma Económica y Social de la Tierra* que se crea en 1938, a veces admite, de acuerdo con los propietarios, el mantenimiento de ciertas ventajas concedidas a los arrendatarios. Pero la gran idea, que además está llamada a tener una aplicación duradera, es la fundación del INC (*Instituto Nacional de Colonización*). Este organismo se encarga de comprar tierras, o de ayudar a la compra de tierras, para formar nuevos pueblos, y de subvencionar los trabajos de irrigación necesarios para su valorización. No hay que subestimar el esfuerzo que se ha desarrollado en este sentido, pero es evidente que en lo inmediato no aporta ninguna solución a la cuestión agraria, sobre todo en los territorios más miserables, los del sur, Extremadura y Andalucía. Para los campesinos del sur, los años "negros" subsiguientes a la guerra civil son años de miseria y de hambre. Las intervenciones del Estado aportan algunos paliativos. El Servicio nacional del trigo, que se crea en 1937, durante los primeros años permite mantener el precio de los cereales a un nivel asequible para los consumidores. Más tarde, en cambio, los precios del trigo serán mantenidos a un nivel elevado; y en 1953, una comisión de compra de excedentes también sostendrá el precio del vino. Pero la crisis de los años de la posguerra es una crisis de escasez. Además el Estado debe intervenir en todos los niveles para distribuir los productos alimenticios. El racionamiento durará hasta 1951.

Incluso los mediocres economistas de los primeros años del Franquismo aceptan como evidente que a falta de una reforma agraria profunda, que seguramente tampoco resolvería el problema de la sobrepoblación rural, la solución para la economía española es la industrialización. Pero, incluso si no tenemos en cuenta las destrucciones y la desorganización que la guerra civil ha ocasionado, la industria española sufre el dominio tradicional de los capitales y del comercio extranjeros. La Segunda Guerra Mundial impide cualquier aportación exterior, bien sea en divisas o en mercancías. Indudablemente, hasta 1944 España suministra productos mineros a Alemania, pero sabemos que la producción minera española no deja de decrecer. El esfuerzo de extracción afecta sobre todo a los yacimientos marroquíes.

Decir que la economía española se estanca a lo largo de todo este período es poco. En muchos terrenos retrocede. El conflicto mundial no la afecta directamente. Pero sufre las consecuencias de las destrucciones de la guerra civil. La falta de medios de transporte obstaculizará considerablemente los esfuerzos para volver a despegar. En particular, el material ferroviario debe sustituirse por completo, pero el gobierno español carece de los medios para renovarlo mediante compras masivas. El Estado se ve obligado a nacionalizar las compañías ferroviarias. La creación de la RENFE es una necesidad que nadie discute, pero no puede resolver todos los problemas. Además, el material de las empresas metalúrgicas y textiles, principalmente, no se ha renovado desde hace más de seis años. Por lo tanto ofrecen un balance bastante negativo. En 1945 la producción de acero es inferior a la de 1935.

En una coyuntura autárquica se impone la intervención del Estado. A posteriori se justificará mediante la afirmación del nacionalismo fascistizante que inspira los comienzos de la España franquista. Las leyes de 1939 (*ley de protección y fomento de la industria nacional, ley de ordenación y defensa de la industria nacional*) prevén un principio de organización autárquica. Su eje central es el *Instituto Nacional de Industria* (INI), creado en 1941, e inspirado visiblemente en el IRI italiano. Su papel es multiforme. En principio se encarga de las industrias relacionadas con la defensa nacional y de ayudar a satisfacer las necesidades elementales de la economía española en los sectores que exigen grandes inversiones. El INI también interviene para salvar empresas privadas en peligro de hundirse: es una empresa de salvamento que no induce al dinamismo industrial. En estos primeros años el esfuerzo que el Estado consiente realizar no es en absoluto rentable. En 1945 el índice de producción industrial apenas supera el nivel de 1929 (índice 114 según el muy oficial Instituto Nacional de Estadística, que seguramente no peca por exceso de pesimismo).

En definitivas cuentas, el balance es bastante sombrío: estancamiento industrial a pesar de un verdadero esfuerzo en el campo de la energía (carbón y electricidad), y persistencia de la disminución de la producción agrícola agravada por la falta de abonos, de material y por las malas condiciones metereológicas.

En todos los sectores la intervención del Estado se muestra más preocupada por la salvaguarda y el mantenimiento de lo que existía antes de la guerra que por innovaciones importantes. El Franquismo conserva los intereses económicos existentes y se ha afianzado desde los primeros momentos gracias a la adhesión de los altos dirigentes empresariales. Por lo tanto, el control que ejerce satisface en primer lugar a los puntales naturales del régimen. Simbólicamente, el papel del Instituto Español de Moneda Extranjera consiste en mantener artificialmente el valor de la peseta a un nivel fijo de 44,13 pesetas por una libra esterlina. El sistema de cambios múltiples que se crea para favorecer las importaciones de primera necesidad refuerza, en la práctica, un mercado paralelo de divisas extranjeras. En el sistema de control de cambios y de contingentación de las importaciones y exportaciones se puede reconocer la tradición proteccionista bajo una forma aún más reforzada. En realidad son medidas destinadas a afrontar una situación difícil, pero que no pueden ayudar a resolver ningún problema importante.

II. El peso de la política internacional

A pesar de estar aislada económicamente, entre 1939 y 1945 España al menos tiene la suerte de haberse mantenido al margen de la guerra mundial. Sean cuales sean las razones de fondo, la política del Caudillo ha sabido evitar un compromiso que, con toda seguridad, habría consumado, y por muchos años, la ruina de un país que ya había sufrido duras pruebas. Sin embargo no se puede pensar que España haya escapado de los azares de la política internacional. Los estrechos lazos que se anudaron con las potencias del Eje durante la guerra civil no se podían olvidar rápidamente. Y cuando la guerra evolucione desfavorablemente para los Estados fascistas, la España franquista, a pesar de la prudencia inicial del Caudillo, estará muy amenazada.

El período de no beligerancia

Inesperadamente, la proximidad de la guerra europea consolida el régimen franquista. Los gobiernos occidentales, que después de la conferencia de Munich están convencidos del carácter inevitable de un conflicto que por un instante se pensó que se había alejado, quieren, a toda costa, no tener que luchar en un frente suplementario, en los Pirineos. La actitud de la Gran Bretaña conservadora respecto a los Nacionalistas nunca ha sido hostil. Desde hace mucho tiempo mantiene a un encargado de negocios en Burgos. De este modo sus intereses económicos en la península están protegidos, a pesar de que algunos aspectos del Franquismo fascistizante repugnen a los británicos. El gobierno francés tarda más en inclinarse ante la victoria franquista. Pero la dimisión de Azaña, que se refugia en Francia a finales del mes de febrero de 1939, proporciona el pretexto esperado por el gobierno francés para interrumpir su apoyo oficial a la República. Entonces, las dos potencias occidentales reconocen oficialmente al régimen franquista. Los acuerdos Jordana-Bérard permiten que el nuevo gobierno español recupere el oro del Banco de España depositado en Francia, y que Franco necesita urgentemente. Entonces el mariscal Pétain será un primer embajador de Francia bastante bien recibido por los dirigentes nacionalistas.

Cuando estalla la guerra, y sobre todo cuando la derrota francesa conduce a las tropas alemanas hasta la frontera española, no existe ninguna duda de que las simpatías de la España franquista van hacia los países del Eje. La proclamación de la no beligerancia española refleja la voluntad de adoptar sistemáticamente una actitud benevolente, casi amical, respecto a Alemania e Italia. Evidentemente, la ocupación de Tánger por parte de las tropas españolas recuerda las pretensiones imperiales de España. Pero también atestigua una informalidad muy "fascista" del Caudillo respecto a los acuerdos internacionales, y es difícil no ver en ello una amenaza directa sobre la libertad de navegación en el Mediterráneo. Las amenazas contra Gibraltar parecen anunciar una intervención más directa, justo en el momento en que Gran Bretaña tiene las mayores dificultades para asegurar el avituallamiento de sus fuerzas en el Próximo Oriente. Serrano Suñer, que entonces está en la cumbre de su poder, manifiesta abiertamente su deseo de aproximación hacia Alemania e Italia. El ataque de Alemania contra Rusia en 1941 parece justificar la política anticomunista de Franco, vinculado a los países del Eje por su adhesión al pacto antikomintern. ¿Acaso la cruzada contra el bolchevismo emprendida por Hitler no es la continuación de su propia lucha, de su propia cruzada? La formación de la *División Azul* permite que los antiguos combatientes de la guerra civil reanuden una lucha que, para algunos de ellos, pasa por una estrecha alianza con Alemania.

Sin embargo España nunca franquea la última barrera. No entra en la guerra. Hay muchas explicaciones para esta decisión de moderación política: deseo de no poner en juego una victoria conseguida a un alto precio, conciencia de la debilidad española después de la sangría de la guerra civil, o más simplemente temor de la potencia de Alemania, que rápidamente manifiesta ser un aliado particularmente molesto. En cualquier caso, el mismo 3 de junio de 1940, cuando la victoria alemana parece ineluctable, y cuando Mussolini decide entrar en la guerra, el Caudillo envía una carta a Hitler en la que, al mismo tiempo que renueva su formal declaración de amistad, subraya la debilidad de España y la necesidad, para posibilitar su entrada en la guerra, de una ayuda material enorme. Los términos no varían, por lo que es posible saber, cuando la entrevista con el Führer en Hendaya, el 23 de octubre de 1940. Dejando a un lado el hecho, secundario, de que Hitler y Franco se apreciaran poco mutuamente, lo cierto es que el Caudillo ya había decidido poner tales condiciones a la intervención española, que la hicieran del todo imposible.

A decir verdad, hay otras consideraciones que empujan a Franco a mostrar una cierta prudencia, incluso cuando la ofensiva contra la Rusia bolchevique provoca una nueva oleada de entusiasmo entre los jóvenes falangistas y endurece el lenguaje que se emplea en la prensa franquista respecto a los Aliados. Primero consideraciones de política interior: los monárquicos antifalangistas conservan su influencia en el ejército, y la simpatía de algunos de ellos por los Anglosajones es indudable. El mismo Franco no fundamenta su política exterior únicamente sobre la base de unas buenas relaciones con los países del Eje. También juega una carta nacional, la de la Hispanidad. Si según su punto de vista existe alguna alianza privilegiada, hay que buscarla por el lado del Portugal de Salazar o de la América latina. Pero Portugal sigue orientado hacia Gran Bretaña. Además esta alianza es útil para el gobierno español; en las difíciles circunstancias económicas que hemos subrayado, las mercancías que llegan a Lisboa ayudan notablemente al avituallamiento de España en materia de artículos de primera necesidad.

Ciertamente, en conjunto, y a pesar de las impaciencias de Hitler, las relaciones con Alemania son buenas. El gobierno franquista continúa proveyendo las materias primas indispensables para la industria de la guerra alemana (particularmente el wolframio), prácticamente hasta el final de la guerra. Después de la derrota alemana, la España franquista servirá de refugio para los políticos europeos más comprometidos con el fascismo. Pero los primeros fracasos de Alemania e Italia —las derrotas en Rusia y el desembarco aliado en el Mediterráneo— inducen al Caudillo, si no a cambiar radicalmente su política, sí al menos a tomar distancias respecto de la Alemania de Hitler.

Los años difíciles. La condena del régimen franquista

La España fascistizante de los primeros años del franquismo está lógicamente amenazada por la derrota de las potencias del Eje. En 1943, el retorno de la no beligerancia a la neutralidad demuestra el afán del Caudillo por no vincular demasiado estrechamente su destino al de los países condenados al desastre militar. La sustitución, en agosto de 1942, de Serrano Suñer por el general Jordana en el Ministerio de Asuntos exteriores, y las discretas negociaciones iniciadas a partir de enero de 1943 con los ingleses y los americanos, son otros tantos indicadores de este cambio forzado. Para los españoles del exilio, pero también para la gran masa de la opinión pública en los países occidentales, la caída de Franco es una consecuencia lógica de la victoria contra el fascismo.

Sin embargo, la ilusión durará poco. No se pondrá en tela de juicio la existencia del nuevo régimen español. Indudablemente el desnudarse de los oropeles del fascismo ha ayudado a su sobrevivencia. Pero esto no habría bastado para salvarlo. Lo que ha evitado el hundimiento del franquismo es la guerra fría. Una vez más el destino de España se ha decidido fuera de sus fronteras.

La debilidad económica de España no le permite vivir aislada durante mucho tiempo. Esto es lo que asusta al gobierno del Caudillo, mucho más que unos requerimientos que se mantienen en el plano de la teoría, e incluso más que los proyectos o las intentonas armadas de los exiliados republicanos. Ciertamente, la resistencia armada ha tardado en apagarse. Numerosos españoles que han luchado en los *maquis* franceses siguen estando armados y al otro lado de las fronteras, beneficiándose de múltiples complicidades. En 1944 y 1945, unos guerrilleros, inspirándose en las *Juntas de Unión nacional* formadas por los comunistas, lanzan algunas operaciones militares sobre el territorio español, principalmente en el Valle de Arán. Hasta 1950 otras "fuerzas armadas clandestinas" muestran una cierta actividad. Pero la diversidad de los intentos y la oposición duradera entre los grupos comunistas y los socialistas o, aún más, anarquistas, ponen de manifiesto que los conflictos de la guerra civil están lejos de haberse apagado. La formación, en agosto de 1945, de un gobierno en el exilio, símbolo de la unidad de la España antifranquista, sobre todo es un gesto diplomático dirigido a facilitar una acción de las grandes potencias contra el Caudillo.

Lo que suede es que la desaparición del régimen franquista depende en última instancia de los aliados occidentales, Francia, Gran Bretaña y Estados Unidos. Su condena, formulada mediante una resolución de las Naciones Unidas, reunidas en Asamblea general el 12 de diciembre de 1946, es más que una simple manifestación verbal. Los mismos términos de esta resolución, si bien son demasiado imprecisos, amenazan con medidas más eficaces y más concretas: "Si en un lapso de tiempo razonable no ha sido establecido un gobierno cuya autoridad emane del consentimiento de los gobernados [...] el Consejo de Seguridad estudiará las medidas necesarias para poner remedio a la situación [...]".

El mes de marzo de 1946, Francia, cuyo gobierno está dominado por una mayoría "de izquierdas", ha decidido cerrar su frontera pirenaica. ¿Es el comienzo de un bloqueo económico, seguramente catastrófico para la España franquista, cuyas necesidades energéticas, e incluso la alimentación cotidiana no se pueden garantizar sin la colaboración exterior?

Indudablemente el Caudillo demuestra ser capaz de suscitar una protesta nacional contra las presiones del extranjero. Una gran concentración en la Plaza de Oriente, en Madrid, responde al debate de las Naciones Unidas. La Falange multiplica las manifestaciones de chauvinismo en la prensa y mediante mítines. De este modo, Franco puede oponer una cierta adhesión popular frente a las intrigas monárquicas, que son el testimonio de la debilidad y del oportunismo mediocre de una élite dirigente que en el pasado no ha sabido ni imponer su voluntad ni salvaguardar la unidad nacional.

Pero la afirmación intransigente del nacionalismo español no arregla nada. Para salvar el régimen, la política realista del Caudillo impone un cambio en las formas del poder. El abandono de las referencias al fascismo, demasiado vistosas, es un primer síntoma. Desde septiembre de 1945 el saludo fascista pierde su carácter oficial. Algunos meses después se disuelve la milicia, que era la organización paramilitar de la Falange. Simultáneamente, la Falange abandona una de sus prerrogativas esenciales, la responsabilidad de la propaganda. Más todavía, el secretario del Movimiento, Arrese, llega incluso a renegar de los mismos principios del régimen: "No somos partidarios —escribe Arrese— de un Estado totalitario".

Aún más significativo es el cambio del personal dirigente. No obstante, no hay que exagerar su alcance. La presencia del Caudillo, y el hecho de que toda remodelación del gabinete dependa de él y sólo de él, constituyen una garantía suficiente de la perennidad del régimen autoritario. Precisamente por esto, los nombramientos simbolizan tan bien la nueva orientación que Franco quiere dar a su política. Indiscutiblemente el nombramiento más importante es el de Martín Artajo para Asuntos Exteriores. El nuevo ministro procede de la *Asociación Católica Nacional de Propagandistas*, formada por universitarios educados en los colegios de los Jesuitas. Ha guiado la trayectoria de la *Acción Católica*, y, frente a los neorrevolucionarios de la Falange, es la imagen reconfortante de la continuidad religiosa.

Dos textos refuerzan aún más la impresión de una evolución espontánea del régimen franquista: el primero es el *Fuero de los Españoles*, promulgado el 16 de julio de 1945. Se trata de una declaración de los derechos y deberes del pueblo español. Por primera vez desde la guerra civil, se habla de libertades de expresión y de pensamiento, e incluso de garantías concedidas al individuo frente a la arbitrariedad del Estado. Sin embargo, el *Fuero* no deroga la legislación existente. Así, por ejemplo, las leyes sobre el control de la prensa no se modifican, y el derecho de reunión sigue dependiendo de una autorización administrativa. Además, según el mismo texto del *Fuero*, "el ejercicio de los derechos [...] no podrá atentar a la unidad espiritual, nacional y social de España". En realidad, los derechos de los españoles no se respetan más que antes aunque a partir de entonces existan en la ley.

No obstante, el régimen pretende dotarse de una apariencia democrática, y añadir a la legitimidad carismática, que es difícil que se admita más allá de las fronteras, la de un consenso popular, nuevo testimonio de la unanimidad nacional en torno a la persona del Caudillo. En 1944 se organizan las primeras elecciones de delegados sindicales. Sobre todo, la ley de 22 de octubre de 1945 prevé consultas populares mediante referéndum. El primer texto legal que se somete por este procedimiento al voto popular será, en 1947, la ley de Sucesión en la Jefatura del Estado. Este texto reafirma oficialmente la naturaleza monárquica del régimen.

Todo esto va en contra de los principios fascistas. Pero la pseudoevolución liberal en realidad es una fachada que no engaña a nadie. España sigue siendo una monarquía sin monarca; los españoles, hombres libres sin ejercicio real de sus libertades. La autoridad del Caudillo permanece intacta. En cambio, la evolución de las relaciones internacionales lo tranquilizará y eternizará su poder.

III. Las oportunidades de supervivencia del régimen

El final de la cuarentena

La primera condición para provocar un cambio en España es la presión ejercida desde el exterior. Por un momento se ha podido creer en la asfixia económica de la España franquista. La disminución de los intercambios durante la guerra y luego el cierre de la frontera francesa han supuesto duros golpes para una economía exangüe, y han obligado al gobierno de Madrid a mantener una autarquía imposible. Sin embargo, la ONU, pese a condenar el régimen, no ha movilizado los medios necesarios para un bloqueo económico. Algunos países sudamericanos, entre ellos la Argentina, se han negado a aceptar la resolución de 1946. La Argentina de Perón desempeña un papel importante en el salvamento del franquismo al permitir el envío a España de productos alimenticios, en especial los cereales indispensables para la supervivencia del país, y además concediendo facilidades para su pago.

Hay que esperar hasta 1950 para que la situación internacional se desbloquee en provecho del franquismo. Efectivamente, la condena moral que recae sobre él le impide beneficiarse de los créditos Marshall que se conceden o proponen a todos los demás países europeos. Pero el recuerdo de la guerra civil se va esfumando y ya no determina la actitud de las grandes potencias; pasa a un segundo plano en un mundo trastornado por otros dramas. La división de Alemania y la primera crisis de Berlín, la guerra civil en Grecia, el "telón de acero" que divide a Europa en dos bloques antagonistas y la creación del Pacto Atlántico hacen que se olvide un poco la España franquista. A partir de entonces, el reparto del mundo y los comienzos de la guerra fría son los elementos dominantes de la política internacional. Para el gobierno americano, que está comprometido en la política mediterránea, España es un jalón importante que ya no se puede despreciar.

La oposición del exilio es consciente de este cambio y de lo que implica de condena de cualquier transformación radical del sistema político español. Los socialistas, y en particular Prieto, intentan aproximarse a la oposición monárquica reagrupada en torno del pretendiente Don Juan. Incluso se llega a un acuerdo en Saint-Jean-de-Luz, que prevé que en el futuro se realizará una consulta al pueblo español para que, en libertad, decida qué régimen desea. Pero, ¿en qué futuro? El Caudillo ha sido lo bastante hábil como para no romper totalmente con la monarquía tradicional, e incluso ha provocado, en 1948, una entrevista con el pretendiente destinada a recordar la buena entente entre las fuerzas conservadoras de España. Ya se han jugado las últimas cartas de la oposición. A partir de este momento se camina hacia una normalización de las relaciones entre España y el mundo occidental.

Es verdad que hay que esperar hasta 1953 para que efectivamente se firme un acuerdo militar entre España y los Estados Unidos que autoriza al ejército americano para utilizar bases aéreas en el territorio español; pero las negociaciones ya comenzaron en 1948. Y los cerrojos que garantizaban el aislamiento de España saltan uno tras otro. Francia vuelve a abrir su frontera en febrero de 1948. Dos años después la ONU anula, en la práctica, la condena de 1946. La España franquista vuelve a entrar en la comunidad internacional. Lógicamente, encuentra un sitio en las instituciones internacionales, empezando por la FAO. Naturalmente, también recibe, a su vez, ayuda financiera de los Estados Unidos y desde 1950. Se puede considerar que en esta fecha ya se había acabado la cuarentena del franquismo. El sistema político ha sobrevivido; pero ¿pueden mantenerse el régimen autárquico y las presiones que lo sostenían?

Entonces, la España autoritaria debe optar entre dos necesidades: por una parte, quiere mantener sus estructuras y asegurar su unidad frente a todas las tentaciones de cambio y todas las oposiciones del interior o del exterior, en pocas palabras conservar el poder instaurado en 1937; por otra parte, la apertura de las fronteras con el mundo occidental dificulta un mantenimiento estricto del dogma franquista. La sociedad ultraconservadora que ha triunfado en 1939 está, quiéralo o no, parcialmente amenazada.

La ayuda americana

La guerra fría salva al régimen franquista. En primer lugar, porque a partir de 1947 la estrategia americana está completamente subordinada a la defensa de Occidente contra la amenaza comunista. Y en esta estrategia el Mediterráneo ocupa un lugar preponderante desde la formulación de la doctrina Truman respecto a Grecia y Turquía. Los medios dirigentes americanos se convierten muy pronto a la idea de que España constituye un peón esencial en esta estrategia. En 1948 únicamente las reacciones europeas, muy intensas, han impedido la extensión del plan Marshall a España, que ya había sido aprobada por la Cámara de Representantes. Todavía hay algunas reticencias en el Departamento de Estado, pero los militares están unánimemente dispuestos a ayudar a España para obtener las bases que les hacen falta. Y no es una casualidad que la primera comisión americana que el Caudillo recibe en Madrid sea una comisión militar. Simplemente, las reticencias aún son demasiado fuertes, incluso en los Estados Unidos, para que se pueda tratar a España como a las otras potencias.

Por lo tanto, la primera ayuda financiera que se concede al Franquismo se hace a través de la banca privada. En febrero de 1949 el Chase Bank concede a España un crédito de 25 millones de dólares para abastecerse de los alimentos indispensables. Después de la ayuda argentina, es un poco de oxígeno para el gobierno de Madrid. A partir de entonces, cada mes aporta un nuevo signo de mejora de las relaciones hispano-americanas. La visita, oficialísima, de una escuadra americana al puerto de El Ferrol es la consecuencia lógica de una larga serie de contactos diplomáticos entre militares y financieros. En el mes de agosto de 1950 el Congreso americano autoriza la concesión de créditos a España hasta un máximo de 62 millones de dólares.

Esta vez sí que la cuarentena franquista se ha acabado para siempre. Además se firman tratados comerciales con las principales potencias comerciales, empezando por Francia. No obstante, no hay que hacerse ilusiones. La ayuda americana concedida a España es importante; pero es insuficiente para ayudar a levantar una economía exhausta. Franco tiene absoluta necesidad de esta ayuda, y acepta sus ventajas. Pero las declaraciones del Caudillo demuestran que todavía duda entre un llamamiento al capital extranjero, que ahora es posible, y una actitud de intransigencia nacionalista que no se quiere abandonar por completo. ¿No es peligroso para la España franquista el abrir demasiado apresuradamente sus fronteras?

La apertura de las fronteras. El comienzo de la migración económica y del turismo europeo

En este período de transición y de vacilación que caracteriza los años cincuenta, los movimientos de población que en los años sesenta se desarrollarán en una enorme escala y que contribuirán poderosamente a la transformación de España, no hacen más que empezar. Hasta 1944 el gobierno franquista no sólo se ha preocupado por mantener el orden político sino también por contener los movimientos demográficos de gran amplitud. El hambre y la falta de trabajo empujan, naturalmente, hacia las ciudades a decenas de miles de gentes sin empleo que proceden de las regiones del sur. Corren el peligro de formar rápidamente una masa incontrolable en una época en que la agitación de la guerra civil aún no ha desaparecido por completo y en que la actividad industrial ha disminuido considerablemente. En la medida de lo posible, se prohíben estas migraciones internas. La policía rechaza despiadadamente a los campesinos que llegan a Madrid o a Barcelona.

Sin embargo, después de 1944 la vigilancia disminuye y los pueblos de Andalucía o de Extremadura empiezan a vaciarse de una mano de obra subempleada y subalimentada. En lo que se refiere a contactos con el extranjero, es evidente que el sistema autoritario y ultraconservador impuesto a los españoles trata de impedirlos por todos los medios a su alcance. Hasta 1956 el gobierno español no sólo no proporcionará ningún estímulo oficial a la emigración (sobre el problema de los trabajadores emigrantes no habrá un acuerdo global con Francia, principal país receptor, hasta 1957), sino que la vigilancia en las fronteras intentará limitar las salidas en la medida de lo posible. Las cifras de que disponemos son más que discutibles. La mayoría de las salidas se realizan clandestinamente.

Sin embargo, las necesidades de mano de obra de los países europeos, y muy especialmente de Francia, y el subempleo persistente de los trabajadores españoles alimentan una corriente migratoria continua hacia el otro lado de los Pirineos.

Conviene diferenciar, lo que no siempre es fácil, la migración política, que nunca es despreciable numéricamente durante los años cincuenta. A pesar de todas estas incertidumbres, se puede admitir que la cantidad de españoles que entran en Francia es pequeña hasta 1956 (menos de 10.000 personas por año), pero que en 1957 y 1958 salta bruscamente hasta más de 24.000. Esta cifra es tanto más significativa cuanto que de los 24.466 españoles que en 1957 entran en Francia, 23.000 son trabajadores que llegan solos, sin sus familias.

En un primer momento se trata de una emigración laboral de carácter temporal. Pero ya alcanza unas dimensiones indiscutiblemente elevadas, incluso si nos atenemos a las cifras oficiales que después de 1957 ya son relativamente verosímiles. Más allá de las fronteras, los trabajadores españoles siempre buscan un salario relativamente elevado, una parte del cual volverá, en muchos casos, a la familia que se ha dejado en España, y, si es posible, una cualificación profesional.

A finales de los años cincuenta se inicia un movimiento en sentido contrario, el movimiento turístico. No obstante, en realidad no se puede hablar de una eficaz política turística por parte del gobierno español. Éste aún no dispone más que de una red de comunicaciones mediocre, y la capacidad hotelera es totalmente insuficiente a pesar de algunas realizaciones de prestigio de los últimos años de la monarquía: los primeros paradores. A finales del período los promotores inmobiliarios apenas empiezan a interesarse por esta actividad turística. En este caso, y una vez más, los fenómenos que determinan el movimiento son independientes de una situación o de una voluntad política españolas: la difusión de las vacaciones populares en Europa y la baratura de los productos y del alojamiento en España. Sin embargo el turismo no es un fenómeno nuevo. Antes de 1936 ya se había desarrollado una amplia corriente en dirección a la península ibérica procedente, principalmente, de Francia y de Gran Bretaña. Después de la reapertura de la frontera francesa en 1948, esta corriente se reanuda lentamente y luego se amplifica, aportando a España unas divisas muy apreciadas.

En resumidas cuentas, para sacar provecho de estos movimientos de población casi espontáneos lo que falta es una voluntad política de cambio y de apertura. Para llegar hasta este punto será necesario que el gobierno franquista se vea obligado, debido a la deterioración de la situación económica y social a finales de los años cincuenta, a constatar su fracaso y a tratar de encontrarle una solución.

IV. Insuficiencias y dificultades del Franquismo durante los años cincuenta

Conservadurismo social y problemas económicos

Aparentemente la reacción social es total. La disciplina material impuesta por las fuerzas de orden y la disciplina moral exigida por la Iglesia, protegen y justifican la persistencia monolítica de las desigualdades sociales.

Con algunas excepciones que indicaremos después, el reforzamiento de la Iglesia católica se realiza en provecho del conservadurismo social. Si se han manifestado algunas vacilaciones, después de la firma del Concordato de 1953 desaparecen por completo. Y no es que las negociaciones hayan sido fáciles. Los representantes del Vaticano pueden apoyarse ampliamente en el Concordato de 1851 y, al menos visiblemente, no intentan defender un régimen condenado en 1945 por la mayoría de las naciones cristianas. Pero, cuando la oposición internacional amaina, la firma de un nuevo texto concordatario pasa a ser posible. Finalmente la Iglesia consigue muchas ventajas. Efectivamente, el artículo I del Concordato recuerda que "La Religión Católica, Apostólica y Romana sigue siendo la única de la Nación". Obliga al Estado a garantizar "la enseñanza de la Religión Católica como materia ordinaria y obligatoria en todos los centros docentes, sean estatales o no estatales". Además, no hay que olvidar que la Iglesia conserva su control sobre los manuales escolares y que se beneficia de la exención de censura para sus publicaciones; que los miembros del clero tienen privilegios fiscales y están exentos del servicio militar, etc. A cambio, el gobierno, o más bien el Caudillo, goza del derecho de proponer los nombres de los candidatos a las funciones episcopales; además puede modificar los límites de las circunscripciones eclesiásticas.

Este dominio de la Iglesia asociado al Estado franquista ¿significa una recuperación absoluta de su influencia sobre la sociedad cristiana? Es verdad que es paralelo al nacimiento o reconocimiento de múltiples instituciones religiosas, cuyo primer objetivo espiritual se mezclará a menudo con preocupaciones temporales. La más notable de estas instituciones es el *Instituto secular del Opus Dei*, fundado por el abad Escrivá de Balaguer en realidad en 1928, pero aprobado por el Vaticano en 1950. Al principio, el Opus se presenta como caracterizado por un cierto misticismo. El libro de Escrivá de Balaguer, *Camino*, es una guía espiritual destinada a los laicos, que se pretende reclutar "en todas las clases de la sociedad civil". El poder del Opus procederá más de la riqueza y de la influencia de algunos de sus miembros que de su acción en el campo de lo espiritual. Esto da a entender que existe una interpenetración real de la Iglesia y de las clases pudientes, sin que se deba identificar siempre, como apresuradamente se ha hecho, el poder del Opus con el poder tecnocrático, que se forma lentamente y que se apodera del gobierno a raíz del cambio de los años 1958-1960.

Por lo demás, no se debe suponer que el creciente poder de la Iglesia se refleje necesariamente en una cristianización más intensa. Nada más lejos de la realidad. En 1955 los focos de descristianización siguen siendo los mismos que antes de la guerra civil: los suburbios obreros y las zonas de miseria campesina. Para los pobres, la identificación de la Iglesia con el poder del Estado o de los ricos, no hace más que subrayar su responsabilidad en la injusticia social y en una represión permanente que les impide expresarse.

Porque cualquier forma de reivindicación colectiva o de huelga se asimila a un delito y puede ser perseguida como tal. Los *sindicatos verticales* se encargan de encuadrar a la clase obrera. Constituyen una verdadera burocracia, sólidamente jerarquizada y cuidadosamente organizada. La ley fundamental de 1940 prevé su constitución en cada sector de producción. Reúnen a los empresarios, a los directivos, a los empleados y a los obreros. Un delegado nacional —que desaparecerá en 1958— preside un consejo económico sindical creado en 1944. Pero también nombra a los jefes de los diferentes sindicatos nacionales. Éstos, a su vez, designan a los delegados provinciales que designan a los delegados locales. Es verdad que, a partir de 1944, los delegados deben ser elegidos; pero las listas de candidatos las elaboran previamente los funcionarios de la Falange. En estas condiciones se puede dudar de su representatividad...

El desarrollo de esta burocracia así como la multiplicación de pequeños funcionarios, procedentes de la Falange, quizás es la única verdadera novedad que hay que señalar en la sociedad franquista de los años cincuenta. Se crea una clase de "pequeños jefes" de la administración, burocracia sin rango y sin fortuna, pero cuyos reducidos horarios de trabajo les permiten recurrir sistemáticamente al *pluriempleo*, y que detentan una parcela de este poder que durante mucho tiempo ha sido patrimonio de las jerarquías paralelas. Pero no hay que exagerar. En general, los sindicalistas y los burócratas no hacen más que mantener o reforzar el sistema existente. Las más de las veces, en las pequeñas poblaciones, los responsables de los sindicatos verticales no son más que los instrumentos del caciquismo local.

En cualquier caso, en el campo, las pequeñas reformas de la época autárquica no han cambiado mucho la situación. La creación de pueblos de colonización y la ley de *concentración parcelaria* promulgada en 1952 mejoran un poco las condiciones de vida, sobre todo en las regiones septentrionales. De hecho, la única solución al problema agrario que puede ser tomada en consideración es la disminución del número de trabajadores agrícolas. El éxodo rural, que tan lentamente se desarrolla en España, empieza muy pronto en las regiones más afectadas por el hambre y se multiplica a partir de los años cincuenta. Los *braceros* abandonan Andalucía, Castilla la Nueva o Extremadura para ir a hacinarse en los nuevos suburbios o en los barrios de chabolas de las grandes ciudades. Esto resuelve cuantitativamente el problema del paro agrícola, ya que el número de jornaleros, que aún era de 2 millones hacia 1939, se ha reducido prácticamente a la mitad a comienzos de los años sesenta. Pero no se puede decir que las condiciones de vida de los que quedan hayan mejorado sensiblemente. En el sur el paro agrícola perdura porque, paralelamente al éxodo rural, un tímido progreso de la mecanización en las grandes propiedades reduce todavía más las necesidades de mano de obra. Además, el mantenimiento de la muy pequeña propiedad y la importancia del sector rural en la economía del país hacen que, en 1960, la población agrícola todavía represente un 40 por ciento de la población activa. Es un porcentaje propio de país claramente preindustrial.

No obstante, el movimiento de migración interior se desarrolla en provecho de las grandes aglomeraciones urbanas y de los núcleos industriales tradicionales, Cataluña y las provincias vascas. La producción industrial aumenta notablemente entre 1950 y 1960, pero el crecimiento es muy desigual, a menudo debido a decisiones estatales equivocadas. Las necesidades energéticas aumentan muy rápidamente; las de petróleo se triplican entre 1950 y 1960. La producción agrícola se cuadruplica. Evidentemente, siempre hay que tener en cuenta el nivel de partida, muy bajo. Pero de hecho, el desarrollo industrial, aún siendo incipiente, provoca un crecimiento masivo de las importaciones y una nueva dependencia del capital y los productos extranjeros.

A pesar de una ligera mejora de las condiciones de trabajo, los salarios obreros siguen siendo extremadamente bajos. Sólo las grandes empresas que a partir de 1951 se instalan en España, bien sea con la ayuda de capitales nacionales distribuidos por el INI y sostenidas por el crédito extranjero (ENSIDESA, dedicada a la metalurgia), bien sea con el apoyo directo de capitales extranjeros (SEAT), conceden unos salarios decentes a sus empleados al mismo tiempo que les garantizan una cierta seguridad de empleo y ayudan al alojamiento de los recién llegados. Pero, las más de las veces, éstos acaban viviendo en un medio superpoblado y subequipado. Se dibuja una verdadera segregación social, que en Barcelona, y aún más en Bilbao, agrava la barrera cultural. Se empuja a la masa de los recién llegados, convertidos en *peones* en las fábricas de Barcelona, a unos ghettos a menudo insalubres. Para un empresariado exigente, estos peones tienen la ventaja de no cuestionar, al menos al principio, un sistema social al que ya tienen bastantes dificultades para adaptarse. Como campesinos analfabetos que son, transformados en obreros en la gran ciudad, tienen pocos medios para reivindicar una mejora de sus condiciones de vida.

Por lo demás el trabajo aún escasea en este decenio. La inflación que se desarrolla a partir de 1955 afecta duramente a estos obreros mal retribuidos. El sistema represivo que España sufre desde 1937, con sus desigualdades sociales flagrantes y su economía en desequilibrio permanente, sólo consigue disimular la miseria y las enfermedades. Si bien la permanencia del régimen y de la represión y el recuerdo duradero de los horrores de la guerra civil alimentan los rencores, también conducen a la despolitización de una gran parte de la población. El gobierno franquista se esfuerza por alimentarla mediante una propaganda simplista difundida por la prensa y por la radio y mediante la enorme importancia concedida a las distracciones populares. El fútbol, aún más que los toros, atrae a las multitudes y canaliza los entusiasmos. Es la gran época del Real Madrid, el de Santiago Bernabeu y de Di Stéfano. La capacidad de su estadio, por aquel entonces recién inaugurado, supera las 100.000 personas, lo que es excepcional en Europa. Sus éxitos internacionales se aprovechan ampliamente para exaltar el orgullo y la unidad nacionales, y para suscitar una imagen gloriosa de España en el extranjero.

En las condiciones impuestas por el régimen no debe sorprendernos la escasez de manifestaciones, pero sí, en cambio, el que las manifestaciones de oposición obrera puedan alcanzar una cierta amplitud. Y esto es lo que sucedió en 1956 en Cataluña.

El despertar de las fuerzas de oposición

En efecto, a partir de entonces no transcurrirá año alguno sin que se despliegue un movimiento de protesta bastante amplio en algunos de los centros industriales del país, las provincias vascas, Asturias, la región madrileña o Cataluña. Ciertamente, los antiguos cuadros sindicales han desaparecido o ya no juegan más que un papel secundario en una agitación que a menudo se reduce a las fuerzas locales y que además es imposible de coordinar verdaderamente. Al igual que los grupos políticos del exilio, y por las mismas razones, las centrales sindicales tradicionales tienen dificultades crecientes para comunicarse con el interior. Los partidos pueden fomentar las nuevas formas de protesta, como, por ejemplo, el boicot a los transportes, pero no hay que conceder demasiada importancia a su influencia. En estas condiciones es destacable que las huelgas de la primavera de 1956 en Cataluña, desencadenadas por reivindicaciones salariales, hayan podido alcanzar tanta importancia y, de hecho, extenderse a todas las provincias industriales del norte del país. También es destacable que una parte, aún poco importante, de la Iglesia ofrezca pruebas de una real independencia de espíritu y de acción en el campo social. La primera forma de esta oposición es la asociación de algunos sacerdotes a una resistencia regionalista que, a pesar de las prohibiciones, no desaparece ni en el País Vasco ni en Cataluña. No obstante, hasta 1951 debe ser discreta por una prudencia elemental. En cambio, las asociaciones católicas obreras pueden existir en la legalidad en la medida en que no pretenden suplantar ni a un sindicato ni a una formación política. Es el caso, desde 1946, de las HOAC (*Hermandades Obreras de Acción Católica*) y, más tarde, de la *Juventud Obrera de Acción Católica.* Las medidas de suspensión adoptadas en esta época contra la revista Jesuita *Razón y Fe* también atestiguan la reticencia de ciertos medios católicos respecto a la política social del gobierno.

A este despertar de la agitación obrera, a veces tímido, siempre vigilado de cerca y a menudo reprimido duramente, corresponde una agitación universitaria cuyo primer objetivo es poner en tela de juicio la representatividad del SEU falangista. En 1951 Joaquín Ruiz Giménez es nombrado ministro de Educación nacional. Con su innegable voluntad de reforma y de liberalización, y por su pertenencia a una corriente próxima a la democracia cristiana, representa sobre todo un aval perfecto para el régimen franquista. Sólo mucho más tarde llegará a cuestionar el espíritu tradicionalista del catolicismo español e incluso el Concordato. Pero su gestión ha posibilitado el desarrollo de una protesta que en 1956 desemboca en unos movimientos huelguísticos de gran amplitud. De este modo aparecerán en las universidades asociaciones "autónomas", como la *Unión Democrática de Estudiantes.* El mismo gobierno franquista reconoce la debilidad del SEU; a partir de entonces es integrado en la delegación nacional de asociaciones, dependiente de la dirección de la Falange. Se va a disciplinar la universidad, pero se pone de manifiesto el fracaso del sindicalismo oficial.

El balance de 1956

En definitiva, las mejoras aportadas por la primera ayuda americana y por la apertura de las fronteras resultan ser particularmente insuficientes para inducir los cambios esperados en todos los terrenos después de la *noche negra* del franquismo. El esfuerzo realizado por el Estado para dirigir la economía del país no desemboca más que en un aumento muy escaso de la renta nacional. El crecimiento de las importaciones convierte a la balanza comercial en gravemente deficitaria. En el momento en que se pone de manifiesto la necesidad de modernizar la industria española, el gobierno parece sufrir una singular carencia de medios. El sistema fiscal es ineficaz; los gastos tradicionales del Estado, vinculados especialmente al mantenimiento de un potencial militar desproporcionado a las posibilidades del país, son demasiado gravosos. Todo esto contribuye a conservar e incluso a empeorar un importante déficit presupuestario. La inflación y la hemorragia de divisas perturban notablemente al sistema monetario. Las reservas de oro españolas se reducen a la mitad entre 1956 y 1958. El esfuerzo realizado en la agricultura, a pesar del despegue del *Plan Badajoz* en 1953, también es notoriamente insuficiente.

En estas condiciones la pseudoliberalización del régimen apenas sirve. Se responsabiliza del fracaso económico y del desarrollo de las fuerzas de oposición al conjunto del personal político. Cuando Ruiz Giménez cesa en el Ministerio de Educación nacional, el "viejo" falangista Fernández Cuesta también pierde su puesto en el gobierno. Entonces vienen unos nombres nuevos, procedentes de una nueva generación, y deseosos de imponer nuevos métodos de gestión.

Capítulo IV

LA DÉCIMA POTENCIA ECONÓMICA DEL MUNDO

I. Un cambio de orientación económica decisivo y discutido

La mayoría de los observadores actuales consideran que los años 1958-1963 señalan el paso de España al modelo occidental de crecimiento. De hecho no faltan indicadores: la entrada de España en el Fondo Monetario Internacional y en la OCDE, facilitada por el préstamo de 546 millones de dólares, y la publicación, también en 1959, de un plan de estabilización largamente esperado y discutido.

Una opción económica nueva

Para el historiador es evidente que una tal transformación implica el paso de una filosofía económica a otra. A la opción autárquica de los años 1940-1951 ya le había sucedido la de un desarrollo autónomo con la ayuda eficaz de los Estados Unidos. De hecho, y a pesar de la abundantísima literatura consagrada al primer período del franquismo, cuesta admitir que la autarquía de los años cuarenta fuera, para la inteligencia pragmática de Franco, algo más que un medio de justificación ideológica. Así, la dura realidad de la guerra y del bloqueo económico subsiguiente se revestía con una apariencia de opción. Pero la opción elegida en 1951 se condena por su fracaso. Ha conducido a unas decisiones irracionales, al despilfarro y a la inflación, y finalmente a la suspensión del pago de las deudas exteriores. De ahí surge la necesidad de un cambio de equipo, decidido por el Caudillo, y la entrada en escena de los *wonder boys* del Opus Dei, o dicho de otra forma, de economistas formados en Harvard.

En efecto, a pesar de la ayuda de 1.200 millones de dólares concedida por los Estados Unidos, la segunda etapa no ha alcanzado sus objetivos. Es verdad que desaparece el hambre y que a partir de entonces las industrias existentes funcionan normalmente. Pero los estrangulamientos productivos y el alza de precios que provocan las huelgas de 1956 demuestran los límites del sistema. Es verdad que la ayuda se ha concedido según unos mecanismos que aparentemente ya se habían probado con éxito, que eran los que habían posibilitado el éxito del plan Marshall. Pero las entregas efectuadas a la Europa del noroeste o a Italia compensaban unas infraestructuras destruidas o paralizadas (minas, transportes) en una estructura industrial antigua pero aún potente a pesar de los efectos del conflicto mundial. Se trataba de volver a poner en marcha unas economías bloqueadas.

En España, la falta de un tejido industrial complejo y de transportes adecuados y la insuficiencia del personal calificado en todos los niveles habrían convertido las transferencias de bienes de equipo potentes y sofisticados en algo inútil y costoso. Había que empezar reanimando una economía exangüe; se tenían que crear las bases de una economía moderna.

Pero, debido a la falta de servicios técnicos y de personal —político y económico— calificado, a la falta de una voluntad claramente definida y a falta, sin duda, de la capacidad del jefe del Estado para captar los verdaderos datos del problema, las entregas y los préstamos americanos no se utilizaron de la mejor manera posible. La reconocida habilidad de Franco para jugar con las ambiciones contradictorias de los grupos afectos al régimen tuvo como contrapartida el deseo de no inquietar a ninguno de ellos en sus intereses económicos inmediatos. Así se explica la protección de unas actividades económicas arcaicas, las subvenciones concedidas a los precios agrícolas que, en cambio, no consiguen reducir la inflación, y una política fiscal que amablemente calificaremos como relajada.

De todo ello resulta que el déficit comercial, que durante mucho tiempo se había contenido gracias a la atonía de la economía, crece peligrosamente pese a que la ayuda americana lo disimule temporalmente. Entre 1940 y 1944 es insignificante por razones obvias; durante los años 1945-1949 asciende a un promedio anual de 200 millones de pesetas oro, y llega al promedio anual de mil millones de pesetas oro entre 1955 y 1959.

Por otra parte, aunque el Estado ha podido limitar su propio recurso al crédito bancario gracias a los fondos de contrapartida de la ayuda americana, entre 1950 y 1958 la circulación fiduciaria crece a un ritmo del ¡10,8 por ciento anual! Esta relajación que el gobierno no puede remediar por falta de los medios adecuados de control —la banca ha alcanzado un alto grado de concentración y se encuentra en manos privadas, incluido el Banco de España—, se añade al déficit exterior. Provoca una baja de la peseta y una subida de los precios cuyo resultado más visible es la total desaparición de las reservas de divisas.

La búsqueda de soluciones

Por lo tanto, desde 1958 la necesidad de un cambio político se hace patente. Una vez agotada la ayuda americana el país es incapaz de proseguir su crecimiento con sus propios medios, y el repliegue sobre sí mismo, con los sacrificios que ello implica, es inaceptable para la opinión. Ciertamente, en 1958 el poder franquista está consolidado en el plano político. Pero sus opciones son escasas. El ingreso de Madrid en el FMI y en el BIRD en unas condiciones muy favorables constituyen tanto el síntoma de una opción como el del interés que manifiestan las potencias occidentales en el restablecimiento de la economía española.

En febrero de 1959 el director del FMI para Europa, Gabriel Ferras, llega a España para estudiar la situación económica del país, pero declara que "está dispuesto a considerar la discusión de cualquier otro tema". Esta visita se desarrolla poco después de la de una misión de la OCDE a finales de 1958. Los servicios del Banco de España aportan su contribución a las conversaciones entabladas por Ferras con las autoridades financieras de Madrid bajo la forma de un memorándum que propone medidas propias de un plan de estabilización. Los contactos continúan después de la marcha de la misión del FMI. Desembocan en un acuerdo multinacional. Los occidentales proporcionan a Madrid una ayuda de 544 millones de dólares, de los cuales 324 corresponden a los Estados Unidos. España se compromete, en el memorándum del 30 de junio de 1959, a realizar un plan de saneamiento financiero que prevé una serie de medidas presupuestarias (limitación de los gastos, aumento de los impuestos y cese de la pignoración automática de la deuda), financieras (reducción a la mitad del ritmo anual de crecimiento del crédito y elevación del tipo de descuento) y comerciales (liberalización progresiva del comercio exterior). Los efectos de esta última medida se compensan temporalmente mediante una devaluación de la peseta de un 30 por ciento acompañada por la supresión de los cambios múltiples y, para dificultar las importaciones, se establece un depósito previo del 25 por ciento de su valor, que los importadores privados deben efectuar en el Banco de España.

La inspiración de este plan es inequívoca. Se trata de intentar en España la operación Pinay-Rueff que el año anterior parece haber tenido éxito en Francia. Además, ¿no ha sido llamado a consultas por parte del gobierno de Madrid y en 1959 el propio Jacques Rueff?

Sin embargo un plan como éste corría el peligro de no ser más que un paliativo, emparentado con el célebre *stop and go* de los ministros de Hacienda británicos y franceses. Incluso podía desembocar en una fuerte presión deflacionista de final incierto y con el peligro de enajenarse, además de las clases populares, a la clase media, que es la primera en beneficiarse de un proceso de elevación del nivel de vida.

La misión del Banco mundial

El plan de estabilización, aislado, sólo tiene un interés coyuntural. En cambio, su papel se ilumina si lo colocamos dentro del conjunto de una política a medio plazo que trata de proporcionar a la península los elementos de un crecimiento económico rápido como el que se produce en Italia o, sobre todo, en Francia.

El modelo francés, recusado oficialmente desde 1945, aparece mucho más seductor desde el momento en que Francia se ha dotado de un régimen de autoridad que la prensa española trata, lo que es muy significativo, de aproximar a las estructuras de poder instauradas por el Caudillo. La planificación francesa, ciertamente bastante atenuada, en manos de una tecnocracia eficaz manifiesta ser un instrumento ideal para el crecimiento ordenado bajo la batuta de un poder ejecutivo libre de las influencias de los partidos políticos. En Francia, el ascenso de un poder administrativo dominado por unos "tecnócratas" procedentes de unas oposiciones muy selectivas, la Enarquía, que pronto será célebre, apoyada en los pilares de *Sciences-Po* * y del Politécnico, parece corresponder al modelo de los teóricos cultos y "apolíticos" formados por el Opus Dei desde hace casi diez años y que ya son lo bastante numerosos para ocupar puestos de responsabilidad. Estos hombres, seleccionados por su inteligencia entre la clase media y la alta burguesía, se han formado en la universidad, pero generalmente han completado su cultura económica en la Meca de la eficacia de la época, la *Harvard Business School.* Conscientes de su valía, bajo el manto del apoliticismo y del interés general esconden enormes ambiciones. Se sienten en comunión de ideas y de métodos con la clase de hombres de cuarenta años que, a la sombra del general De Gaulle, controlan los resortes de la economía francesa.

Ésta es la fuerza del Opus Dei. Durante un período expresa las esperanzas de una nueva generación ávida de poder. Más allá de una ideología simplista y de un anticomunismo de fachada, que encubre la oposición visceral del fundador del régimen a cualquier forma de democracia representativa, el *Instituto* ha sabido seleccionar y ayudar, en el seno de la burguesía universitaria, a unos valores intelectuales seguros. Ha sabido proporcionarles la cultura científica necesaria en el seno del modelo económico dominante en los años cincuenta, la gestión a la americana y el neoliberalismo conservador, que es el de la Universidad de Harvard y el de Samuelson. Los rasgos más destacados de su filosofía económica son la fe en la empresa privada y en los mecanismo de mercado, la reducción del Estado y

* Facultad de Ciencias Políticas. [*N. del t.*]

del plan al papel de parachoques y de empresario de unos sectores bien definidos que garanticen al sector privado un cierto margen de actividad, acompañados por un librecambismo comercial y financiero bastante próximo al cobdenismo victoriano. Todo esto explica la aparente contradicción entre el liberalismo anunciado en el plano económico y el papel de un López Rodó y de su equipo en la elaboración de la planificación.

¡Cuántas vueltas de la historia! Este equipo, que en 1958 parece dispuesto a asumir las responsabilidades de la transformación de España, tiene un extraño aire de familia con los economistas del sexenio revolucionario (1868-1874). En ambos casos hay idéntica fe en el modelo liberal anglosajón en economía, combinado con el modelo político francés; y la misma fe en un liberalismo creador que posibilite, mediante la libre circulación de las personas, de las empresas y de los capitales, la difusión de las técnicas y la salida del subdesarrollo.

A la misión Rueff, partidaria de la máxima ortodoxia financiera, le sucede, en la primavera de 1961, un equipo del Banco Mundial invitado por las autoridades de Madrid. El 3 de agosto de 1962 entrega un informe que, a pesar de algunas críticas, resultará ser algo parecido al programa del desarrollo español. Los puntos principales del proyecto tratan acerca de:

— La supresión de todos los obstáculos a la empresa privada, tales como controles de precios, subvenciones selectivas, autorizaciones administrativas y desgravaciones fiscales discriminatorias.

— Limitación de la intervención estatal a los proyectos cuya realización no interesa al sector privado, y fijación de límites claros y definitivos a las actividades del INI "en los sectores que también interesan al capital privado".

— Modificación y liberalización del régimen bancario; creación de bancos de negocios y acceso de la empresa privada a los recursos de las cajas de ahorros que hasta entonces estaban reservados en un 65 por ciento para las necesidades del INI.

— Una política presupuestaria drástica para luchar contra la inflación y reducir la proporción del ahorro privado recaudado por la Hacienda en beneficio de la dejada en manos de la empresa privada.

— Finalmente, prórroga de las medidas comerciales y monetarias del plan de estabilización.

Un aspecto interesante del plan es el que trata del visto bueno concedido, con grandes reservas, a los proyectos de transformación agraria y, particularmente, a los planes de regadío. A pesar de ser considerados costosos y poco rentables, se puede intuir que se aceptan en nombre del necesario realismo político.

En cambio, el informe insiste mucho en la voluntad de eliminar los obstáculos y de facilitar al máximo la inversión extranjera, que es la solución del problema de la balanza de pagos y de la insuficiencia del ahorro y de la técnica autóctonos.

II. El gran cambio (1959-1963)

En el momento de la decisión oficial de aplicar las recomendaciones del informe de la BIRD, dos puntos atraen la atención de los observadores: el cambio del equipo en el poder y la elección de una vía contradictoria, el liberalismo planificado.

Sin embargo, estos dos elementos no son más que epifenómenos. Con un poco de perspectiva el papel del Opus Dei parece menor de lo que se afirmó durante los años sesenta. La llegada al gobierno de hombres como Ullastres, Navarro Rubio, López Rodó y, posteriormente, López Bravo, representa una nueva experiencia, un *new deal* económico, en el contexto de un poder político fundamentalmente estable. Franco conserva toda la capacidad decisoria, y sólo permite que los otros actúen en la medida en que él haya aprobado la orientación inicial. Pero las opciones del Caudillo son extremadamente limitadas. En el plano económico los hombres del Opus poseen unas capacidades que no pueden contrarrestar ni los monárquicos ni los grupos de Acción Católica. En cuanto a los equipos falangistas, cuyos mejores elementos en el campo económico son los que se reúnen alrededor de la revista *De Economía* publicada por los sindicatos verticales, representan un modelo de economía dirigida que básicamente se inspira en la planificación francesa de los años 1945-1958. Pero en 1959-1963 este modelo ha perdido buena parte de su atractivo, porque Francia ha tenido éxito en su industrialización, pero ha fracasado en el nivel de los grandes equilibrios. El modelo de moda es el de los Estados Unidos, o más aún, el de la *Economía social de mercado* del profesor Erhard. El peso de los expertos alemanes y americanos en el seno de la misión del BIRD es significativo. A no ser que llamara a los economistas universitarios demócratas, reducidos a sus cátedras o replegados en los servicios de estudios de los bancos, la opción del desarrollo liberal obliga al jefe del Estado a confiar los ministerios económicos a los jóvenes formados por el *Instituto*. No cabe la menor duda acerca de que hayan influido definitivamente sobre la orientación económica del país, pero los hechos no prueban que hayan modificado profundamente la evolución política.

Con la tecnocracia en la Administración, y un modelo elegido y definido, las medidas se suceden con un ritmo intenso. Las principales tratarán sobre la reforma del sistema bancario y sobre la planificación.

La reforma bancaria de 1962

Consiste en la nacionalización del Banco de España, que se convierte, junto con el nuevo Consejo superior bancario, en la base del control estatal de la banca. La reforma se completa con la reorganización y especialización del sector bancario estatal.

El sector privado recupera la libertad de establecer nuevas agencias o de crear nuevas empresas y presencia la separación de la tradicional banca mixta en bancos de depósitos y bancos de negocios (más exactamente bancos industriales y de negocios). Esta medida puede parecer sorprendente. Pese a estar inspirada en el informe del BIRD, va contra la tendencia general del momento; Francia acaba de abandonar esta distinción rígida. Quizás es una medida destinada a facilitar la entrada de capital extranjero en el sector bancario, dado que la opinión admitiría menos fácilmente esta intervención en los grandes bancos comerciales que en los nuevos y desconocidos bancos industriales y de negocios.

La planificación indicativa

El primer plan, preparado y presentado con un gran despliegue publicitario, aparece como el instrumento de una orientación voluntarista del desarrollo. En realidad y desde el comienzo, el plan español, al igual que su homólogo francés sólo es de obligado cumplimiento para el sector público, e indicativo para el sector privado.

Sin embargo, la semejanza de las planificaciones en estos dos países sólo existe en la estructura de su concertación y en la ausencia de un verdadero control parlamentario. El plan español, como su homólogo, se vota después de que se haya iniciado su aplicación. La debilidad del sector público y la limitación de los recursos disponibles son tales que ninguno de los tres planes presenciará la realización de los programas del sector público. El sector privado, ya liberado de los obstáculos administrativos, reconoce al plan el mérito de, al determinar los objetivos públicos, ofrecerle indicaciones a plazo fijo sobre la evolución del sector público, mejorar el conocimiento estadístico de la economía e indicarle los sectores privilegiados por la administración, en los que podrá contar con ayudas y financiaciones específicas (acción concertada, polos de desarrollo).

Pero, comparado con las ambiciones oficiales, el plan es un fracaso evidente, que no consigue ni orientar las prioridades industriales ni organizar territorialmente la economía.

Es verdad que se puede atribuir la responsabilidad de esta situación a la debilidad del sector público así como a la escasez de medios de presión de los que éste dispone sobre la empresa privada. Pero el principal obstáculo a la realización del plan es el crecimiento rápido y deseado de la inversión extranjera. Ésta, debido a su autonomía respecto al sistema administrativo del Estado, y por guiarse por unos intereses puramente económicos y calcularse según unos criterios distintos de los del Estado, contribuye a desvirtuar los objetivos de los planificadores, tanto más cuanto que su peso crece decisivamente en los sectores más dinámicos.

La inversión extranjera

El 18 de enero de 1979 el diario *El País* publica una caricatura que representa a España cubierta de nombres de empresas extranjeras, que van de Ford a Zanussi, pasando por Rhône-Poulenc y Siemens. La leyenda del dibujo era: *La décima potencia del mundo.* El motor del crecimiento de los años sesenta y setenta es, indiscutiblemente, la inversión extranjera.

En este terreno la cuantificación exacta manifiesta ser particularmente decepcionante, ya que la estadística oficial sólo registra los flujos de capital sin precisar su destino, o las inversiones directas cuyo valor es superior al 50 por ciento del capital de las empresas interesadas. Además, no se puede conocer directamente el crecimiento de los activos por autofinanciación o la adquisición de empresas mediante la utilización de los beneficios locales de las filiales. Pero un panorama de los principales sectores implicados muestra claramente que el pronóstico de los expertos del Banco Mundial se ha cumplido:

Sectores en los que la participación extranjera es superior al 50 por ciento del capital total:

Química, materias plásticas, fibras sintéticas, caucho y neumáticos, colorantes para pinturas y textiles, vidrio y sus derivados, productos farmacéuticos y productos de laboratorio.

Industria mecánica, automóviles de turismo, material agrícola.

Electricidad y electrónica, informática, material de oficinas, material electrodoméstico, industria de material cinematográfico y de televisión, material telefónico.

Maquinaria pesada, motores diesel marítimos y ferroviarios.

Sectores en los que la participación extranjera está comprendida entre el 30 y el 50 por ciento:

Siderurgia, Altos Hornos de Vizcaya (50 por ciento de la producción nacional).

Industria pesada, turbinas para la marina y la industria eléctrica, material de tracción ferroviaria, industria del cemento, producción de abonos, y no olvidemos la producción de energía nuclear.

La comparación con el progreso de los sectores industriales es muy significativa:

CUADRO 21

Índices de producción industrial

Base 1961 = 100

Acero	1974 = 474
Cemento	1974 = 385
Abonos	1974 = 217
Textiles (hilados de algodón)	1974 = 133
Televisores	1974 = 2.308
Neveras, lavadoras	1974 = 644
Turismos	1974 = 1.196
Tractores	1974 = 500
Vehículos industriales	1974 = 565
Teléfonos	1974 = 365

A pesar de la limitación de los sectores estudiados, aparece claramente que los sectores más dinámicos de la economía nacional son aquellos en los que el capital extranjero tiene un mayor protagonismo.

En estas condiciones es comprensible que la planificación indicativa haya sufrido las mayores dificultades para hacer respetar sus objetivos, tanto más cuanto que, conforme a las recomendaciones de los expertos, la participación del sector público en los sectores en crecimiento se ha ido reduciendo poco a poco. El ejemplo típico es el del INI, reducido a la categoría de socializador de las pérdidas y que se ha desprendido de su participación mayoritaria en la primera empresa automovilística del país, la SEAT, en provecho de FIAT. Al mismo tiempo, el INI inmoviliza sus recursos en la reorganización, sin esperanzas, de las hulleras asturianas.

Este proceso de desinversión pública, lejos de experimentar un retroceso, todavía prosigue en 1978 con las conversaciones de cesión de los camiones Pegaso, primer productor nacional controlado por el INI, al consorcio IVECO (FIAT), y de SAVA (vehículos industriales medianos) a un grupo alemán, probablemente Daimler-Benz.

III. Los resultados

La agricultura

A pesar de los buenos propósitos, la agricultura, sector dominante de la economía nacional hasta los años cincuenta, es la gran olvidada del crecimiento. Al exigir enormes inversiones (especialmente para la irrigación, pero también para la comercialización) de rentabilidad aleatoria, la agricultura sólo ha atraído una mínima parte de la inversión pública. Ciertas operaciones espectaculares, como la irrigación de la zona del curso medio del Guadiana, absorbieron la mayor parte de los créditos y proporcionaron un resultado económico peor que mediocre. Los efectos de esta política son muy decepcionantes. La proporción de la agricultura en el producto nacional bruto se ha reducido desde más del 30 por ciento a comienzos de los años cincuenta, al 24 por ciento en 1961 y al 9 por ciento en 1976, con una población activa que, aunque es verdad que ha disminuido rápidamente, aún emplea al 21 por ciento de toda la población activa, es decir 2.766.000 personas. Dicho de otra forma: en la agricultura la productividad por persona activa es dos veces y media inferior que la media nacional. A esto hay que añadir el empeoramiento de un déficit comercial tradicional. El auge de las exportaciones de productos hortofrutícolas no ha podido compensar el de las compras, a precios altos, de productos animales y de alimentos para el ganado.

Sin embargo, debido a la rápida disminución de la población activa agrícola y al constante crecimiento de la productividad, el aumento del producto bruto por habitante es más intensa que en los otros sectores de la economía. Por lo tanto, para utilizar los términos adecuados, lo que experimenta el mundo rural español es más un cambio que una crisis. La poderosa corriente emigratoria hacia las ciudades industriales y hacia el extranjero ha hecho desaparecer la formidable presión del paro agrario, al menos hasta la crisis de 1974. Este drenaje que se ha reflejado espectacularmente en las dificultades encontradas por el INC en su búsqueda de nuevos colonos para los *regadíos* de Badajoz, ha posibilitado un esfuerzo de modernización, mecanización e intensificación de cultivos, sobre todo en Castilla y en la Baja Andalucía (en el valle del Guadalquivir). Aunque el problema social del latifundio andaluz aún perdura, en el plano económico es menos preocupante que la supervivencia, en el noroeste del país, de importantes zonas minifundistas, difíciles de concertar y casi imposibles de modernizar conservando intactas sus actuales estructuras.

Sin embargo, a partir de los años cincuenta, las autoridades, que desean aliviar la carga de las importaciones, se han lanzado a una política de apoyo de los precios agrícolas y de créditos bonificados para la adquisición de material, siguiendo el modelo francés. A menudo los resultados están a la altura del esfuerzo realizado, a pesar de su limitación. Entre 1954 y 1975 el número de tractores se ha multiplicado por diez y el consumo de abonos por tres. Sobre una base más reciente, 1961, los valores aún son de cinco y dos veces.

En el plano de la producción los principales índices también son significativos:

CUADRO 22

Índices de producción agraria

Producto	Trigo	Remolacha azucarera	Agrios	Aceite de oliva	Vino
Promedio 1931-1935	100	100	100	100	100
1961	104	337	218	115	117
1975	131	482	255	145	186

En 1978 España se ha convertido en el tercer productor de vino y de agrios y en el primero de aceite de oliva.

Igualmente, entre 1965 y 1973 el ganado bovino ha aumentado un 21 por ciento y el porcino un 111 por ciento. Estos notables resultados no deben hacer perder de vista que el incremento global del ingreso per cápita está posibilitado, en primer lugar, por la reducción del empleo agrario.

Debido a un cambio en profundidad del consumo, la producción de alimentos a precios garantizados desemboca en la aparición de excedentes que sólo se pueden exportar, y aún con pérdida, mediante subvenciones públicas que constituyen pesadas cargas para la Hacienda. Es el caso del trigo, de la patata y del aceite de oliva. Cuando el mercado mundial está saturado, el Estado incluso llega a comprar la mercancía para destruirla (vino y patatas transformadas en fécula).

Finalmente, la cría de ganado bovino se desarrolla con dificultades por carecer de unas condiciones naturales favorables. La política de las autoridades oscila entre una producción local apoyada por compras de alimentos procedentes de los Estados Unidos y unas importaciones directas de carne y de productos lácteos. De donde resulta un déficit creciente de la balanza comercial que preocupa al gobierno, sobre todo porque los productos españoles de exportación (cítricos, hortalizas y frutas tempranas) sufren una fuerte competencia por parte de los del Maghreb y de otros países mediterráneos. Por lo tanto se venden a precios poco remuneradores, mientras que se deben importar cantidades crecientes de carne, de oleaginosas y de forrajes a precios elevados y pagados con divisas fuertes.

Así, a pesar de un verdadero esfuerzo de modernización y de unos éxitos innegables, la agricultura española sigue siendo un sector protegido cuyo déficit económico aumenta. Es verdad que aún es el primer sector exportador, pero con un valor añadido muy escaso; se va aproximando a la estructura económica de la agricultura francesa. Algunos sectores productivos pueden esperar aumentar su mercado en el marco de una integración en la CEE: las frutas y hortalizas tempranas, las frutas y la viticultura. Pero es evidente que, sin protección, la agricultura de las mesetas castellanas y la ganadería del noroeste corren el peligro de sufrir efectos tan nefastos como los temidos por los viticultores del *midi* francés. En estas condiciones, una reforma agraria que afectara a la distribución de la propiedad, pese a constituir un excelente slogan político, correría el peligro, hoy en día, de no tener ningún efecto positivo sobre el producto agrícola, excepto el de incrementar el número de explotaciones y disminuir el ingreso individual, salvo que aumentaran las subvenciones, que ya son muy elevadas.

CUADRO 23

Resumen estadístico de la agricultura española

	Población activa agrícola (% del total)	Comercio exterior agrícola: Importaciones (% de las imp. españolas)	Comercio exterior agrícola: Exportaciones (% de las exp. españolas)
1960	41,7	20,6	47,1
1976	21	13,5	29

CUADRO 24

Distribución de la propiedad de la tierra en 1972

	% de las propiedades	% de la superficie
De 1 Ha a 4,9 Ha	50,3	5,6
De 5 Ha a 49,9 Ha	44,6	27,9
De 50 Ha a 99,9 Ha	2,5	9,1
De 100 Ha a 199,9 Ha	1,2	9,1
Más de 200 Ha	1,4	48,3

La industria

En contraste con una agricultura que está lejos de haber resuelto todos sus problemas, la industria española, por fin, parece haber logrado su despegue, intentado en vano en épocas anteriores, con la ayuda de los capitales extranjeros.

Partiendo de una base 100 en 1963, el nivel de actividad industrial alcanza el 294 en 1973, únicamente superado por Grecia y Japón entre las primeras cuarenta naciones del mundo. A título comparativo, y tomando la misma base de 1963, el nivel de actividad industrial en 1973 sería 160 en los Estados Unidos, 220 en la URSS, 201 en Francia y 179 en la RFA.

Por lo tanto, desde 1960 el país ha registrado una tasa media de crecimiento industrial del 9 por ciento, que lo coloca prácticamente en cabeza del desarrollo mundial, detrás del Japón o de Corea del Sur pero netamente destacada respecto a los países de Europa del Este o del Oeste, con logros espectaculares en la siderurgia, en la construcción naval, en la fabricación de automóviles y en la de material eléctrico, como ya hemos señalado anteriormente.

Pero hay que volver a situar este crecimiento en el nivel de los valores absolutos. A pesar de su innegable dinamismo, y teniendo en cuenta los niveles de partida, aún harían falta 120 años para que España alcanzara el nivel industrial de Francia, suponiendo que sus respectivas tasas de crecimiento se mantuvieran. Sin embargo, mientras que en 1965 la industria apenas proporcionaba el 36 por ciento del producto nacional bruto, en 1976 ya producía el 39 por ciento (en el intervalo este mismo producto se había sextuplicado en valor corriente).

Este crecimiento sugiere que el desafío de 1959 se ha superado. Pero encubre unas cuantas debilidades que, al parecer, el tiempo no hace más que acentuar. La primera es el número anormalmente alto de pequeñas empresas. Las que emplean a menos de 200 personas constituyen el 99,5 por ciento del total pero sólo ocupan al 67 por ciento de la mano de obra, mientras que las mayores (más de 500 empleados) representan el 0,2 por ciento del total, con el 22,7 por ciento de la mano de obra. Un hecho más preocupante es que la mayoría de estas empresas (incluidas las controladas por el INI, excepto en la producción de energía) son, o bien extranjeras, o bien con participación y tecnología extranjeras.

La mayoría de las empresas que se han establecido sobre suelo español sólo disponen de actividades directamente productivas. Prácticamente no existe ningún centro de investigación integrado, y los negocios españoles, dispongan de mayoría extranjera o nacional utilizan patentes foráneas, y no aportan al mercado ningún producto verdaderamente original. España es el coto cerrado en el que se enfrentan empresas y productos europeos y americanos. Esto es lo que sucede con el automóvil, donde los modelos españoles son, con unas pocas modificaciones, la copia exacta de los de los países de origen, o en el textil sintético, que produce las fibras desarrolladas por la empresa matriz (la *Seda de Barcelona* comercializa el Terlenka de *AKZO* Nederland; *Courtauld Spain*, el Courtelle; *Rhône-Poulenc* fabrica en Blanes el rhovyl y el tergal...), o también en la industria farmacéutica. Especialmente en este último sector, España, debido a la similitud de los productos comercializados por las filiales de los laboratorios extranjeros, bate el poco envidiable récord de número de especialidades ofrecidas. Es verdad que la ley obliga a los laboratorios a invertir un 20 por ciento de sus beneficios en investigación autóctona, pero por falta de una voluntad política este aspecto de la reglamentación no se llega a aplicar. Debido a la ausencia de un control serio, y de una fe ingenua en las teorías de los émulos de Samuelson, el crecimiento industrial de España se ha realizado según un modelo de dependencia creciente. España, que en la actualidad produce lo esencial de su consumo industrial, ya no tiene ninguna autonomía. Su estructura es tal que la innovación siempre lleva un período de retraso respecto al extranjero, en la medida en que no se fabrica u ofrece ningún nuevo producto hasta que haya obtenido resultados satisfactorios en el exterior. Además, salvo rarísimos casos de verdadera división del trabajo (como en el caso de la filial de ITT, Standard Ibérica), las unidades productivas españolas carecen de autonomía, excepto para la gestión. Por esto el Estado español dispone de poca capacidad de presión sobre las empresas matrices. Indudablemente, en caso de conflicto éstas se arriesgan a perder el mercado español. Pero en esta hipótesis, o en la de una eventual nacionalización, en manos españolas el instrumento correría el peligro de convertirse rápidamente en inutilizable.

Esta situación afecta a la exportación. Aquí la industria española presenta unos resultados que están muy lejos de los de la producción. Es verdad que entre 1961 y 1973 las exportaciones españolas se decuplican en valor corriente, pero España ocupa el trigésimo lugar en la clasificación mundial de exportación por habitante. En 1967 las exportaciones industriales constituyen el 60 por ciento del total de las ventas españolas, mientras que en 1976 el 77 por ciento (estas dos cifras incluyen los productos mineros). Hay una clara mejoría, pero los sectores de alto valor añadido participan insuficientemente en este esfuerzo):

CUADRO 25

Composición de las exportaciones industriales

Sectores dominados por el capital o la tecnología extranjeras (% de las exportaciones españolas en 1976)		
	Derivados del petróleo	3,5
	Máquinas y piezas sueltas	3,1
	Automóviles	6
Sectores de capital nacional		
	Barcos	5,2
	Calzado	5,5
	Textiles	5,3

Contrariamente a la situación de las filiales extranjeras en los países de la CEE, y especialmente las de la industria automovilística o electrónica americana, las empresas españolas bajo control extranjero han estado y siguen estando estrechamente limitadas al mercado local. Sus exportaciones son factores complementarios en la estrategia de ventas de sus empresas matrices, y las empresas españolas no disponen de redes de venta. De este modo, los SEAT se exportan bajo las siglas FIAT, y la empresa de Barcelona sólo vende modelos que no disponen del suficiente mercado para que su fabricación sea mantenida en Italia. Del mismo modo, FASA sólo exporta los Renault cuando la empresa matriz experimenta dificultades.

La falta de continuidad de las autoridades en esta cuestión se puede ilustrar con el caso de la fábrica Ford de Valencia. En principio debía exportar la casi totalidad de su producción; en la actualidad vende en España casi un tercio de sus vehículos, y la CEE está abastecida por la fábrica "Fiesta" de Colonia. Así, mientras que los grandes productores europeos y japoneses exportan entre el 45 y el 60 por ciento de su fabricación, la industria automovilística española sólo vende al extranjero menos del 20 por ciento de la suya, tanto en los vehículos de turismo como en los industriales. La mayoría de las veces el comprador extranjero incluso ignora que se trata de un coche *made in Spain*.

Para el futuro de la economía nacional es preocupante que esta dependencia tienda a aumentar, y que los sectores exportadores más activos sean industrias de escaso valor añadido, como la construcción naval, textiles y confección corriente y calzado. Además, estas mercancías chocan con la contingentación extranjera: los textiles en la CEE, y los acuerdos "de moderación de las exportaciones" para el calzado en los Estados Unidos. Sobre todo chocan con la competencia difícilmente sostenible de países mejor equipados (Japón) o "subdesarrollados" (Corea del Sur, Taiwan, Hong-Kong).

Por lo tanto no es sorprendente que el incremento del comercio exterior se haya traducido en un empeoramiento del déficit (en miles de millones de pesetas):

CUADRO 26

Año	Importaciones	Exportaciones
1960	65,6	42,5
1965	181,1	58
1970	332,3	167,1
1975	932	441

En estas condiciones, la evolución de la tasa de cobertura es más que preocupante. En 1965 es un 32 por ciento, pero en 1975 no ha subido más que hasta el 47,3 por ciento. El crecimiento industrial y el progreso de las producciones autóctonas no reducen, sino todo lo contrario, un déficit preocupante.

Pero, tal como lo preveía el plan del BIRD, éste es el precio que hay que pagar por la modernización y el crecimiento. Y esto a condición de que otros elementos permitan, mediante su aportación, un equilibrio de la balanza de pagos. La oportunidad de España consiste en la existencia de estos factores de equilibrio.

Los factores de equilibrio de la balanza de pagos

En efecto, a pesar del enorme déficit comercial, el saldo de las cuentas exteriores de España no ha dejado de ser positivo; desde 1960 hasta 1975, y globalmente, es de más de 843 millones de $.

El *turismo* es constantemente el primero de estos factores de equilibrio. La suerte de España es que la fase de prosperidad que en la Europa occidental comienza alrededor de 1950 ha generado una nueva oleada de turistas heliotropos, pero con un presupuesto limitado. El gobierno español, consciente de las dificultades de crear un turismo de lujo para una clientela restringida, que ya está muy bien atendida en Francia, en Italia o en Suiza, apuesta por esta nueva ola de "vacaciones pagadas" europeas, cuyo número compensará su modicidad de recursos. Esta misma modicidad es una garantía de la fidelidad de la clientela frente a la eventual competencia de destinos más exóticos.

El resultado confirma y supera ampliamente las previsiones:

CUADRO 27

Movimiento e ingresos turísticos

Año	Movimiento turístico (n.º de personas)	Ingresos (millones de $)
1952	1.263.000	58,4
1961	7.445.000	384,6
1975	30.000.000	3.404

El crecimiento cuantitativo se ha combinado con el crecimiento del gasto individual, apreciable aun teniendo en cuenta la depreciación del dólar. Estos resultados sitúan a España en el primer puesto mundial por el número total de turistas, y en el tercer lugar, detrás de Austria y de Suiza, por los ingresos por habitante, mientras que en este aspecto Italia y Francia ocupan el onceavo y doceavo lugar, respectivamente. Los ingresos netos del turismo, deducidos los gastos de los españoles en el extranjero, representan en 1974 el 40 por ciento del déficit comercial y el 22 por ciento del valor total de las importaciones españolas. Este nivel ni siquiera parece verse afectado por la rápida subida de precios que sufre España, ya que las cifras provisionales para 1978 indican que los ingresos por turismo superan los cinco mil millones de dólares, o sea el 25 por ciento más que en 1977, y que cubren la totalidad del déficit comercial.

Había que traer, alojar y distraer a esta masa de "inmigrantes temporeros" de nuevo tipo, y, globalmente, se ha conseguido. Según Rudel, en 1964 se inaugura un hotel cada 52 horas y 48 minutos. Se crean circuitos turísticos, se modernizan las instalaciones; la explotación de la red telefónica se convierte en un modelo de eficacia. A partir de los años sesenta la llegada de esta masa extranjera, a menudo poco "adinerada", en busca de sol barato y de un hispanismo de pacotilla, y poco preocupada por las realidades sociales de la península, obliga a los habitantes de las regiones turísticas a un esfuerzo de adaptación. Hay que conocer el idioma de los turistas y tolerar sus costumbres. Es verdad que esto se compensa con los beneficios del comercio y con la creación de nuevos puestos de trabajo.

Sin embargo, la afluencia de turistas extranjeros plantea problemas más graves, que apenas se empieza a considerar. La densidad anormal (un turista por habitante, frente a 0,2 en Francia o en Italia), y la concentración geográfica y estacional en la costa mediterránea provocan un verdadero desastre ecológico: destrucción irremediable de paisajes que a veces son únicos (Costa Brava), creación de playas artificiales (Levante), urbanización gigantesca e incontrolada que provoca daños irreparables y que ocasiona problemas cuya solución es muy costosa, como el abastecimiento de aguas y el tratamiento de las aguas residuales y de las basuras, molestias para los transportes y la economía no turística, lo que obliga a un costoso esfuerzo de infraestructura (autopista del Mediterráneo) en detrimento de la red interior.

Por otra parte, si bien el ingreso per cápita es alto, el gasto por turista es modesto: en 1975, 113 dólares por persona para una estancia media de seis días. Teniendo en cuenta el coste de la inversión necesaria, estas cifras plantean el problema de la rentabilidad de esta inversión. Es lícito preguntarse cuál ha sido el precio pagado por la economía nacional para conseguir esta indispensable entrada de divisas.

Después del turismo, las *remesas de emigrantes* constituyen el segundo de los ingresos invisibles atendiendo a su cuantía. Las remesas son la consecuencia de la gran oleada emigratoria hacia el Mercado Común que empezó a finales de los años cincuenta. La emigración, destinada a aliviar el peso del paro en la península, también tiene como resultado la entrada de divisas. Éstas pasan de 346 millones de dólares en 1966 a 913 millones en 1973, para reducirse hasta 858 millones en 1974. Hasta la crisis constituyen una poderosa ayuda, pero en adelante su papel tenderá a reducirse. Por un lado, la emigración cede el paso a un movimiento de retorno, modesto pero duradero; por el otro, los trabajadores que residen en el extranjero, habida cuenta de la depreciación de la peseta, tienden a guardar sus ahorros en moneda del país para evitar sufrir la inflación española.

Además, esta emigración masiva hacia los países vecinos de Europa contribuye a abrir España hacia el mundo exterior y condena definitivamente la política de repliegue de los primeros tiempos del Franquismo. Indudablemente, sus consecuencias son más importantes para la evolución sociopolítica del régimen que para su transformación económica a corto plazo.

Sin lugar a dudas los *capitales a largo plazo* constituyen el aspecto primordial del crecimiento moderno en España. Estos capitales, motores del desarrollo e introductores de técnicas, también desempeñan un papel fundamental en el equilibrio de la balanza de pagos española (véase cuadro 28).

Por lo tanto, al igual que sucede con el turismo, la crisis no sólo no frena el flujo de llegada de los capitales, sino que, por el contrario, lo acelera, lo que demuestra la confianza que los inversores extranjeros conceden a la estabilidad de la nueva democracia española, pero, sobre todo, el constante interés que despierta un mercado que se considera que está lejos de la saturación. El hecho es tanto más claro cuanto que las cifras provisionales para 1977 y 1978 señalan un continuo crecimiento de los flujos positivos. Esto proporciona unos resultados interesantes en el plano político al posibilitar el mantenimiento de una tasa de crecimiento razonable y al evitar, por muy

CUADRO 28

Movimiento de capitales a largo plazo

(en millones de $)

Año	Entradas	Salidas	Saldo
1966	455	111	+ 344
1967	573	36	+ 537
1968	633	49	+ 584
1972	1.887	1.065	+ 822
1974			+ 1.768
1975			+ 1.803
1976			+ 201

poco, la crisis del cambio. Después de la muerte del general Franco, el nuevo gobierno del rey Juan Carlos no tendrá necesidad de adoptar unas medidas económicas y financieras rigurosas. El pacto de la Moncloa, inteligente y muy moderado, favorece la transición política hacia la monarquía liberal.

En cambio, la continua afluencia de capitales extranjeros, además de la dependencia económica que implica, evita a las autoridades políticas el consagrarse a los problemas fundamentales del desequilibrio regional, de la ausencia de investigación y del bloqueo de las exportaciones industriales.

Unos desequilibrios en aumento

Ciertamente es absurdo acusar al inversor extranjero de ser la causa del actual desequilibrio de España. La oposición entre un centro despoblado y arcaico y una periferia densa y en algunos puntos activa es una constante española desde el siglo XVIII. Los autonomistas catalanes y vascos no han tardado mucho en utilizarla. No es menos cierto que un desarrollo prácticamente incontrolado asociado con las potencialidades locales agrava el fenómeno hasta los límites de lo soportable.

El progreso de la economía y la mayor importancia del sector industrial ocasionan una concentración natural hacia los pocos centros bien provistos de servicios y relacionado mediante una red de comunicaciones modernas de elevado rendimiento. La consecuencia es un desequilibrio creciente entre las regiones agrícolas y los centros urbanos. La población urbana ha crecido el doble que la del conjunto de la nación, y la de los grandes centros (Madrid, Barcelona, Valencia, Sevilla y Bilbao) aún más de prisa.

Este desequilibrio demográfico tiene como consecuencia un empeoramiento de la distribución de la renta nacional por provincias. En cambio, debido a la emigración de las capas más pobres de las regiones rurales, las diferencias de la renta per cápita se han reducido mucho. Éste es el motivo de la falsa paradoja de un aumento de las diferencias económicas paralelo a una homogeneización de las condiciones de vida en el conjunto de la nación.

CUADRO 29

Distribución provincial de la renta

	Renta per cápita		Renta provincial	
Año	Pesetas	Provincia	Millones de pesetas	Provincia
1955	24.777	Guipúzcoa (la más rica)	44.064	Barcelona
	5.613	Granada (la más pobre)	1.405	Soria
	Proporción: 4,4		Proporción: 31,4	
1973	138.849	Vizcaya	320.600	Madrid
	57.619	Almería	6.402	Soria
	Proporción: 2,5		Proporción: 53,8	

Pero este movimiento no puede sino acentuarse debido a que el nivel educativo de los españoles es cada vez más alto y a la expansión del terciario, que son dos fenómenos motores de la urbanización. Según las estadísticas, en 1960 el 38 por ciento de la población se concentraba en las ocho provincias más pobladas, y se preveía que en 1980 se concentraría el 47 por ciento; pero esta previsión corre el peligro de pecar por defecto.

Una evolución como ésta hace que surjan multitud de críticas más o menos justificadas. Algunas acusan a la inversión extranjera (y por lo tanto al capitalismo) de ser la responsable de la desertización del centro de la península, exceptuando Madrid. Otras atacan esta evolución invocando principios ecológicos, que en España han aparecido en los años sesenta. Las autoridades, sensibles al mayor coste económico y social de la concentración (alojamiento, vialidad, transportes), intentan descentralizar las nuevas implantaciones industriales mediante una política de incentivos económicos (créditos, equipamiento de zonas industriales) ayudando a las empresas que aceptan "descentralizarse". Se crean unos *polos de desarrollo* cerca de centros ya equipados (Zaragoza), y unos *polos de promoción* en las regiones subdesarroladas (Burgos, Badajoz) o *de descongestión* en la zona madrileña (Guadalajara, Toledo, Talavera, Alcalá de Henares). Pero estos nuevos centros no siempre tienen el éxito esperado, sin duda por falta de ayudas suficientes, pero sobre todo debido a las ventajas ofrecidas por los grandes centros tradicionales a pesar de unos costes de instalación elevados. Sólo en los casos de Zaragoza, Huelva y del Campo de Gibraltar se puede considerar, y por diferentes motivos, que han cumplido su objetivo. Pero los dos primeros no han reducido el éxodo rural; simplemente han evitado que los emigrantes abandonaran su provincia. El último no es más que la consecuencia del conflicto con Londres y de la necesidad de emplear rápidamente una mano de obra que anteriormente trabajaba en la colonia británica.

El tercer plan de desarrollo trata de definir una política de crecimiento regional a largo plazo en tres niveles: las metrópolis de más de 750.000 habitantes (Madrid, Barcelona, Valencia, Bilbao, Sevilla y Zaragoza), las metrópolis equilibradas, que son diecisiete (más de 250.000 habitantes), y las ciudades medias (más de 50.000 habitantes). El conjunto debe integrarse, en última instancia, en una política de ordenación del territorio prevista para el cuarto plan y cuyo horizonte es 1985. La crisis de 1973, el cambio político y, sobre todo, las críticas al mito de la planificación, han contribuido a que estos proyectos pasaran de moda. Como en el caso del modelo francés, se plantea la cuestión de saber si los planes ayudan efectivamente al crecimiento o bien si se benefician de los resultados de un movimiento que no han contribuido en absoluto a crear. Por lo demás, los resultados de las acciones oficiales son modestos. Las inversiones relacionadas con la descentralización no llegan a los cinco mil millones de pesetas, y la mano de obra implicada representa menos del 1 por ciento de la población activa española.

Es cierto que la política de descentralización choca, en sus aspectos voluntaristas, con la evolución de los transportes. Ésta aún acentúa más la concentración debido a los planes de modernización de los ferrocarriles y de las carreteras (plan Redia) inspirados por el Banco Mundial, y a un plan de autopistas que privilegia el eje mediterráneo, casi asfixiado por el turismo veraniego.

La modernización del país y los progresos de la sanidad (en España la densidad médica es superior a la de Francia) permiten el mantenimiento de una estructura demográfica que es de las más sanas de Europa.

CUADRO 30

Resultados del censo de 1970

33.824.000 habitantes (estimación para 1976: 35 millones)
Tasa de natalidad: 19,5 %
Tasa de mortalidad: 8,5 %
Distribución por edades: 0-14 años: 27,8 %; 15-64 años: 62,6 %; más de 65 años: 9,6 %

Sin embargo, las transformaciones económicas desembocan en una aceleración de las corrientes migratorias tradicionales. Desde 1961 hasta 1970 casi dos millones de personas cambian de provincia, saldo neto que corresponde a un movimiento efectivo de 4,5 millones de personas, o sea el 13 por ciento de la población española. De hecho, la población de dieciséis provincias crece, mientras que la de treinta disminuye. Diez de éstas pierden entre 62.000 y 158.000

habitantes, y de las diez, ocho están en el cuadrante suroriental del país. Aún más significativo es el hecho de que las cinco primeras provincias de salida proporcionen el 63 por ciento de los emigrantes, y que sólo las dos primeras, Badajoz y Jaén, el 28,5 por ciento. La concentración aún es más intensa en las provincias receptoras. Barcelona y Madrid solas reciben el 58 por ciento de las entradas netas, y las diez primeras el 85,5 por ciento.

A este movimiento de migraciones interiores se superpone el de la emigración exterior, que empezó en los años cincuenta pero que alcanzó toda su amplitud en los años sesenta. El verdadero número de emigrantes no se conoce con exactitud debido a que la emigración hacia el principal país de recepción, Francia, se podía realizar libremente, sin control, y el aspirante a un empleo podía regularizar su situación con vistas a un certificado de trabajo simplemente con su pasaporte. Limitándonos a la emigración controlada, "asistida", hacia Alemania, Suiza y Bélgica, obtenemos un saldo anual que oscila entre los 92.000 y los 118.000 para los años punta, entre 1961 y 1964. En el caso de Francia, y con las mismas restricciones —limitándonos a las salidas "asistidas"—, la población que emigra para más de un año alcanza un máximo de 722.000 en 1972. La cifra real, teniendo en cuenta la colonia española en Francia y las familias (fundamentalmente en Francia, único país que favorece la emigración familiar), es aproximadamente el doble. A partir de 1973 se presencia una interrupción de la emigración y unos retornos que se aceleran debido a la crisis, especialmente en Suiza y en Alemania Federal. Esto empeora las dificultades de Madrid tanto en el nivel del paro como en el de la balanza de pagos.

Por otra parte, el cambio de los años sesenta provoca una profunda transformación en la distribución de la población activa: mientras que la población activa del sector primario cae desde el 47,6 por ciento del total hasta el 21,1 por ciento entre 1950 y 1976, la parte del sector terciario pasa del 25,8 por ciento al 41,6 por ciento.

Los datos globales del censo ponen de manifiesto el débil crecimiento de la población activa y la proporción, aún modesta, del empleo femenino en la vida económica de la península. El retraso español, pese a estar en vías de superación, especialmente gracias al rápido crecimiento del terciario en estos últimos años, no por ello es menos evidente. La crisis de 1973, al aumentar el paro y el retorno de los emigrantes, corre el peligro de bloquear toda evolución.

En los datos demográficos aparece la resultante del crecimiento económico y de la urbanización. Pero al estudiarlos más de cerca también se descubren las debilidades de esta economía: una cuantiosa población activa rural, dos veces y media superior a la parte de la agricultura en la renta nacional, y la debilidad del terciario moderno que refleja, parcialmente, el papel de productor más que de creador o de comerciante que el modelo de crecimiento concede a la península desde hace veinte años. Según las proyecciones oficiales, las autoridades parecen estar satisfechas con esta situación, o al menos no creen poder cambiar duraderamente su curso:

CUADRO 31

Previsión de la evolución de la estructura de la población activa

Año	Sector primario	Sector secundario	Sector terciario
1980	20 %	40 %	40 %
2000	10 %	50 %	40 %

Sin embargo, estas proyecciones podrían revelarse erróneas debido al rápido cambio de los comportamientos a partir de 1970. La tasa de fecundidad femenina, por ejemplo, había alcanzado en 1977 la tasa prevista para el año 2000, 236 por mil, frente al promedio de 269 durante los años 1971-1975.

En 1971 el comportamiento demográfico de los españoles es similar al de la media de la CEE, mientras que la estructura de actividades aún está atrasada. Pero la crisis contemporánea invalida cualquier previsión de la evolución a medio plazo basada en la extrapolación del pasado reciente.

Capítulo V

UNA REVOLUCIÓN TRANQUILA: DE LA DICTADURA TECNOCRÁTICA A LA MONARQUÍA DEMOCRÁTICA

Durante cuarenta años los españoles del exilio han esperado en vano el final de la dictadura franquista; durante cuarenta años los antagonismos políticos nacidos antes y durante la guerra civil han dominado los discursos de los dirigentes de la España franquista y de los miembros de la oposición. Pero, mientras tanto, España ha cambiado; la sociedad española se ha transformado. Una nueva generación de tecnócratas a la americana participan del poder, y aceptan los condicionamientos y las aperturas necesarias para el cambio económico de España. Al actuar de este modo admite la profunda transformación, dentro de un marco liberal, de la sociedad tradicional y conservadora que es el apoyo incondicional del régimen y que le permite mantenerse. Ya hemos señalado los límites de esta transformación. Indudablemente hay que esperar hasta la muerte del general Franco para que se adopte con decisión una nueva orientación política. Pero, en las costumbres y en las relaciones sociales ya se dibuja una nueva España más abierta que nunca hacia el exterior, y en la cual las clases medias ocuparán, por fin, el lugar que se les ha negado durante un siglo y medio.

I. Una nueva sociedad

La educación

En el terreno de la educación, como en el económico, el giro de los años 1956-1960 es decisivo. Es verdad que el paso del cristiano liberal Ruiz Giménez por el Ministerio de Educación entre 1951 y 1956 tuvo la virtud de mejorar momentáneamente el clima universitario. Pero este amable profesor, futuro líder de la Democracia Cristiana de oposición, no originó ninguna reforma por falta de medios y de imaginación. Las reformas surgieron con la llegada al Ministerio de un universitario enérgico y poco preocupado por las tradiciones, Villar Palasí. Nombrado en 1968, pone en marcha una comisión destinada a poner de manifiesto el arcaísmo de un sistema educativo basado en la ley Moyano de 1857. Quizás los sucesos de 1968, que sacuden las universidades americanas y sobre todo las francesas, hacen que se comprenda mejor la necesidad de una reforma desde arriba. En 1969, la comisión publica un libro blanco cuyas propuestas se plasman en la ley general de Educación que se publica el 4 de agosto de 1970. Sin entrar en los detalles, señalaremos que el esfuerzo se centra en una armonización de las enseñanzas primaria y secundaria con vistas al bachillerato, y en la constitución de una opción técnica seria. El éxito evidente del proyecto se debe parcialmente a un esfuerzo real y duradero en el plano presupuestario, fenómeno que, en sí mismo, es de los más nuevos en España. En 1960 la parte de la educación en el presupuesto general del Estado sólo es del 8,57 por ciento; en 1970 es del 14,6 por ciento, y en 1976 ha pasado al 17,9 por ciento.

Sin embargo, a pesar de estos progresos, siguen sobresaliendo algunos puntos débiles: un crecimiento lento de la enseñanza pública gratuita en relación con la enseñanza confesional; en 1975 hay 3.300.000 alumnos en la enseñanza confesional frente a menos de 4.200.000 en la enseñanza pública. El rápido crecimiento de la población escolarizada se refleja, sobre todo, en un descenso de los gastos por alumno de un tercio (medido en términos reales) entre 1970 y 1976. Esto parece tanto más lamentable cuanto que, en adelante, las tasas de escolarización españolas son comparables con las de los países más adelantados tanto en la primaria como en la secundaria. En 1973, el número de alumnos de la secundaria por 100 habitantes es de 7,2 en España (cifra sin duda algo exagerada) frente a 7 en Francia, 6,3 en Gran Bretaña y 9,4 en los Estados Unidos. También hay que destacar que el esfuerzo ha sido más favorable a las enseñanzas clásicas tradicionales, sobre todo en la enseñanza confesional lo que explica en parte el desequilibrio de la enseñanza superior, tan familiar para los franceses, pero que en ambos lados de los Pirineos plantea un cierto número de problemas. Si nos referimos al número de títulos entregados en 1975 en la enseñanza superior española, tenemos que las facultades de letras y de ciencias políticas ocupan el primer puesto con un 32,5 por ciento de los títulos, frente a un 29,3 por ciento de las facultades de medicina y farmacia, 19,8 por ciento de las de derecho y ciencias económicas y 18,4 por ciento, solamente, de las facultades científicas. Pero hay que admitir que este porcentaje no incluye los titulados en las escuelas técnicas superiores y en la de ingenieros.

El retraso cuantitativo que tradicionalmente sufría la enseñanza española respecto a sus vecinos del norte prácticamente se ha eliminado. Pero este éxito encubre graves deficiencias: una insuficiencia del sector científico acentuada por la negligencia del Estado respecto a la investigación, que llega hasta la retirada de los investigadores españoles del CERN de Ginebra por razones de economía; una plétora de estudiantes de peritaje que crea, al igual que para los de letras, un paro de titulados. Como consecuencia, y desde 1971-1972, se asiste a una política restrictiva que va desde el cierre de escuelas técnicas en algunas actividades hasta unos proyectos de selección, pendientes de realización, para entrar en las facultades de medicina. Esta situación provoca una cierta tensión en el medio estudiantil, ya que las clases medias, con razón, ven en la titulación superior el medio para acceder a una mejora de su nivel de vida y de su status social.

Una sociedad que cambia

Se ha convertido en un tópico el señalar la decadencia de las fuerzas antagonistas tradicionales durante este período. El poder de los grandes propietarios terratenientes se ha reducido. Los herederos de los Oligarcas buscan en el mundo financiero madrileño nuevas bases para su poderío. El pequeño campesinado castellano y, sobre todo, la masa proletaria rural, se han reducido a una cuarta parte por la oleada de migraciones interiores y exteriores.

Frente al retroceso de los que han hecho la historia de los primeros años del siglo XX, ahora el primer plano lo ocupa el ascenso de las clases medias urbanas, de los cuadros directivos, de los funcionarios, que a partir de entonces estarán correctamente retribuidos, y de los trabajadores independientes. En total son casi dos millones y medio. Pero también se ha creado una clase obrera poderosa de casi seis millones de personas, de las que cuatro millones viven de la industria.

En adelante, Madrid, al igual que Barcelona, se convierte en una gran aglomeración obrera cuyos tentáculos no cesan de extenderse sobre la Meseta. Los precios de las viviendas han subido considerablemente en los barrios céntricos, y las clases populares se ven repelidas hacia la periferia. A los bonitos barrios del oeste, que más que nunca son el dominio reservado de las élites sociales, se opone la multiplicidad de las ciudades obreras-satélites que a menudo están demasiado alejadas del centro, como Alcobendas al norte, o Móstoles al sur. Estas ciudades se han construido apresuradamente para mayor provecho de una especulación que no se preocupa por la mediocridad del urbanismo y de las viviendas. Sorprende la deficiencia de los transportes, de las escuelas y de los espacios verdes.

Sin embargo, gracias a estas construcciones, el acceso al *piso* favorece la integración social del obrero. El coche desempeña un papel similar. A menudo se compra gracias a un trabajo extra cuya rentabilidad para el país es discutible (sistema del *pluriempleo*); y es simultáneamente el símbolo de una promoción y un medio de evasión. Al igual que París, Madrid y Barcelona también conocen los largos embotellamientos del domingo por la tarde, dentro de los cuales los pequeños SEAT 600, que en los años sesenta eran el principal medio de acceso popular al coche, ya están en muy franca regresión.

En otro terreno, la llegada de masas de turistas, este formidable éxodo anual, ha ayudado a poner en tela de juicio las costumbres y los prejuicios de una sociedad profundamente marcada por la reacción religiosa y el puritanismo franquista. A veces las primeras reacciones han sido violentas. Después la gente se ha acostumbrado a aceptar, a falta de admitir, los bañadores de dos piezas en las playas y la libertad en el vestir de las mujeres, tan sorprendente para el *machismo* ibérico y para el conservadurismo del clero. Las modas extranjeras han desbordado inevitablemente los ghettos de las Baleares y de la Costa Brava. La minifalda apareció tardíamente en Madrid, pero sobrevivió hasta mucho después de su decadencia parisina. De hecho, la liberalización aparentemente explosiva de la España posfranquista no es más que la consecuencia de un proceso iniciado con mucha anterioridad a pesar de las presiones de la dictadura.

De este modo nace una nueva sociedad que aspira a una mejora inmediata de su nivel de vida. Los problemas de la generación de después de la guerra civil se reflejan mejor en el cine que en una literatura que renace lentamente después de la represión y del conformismo de los años duros del franquismo. A pesar de la censura y quizás a través de ella, el cine refleja mejor que cualquier otra forma artística las preocupaciones del momento. Al principio el franquismo totalitario lo ha convertido en un simple instrumento de propaganda y de exaltación patriótica. En los años cincuenta, las películas de Bardem o de Berlanga presentan una crítica mordaz de la vida sofocante y de las esperanzas de una sociedad mezquina y miserable. En la misma época, los éxitos de las películas americanas reflejan bastante bien los nuevos modelos y las nuevas esperanzas del pueblo español. En los años sesenta la obra dominante de Carlos Saura ilustra, indudablemente, los fantasmas de una generación heredera de la guerra civil y marcada por los condicionamientos sociales. Desnuda su pasado para liberarse mejor de él.

Urbanización, clases medias y proletariado urbano en expansión: este tríptico que ya es antiguo en los países de la Europa del noroeste, es, sin lugar a dudas, el aspecto más nuevo de la nueva España que surge a partir de 1959. El régimen, al mismo tiempo que desarrolla una nueva economía, pierde su base. La nueva clase media, instruida, activa y abierta es una burguesía en la más amplia acepción del término, realista, creativa e individualista. Hay en ella un deseo, a veces contradictorio, de orden y de libertad. Los hombres y las mujeres que no han conocido la guerra civil ya son mayoría y se niegan a identificarse con los odios y los conflictos del pasado. Pese a admitir los aspectos "eficaces" de la política económica del régimen, desearían conseguir una sociedad de consumo en la libertad. En el modelo alemán o francés ven la expresión de un ideal que durante mucho tiempo ha estado fuera de su alcance, y que ahora les parece realizable en un futuro próximo. Estas clases medias, políticamente poco definidas, no parecen tener una idea muy clara de cuál debe ser la forma institucional del posfranquismo. Una encuesta realizada en 1970 muestra lo difícil que es formarse una idea clara de las aspiraciones políticas de la población española. Dejando a un lado los universitarios, que mayoritariamente muestran una preferencia por la República, la diferencia entre los partidarios de la República y los de la Monarquía no es significativa. En cambio la escasez de los que se manifiestan favorables al mantenimiento del *statu quo* subraya el fracaso de la institucionalización del régimen. Esto es lo que el Caudillo había previsto con bastante claridad, y lo que condena a corto plazo las esperanzas de los extremistas y de los nostálgicos de la época fascistizante.

Un segundo factor de desestabilización es la clase obrera y la masa de los empleados fuertemente urbanizados. Entre ellos la monarquía no atrae votos. No obstante, los progresos económicos y sociales de los últimos años crean, a veces, una cierta adhesión al marco sociopolítico en el que viven. Igualmente, la adhesión al contexto económico se caracteriza por una cierta desconfianza respecto a una participación demasiado fuerte del Estado en la economía, de lo cual, después de 1977, se acordarán los partidos de izquierda, el PSOE y el PCE.

Así, cuando el Caudillo envejece y cuando poco a poco se va esbozando el posfranquismo, las reglas del juego político se presentan especialmente indecisas. Los observadores extranjeros interesados por los partidos políticos de oposición instalados en el exilio les conceden una importancia que no siempre se refleja en un interés similar en el interior de la península. Una masa creciente y ampliamente despolitizada desea ante todo la prosecución del progreso económico en el marco de una relativa distensión política.

Las fuerzas de oposición

En estas condiciones, la actividad de las fuerzas de oposición aún no interesa más que a una minoría consciente, pero a menudo incapaz de movilizar a las masas. Además estas fuerzas están bastante divididas. En el interior, el endurecimiento verbal de la Democracia cristiana de Ruiz Giménez, con su revista *Cuadernos para el Diálogo*, no va más allá de los medios intelectuales y de una franja activista de la Iglesia. En el exterior, los socialistas del PSOE se reorganizan con dificultades, y disponen de pocos medios, y a veces de la generosidad de la Internacional socialista, que normalmente sólo se traduce en simples declaraciones de intención. Sólo el PCE tiene los medios para actuar dentro y fuera de España. Está bien estructurado y dispone de la ayuda eficaz de los partidos comunistas de los países de la Europa del este y de los partidos francés e italiano. Una cierta holgura material, unos locales, y una capacidad de edición importante (libros, prensa) le permiten realizar, con la ayuda de militantes abnegados, una acción en profundidad en la península. Sus militantes han aparecido muy pronto como los más decididos en el seno de las reivindicaciones obreras.

Pero además de la persecución de la que han sido objeto en España, sus militantes son vistos con desconfianza por parte de las otras oposiciones, la anarquista y la socialista, la cristiana o la monárquica. Los primeros no han olvidado los enfrentamientos de la guerra civil, y reprochan al PCE sus vinculaciones con Moscú. Consciente de esta situación, y habiendo guardado grandes reservas de su propia estancia en la URSS, el secretario general del partido, Santiago Carrillo, orienta su política hacia una mayor independencia respecto a los soviéticos. Esta política, caracterizada por una condena inequívoca de la intervención rusa en Checoslovaquia, desemboca en el reconocimiento de la democracia pluralista y en la condena de la censura y de la dictadura como forma de gobierno. A principios de los años setenta, el PCE aparece como el elemento dinámico de un "eurocomunismo" occidental apoyado por el partido italiano y seguido con reticencia por el partido francés. La hostilidad soviética, que incluso trata de suscitar una oposición ortodoxa apoyada por los viejos dirigentes, Líster y la Pasionaria, permite que Carrillo aparezca como un elemento moderno frente a aquellos que "no han olvidado nada y sobre todo no han aprendido nada"; esto facilita, en los comienzos de la década de los setenta, una aproximación del PCE a las otras fuerzas de oposición.

A pesar de sus esfuerzos, las fuerzas de oposición tradicionales son débiles. Sólo están de acuerdo sobre la necesidad de derribar el régimen, pero se dan cuenta de lo escasas que son las esperanzas de un cambio político radical. Incluso la forma de tránsito a la democracia los divide: ¿estrategia de ruptura (PSOE-PCE) o transformación desde dentro (Demócratas cristianos, Monárquicos)? Además, mientras que Franco vive no son más que discusiones académicas.

El renacimiento del movimiento sindical

La verdadera oposición a la tranquilidad del régimen se sitúa en otro plano, el de las reivindicaciones del mundo del trabajo. La multiplicación de las huelgas ilegales desde 1951, y sobre todo desde 1956, ha puesto de manifiesto la práctica inexistencia de los sindicatos oficiales. Todas las reformas realizadas para tratar de reanimarlos fracasan: las elecciones "libres" de los delegados de empresa (1957), la aceptación de las negociaciones colectivas (1958) y el reconocimiento de las huelgas "no políticas" no consiguen que los obreros crean en las estructuras oficiales. Por el contrario, se aprecia un recrudecimiento de la actividad de las organizaciones propias de la clase obrera, aunque sean oficialmente clandestinas: la UGT socialista, la CNT anarquista, mientras que los Comunistas, con el apoyo de militantes cristianos, organizan las Comisiones Obreras (CCOO), especialmente activas en Madrid.

Estas oposiciones sindicales, como las oposiciones políticas, no están unidas. Los conflictos tratan, en particular, acerca de qué actitud adoptar frente a la organización sindical oficial. Las Comisiones

Obreras preconizan el "entrismo", o dicho de otra forma, la participación en las elecciones de base. Los otros permanecen hostiles a cualquier forma de participación.

No obstante, el retraso de los salarios respecto a la prosperidad general se refleja en unas huelgas cada vez más duras y frecuentes. En 1962, los obreros agrícolas andaluces y los mineros de Asturias paran la actividad, y el movimiento se extiende a la siderurgia vasca. A pesar de la represión policial que en Asturias es particularmente brutal, las autoridades tienen que ceder. Se dobla el salario mínimo, que pasa de 30 a 60 pesetas por día. Es un éxito para las Comisiones Obreras y para la USO católica; es un fracaso total para los sindicatos verticales.

Desde 1963 el movimiento huelguístico se reanuda en Cataluña y en Asturias, donde el conflicto resulta ser particularmente largo (julio-septiembre). Como medio de presión para lograr sus reivindicaciones los mineros cuentan con la interrupción de los suministros de hulla a los altos hornos vascos. Las autoridades, preocupadas, reaccionan con energía y rompen el movimiento importando coque (procedente de Polonia). Al mismo tiempo conceden la extensión de los convenios colectivos negociados, y reaccionan políticamente mediante la represión (ejecución de los anarquistas Granados y Delgado y del comunista Grimau). Es una mezcla curiosa de una política de opresión brutal y de signos de distensión (supresión de la censura previa para la prensa).

Sin embargo, el intento realizado para reanimar los sindicatos oficiales mediante la ley del 13 de febrero de 1971 es un fracaso total. La oleada de huelgas que cubre la península este mismo año 1971 demuestra que, a partir de entonces, la masa obrera es consciente de su fuerza sin que, en cambio, se pueda discernir un rechazo global del sistema. Muy al contrario, la relativa tolerancia que entonces muestra el régimen respecto a las organizaciones paralelas demuestra ser una válvula de seguridad para las autoridades, que no tienen más alternativas que volver a la represión o aceptar reformas profundas.

El tímido aggiornamiento de la Iglesia

La Iglesia, que es el sostén más fiel del franquismo junto con el Ejército, pero que se beneficia del régimen tanto política como materialmente mucho más que éste, durante mucho tiempo parece no estar afectada por la evolución de la sociedad española. El ascenso bien orquestado de la influencia del Opus Dei aparece como un nuevo éxito clerical en lo que tiene de integración de los elementos más dinámicos de la clase media a las decisiones del poder. En la medida en que la jerarquía está estrechamente relacionada con las élites tradicionales, la presencia del Opus en los resortes del poder representa una nueva alianza de la Iglesia y de los "tecnócratas". Es cierto que el asunto del diario de oposición *Madrid*, cerrado por orden gubernativa en 1971, pone de manifiesto la existencia de diferentes corrientes en el mismo seno del Opus. El director del periódico, Rafael Calvo Serer, se tiene que refugiar en Francia para evitar su detención, y pronto figurará entre los representantes monárquicos de la oposición en el exilio.

Pero la jerarquía eclesiástica, a pesar de estar vinculada al régimen, no le está realmente sometida. Ya en los años cuarenta el episcopado se había preocupado por las tendencias pronazis de algunos allegados al Caudillo. En los años sesenta las dificultades del mundo obrero habían llamado la atención de los obispos; y las HOAC (Hermandades Obreras de Acción Católica) habían apoyado ciertos movimientos reivindicativos, protegiendo dsicretamente a organizaciones obreras ilegales como la USO (Unión Sindical Obrera). Ciertamente, las conclusiones del Vaticano II constituyen una ayuda considerable para aquellos, especialmente los curas obreros que militan a favor de un acercamiento entre la Iglesia y los medios obreros. Sin embargo, los objetivos que se persiguen siguen siendo ambiguos: ¿reconquista del mundo del trabajo para la evangelización o voluntad consciente de actuar para el cambio de la sociedad española?

No obstante, es verdad que los límites de la apertura se alcanzan rápidamente. La Iglesia se muestra hostil al proyecto de ley sobre libertad religiosa, y limita sus efectos a pesar de las presiones americanas. Se opone al divorcio y al control de la natalidad. En el plano de la política internacional, apoya la política proárabe del régimen (España es el único país europeo que no ha reconocido a Israel). En los asuntos de fe y de sociedad, el liberalismo de la Iglesia española ha progresado poco. Sin embargo, se adopta un gran cambio de orientación en 1971, cuando la conferencia episcopal rechaza las propuestas del Vaticano relativas a la revisión del Concordato, al considerar que no liberan suficientemente a la Iglesia del control del Estado. Es un momento decisivo en el transcurso del cual el clero español subraya su voluntad de independencia y su rechazo del derecho de nominación que se reconocía al Caudillo. La jerarquía, apoyada a partir de entonces por Roma, obtendrá de la Curia la no confirmación de los obispos presentados por Madrid. En adelante, el conflicto jerarquía católica-Estado puede medirse, en cierta medida, por el número de vicarios apostólicos en unos obispados sin titular.

El renacimiento de las tensiones regionales

La prosperidad, de la misma forma que no asegura la perennidad del régimen, tampoco le permite realizar su sueño de uniformización nacional y se sumisión total al centralismo madrileño. El modelo bonapartista que un Franco victorioso impuso a España estalla por todas partes. La cultura catalana, que durante un tiempo estuvo prohibida, renace gracias a la actividad editorial y la canción popular y a pesar de la censura (al cantante Raimon se le prohíbe actuar); en la Universidad Autónoma de Barcelona, tanto en Letras como en Económicas, se vuelven a impartir cursos en catalán, y la revitalización de los escritos tanto en vasco como en catalán, son otros tantos signos que las autoridades ya no consiguen eliminar. Las medidas de respuesta, como la nominación de un obispo castellano para la sede episcopal de Barcelona, son torpes y provocan una sorprendente reacción popular. El monasterio de Montserrat, a pesar del exilio forzoso de su abad en Roma, aparece cada vez más como el centro más importante de un catalanismo que reclama sus derechos, tanto en el plano político como en el cultural.

Pero en Cataluña el movimiento es pacífico gracias al prestigio mantenido por la Generalidad en el exilio, cuyo presidente, Tarradellas, instalado en Francia, mantiene contactos con la oposición interior gracias a universitarios como el profesor Bricall, futuro secretario general de la *Generalitat* restaurada.

En cambio, la situación en el País Vasco se crispa rápidamente. En 1966 las diputaciones provinciales de Vizcaya y de Guipúzcoa reclaman, en vano, el restablecimiento de sus derechos forales. Pero, sobre todo, a pesar de la existencia de un gobierno vasco en el exilio, la aparente desaparición de las fuerzas tradicionales (especialmente el partido nacionalista vasco) deja el terreno libre para los grupos extremistas, reunidos bajo la sigla de ETA (País Vasco y libertad), y partidarios de una independencia total y de un socialismo impreciso. Los miembros de la ETA, minoritarios, eligen la vía de la violencia y del terrorismo, con la voluntad de provocar una represión que, según ellos, sería lo único susceptible de acabar con unos compromisos carentes de significado y de movilizar a las masas a favor de un *Gran Euzkadi*, que englobara a Navarra y a los Pirineos Atlánticos franceses. Aquí el problema se agrava por la presencia en algunas partes del País Vasco de una masa proletaria no vasca que constituye más de la mitad de las aglomeraciones obreras de los suburbios de Bilbao. Pero, por razones étnicas y, sobre todo, lingüísticas, la fusión de la población inmigrante y de la masa vasca es muy imperfecta.

En cualquier caso, la oleada de secuestros y de atentados tiene como consecuencia la concentración de policías en las dos provincias marítimas vascas y una represión a menudo sin matices, complicada por el apoyo que los terroristas encuentran en la población, sin que siempre se pueda distinguir en esta complicidad el apoyo espontáneo del temor a las represalias. En 1970 el ciclo de violencias desemboca en el proceso de Burgos a militantes de la ETA, que abre una de las últimas grandes crisis del Régimen y una de las escasas movilizaciones de la opinión internacional contra la justicia de Franco.

Así, bajo la férula de un Caudillo anclado en su visión unitaria de una España uniforme, los autonomismos que renacen se impacientan cada vez más. Pero subsiste la contradicción de un Estado cuya evolución ya no le permite llegar hasta el final de la represión sin aceptar cambios contrarios a sus principios.

II. La evolución política

Unas pequeñas reformas (1960-1973)

Más allá del renacimiento de los "demonios del pasado" —oposiciones políticas, regionalismo y sindicalismo—, el gran problema de la vida política es el de las perspectivas de futuro del régimen. En 1960 el Caudillo tiene 68 años y los medios económicos, lanzados a un esfuerzo de largo plazo, desean trabajar en la continuidad. El reforzamiento del papel de los tecnócratas del Opus en los centros de poder carece de significado profundo porque la organización no tiene un verdadero programa político. Así, el Caudillo, fiel a su tradicional prudencia, modifica poco a poco las estructuras del poder con una cierta serenidad. Las remodelaciones del gobierno sólo tienen una importancia secundaria. No reflejan más que la relación de fuerzas dentro del régimen y el desgaste de los equipos ministeriales.

Las grandes etapas nacen de la voluntad del jefe del Estado: la ley de prensa que suprime la censura previa (1966), y sobre todo la ley orgánica del Estado, preparada en secreto y presentada solemnemente a las Cortes por el mismo Franco, y aprobada después de un referéndum preparado por el ministro de Información, Fraga Iribarne. De hecho, la ley consolida las prácticas del régimen, codificándolas. Las modestas novedades se refieren a la creación del cargo de presidente del consejo de ministros —dejando al jefe del Estado la elección del momento en que nombrará a alguien para este cargo—, y una tímida apertura a favor de "asociaciones de acción política", cuya forma no queda definida. Finalmente, el 22 de julio de 1969, "la actividad institucional" del régimen se cierra con la designación, esperada desde hace mucho tiempo, del príncipe Juan Carlos como futuro rey de España. De este modo el Caudillo satisface las inquietudes de algunos sectores de opinión sobre el futuro, y subraya la originalidad de una monarquía no restaurada, sino que debe su única legitimidad al Movimiento nacional.

Por lo tanto, en política fundamentalmente no ha cambiado nada. Las principales reformas aparecen en el terreno económico y llevan el sello de la tecnocracia del Opus: las reformas fiscal y bancaria, y el acuerdo preferencial con la Comunidad económica europea.

El fracaso de la continuidad: del almirante Carrero Blanco a la afirmación de Juan Carlos

En 1973 Franco decide instalar las estructuras que garanticen la transferencia de poderes después de su fallecimiento. Nombra a su fiel adjunto, el capitán de corbeta Carrero Blanco, ascendido a almirante, presidente del Consejo de ministros, con un mandato de cinco años. De este modo, y en principio, se evita el peligro de cambio después de la muerte del general. También así se confirma la desconfianza de Franco respecto a la fidelidad de Juan Carlos a los principios del régimen.

Las ideas de Carrero Blanco son claras. Es la eminencia gris del Caudillo y su fiel adjunto desde hace cuarenta años. Ha publicado un editorial de una página en el diario de la burguesía monárquica, ABC, en el que opone los períodos de prosperidad de la historia española, las dictaduras, con los de crisis y miseria, las dos Repúblicas. Según él, la Democracia no se adapta a la naturaleza española. Sólo un régimen de autoridad puede aportar la paz y la prosperidad, impidiendo las luchas intestinas, las manifestaciones particularistas y reprimiendo el individualismo. Con un personaje que piensa así, cuya permanencia está garantizada, que es miembro del Ejército y que está relacionado con la Iglesia a través de sus estrechos vínculos con el Opus Dei, la continuidad parece estar asegurada.

El asesinato del almirante, el 20 de diciembre de 1973, reivindicado por la ETA, destruye el frágil edificio. Franco no dispone de un delfín "de reserva". El nombramiento del antiguo alcalde de Madrid, Arias Navarro, sorprende a la clase política y a los observadores extranjeros. Ciertamente, el nuevo primer ministro es del círculo de amistades del Caudillo; forma parte de la *tertulia* íntima de éste junto con el difunto capitán general Alonso Vega y el antiguo ministro Pedro Nieto Antúnez. Pero nunca ha ocupado un puesto de primer plano, salvo el de ministro del Interior en el gobierno Carrero Blanco. Por otra parte es el primer civil que ocupa un cargo tan importante desde el advenimiento del franquismo. Además del mismo Franco, los puestos de vicepresidente y de presidente del Consejo siempre los han ocupado militares. De hecho, Arias Navarro es el representante más característico de la clase de administradores políticos fomentada por el régimen y cuya fidelidad está asegurada por las promociones de las que se benefician. Es un jurista con una buena cultura universitaria, gobernador de provincia (gobernador civil de León), alcalde de Madrid durante seis años, director general del ministerio y luego ministro; también ha ejercido las funciones de *procurador* en Cortes y de consejero del reino. Es un perfecto conocedor del aparato administrativo, y ante todo es un hombre de autoridad preocupado hasta la obsesión por la noción de orden público. Es fiel al Caudillo, y sin embargo no está vinculado abiertamente con ninguna de las facciones y de los grupos de presión del régimen. Su gobierno sorprende por una cierta audacia en las opciones, la desaparición de las "cabezas" del Opus, con la retirada de López Rodó, y la apertura con Pío Cabanillas, el amigo de Fraga Iribarne, en Información, y sobre todo con el nuevo ministro de Hacienda, Barrera de Irimo.

El régimen se ve sacudido por la muerte de Carrero Blanco, pero también por la crisis. Desde el otoño de 1973 la inflación se ha acentuado y los equilibrios exteriores se han roto. El Caudillo tiene 81 años, y las dos seguridades del régimen, la continuidad y la prosperidad, se han convertido en otras tantas preocupaciones.

Por esto la opinión espera con ansiedad el discurso que debe pronunciar Arias en las Cortes el 12 de febrero. Este discurso aperturista parece autorizar solidas esperanzas de cambio: promete una nueva ley municipal que permita la elección de los alcaldes y de los presidentes de las diputaciones provinciales, el aumento de los poderes de los procuradores a Cortes, de los cuales una importante fracción deberá ser elegida, reformas sindicales y promulgación de la ley sobre asociaciones políticas prevista por la Ley orgánica de 1966. Por primera vez en un discurso oficial, no se mencionan los "principios" de 1939.

Pero los hechos van a devolver rápidamente las esperanzas a la realidad del régimen. La condena a muerte y la ejecución del joven anarquista catalán Puig Antich y del refugiado polaco Heinz Chez, así como el intento de expulsión de su diócesis del obispo de Bilbao, Monseñor Añoveros, culpable de haber autorizado la lectura en su diócesis de una homilía a favor del "pueblo vasco", recuerdan los estrechos límites de la apertura. Desde entonces las declaraciones de Arias Navarro se acogen con escepticismo, tanto más cuanto que se organiza una defensa de la extrema derecha del régimen en torno al viejo líder falangista Girón, y del notario madrileño neo-nazi, Blas Piñar, jefe de la organización *Fuerza Nueva*, célebre por sus ataques a librerías, sus violencias contra los sacerdotes liberales y su participación regular en las misas de aniversario por el "descanso del alma de Hitler". La desconfianza de los que aún esperan un progreso pacífico se confirma con las dimisiones de Barrera de Irimo, que no puede conseguir que se adopten las medidas que juzga necesarias para yugular la inflación, y de Pío Cabanillas, a quien se le niega la liberalización de la ley de prensa, y finalmente la del ministro Licinio de la Fuente, que no puede conseguir la legalización oficial del derecho de huelga. En cuanto a las leyes sobre las asociaciones políticas (diciembre de 1974) y sobre los municipios (noviembre 1975), tienen poco interés. La primera limita las asociaciones a organismos integrados en el Movimiento, y la segunda autoriza la elección de los alcaldes, pero por sufragio indirecto, excepto en los ayuntamientos de Madrid y Barcelona, cuya primera autoridad se nombrará por decreto. La decepción de los que, desde el interior del régimen, esperaban más, se refleja en la decisión del antiguo ministro de Información, Fraga Iribarne, de renunciar a crear una asociación política, pero en cambio organizarse con sus amigos bajo la forma de una sociedad mercantil... ¡recurriendo a la normativa de las sociedades anónimas!

El régimen, como el viejo del Pardo, manifiesta una extraordinaria rigidez. Es impermeable a cualquier reforma importante, e incapaz de superar los gestos estrictamente formales. El régimen, como Franco, parece desafiar al tiempo, pese a ser tan frágil como un castillo de naipes, que el menor soplo liberal puede derribar.

III. Una democratización lograda: la monarquía de Juan Carlos I (1975-1978)

La muerte de un rey

Arias Navarro ya no dispone de los medios necesarios para imponer las reformas indispensables. La primera señal de alerta es la hospitalización del Caudillo por problemas circulatorios, entre julio y octubre de 1974. La interinidad funciona bien. Juan Carlos no toma la menor iniciativa que pueda hacer presagiar sus intenciones. En el otoño, el general Franco reasume sus funciones, pero su aparición en televisión, el 30 de diciembre, confirma ante la opinión el debilitamiento de las facultades del jefe del Estado.

En un clima de final de reinado, las huelgas se convierten en moneda corriente, alimentadas por una inflación que llega al 20 por ciento y por un paro que ya afecta al 5 por ciento de la población activa. La crisis interrumpe la emigración y reduce las "remesas". El turismo preocupa; incluso se aprecia una disminución, muy provisional como ya hemos señalado, de la inversión extranjera. Mientras tanto, la factura energética va aumentando. La balanza de pagos se derrumba y la peseta se debilita. En el interior, el terrorismo de ETA obliga al gobierno a decretar el estado de excepción en las provincias marítimas vascas por tres meses. El gobierno, decidido a golpear duramente, según el viejo método, para asustar a los oponentes, deja condenar a muerte y ejecutar a tres militantes del FRAP y a dos de la ETA (septiembre de 1975). Al mismo tiempo, y para subrayar la diferencia entre las dos oposiciones, reduce a un cuarto las penas de prisión impuestas a los líderes de Comisiones obreras cuando los procesos de 1973. El jefe de la organización sindical comunista, Camacho, ve su pena reducida de 20 a 6 años. Frente a la reacción de la opinión internacional subsiguiente a las ejecuciones de septiembre, el gobierno organiza una última manifestación de masas en la plaza de Oriente. El Caudillo ante una multitud claramente menos numerosa que en el pasado, aparece ya sin aliento.

Un mes después, debe ser nuevamente hospitalizado. Muere el 20 de noviembre de 1975, a la edad de 83 años, después de una agonía de tres semanas prolongada por las maniobras médicas del círculo de allegados, preocupado por el futuro.

La sociedad política española al morir Franco

Cuando el advenimiento de Juan Carlos I la situación aparentemente se corresponde con las previsiones del difunto Caudillo. El primer ministro Arias Navarro tiene las riendas del poder bien sujetas. El Ejército y la Iglesia demuestran una fidelidad ejemplar. A pesar de las maniobras de los ultras, la transmisión de poderes y la coronación se han desarrollado sin el menor incidente.

En el plano político, la división de las fuerzas en presencia proporciona un muy amplio margen de maniobra al joven soberano. La opinión interior, inquieta y algo desorientada pese a la facilidad de la sucesión, está dispuesta a conceder un gran margen de confianza al soberano, y ante todo parece desear evitar los desórdenes. Para una buena parte de la población las dificultades económicas ya constituyen suficiente preocupación. Si se realiza una liberalización moderada será difícil desestabilizar el país. Las grandes potencias, por razones tanto económicas como políticas, no desean que España entre en un período de excesiva incertidumbre.

Para todos el joven rey es la mayor incógnita. Pero el futuro también depende de las fuerzas políticas del posfranquismo. Más que los nostálgicos del pasado reunidos alrededor de lo que rápidamente se califica como "búnker", son las oposiciones democráticas las que suscitan interrogantes. ¿Se corre el peligro, con éstas, de un enfrentamiento comparable al que acaba de producirse en Portugal, a raíz de la caída de la dictadura fundada por Salazar?

En los dos últimos años del franquismo, estas oposiciones han realizado algunos progresos en sus intentos de aproximación. El grupo más dinámico y más conocido es la *Junta democrática*, formada por iniciativa del PCE. Además del partido de Santiago Carrillo, incluye a los Socialistas populares de Tierno Galván, universitario respetado, y a personalidades independientes como el antiguo director del diario *Madrid*, Calvo Serer, que sigue siendo miembro del Opus Dei, pero fiel a Don Juan y luego a Juan Carlos cuando se arreglan los problemas dinásticos entre ambos.

La *Plataforma de Convergencia Democrática*, dominada por el PSOE y la UGT, reúne a las fuerzas de oposición hostiles a los comunistas. Mantiene contactos con el padre del Rey, Don Juan, y reúne una coalición heteróclita que va desde los Carlistas a los Trotskistas.

Finalmente, en el interior del país, la sociedad anónima creada por Fraga Iribarne, Pío Cabanillas, Areílza, Calvo Sotelo... reúne a todos los antiguos políticos del régimen que desean realizar una liberalización controlada del aparato del Estado, todo ello bajo la razón social FEDISA (Federación de Estudios Independientes, Sociedad Anónima).

La rápida evolución del PCE y su adhesión a los principios de la democracia pluralista posibilitan la aproximación de las dos coaliciones de la oposición. En la primavera de 1976 se firma un protocolo de acuerdo basado en un programa mínimo: amnistía total, libertad política y reforma constitucional profunda. Deciden actuar en común bajo la denominación de *Convergencia Democrática*. Sin embargo, su acción se ve obstaculizada por la ausencia en su seno de representantes de los movimientos autonomistas vasco y catalán, y, sobre todo, por la rapidez de acción del gobierno monárquico. Éste se aprovecha de la excesiva retórica de la oposición, carente de medios de acción efectivos, y avanza según un plan que, evidentemente, ha sido minuciosamente preparado con anticipación.

De una monarquía instaurada a una monarquía aceptada

Carrillo, que ha vuelto a España desde febrero de 1976, actúa en una clandestinidad más o menos prudente. Es detenido el 23 de diciembre y liberado bajo fianza. A partir de entonces puede actuar abiertamente.

Este episodio por sí solo indica las transformaciones que ha sufrido la política española en el año que ha transcurrido desde la muerte de Franco. En julio de 1976 el joven rey se siente lo bastante seguro para prescindir de Arias Navarro y nombrar primer ministro a un alto funcionario procedente de la vía falangista, Adolfo Suárez, que tiene poco más de cuarenta años y ha sido secretario general del Movimiento en el último gobierno. El nuevo gobierno se encarga de una operación que no carece de riesgos: reformar democráticamente el país sin consumar una ruptura, integrando en una nueva sociedad política a fuerzas que van desde los moderados del franquismo a los partidos populares de la oposición. En resumidas cuentas, hacer de Luis XVIII al revés, privilegiar la reforma, establecer un consenso democrático y conseguir que se acepte la monarquía sin tener que plantear la cuestión del régimen. Por lo tanto, consolidar una monarquía popular al precio de concesiones que van desde el reconocimiento del PCE a la de las autonomías regionales.

De ahí se deducen una serie de actos legislativos subsiguientes a la discreta toma de contacto entre el gobierno Suárez y la Convergencia Democrática: legalización de los partidos políticos, reconocimiento de los sindicatos libres y decisión de realizar elecciones libres para renovar los consejos municipales y las diputaciones provinciales. La primera de estas leyes se aprueba mediante referéndum (77 por ciento de votantes y 94 por ciento de síes), e inmediatamente después, el 23 de diciembre, se legaliza el PSOE. Mientras tanto el primer ministro intenta reagrupar al centro y a la derecha moderados en un partido monárquico, la UCD. El PSOE y la Democracia cristiana abandonan la Convergencia democrática, que se autodisuelve en la primavera de 1977. Simultáneamente, al PCE le llega el turno de su legalización, a pesar de la hostilidad del Tribunal supremo y de una parte del Ejército (abril de 1977). Una discreta comisión formada por tres miembros de la futura UCD, dos del PSOE, y uno del PCE, inicia conversaciones con vistas a preparar un proyecto de constitución que se presentaría a las Cortes constituyentes. Al mismo tiempo, el Rey recoge los frutos de su actividad. Sucesivamente obtiene el apoyo público de las autoridades francesas y, lo que es más significativo, el reconocimiento oficial de México, el único Estado del mundo que sólo había reconocido a la República española (marzo de 1977).

El éxito del monarca es proporcional a las realidades aceptadas por las oposiciones de izquierda: abandono de la estrategia de ruptura, prioridad al restablecimiento de la democracia sin más exclusión que la de los extremistas de derecha, aceptación del Estado monárquico sin consulta popular y prioridad a la lucha contra la crisis económica. Felipe González, secretario general del PSOE y Santiago Carrillo, en nombre del PCE, reconocen que la forma jurídica del régimen y la bandera no son prioridades y no ponen en tela de juicio la forma actual del régimen, la monarquía. Tampoco se plantean, en un futuro inmediato, una profunda transformación económica. Se aceptan el capitalismo liberal, la pertenencia a la OCDE y la asociación con la OTAN. El PCE, al abandonar la referencia al leninismo y a la dictadura del proletariado, predica, en lo sucesivo, una vía española al socialismo, a través de la voluntad del pueblo expresada libremente mediante elecciones pluralistas. Es evidente que lo que esto significa es una buena dosis de realismo en un país en el que la Iglesia, el Ejército y la Justicia todavía están en manos de personas fieles a Franco. Sin embargo, el fracaso de un Líster y la progresiva retirada de la Pasionaria, demuestran que la mayoría de los militantes aprueba esta vía. El apoyo a la entrada en la CEE, los estrechos vínculos que se mantienen con el PC italiano y el conflicto con el PC francés también son elementos que contribuyen al enraizamiento del PCE en la vida política del país.

Al consenso entre los partidos políticos también hay que añadir la aprobación popular. Las elecciones a las Cortes constituyentes, organizadas de común acuerdo, proporcionan la prueba. Estas elecciones, celebradas el 15 de junio de 1977, ofrecen unos resultados que corresponden bastante bien a las expectativas más generalizadas, a pesar de la ligera decepción de los Comunistas y, sobre todo, de Alianza Popular (heredero político de la FEDISA de Fraga Iribarne). Véase cuadro 32.

A pesar de que los resultados estuvieran plagados de errores, hasta el punto de que la publicación de las cifras oficiosas se retrasó hasta el 11 de octubre, y la de las cifras oficiales se aplazara sine die, el conjunto de los partidos los ha aceptado.

Además del éxito personal del gobierno, que obtiene casi la mayoría absoluta de los escaños, y de la revelación de la fuerza del PSOE, las elecciones ponen de manifiesto la gran madurez política del electorado que ha votado "útil", despreciando la masa de los grupos "extremistas". Es un resultado tanto más curioso si consideramos que los resultados "derecha-izquierda" reproducen con gran exactitud los de las elecciones del Frente popular de 1936. Esto se debe parcialmente al sistema de escrutinio, que favorece a los parti-

CUADRO 32

Resultados de las elecciones

Electores: inscritos: 23.000.000. - Votantes: 18.400.000 (80 %)

Candidatos: 6.000 en diez coaliciones y doce agrupaciones regionales, para 350 diputados y 207 senadores

	Cámara			
	Diputados		Senado	
	% de votos	N.º de escaños	% de votos	N.º de escaños
U.C.D.	34	165	47	105
P.S.O.E.	29	118	33,7	39
P.C.E.	9,5	20	5,7	12
Alianza Popular	8,1	16	4,6	2
Independientes de izquierda				38
Pacto Democrático por Cataluña		11		
Partido Nacionalista Vasco		8		
Varios		12		11

dos "fuertes" y a las circunscripciones rurales. Por otra parte, si bien sorprenden los modestos resultados del PCE y de Alianza popular, parece más interesante el fracaso de la Democracia cristiana de Ruiz Giménez, abandonado por la jerarquía, que prefiere apoyar discretamente a la UCD, y el claro éxito de los autonomistas en Cataluña.

El Rey, reforzado por estos resultados, aprueba la remodelación del gobierno Suárez. El elemento sobresaliente es la incorporación, como titular del superministerio de Economía, del profesor Fuentes Quintana, economista y autor del único plan de reforma fiscal preparado por el Franquismo, en 1971. Se levantan los obstáculos por el lado monárquico mediante la renuncia del padre del soberano a sus "derechos históricos" (mayo de 1977) y, un año después, con la reconciliación entre Juan Carlos y el pretendiente carlista Carlos Hugo de Borbón-Parma, que vuelve a España y se le concede la nacionalidad española.

La gravedad de la situación económica proporciona otra prueba del verdadero compromiso histórico que se ha fraguado entre los diferentes sectores del mundo político con el voto de las Cortes por casi unanimidad (tres votos en contra y dos abstenciones) del plan de saneamiento económico presentado por Fuentes Quintana y discutido por los jefes de los cuatro principales partidos. Este plan, conocido como el "*Pacto de la Moncloa*", prevé una política deflacionista con una reducción de los gastos presupuestarios de un 10 por ciento para reducir el déficit a la mitad y, si es posible, reducir al 15 por ciento en 1978 una inflación que en el otoño de 1977 rozaba el 40 por ciento; reducir también el déficit de la balanza de pagos, que a finales de 1977 llega a los cinco mil millones de dólares, y fijar un tope del 15 por ciento al alza de los salarios.

Este consenso también facilita, a pesar de ciertos choques, la redacción de una constitución democrática que reconoce el principio de las autonomías regionales, condena la tortura y decide la abolición de la pena de muerte. Esta constitución se acepta por gran mayoría en diciembre de 1978.

Mientras tanto se borran las secuelas de la guerra civil mediante la amnistía total del 14 de octubre de 1977, a la que siempre se había negado el Franquismo. Esta amnistía permite el retorno de los viejos adversarios, como el comunista Líster o la anarquista Federica Montseny.

Se da un primer paso en dirección a una verdadera autonomía regional mediante el estatuto de preautonomía que se concede, antes del voto de la Constitución, a Aragón, Galicia, Canarias y Valencia. Cataluña, más avanzada, recibe una "autonomía provisional", con el restablecimiento de la Generalidad desde el otoño de 1977 en medio de un entusiasmo popular indescriptible. Al País vasco, claramente menos favorecido, se le dota, no obstante, de un "consejo general vasco".

Por último, se acaba definitivamente con el sistema sindical vertical. En las elecciones sindicales libres de febrero de 1978 las Comisiones Obreras logran un claro éxito, sobre todo en Madrid, y la UGT renace en el norte, y especialmente en Asturias.

A finales de diciembre de 1978 parece que la apuesta de Juan Carlos y de su gobierno se ha ganado. La democratización, en sus líneas maestras, se ha realizado; la coexistencia de los antiguos miembros de la oposición y de los hombres del Franquismo se ha conseguido sin demasiada dificultad; se ha establecido un consensus económico e, indirectamente, a través del referéndum constitucional, se ha aceptado la monarquía. En 1979 se asiste al final del proceso con las elecciones a Cortes ordinarias y con las elecciones municipales libres, las primeras desde 1931 y que señalan un claro deslizamiento hacia la izquierda.

Pero el cuadro que acabamos de presentar tiene unos tonos un poco demasiado optimistas. La España del pasado aún no ha muerto. El advenimiento de una democracia liberal, esperado y buscado desde hace tanto tiempo por una minoría marginal, está lejos de haber resuelto todos los problemas.

A MODO DE CONCLUSIÓN ABIERTA...

A pesar de haberse realizado sin choques y con un apoyo popular impresionante, la obra presenta algunos elementos frágiles:

— En sus intervenciones en el transcurso del debate constitucional la Iglesia católica ha mostrado los límites que pretende imponer a la liberalización. Se ha tenido que abandonar el reconocimiento del carácter laico del Estado y adoptar una fórmula compleja que, no obstante, concede a la religión católica una preeminencia legal en el país. También se han abandonado los proyectos que afectan a la liberalización del divorcio, al control de la natalidad y a la laicidad de la enseñanza. La reacción de la jerarquía acerca de este último punto ha colocado en las mismas condiciones a la enseñanza confesional y la enseñanza estatal.

— Los medios de extrema derecha, que después de la muerte de Franco se habían reducido a grupúsculos sin verdadera base popular, no abandonan las esperanzas de desestabilizar el nuevo régimen atrayendo a la rebelión a una parte del ejército, preocupada por el mantenimiento del orden y, como siempre, por los movimientos autonomistas. El complot del otoño de 1978, en ocasión del viaje del Rey a América latina, es un síntoma inquietante de estos esfuerzos.

Pero, y sobre todo, el gobierno aún no ha hallado una solución para dos problemas angustiosos:

— Las autonomías, que no se pueden quedar en un etéreo estatuto a la italiana. Se deben tomar rápidamente soluciones valientes, de profunda reforma y de transmisión de las competencias. Sin ellas se corre el peligro de que se agote la paciencia de los catalanes, gallegos y valencianos, y esto facilitaría unos conflictos de los que se beneficiarían los extremistas. Los ejemplos de la R.F.A. o de Suiza demuestran hasta la saciedad que una autonomía amplia no es incompatible con una verdadera unidad nacional. El conjunto del país saldrá ganando si se libera el dinamismo de las fuerzas locales, ahogadas por un centralismo pesadamente administrativo. La fuerte abstención vasca y gallega en el referéndum de diciembre de 1978, y la notable abstención en las elecciones sindicales de febrero en Cataluña, feudo de la CNT, cuyos adversarios dan por enterrada con excesiva precipitación y que se ve renacer en bastantes puntos del territorio español, muestran hasta la saciedad la existencia o el resurgimiento de fuerzas que no se dejarán canalizar fácilmente. El riesgo de que en otras regiones aparezca un terrorismo nihilista comparable al de la ETA, no es despreciable. Éste tiene como objetivo confesado el impedir la realización de cualquier tipo de autonomía en el seno del Estado español. Si se generalizara una situación como ésta, ¿cuál sería la actitud de las fuerzas armadas?, e incluso, ¿cuál la de las clases medias?

— El segundo problema inmediato es económico. Debido a la falta de soluciones profundas y de carácter estructural, se puede temer una exasperación de las tensiones. La inflación y el paro, sobre todo entre los jóvenes, podrían generar un doble movimiento que haría renacer los antagonismos del pasado; por una parte hacia un extremismo de izquierda, y por la otra hacia una idealización del Franquismo. El plan Fuentes Quintana demuestra que los dirigentes españoles son conscientes de este peligro. Sin embargo, la dimisión del ministro en 1978 hace sospechar que falta la voluntad de aplicar estos remedios enérgicos. El contenido del acuerdo político y las declaraciones de Felipe González y de Santiago Carrillo han tranquilizado a los medios económicos y financieros dominantes. Éstos, según parece, se han negado al esfuerzo y a los sacrificios necesarios. En el futuro, este egoísmo miope puede resultar perjudicial para el conjunto de la economía y de la nación. También puede serlo una hostilidad excesiva de ciertos sectores de la opinión pública francesa e italiana ante la entrada de Madrid en la CEE. Y no es que el ingreso de España al Mercado Común sea una solución para todos sus problemas económicos, pero la monarquía democrática de Juan Carlos, que en 1977 ya fue aceptada en el Consejo de Europa, necesita la dimensión europea para resolver algunos de sus problemas.

La España de 1979 es un encuentro, único en su género, de las oposiciones democráticas históricas y de las formas liberales surgidas de un régimen autoritario que, si bien no ha contribuido en absoluto a la reconciliación nacional, al menos ha tenido el mérito de dejar que la economía del país se desarrollara. La elevación general del nivel de vida, y la existencia de cuadros numerosos y eficaces han posibilitado esta transformación en el marco de unas estructuras estatales modificadas, pero no rotas. La nueva constitución, que quizás es un poco demasiado larga y detallada, es en muchos puntos un modelo democrático: confirmación parlamentaria del primer ministro, abolición de la pena de muerte, condena constitucional de la violencia y de la tortura, y reconocimiento de la diversidad regional dentro de la unidad nacional. Por una curiosa casualidad, la democracia de Juan Carlos, al igual que la República de 1931, hereda desde su nacimiento una profunda crisis económica. Pero ahí se acaba la comparación. Respecto a la experiencia republicana de 1931, el Estado de Juan Carlos se beneficia de numerosas ventajas: España se ha industrializado y dispone de numerosos cuadros. Aunque las desigualdades sociales siguen siendo flagrantes en muchos terrenos, los antagonismo sociales no son extremos.

No se pasa sin dolor de una situación de arcaísmo económico y social a una sociedad industrial, que aporta brutalmente tanto sus ventajas materiales como sus nuevas servidumbres. La burguesía tecnocrática, que en la actualidad domina España, ha tomado con éxito el relevo de los elementos progresistas del siglo XIX. Por los modelos de los que se dota, por la nueva mentalidad que introduce, y por la dependencia del extranjero a la que condena a España, da resueltamente la espalda a todas las formas del hispanismo tradicional, glorificado durante treinta años por el franquismo conservador. Pero no hay que ver en esto un síntoma de antagonismo político. El régimen franquista, mientras que repetía los lemas nacionalistas y tradicionalistas, dejaba hacer, animaba y llevaba al poder a los tecnócratas de la nueva generación. Por lo tanto aquí no hay, como no hubo en el siglo anterior, un conflicto de Antiguos y Modernos. Los aventureros de las finanzas del siglo XIX se complacían comprando tierras y títulos de nobleza y entrando en las grandes familias aristocráticas. Los oligarcas de ayer se sientan en la actualidad en los consejos de administración de los bancos.

A pesar de los cambios que se han producido, el pueblo español, que durante demasiado tiempo ha sido mantenido al margen de la evolución de la Europa contemporánea, no se puede integrar bruscamente en esta Europa. Tanto más cuanto que ésta ha tenido durante mucho tiempo una imagen despreciativa del pueblo español, nacida de un amasijo de tópicos, y que a veces conserva unas prevenciones alimentadas complacientemente por diversos intereses.

Incluso en España la invasión turística quizás ha abierto las fronteras y cambiado las costumbres, pero no necesariamente ha abolido las barreras "mentales". Éstas, más duraderas y más profundas, no pueden desaparecer de la noche a la mañana. El renacimiento de las tradiciones locales y regionalistas después de años de prohibición, la reaparición del anarquismo militante en las nuevas generaciones y bajo diferentes formas, son síntomas claros y que no engañan. España, por fin europeizada, conserva su propio carácter. Sigue siendo "*diferente*". ¿Por cuánto tiempo?

No es incumbencia del historiador el tratar de adivinar el futuro, aunque sea el inmediato. Además, las escasas concordancias de los estudios de los economistas futurólogos y de los sociólogos con la realidad lo deberían incitar a la prudencia. Como máximo puede afirmar su convicción de que una nación que durante veinte años ha experimentado la tasa de crecimiento más alta de Europa, que ha reducido sensiblemente la pobreza, que ha hecho desaparecer la subeducación y que, finalmente, a pesar del lastre de los odios del pasado, ha sabido acceder a la democracia sin choques y sin ajustes de cuentas después de cuarenta años de dictadura, tiene la capacidad suficiente para enfrentarse con los formidables problemas que esperan a las naciones europeas en este final del siglo XX. También merece que se la deje de analizar según los antiguos estereotipos, aunque sean unamunianos. Hay que acabar con la leyenda negra del pueblo español, explicable durante un siglo y medio por el retraso económico de un país tratado por las naciones más "avanzadas" con el desprecio de los fuertes para con un Estado subdesarrollado. La Historia sólo nos da una verdadera lección aplicable a la España contemporánea: las previsiones elaboradas a partir del conocimiento histórico son harto inciertas.

BIBLIOGRAFÍA

BASE GEOGRÁFICA

TERÁN, Manuel de, y otros: *Geografía general de España*, 2 vols. Ariel, Barcelona, 1978.

VILÁ VALENTÍ, Juan: *La Péninsule ibérique*, P.U.F. (Magellan), París, 1968. Traducción castellana, *La Península ibérica*, Ariel (Elcano), 1968; nueva edición ampliada en 1978.

OBRAS DE CARÁCTER GENERAL

Sobre el conjunto del período:

VILAR, Pierre: *Histoire de l'Espagne*, P.U.F. (Que sais-je?), París, 4.ª ed., 1958. Trad. cast., *Historia de España*, Librería española, París, 1963; y Crítica, Barcelona, 1978 (nueva edición ampliada y puesta al día).

CARR, Raymond: *Spain 1808-1939* (*Oxford History of Modern Europe*), Oxford, Clarendon Press, 1966. Trad. cast., *España 1808-1939*, Ariel, Barcelona, 1969.

BRUGUERA, F.G.: *Histoire contemporaine d'Espagne (1789-1950)*, Ophrys, París, 1953 (está a punto de aparecer una nueva edición que incluye un capítulo sobre los últimos años).

VICENS VIVES, Jaime: *Historia Económica y Social de España y América*, vol. V, Editorial Vicens Vives, Barcelona, 1961 (desde 1974 también existe una edición de bolsillo).

AMALRIC, J.P., BENNASSAR, B., PÉREZ, J., TÉMIME, É.: *Lexique historique de l'Espagne (XVIe-XIXe siècles)*, Armand Colin, París, 1976.

Colecciones útiles: Las colecciones de bolsillo: "Ariel Quincenal" (Ariel, Barcelona); "Horas de España" (Ariel, Barcelona); "Estudios de Historia Contemporánea" (Madrid, Siglo XXI); "El Libro de Bolsillo" (Madrid, Alianza Ed.), publican bastantes títulos relativos a las cuestiones tratadas en este libro. Algunos se citan a continuación. Para las publicaciones más recientes, consultar los catálogos.

Sobre el siglo XIX:

TUÑÓN DE LARA, Manuel: *La España del siglo XIX*, Librería Española, París, 1965. Reeditado por Laia, Barcelona, 1974.

ARTOLA, Miguel: *La Burguesía Revolucionaria (1808-1874)*, Historia de España Alfaguara, vol. V; Alianza Ed. (Alianza Universidad), Madrid, 1973.

MARTÍNEZ CUADRADO, Miguel: *La Burguesía Revolucionaria (1874-1931)*, Idem, vol. VI; Alianza Ed. (Alianza Universidad), Madrid, 1973.

Sobre el siglo XX:

TAMAMES, Ramón: *La República y la Era de Franco*, Historia de España Alfaguara, vol. VII; Alianza Ed. (Alianza Universidad), Madrid, 1973; nueva edición prolongada hasta 1975: Madrid, 1978.

BROUE, Pierre & TÉMIME, Émile: *La Révolution et la Guerre d'Espagne*, Editions de Minuit, París, 1961. Trad. cast. *La Revolución y la Guerra de España*, 2 vols., F.C.E., Madrid, 1977.

THOMAS, Hugh: *The spanish civil war*, Londres, 1961. Trad. castellana, *La guerra civil española*, Ruedo Ibérico, París, 1967. Reeditado por Grijalbo, 1976.

BRENAN, Gerald: *The spanish labyrinth*, Londres, 1943. Trad. castellana, *El laberinto español. Antecedentes sociales y políticos de la guerra civil*, Ruedo Ibérico, París, 1962. Reeditado por Ibérica de Ediciones y Publicaciones, Barcelona, 1977.

GALLO, Max: *Histoire de l'Espagne franquiste*, 2 vols., Marabout Université, Verviers (Bélgica), 1969. Trad. castellana, *Historia de la España franquista*, Ruedo Ibérico, París, 1971.

GEORGEL, Jacques: *Le Franquisme (Histoire et Bilan), 1939-1969*, Seuil, París, 1970. Trad. castellana, *El Franquismo (Historia y Balance), 1939-1969* Ruedo Ibérico, París, 1971.

TUÑÓN DE LARA, Manuel: *La España del siglo XX*, París, Librería Española, 1966. Reeditado por Laia (Ediciones de Bolsillo), Barcelona, 1974.

HERMET, Guy: *L'Espagne de Franco*, Armand Colin (U. Prismes), París, 1974.

ASPECTOS POLÍTICOS

Sobre el conjunto del período:

OYARZUN, Ramón: *Historia del Carlismo*, Alianza Ed. (El Libro de Bolsillo), Madrid, 1969.

LORENZO, César M.: *Les anarchistes espagnols et le pouvoir (1868-1969)*, Seuil, París, 1969. Trad. castellana, *Los anarquistas españoles y el poder, 1868-1969*, Ruedo Ibérico, París, 1972.

MARTÍNEZ CUADRADO, Miguel: *Elecciones y partidos políticos en España (1868-1931)*, 2 vols., Taurus, Madrid, 1969.

TUSELL, Javier: *Oligarquía y Caciquismo en Andalucía*, 2 vols. Planeta, Barcelona, 1976.

Sobre el siglo XIX:

HENNESSY, C.A.M.: *La República federal en España*, Aguilar, Madrid, 1967.

SEVILLA ANDRÉS, Diego: *Historia Política de España*, 2 vols., Madrid, 1968.

AYMES, J.R.: *La Guerre d'indépendance espagnole (1808-1814)*, Bordas, París, 1972. Trad. castellana, *La Guerra de la Independencia en España (1808-1814)*, Siglo XXI (Estudios de Historia Contemporánea), Madrid, 1974.

CLEMESSY, N.: *L'Espagne de la Restauration (1874-1902)*, Bordas, París, 1973.

Sobre el siglo XX:

RAMA, Carlos M.: *La crise espagnole au XX siècle*, Fischbacher, París, 1962. Edición castellana, *La crisis española del siglo XX*, F.C.E., México, 1960.

PEIRATS, José: *La CNT en la Revolución española*, 3 vols., Ruedo Ibérico, París, 1971.

JACKSON, G.: *The Spanish republic & the civil war*, Princeton U.P., Princeton (USA), 1965. Trad. castellana, *La República Española y la Guerra Civil. 1931-1939*, Princeton University Press, México, 1967. Reeditado por Crítica, Barcelona, 1976.

PAYNE, Stanley F.: *Phalange*, Ruedo Ibérico, París, 1965. Trad. castellana, *Falange. Historia del fascismo español*, Ruedo Ibérico, París, 1971.

PAYNE, Stanley F.: *Politics & Society in twentieth century Spain* (colección de artículos del autor, pero también de G. Jackson, E. Malefakis, Tusell, J. Linz, A. de Miguel...), Franklin Watt, edit., Nueva York, 1976. Trad. castellana, *Política y sociedad en la España del siglo XX*, Akal ed., Madrid, 1978.

HERMET, Guy: *Les communistes en Espagne. Étude d'un mouvement politique clandestin*, Armand Colin, París, 1971. Trad. castellana, *Los Comunistas en España. Estudio de un movimiento clandestino*, Ruedo Ibérico, París, 1972.

ASPECTOS ECONÓMICOS Y SOCIALES:

Sobre el conjunto del período:

NADAL, J., y VICENS VIVES, J.: *Historia económica de España*, Vicens Vives, Barcelona, 1959. Reediciones ampliadas.

NADAL, Jordi: La Población Española (siglos XVI a XX), Ariel (Ariel Quincenal), Barcelona, 1966. Nueva edición ampliada, 1973.

CAMPO URBANO, Salustiano del: *Análisis de la población de España (2.ª mitad del siglo XX)*, Ariel (A. Quincenal), Barcelona, 1973.

CIPOLLA, C. M. (editor): *The Fontana Economic History of Europe*, Collins, Glasgow, 1973. Especialmente el volumen IV. 2, capítulo 9 (NADAL, Jordi: "Spain 1830-1914"), y el volumen VI. 2, capítulo 8 (FONTANA, J. & NADAL, J.: "Spain 1914-1970"). La traducción castellana del volumen VI 2 ha aparecido en Ariel (Ariel Historia), Barcelona, 1980. El volumen IV 2 aparecerá próximamente en la misma editorial.

TUÑÓN DE LARA, Manuel: *El movimiento obrero en la historia de España*, Taurus, Madrid, 1972.

Sobre el siglo XIX:

Servicio de Estudios del Banco de España: *El Banco de España. Una Historia Económica*, Ariel, Barcelona, 1970 (también se extiende sobre el siglo XX, pero lo esencial trata del siglo XIX).

Servicio de Estudios del Banco de España: *La banca en la Restauración*, 2 vols., Madrid, 1974 (el segundo volumen es una recopilación de series estadísticas tratadas o sin tratar).

Servicio de Estudios del Banco de España: *Ensayos sobre la Economía española a mediados del siglo XIX*, Ariel, Barcelona, 1970.

DÍAZ DEL MORAL, J.: *Historia de las agitaciones campesinas andaluzas*, Madrid, 1929. Reeditado por Alianza ed. en 1967 (El Libro de Bolsillo) y de nuevo en 1973 (Alianza Universidad).

SARDÁ, Juan: *La política monetaria y las fluctuaciones de la Economía española en el siglo XIX*, C.S.I.C., Madrid, 1948. Reeditado por Ariel, Barcelona, 1970.

SÁNCHEZ ALBORNOZ, Nicolás: *España hace un siglo: una economía dual*, Península, Barcelona, 1968. Nueva edición, revisada y ampliada en Alianza Ed. (Alianza Universidad), Madrid, 1977.

FONTANA, Josep: *La Quiebra de la Monarquía absoluta*, Ariel ("Horas de España"), Barcelona 1971. Nueva edición abreviada en Ariel Quincenal, Barcelona, 1974.

FONTANA, Josep: *Hacienda y Estado (1824-1833)*, Instituto de Estudios Fiscales (Ministerio de Hacienda), Madrid, 1973.

NADAL, Jordi: *El fracaso de la revolución industrial en España (1814-1913)*, Ariel (Ariel Historia), Barcelona, 1975.

Sobre el siglo XX:

MALEFAKIS, Edward: *Agrarian reform and peasant revolution in Spain*, Ann Arbor, Michigan (USA), 1970. Trad. castellana, *Reforma agraria y revolución campesina en la España del siglo XX*, Ariel (Horas de España), Barcelona, 1971; nueva edición revisada, 1980.

BRICALL, Josep: *Política económica de la Generalitat (1936-1939)*, 2 vols., Edicions 62, Barcelona, 1970 y 1979.

ROLDÁN, Santiago y GARCÍA DELGADO, José Luis: *La formación de la sociedad capitalista en España (1914-1920)*, 2 vols., CECA, Madrid, 1973.

TAMAMES, Ramón: *Estructura Económica de España*, Guadiana, Madrid, 1960. Varias ediciones revisadas y ampliadas, publicadas últimamente por Alianza Editorial. Existe una edición de bolsillo titulada *Introducción a la economía española*, que es un resumen de la anterior (Alianza, El Libro de Bolsillo, Madrid, 1967), frecuentemente revisada y puesta al día.

VELARDE FUERTES, Juan (editor): *Lecturas de Economía Española*, Gredos, Madrid, 1969.

GÁMIR, Luis (editor): *Política Económica de España*, Guadiana, Madrid, 1972. Nueva edición ampliada (2 vols.) en Alianza Ed., Madrid, 1980.

Nota: Hemos reducido voluntariamente nuestra bibliografía a unas cuantas obras indicativas o que reflejan bien las orientaciones de la investigación en España. Y esto con la única finalidad de orientar las lecturas y las investigaciones y no con la intención de proporcionar una panorámica completa de lo publicado hasta la actualidad.

ÍNDICE

Segunda parte

LA CRISIS DEL SIGLO XX

Impreso en el mes de diciembre de 1991
en Talleres Gráficos DUPLEX, S. A.
Ciudad de Asunción, 26
08030 Barcelona